ZYGMUNT FREUD

WSTĘP DO PSYCHOANALIZY

Przełożyli

S. KEMPNERÓWNA i W. ZANIEWICKI

Kęty 2010

WYDAWNICTWO
MAREK DEREWIECKI

TYTUŁ ORYGINAŁU
Vorlesungen zur Einführung in die Psychoanalyse

Wydanie poprawione i uzupełnione na podstawie
wydania pierwszego: Wydawnictwo J. Przeworskiego, Warszawa 1935

Przełożyli: S. Kempnerówna i W. Zaniewicki
Redakcja i korekta: Zespół
Skład tekstu: Dariusz Loranc
Projekt okładki: Łukasz Derewiecki
Druk i oprawa: Drukarnia Dimograf Sp z o.o.
ul. Legionów 83
43-300 Bielsko-Biała

ISBN 978-83-61199-18-2

WYDAWNICTWO MAREK DEREWIECKI
ul. Szkotnia 29a, 32-650 Kęty
tel./fax (033) 8454149, 0603931607
e-mail: wydawnictwo@derewiecki.pl
Księgarnia: www.derewiecki.pl

SPIS TREŚCI

Słowo wstępne 5

CZĘŚĆ I
CZYNNOŚCI POMYŁKOWE

Wykład I - Wstęp 9
Wykład II - Czynności pomyłkowe 15
Wykład III - Czynności pomyłkowe (Ciąg dalszy) 25
Wykład IV - Czynności pomyłkowe (Zakończenie) 37

CZĘŚĆ II
MARZENIA SENNE

Wykład V - Trudności i pierwsze zbliżenia 55
Wykład VI - Założenia i technika tłumaczenia 66
Wykład VII - Jawna treść marzenia sennego i utajone myśli senne 75
Wykład VIII - Marzenia senne dzieci 83
Wykład XI - Cenzura senna 90
Wykład X - Symbolika w marzeniu sennym 99
Wykład XI - Praca marzenia sennego 112
Wykład XII - Analiza przykładów marzeń sennych 121
Wykład XIII - Cechy archaiczne i dziecięce marzenia sennego 130
Wykład XIV - Spełnienie życzenia 140
Wykład XV - Marzenia senne. Niepewności i krytyki 150

CZĘŚĆ III
NAUKA OGÓLNA O NERWICACH

Wykład XVI - Psychoanaliza i psychiatria 161
Wykład XVII - Znaczenie objawów 169

Wykład XVIII - Związanie z urazem. Nieświadome 180
Wykład XIX - Opór i tłumienie 188
Wykład XX - Życie seksualne człowieka 198
Wykład XXI - Rozwój libido i organizacje seksualne 209
Wykład XXII - Perspektywy rozwoju i regresji (Etiologia) 222
Wykład XXIII - Drogi tworzenia się objawów 234
Wykład XXIV - Zwykła nerwowość 246
Wykład XXV - Lęk 256
Wykład XXVI - Teoria libido i narcyzm 268
Wykład XXVII - Przeniesienie 281
Wykład XXVIII - Terapia analityczna 288

SŁOWO WSTĘPNE

To, co tutaj oddaję czytelnikowi jako *Wstęp do psychoanalizy*, nie chce pod żadnym pozorem konkurować z istniejącymi pracami, omawiającymi całokształt tej gałęzi wiedzy (Hitschmann, *Nauka Freuda o nerwicach*, 1913; Pfister, *Metoda psychoanalityczna*, 1913; Leo Kaplan, *Podstawy psychoanalizy*, 1914; Régis et Hesnard, *La psychoanalyse des névroses et des psychoses*, Paryż 1914; Adolf F. Meijer, *De Behandeling van Zenuwzieken door Psycho-Analyse*, Amsterdam 1915). Jest to wierna kopia wykładów, które wygłosiłem podczas dwóch semestrów 1915/1916 oraz 1916/1917 przed audytorium, składającym się z lekarzy i laików obojga płci.

Wszystkie osobliwości, które uderzą czytelnika tej pracy, tłumaczą się warunkami, wśród których powstała. Nie można było zachować w opisie chłodnego spokoju rozprawy naukowej; przeciwnie, mówca zmierzał do tego, aby podczas dwugodzinnego wykładu nie wyczerpać uwagi swoich słuchaczy. Wzgląd na doraźne działanie wymagał wielokrotnego powracania do tego samego tematu, na przykład raz w związku z tłumaczeniem snów, później przy omawianiu nerwic. Zgrupowanie materiału pociągnęło za sobą i to, że niektóre ważne zagadnienia, na przykład zagadnienie nieświadomego, nigdzie nie zostały potraktowane wyczerpująco; są one kilkakrotnie podejmowane i odsuwane, aż do chwili, kiedy nadarzy się sposobność dorzucenia nowych danych do ich poznania. Ten, kto zna dobrze literaturę psychoanalityczną, niewiele znajdzie w tym *Wstępie* materiału, który nie byłby mu znany z innych, o wiele bardziej wyczerpujących publikacji. Konieczność uogólnienia i odpowiedniego ujęcia całości zmusiła autora do dodania w poszczególnych rozdziałach (o etiologii lęku, o fantazjach histerycznych) materiału, dotychczas niezużytkowanego.

FREUD

CZĘŚĆ I

CZYNNOŚCI POMYŁKOWE

WYKŁAD I

WSTĘP

Panie i Panowie! Nie wiem, co państwo wiecie o psychoanalizie z lektury, co o niej słyszeliście. Temat, o którym według zapowiedzi mam mówić - wstęp elementarny do psychoanalizy - zmusza mnie do traktowania państwa tak, jakgdyby niczego nie wiedzieliście i potrzebowali pierwszych wskazówek.

Tylko tyle mogę przypuszczać, że wiadomo państwu, iż psychoanaliza jest metodą, za pomocą której leczy się nerwowo chorych. Z miejsca mogę przy tej okazji dać przykład, jak się w tej dziedzinie niejedno odbywa inaczej, często wprost przeciwnie, aniżeli się to dziać zwykło w innych dziedzinach medycyny.

Kiedy stosujemy wobec chorego nową dla niego technikę lekarską, staramy się w zasadzie oszczędzić mu przykrych stron tej techniki i dajemy mu optymistyczne obietnice na temat skuteczności kuracji. Sądzę, że jesteśmy do tego uprawnieni, gdyż przez takie postępowanie wzmagamy prawdopodobieństwo, że zabiegi, które stosujemy, dadzą dobre rezultaty. Skoro jednak chodzi o neurotyka, wobec którego mamy zastosować psychoanalizę, postępujemy inaczej. Mówimy mu o trudnościach metody, o jej trwaniu, o wysiłkach i ofiarach, które za sobą pociąga, a co się tyczy jej powodzenia - oświadczamy, że trudno coś przyrzec z całą pewnością, wiele zależy od zachowania się chorego, od jego zrozumienia dla sprawy, umiejętności przystosowania się, wytrwałości. Oczywiście, ten przeciwny sposób postępowania ma swoje słuszne przyczyny; może później zrozumiecie je i będziecie mogli wejrzeć w rzecz bardziej szczegółowo.

Proszę się nie gniewać, jeżeli na razie traktować będą was, jak tych nerwowo chorych. Szczerze mówiąc, nie radzę państwu słuchać mnie po raz drugi. W tym celu zademonstruję wam, jakie niedokładności towarzyszą z konieczności wykładom o psychoanalizie, jakie trudności powstają na drodze do zdobycia własnego sądu.

Pokażę państwu, jak cały kierunek waszego dotychczasowego wykształcenia, wszystkie wasze przyzwyczajenia myślowe musiały was siłą rzeczy uczynić przeciwnikami psychoanalizy, ile będziecie musieli w sobie przezwyciężyć, by pokonać ten instynktowny opór. Nie mogę oczywiście powiedzieć z góry, czy pod wpływem moich wiadomości zdobędziecie zrozumienie dla psychoanalizy. Mogę wam natomiast przyrzec, że przez słuchanie moich wykładów nie nauczycie się badania ani też leczenia psychoanalitycznego.

Gdyby się jednak znalazł ktoś wśród was, kogo nie zadowalałaby przelotna znajomość z psychoanalizą, kto chciałby wejść z nią w stałe związki, nie tylko będę mu tego odradzał, lecz wprost przestrzegę go przed tym. Tak jak sprawy wyglądają dzisiaj, byłby ten wybór zawodu przekreśleniem jakiejkolwiek możliwości sukcesu akademickiego. A jeżeli człowiek taki pójdzie w życie jako praktykujący lekarz, znajdzie otoczenie, nie rozumiejące jego dążeń, zacofane i wrogie; otoczenie to skieruje przeciw niemu wszystkie drzemiące w sobie złe siły. Może ze zjawisk, towarzyszących szalejącej dziś w Europie wojnie, potraficie państwo mniej więcej ocenić, jak dalece imieniem tych mocy jest legion.

Dosyć jest jednak ludzi, dla których, mimo tych niedogodności, to, co stanowi nową krainę poznania, ma swoją siłę atrakcyjną. Gdyby niektórzy spośród was do nich należeli i gdyby przechodząc do porządku dziennego nad moimi przestrogami, zjawili się tu po raz drugi, powitam ich chętnie. Ale wszyscy państwo mają prawo dowiedzieć się, jakie to trudności towarzyszą psychoanalizie. A więc przede wszystkim trudność samego nauczania psychoanalizy. Wykłady medyczne nauczyły was widzieć. Widzicie państwo anatomiczny preparat, osad przy chemicznych reakcjach, skurcz mięśnia jako rezultat podrażnienia jego nerwów. Potem zmysłom waszym pokazują chorego, objawy jego cierpienia, produkty procesu chorobowego, niejednokrotnie widzicie zarazki chorobotwórcze w izolowanym stanie. W dziedzinie chirurgii jesteście państwo świadkami zabiegów, dzięki którym pomaga się chorym, wolno wam samym próbować stosowania tych zabiegów. Nawet psychiatra demonstruje wam chorego, jego mimikę twarzy, sposób mówienia, zachowanie; wszystkie te obserwacje pozostawiają w was głębokie wrażenia. Tak więc profesor medycyny gra przeważnie rolę przewodnika i tłumacza, który towarzyszy wam w muzeum, podczas gdy wy wchodzicie w bezpośredni kontakt z obiektami i pod wpływem własnych obserwacji przekonujecie się o istnieniu nowych faktów. Niestety, w dziedzinie psychoanalizy sprawa wygląda inaczej. W traktowaniu analitycznym odbywa się jedynie wymiana słów między analizowanym i lekarzem. Pacjent mówi, opowiada o minionych przeżyciach, o obecnych wrażeniach, skarży się, spowiada się ze swych pragnień i uczuć. Lekarz słucha, stara się kierować myślami pacjenta, nagina jego uwagę w określonych kierunkach, wyjaśnia mu pewne sprawy i obserwuje reakcje dodatnie lub ujemne, które wywołał u chorego. Niewykształceni krewni naszych chorych, którym imponuje jedynie to, co można zobaczyć lub usłyszeć, którzy zjawiska ujmują według logiki ekranu filmowego, nie zaniedbują żadnej okazji, by wyrazić swe wątpliwości, czy za pomocą samej rozmowy można coś zaradzić przeciw chorobie. Jest to równie krótkowzroczne, co niekonsekwentne. Przecież to ci sami ludzie, którzy tak dobrze wiedzą, że chorzy objawy choroby tylko sobie „wmawiają". Słowa były niegdyś czarami i do dziś słowo zachowało coś ze swej siły czarodziejskiej. Słowami może człowiek człowieka uszczęśliwić lub doprowadzić do rozpaczy, słowami nauczyciel przenosi na uczniów swoją wiedzę, słowami mówca porywa słuchaczy, decyduje o ich sądach i rozstrzygnięciach. Słowa wywołują afekty, są powszechnym środkiem do tego, by ludzie mogli na siebie wpływać. Nie będziemy więc w psychoterapii lekceważyli używania słów, będziemy zadowoleni, gdy będziemy mogli stać się świadkami słów, wypowiadanych przez analityka i jego pacjenta. Ale i to jest niemożliwe. Rozmowa, podczas której odbywa się zabieg psychoanalityczny, nie znosi słuchaczy, nie można jej również zademonstrować. Oczywiście, można w czasie wykładu psychiatrycznego pokazać słuchaczom neurastenika lub histeryka. Opowie on o swych bólach i objawach, ale na tym koniec. Informacji potrzebnych do analizy udzieli taki człowiek tylko wtedy, jeżeli związany jest specjalnymi więzami uczuciowymi z lekarzem; zamilknie, gdy tylko zobaczy obojętnego sobie świadka. Informacje te bowiem dotyczą najbardziej intymnych szczegółów jego życia duchowego, wszystkiego, co jako jednostka samodzielna pod względem społecznym musi przed innymi ukrywać, wszystkiego, do czego jako indywiduum nie chce przyznać się przed samym sobą.

Nie mogą więc państwo być świadkami tylko zabiegu psychoanalitycznego. Możecie tylko słyszeć o nim; psychoanalizę w ścisłym tego słowa znaczeniu możecie poznać jedynie ze słyszenia. Poprzez te informacje z drugiej ręki powstają dla sformułowania własnego sądu warunki niezwykłe. Prawie wszystko zależy od tego, jakim stopniem wiary obdarzają państwo swojego informatora.

Przypuśćmy, że nie przyszliście na wykład psychiatryczny, przypuśćmy, że jesteście słuchaczami wykładu historycznego i wykładowca opowiada wam o życiu i czynach wojennych Aleksandra Wielkiego. Jakie powody mielibyście do uwierzenia, że słowa wykładowcy odpowiadają rzeczywistości?

Wydaje się nawet, że sytuacja jest tu jeszcze bardziej niepomyślna, aniżeli w wypadku psychoanalizy. Nauczyciel historii tak samo nie był świadkiem wypraw wojennych Aleksandra Wielkiego, jak i państwo, psychoanalityk zaś mówi przynajmniej o sprawach, w których sam grał pewną rolę. Teraz przychodzi kolej na to, co pozwala wam wierzyć historykowi. Może on powoływać się na relacje starożytnych pisarzy, którzy albo byli współcześni Aleksandrowi Wielkiemu, albo też, jak Diodor, Plutarch, Arrian i inni, byli bliscy zdarzeniom, o które chodzi. Może dalej pokazać wam odbitki monet i posągów królewskich, może zaznajomić was wszystkich z fotografią mozaiki pompejańskiej, przedstawiającej bitwę pod Issos. Ściśle mówiąc, wszystkie te dokumenty dowodzą jedynie tego, że już dawne generacje wierzyły w istnienie Aleksandra i w jego czyny. Krytyka wasza mogłaby się tu rozpocząć na nowo. Stwierdziłaby ona, że nie wszystkie informacje o Aleksandrze są wiarygodne, nie wszystkie szczegóły pewne. Mimo to trudno przypuścić, że państwo opuściliby salę wykładową z wątpliwościami o istnieniu Aleksandra Wielkiego. Na rozstrzygnięcie wasze miałyby wpływ dwie okoliczności. Po pierwsze – okoliczność, że wykładowca nie ma logicznej przyczyny podawania wam za rzecz realną czegoś, czego sam nie uważa za realne. Po drugie fakt, że wszystkie książki historyczne przedstawiają temat, o którym mowa, w podobny sposób. Jeżeli później przejdziecie państwo do badania dawnych źródeł, uwzględniać będziecie jako te same momenty ewentualne motywy waszych informatorów i zgodność wzajemną świadectw. Rezultat badania będzie w wypadku Aleksandra niezawodnie uspakajający; byłby on prawdopodobnie inny, gdyby chodziło o takie osobistości, jak Mojżesz czy Nemrod. Wątpliwości, jakie mogą w was powstać w stosunku do wiarygodności psychoanalityka, poznacie wystarczająco dokładnie przy dalszych okazjach.

Teraz macie państwo prawo zapytać – jeżeli nie istnieje obiektywna wiarygodność psychoanalizy, jeżeli nie ma możliwości zademonstrowania jej, w jaki w ogóle sposób można nauczyć się jej i przekonać się o prawdziwości jej twierdzeń? Istotnie, nie jest to rzecz łatwa, niewielu też ludzi gruntownie nauczyło się psychoanalizy. Oczywiście, istnieje jednak wyjście. Psychoanalizy uczy się człowiek przede wszystkim na samym sobie, przez studiowanie własnej osobowości. Nie jest to równoznaczne z obserwowaniem samego siebie, ale, od biedy, można drugą z tych funkcji podporządkować pierwszej. Istnieje cały szereg częstych, znanych powszechnie zjawisk psychicznych, które człowiek sam może uczynić przedmiotami analizy przy pewnym zaznajomieniu się z techniką. Przy tej sposobności zdobywa się poszukiwane przekonanie o realności zjawisk, które opisuje psychoanaliza, oraz przeświadczenie o słuszności jej poglądów. Postęp na tej drodze jest jednak ograniczony. O wiele dalej zajść można, gdy się człowiek daje analizować przez doświadczonego analityka, gdy przeżywa działanie analizy na własnej jaźni i korzysta ze sposobności, aby podpatrzeć u innego subtelną technikę działania. Świetna ta droga dostępna jest oczywiście zawsze tylko dla jednostek, nie dla całego kolegium słuchaczy.

Za drugą trudność w stosunku państwa do psychoanalizy nie ponosi już odpowiedzialności psychoanaliza, lecz wy sami – moi słuchacze – o ile dotychczas zajmowaliście się medycyną. Wykształcenie dotychczasowe dało waszemu sposobowi myślenia pewien kierunek, daleki od psychoanalizy. Szkolono was w tym kierunku, abyście funkcje organizmu i ich zakłócenia uzasadniali anatomicznie, wyjaśniali chemicznie i fizycznie, ujmowali biologicznie. Ani cząstki waszego zainteresowania nie skierowano na życie psychiczne, które jest przecież punktem szczytowym tego przedziwnie skomplikowanego organizmu. Dlatego obcy wam jest psychologiczny sposób myślenia i dlatego przyzwyczailiście się patrzeć na niego z niedowierzaniem, odmawiać mu naukowego charakteru, pozostawiać go laikom, poetom, filozofom i mistykom. To ograniczenie jest niezawodnie szkodliwe dla waszej działalności lekarskiej, gdyż chory, jak się to zdarza z reguły w stosunkach między ludźmi, przede wszystkim ukazuje wam swą duchową fasadę. Obawiam się, że za karę zmuszeni będziecie część działania terapeutycznego, o które wam chodzi, pozostawić tak przez was pogardzanym znachorom i mistykom. Zdaję sobie sprawę, jakie istnieje wytłumaczenie dla tego braku w waszych dotychczasowych studiach. Brak wam filozoficznej nauki pomocniczej, która mogłaby stanąć na usługi waszych lekarskich zamierzeń. Ani filozofia spekulatywna, ani psychologia opisowa, ani bliska fizjologii zmysłów tak zwana psychologia doświadczalna, w tej formie, jak się ich uczy w szkołach, nie są w stanie powiedzieć coś użytecznego o stosunku między dziedziną fizyczną i psychiczną; nie mogą one również oddać w wasze ręce klucza do zrozumienia ewentualnych zakłóceń funkcji psychicznych. Wprawdzie w obrębie samej medycyny psychiatria zajmuje się opisywaniem zaobserwowanych zaburzeń psychicznych i ułożeniem z nich klinicznych obrazów chorobowych, ale w pewnych chwilach sami psychiatrzy mają wątpliwości, czy ich dane o charakterze czysto opisowym zasługują na miano nauki. Objawy, składające się na te obrazy chorobowe, są co do swego pochodzenia, mechanizmu i wzajemnych powiązań niezbadane albo nie odpowiadają im żadne wyraźne zmiany anatomicznego narządu duszy, albo też są to zmiany tego rodzaju, które wam niczego nie wyjaśniają. Te zaburzenia psychiczne są tylko wtedy dostępne oddziaływaniu terapeutycznemu, jeżeli można je rozpoznać jako objawy poboczne innego organicznego schorzenia. Tu mamy lukę, którą stara się wypełnić psychoanaliza. Chce ona dać psychiatrii brakującą podstawę psychologiczną, ma nadzieję, że odkryje wspólny grunt, na którym zetknięcie się zaburzeń fizycznych z psychicznymi stanie się zrozumiałe. Aby ten cel osiągnąć, psychoanaliza musi uwolnić się od obcych jej przesłanek natury anatomicznej, chemicznej lub fizjologicznej, musi pracować wyłącznie przy pomocy czysto psychologicznych pojęć pomocniczych. Dlatego właśnie obawiam się, że z początku wydawać się będzie państwu obca.

Następną trudnością nie chcę obciążać ani was, ani waszego wykształcenia lub nastawienia. Dwiema tezami obraża psychoanaliza cały świat i naraża się na jego awersję. Jedna z nich skierowana jest przeciw przesądowi intelektualnemu, druga przeciw przesądowi natury estetyczno-moralnej. Nie powinniśmy tych przesądów lekceważyć; są to czynniki potężne, emanacje pożytecznych, nawet koniecznych faz rozwojowych ludzkości. Podtrzymują je siły, płynące z afektu; walka z nimi jest ciężka. Pierwsza z tych niepopularnych tez psychoanalizy utrzymuje, że procesy duchowe są w swej istocie nieświadome, procesy zaś świadome stanowią jedynie poszczególne akty i części całego życia psychicznego. Proszę przypomnieć sobie, że przyzwyczajeni jesteśmy do czegoś przeciwnego: do utożsamiania zjawisk psychicznych ze świadomymi. Świadomość jest dla nas cechą, określającą stronę psychiczną, psychologia nauką o treści świadomości. To identyfikowanie wydaje się nam samo przez się zrozumiałe tak, że twierdzenie czegoś przeciwnego wygląda na nonsens. Mimo to psychoanaliza nie może nie wysunąć tego przeciwnego poglądu, nie może stanąć na stanowisku, że świadome jest identyczne z psychicznym. Według jej definicji na psychologię składają się procesy z dziedziny odczuwania, myślenia i woli; musi ona bronić poglądu, że istnieje nieświadome myślenie i nieznane dążenie. Przez to z góry traci sympatię wszystkich przyjaciół trzeźwej naukowości i ściąga na siebie podejrzenie fantastycznej wiedzy tajemnej, która chce budować w ciemnościach i łowić ryby w mętnej wodzie. Ale państwo, którzy mnie słuchacie, nie możecie oczywiście jeszcze zrozumieć, jakim prawem zdanie tak abstrakcyjnej natury jak: „to, co jest psychiczne, jest świadome" uważam za przesąd. Nie możecie również odgadnąć, jakie drogi rozwojowe mogły doprowadzić do zaprzeczenia istnienia nieświadomego, jeżeli ono w ogóle istnieje, i jaka korzyść mogła być rezultatem tej negacji. Kwestia, czy należy psychikę utożsamić ze świadomością, czy też ma ona wyjść poza świadomość, wygląda na pustą grę słów. Mogę was jednak zapewnić, że przez przyjęcie tezy o nieświadomych procesach psychicznych utorowana została w świecie i nauce droga do decydującej, nowej orientacji.

Tak samo nie możecie państwo przeczuć, jak ścisły związek zachodzi między pierwszą śmiałą tezą psychoanalizy, a drugą, o której zaraz będę mówił. Druga teza, którą psychoanaliza uważa za jedno ze swych osiągnięć, zawiera twierdzenie, że popędy, które w ciaśniejszym i szerszym ujęciu określić można jedynie jako seksualne, odgrywają w genezie chorób nerwowych i umysłowych niezwykle wielką, dotychczas niedostatecznie docenianą rolę. Jeszcze więcej: że te same popędy seksualne współdziałają przy powstawaniu najwyższych kulturalnych, artystycznych i socjalnych tworów ducha ludzkiego.

Według mego doświadczenia niechęć do tego rezultatu badań psychoanalitycznych jest najważniejszym źródłem oporu, na jaki one natrafiają. Chcecie państwo wiedzieć, jak sobie to tłumaczymy? Sądzimy, że kultura stworzona została pod wpływem konieczności życiowej kosztem zaspokojenia popędów. Tworzy się ją ciągle na nowo, ilekroć jednostka, wstępująca do ludzkiej społeczności, powtarza ofiary z zaspokojenia popędów na korzyść ogółu. Wśród tych sił popędy seksualne grają ważną rolę; zostają one przy tym sublimowane, to znaczy odsuwane od swoich celów seksualnych i skierowywane ku celom socjalnie stojącym wyżej, już nie seksualnym. Struktura ta jest jednak płynna, popędy seksualne są niedostatecznie opanowane. Każdy, kto pragnie współpracować w dziele kultury, narażony jest na niebezpieczeństwo, że jego popędy seksualne będą takiemu ich użytkowaniu stawiały opór. Za największe zagrożenie kultury uważa społeczeństwo wyzwolenie się poglądów seksualnych i ich powrót do pierwotnych celów. Społeczeństwo nie lubi więc, gdy się zwraca uwagę na tę drażliwą stronę jego powstawania, nie zależy mu na tym, aby siła popędów seksualnych była uznana, a ich znaczenie stało się dla każdego jasne i wyraźne. Przeciwnie, dla celów wychowawczych, skierowało się ono na drogę odwracania uwagi od całej tej dziedziny. Dlatego nie znosi rezultatu badań psychoanalitycznych, o którym mówiliśmy, chciałoby go napiętnować jako estetycznie odrażający, moralnie godny potępienia i niebezpieczny. Ale zarzuty takie nie mogą w niczym osłabić obiektywnych rezultatów pracy naukowej. O ile protest ma być groźny i słyszany, musi się go przenieść do dziedziny intelektualnej. Ale to już leży w naturze ludzkiej, że się jest skłonnym do uważania czegoś za niesłuszne, jeżeli się tego czegoś nie znosi. Nie trudno wtedy o argumenty przeciw temu. Społeczeństwo czyni więc z tego, co mu jest niesympatyczne, rzecz niesłuszną, zwalcza prawdy psychoanalityczne argumentami logicznymi i rzeczowymi, płynącymi jednak ze źródeł afektu, i te zastrzeżenia, jako przesądy, wysuwa przeciw wszelkim próbom ich obalenia.

My jednak możemy twierdzić, że przez stawianie zakwestionowanej tezy nie szliśmy po linii żadnej tendencji. Chcieliśmy jedynie dać wyraz pewnemu stanowi faktycznemu, który poznaliśmy w trakcie żmudnej pracy. Mamy pełne prawo odrzucić bezwzględnie wtrącanie tego rodzaju względów praktycznych do pracy naukowej, zanim zdążyliśmy zbadać, czy obawa, która nam te względy chce narzucić, jest uzasadniona, czy też nie.

Oto niektóre spośród trudności, które stoją na drodze waszej pracy nad psychoanalizą. Na początek to chyba więcej niż dosyć. Skoro przezwyciężycie to wrażenie, będziemy mogli kontynuować naszą pracę.

WYKŁAD II

CZYNNOŚCI POMYŁKOWE

Panie i Panowie! Nie rozpoczniemy dziś od przypuszczeń, lecz od badania. Za przedmiot badania weźmiemy objawy, występujące bardzo często, dobrze znane i zbyt mało oceniane. Nie mają one nic wspólnego z chorobami o tyle, że można je obserwować również u człowieka zdrowego. Są to tak zwane czynności pomyłkowe, a więc: gdy ktoś chce powiedzieć jakieś słowo, a wypowiada inne, albo gdy się to samo zdarza przy pisaniu, co piszący równie dobrze może zauważyć, jak i nie zauważyć; albo mylenie się przy czytaniu, gdy człowiek czyta coś innego, niż to, co zostało uwidocznione w druku lub na piśmie; dalej przesłyszenie się, gdy się mylnie słyszy to, co zostało powiedziane, oczywiście bez organicznych zaburzeń słuchu. Dalszy szereg takich zjawisk ma za podstawę zapomnienie, nie trwałe, lecz chwilowe. Na przykład, gdy ktoś nie może przypomnieć sobie czyjegoś nazwiska, które przecież zna, albo kiedy ktoś zapomina wykonać pewien zamiar, który sobie później przypomina, więc zapomniał tylko na pewien czas. W trzeciej kategorii zjawisk odpada warunek chwilowości, na przykład przy zarzuceniu czegoś, gdy się jakiś przedmiot gdzieś zapomniało i nie można go odszukać, albo przy zupełnie analogicznym zgubieniu czegoś. Jest to zapomnienie, które należy jednak traktować inaczej niż każde inne, z powodu którego dziwimy się lub gniewamy, zamiast je rozumieć. Do tej grupy zjawisk dołączają pewne błędy, w których znowu pojawia się chwilowość, kiedy na przykład przez jakiś czas wierzy się w coś, o czym i wcześniej i później wiadomo, że wygląda inaczej, oraz cały szereg podobnych zjawisk pod różnymi określeniami.

Wszystkie te objawy nie są objawami natury zasadniczej, są przeważnie przelotne i nie odgrywają zbyt wielkiej roli w ludzkim życiu. Tylko w wyjątkowych wypadkach któryś z tych objawów, na przykład zgubienie czegoś, nabiera pewnego praktycznego znaczenia. Dlatego niewiele zwraca się na nie uwagi, dlatego nie bardzo nas przerażają.

Na te właśnie objawy chcę teraz skierować waszą uwagę. Odpowiecie mi z pewną niechęcią: „Świat i życie psychiczne pełne są tylu wielkich zagadek, tyle jest dziwów w dziedzinie zaburzeń psychicznych, które wymagają wyjaśnienia i zasługują na nie, że tracenie czasu i wysiłku na takie drobiazgi robi wrażenie jakiejś psoty. Gdyby pan potrafił wyjaśnić, w jaki sposób człowiek o prawidłowym wzroku i słuchu w jasny dzień może widzieć i słyszeć rzeczy, których nie ma, gdyby mógł pan powiedzieć, dlaczego komuś ni stąd, ni zowąd zaczyna się wydawać, że najbliżsi go prześladują, dlaczego ktoś z całą ścisłością uzasadnia szaleńcze fantazje, które każdemu dziecku wydać się muszą nonsensami, bylibyśmy skłonni mieć respekt dla psychoanalizy. Jeżeli jednak nie stać jej na nic innego, jak tylko na zajmowanie nas kwestią, dlaczego mówca na bankiecie zamiast danego słowa powiedział inne, albo dlaczego gospodyni zarzuciła gdzieś klucze lub inne podobne drobiazgi, to wolimy w inny sposób zużytkować swój czas i zainteresowania". Odpowiedziałbym na to: cierpliwości. Mam wrażenie, że w krytyce swej nie jesteście na właściwej drodze. Psychoanaliza nie może poszczycić się tym, że nigdy nie interesowała się drobiazgami – to prawda. Przeciwnie, jej materiał doświadczalny tworzą przeważnie te niepozorne zdarzenia, które inne gałęzie wiedzy odrzucają jako nieistotne, jako coś w rodzaju resztek ze świata zjawisk. Czy nie utożsamiacie państwo przypadkiem w swej krytyce ważności zagadnień z jaskrawością oznak? Czy nie istnieją bardzo ważne sprawy, które przy pewnych warunkach, w pewnych okresach, przejawić się mogą tylko przez zupełnie słabe oznaki? Z łatwością mógłbym wskazać sporo takich wypadków. Z jakich to drobnych oznak młodzi panowie spośród was dochodzą do wniosku, że zdobyli przychylność młodej niewiasty? Czy czekają na wyraźne wyznanie miłości, na gwałtowne zarzucenie ramion na szyję, czy też wystarczy im spojrzenie, zaledwie przez innych zauważone, przelotny ruch, przedłużenie o sekundę uścisku ręki? A gdy ktoś bierze udział w śledztwie jako urzędnik policji kryminalnej, czyż spodziewa się, że morderca zostawił na miejscu zbrodni swą fotografię i dokładny adres, czy też zadowoli się z konieczności słabszymi i mniej wyraźnymi śladami? Nie lekceważmy więc drobnych objawów i oznak; może przy ich pomocy natrafimy na ślady czegoś większego. Odnośnie wielkich problemów świata i nauki, jestem tego samego zdania co wy – uważam, że przede wszystkim zasługują na nasze zainteresowanie. Ale głośne powzięcie zamiaru zgłębienia tego czy innego wielkiego problemu przeważnie nie na wiele się przydaje. Często niewiadomo dokąd skierować pierwsze kroki. W pracy naukowej lepsze rezultaty daje branie się do tego, co się ma przed sobą i do czego zbadania można znaleźć drogę. Gdy się to czyni gruntownie, bez zastrzeżeń i bez zbyt wielkich nadziei, gdy się ma szczęście, wtedy przez związek, który wszystko ze wszystkim zespala, a więc i rzeczy małe z wielkimi, praca najbardziej niepozorna musi otworzyć dostęp do badań nad wielkimi problemami.

W ten sposób odpowiedziałbym, by wywołać i utrzymać w was zainteresowanie dla pozornie tak drobnych czynności pomyłkowych ludzi zdrowych. A teraz weźmy kogoś, komu psychoanaliza jest obca, i zapytajmy go, jak sobie tłumaczy, że sprawy takie się zdarzają.

Z pewnością odpowie najpierw: „Ach, nie warto tego tłumaczyć, to przypadkowe drobiazgi". Cóż to ma znaczyć? Czyż ze słów tych ma wynikać, że istnieją tak drobne wydarzenia, wypadające z łańcucha dziejów, które równie dobrze jak istnieją, mogłyby nie istnieć? Jeżeli ktoś w ten sposób przełamuje naturalny determinizm na jednym odcinku, obala równocześnie cały naukowy pogląd na świat. Można wtedy wskazać na to, o ile więcej konsekwencji mieści się w religijnym poglądzie na świat, gdyż pogląd ten zapewnia z całą stanowczością, że bez specjalnej woli Boga nawet wróbel nie może spaść z drzewa. Sądzę, że nasz przyjaciel nie będzie wyciągał konsekwencji ze swojej pierwszej odpowiedzi, że zmieni kierunek rozumowania i powie: „Jeżeli będę te sprawy badał, znajdę dla nich wytłumaczenie". Chodzi przecież o małe wykolejenia funkcji, o niedokładności psychicznego procesu, których warunki można ustalić. Człowiek, który na ogół mówi normalnie, może się pomylić, jeżeli: 1° jest nieco niedysponowany i zmęczony; 2° jest podniecony; 3° inne sprawy zbyt mocno go pochłaniają. Nie trudno to udowodnić. Istotnie, z przejęzyczeniami mamy przeważnie do czynienia, gdy jesteśmy zmęczeni albo mamy ból głowy czy migrenę. W tych samych okolicznościach zapomina się łatwo imion.

Dla niektórych osób to zapominanie jest zapowiedzią zbliżania się migreny. Również w podnieceniu przestawiamy często słowa i przedmioty, a zapominanie wykonania zamiaru oraz cała masa innych niezamierzonych czynności występują ze szczególną jaskrawością, gdy się jest roztargnionym, to znaczy, gdy uwaga jest skoncentrowana nia czymś innym. Znanym przykładem takiego roztargnienia jest ów profesor z *Fliegende Blätter*, który zostawia parasol i bierze cudzy kapelusz, ponieważ myśli o zagadnieniach swej najbliższej książki. Przykłady na to, jak można zapomnieć o zamiarach, które się powzięło, o obietnicach, które się uczyniło, bo w międzyczasie przeżyło się coś, co człowieka mocno pochłaniało, znają wszyscy z własnego doświadczenia.

Brzmi to zupełnie zrozumiale i, zdaje się, nie napotka na protesty. Nie jest to może bardzo interesujące, w każdym razie nie tak, jak oczekiwaliśmy. Przypatrzmy się jednak bliżej temu wyjaśnieniu czynności pomyłkowych. Warunki, wśród których zjawiska te powstają, nie są jednolite. Niedyspozycja i nienormalny obieg krwi dają fizjologiczne uzasadnienie odchyleń w normalnym funkcjonowaniu; podniecenie, zmęczenie, odwrócenie uwagi, to momenty innego rodzaju, które nazwać można psychofizjologicznymi. Łatwo je przenieść w dziedzinę teorii. Zarówno przez zmęczenie, jak przez odwrócenie uwagi, może również przez ogólne podniecenie, powstaje pewne rozproszenie uwagi, którego skutkiem jest zbyt małe poświęcenie jej danej funkcji. Funkcja ta może być lekko zakłócona lub niedokładnie wykonana. Lekka niedyspozycja, zmiany obiegu krwi w ośrodkach nerwowych mogą mieć ten sam skutek, mogą w ten sam sposób wpływać na rozproszenie uwagi. We wszystkich tych wypadkach mielibyśmy więc do czynienia z zakłóceniami uwagi bądź z przyczyn organicznych, bądź z przyczyn psychicznych.

Wydaje się, że dla zainteresowań psychoanalitycznych niewiele z tego wynika. Mogłaby powstać potrzeba zaniechania tego tematu. Gdy jednak spojrzymy dokładniej, nie wszystko tu okazuje się zgodne z teorią uwagi czynności pomyłkowych albo przynajmniej nie wszystko się z niej wywodzi. Doświadczenie uczy nas, że takie pomyłki, takie zapominanie zdarza się również u osób, które nie są ani przemęczone, ani roztargnione, ani podniecone, lecz pod każdym względem znajdują się w stanie normalnym, chyba, że chcielibyśmy *ex post* przypisywać im podniecenie, do którego się nie przyznają, właśnie na podstawie ich błędnych odruchów. Trudno również uważać za pewnik, że jedna czynność przez wzmożenie skierowanej na nią uwagi jest niejako zabezpieczona, druga, przez osłabienie tej uwagi, zagrożona. Istnieje wielka ilość posunięć, dokonywanych czysto automatycznie, z minimalną uwagą, a jednak z całą pewnością. Spacerowicz, który nie wie dokładnie, dokąd idzie, trzyma się jednak wytyczonej drogi i zatrzymuje się u celu, nie zabłądziwszy (tak przynajmniej bywa w zasadzie). Wyćwiczony pianista uderza w odpowiednie klawisze, nie myśląc o tym. Oczywiście, może czasami uderzyć w fałszywy klawisz, ale gdyby gra automatyczna zwiększała niebezpieczeństwo omyłki właśnie ten wirtuoz, którego gra na skutek nieustannych ćwiczeń w zupełności się zautomatyzowała, musiałby być najbardziej narażony na to niebezpieczeństwo. Przeciwnie, widzimy niejednokrotnie, że wiele czynności udaje się z całą precyzją, choć nie są one przedmiotem specjalnie natężonej uwagi, omyłki zaś i wykolejenia zdarzają się właśnie wtedy, gdy specjalnie zależy nam na tym, by wszystko było w porządku, a więc z pewnością nie ma mowy o odwróceniu potrzebnej uwagi. Można wtedy powiedzieć, że to rezultat „podniecenia", trudno jednak zrozumieć, dlaczego właśnie podniecenie nie wzmaga raczej uwagi w kierunku tego, co tak usilnie pragniemy uczynić. Gdy ktoś w ważnym przemówieniu lub w rozmowie na skutek przejęzyczenia wypowiada coś innego, aniżeli miał zamiar powiedzieć, trudno to wytłumaczyć na podstawie teorii psychofizjologicznej czy teorii o uwadze. Czynnościom pomyłkowym towarzyszy wielka ilość drobnych objawów dodatkowych, których nie rozumiemy, do których nie zbliżyliśmy się przez dotychczasowe wyjaśnienia. Gdy na przykład zapominamy na chwilę jakiegoś nazwiska, zaczynamy się irytować, chcemy je sobie natychmiast przypomnieć, nie chcemy ustąpić. Dlaczego tak rzadko udaje się człowiekowi zirytowanemu skierować swą uwagę na słowo, o które mu chodzi, które, jak powiada: „leży mu na języku", które od razu poznaje, gdy je wypowie ktoś inny. Zdarzają się również wypadki, że czynności zwielokrotniają się, wzajemnie się zazębiają lub uzupełniają. Raz zapomina się o spotkaniu, później, gdy się sobie postanowiło nie zapomnieć, okazuje się, że w pamięci pozostała fałszywa godzina; albo drogą pośrednią staramy się przypomnieć sobie zapomniane słowo, a tu zapominamy innego słowa, które przy odszukaniu pierwszego mogłoby być pomocne. Zaczynamy szukać tego drugiego słowa i nagle przepada trzecie itd. To samo zdarza się przy pomyłkach w druku, które należy traktować jako czynności pomyłkowe zecera.

Taki uporczywy błąd drukarski wkradł się kiedyś podobno do pewnego dziennika socjalistycznego. W sprawozdaniu z pewnej uroczystości wydrukowano: „wśród obecnych zauważono również jego wysokość kornprinza". Na następny dzień pojawia się notatka; zamiast *korn*prinza miało być oczywiście *knor*prinza [1]. W takich wypadkach mówi się chętnie o chochlikach drukarskich i innych podobnych określeniach, które w każdym razie wychodzą poza psychofizyczną teorię błędu drukarskiego.

Nie wiem, czy państwu wiadomo, że można przejęzyczenie sprowokować, wywołać drogą sugestii. Oto anegdotka na ten temat. Gdy pewnego aktora debiutanta obarczono w *Dziewicy Orleańskiej* ważną rolą, polegającą na zameldowaniu królowi, że constable odsyła swój miecz, wykonawca roli głównej zażartował sobie i podczas próby kilkakrotnie powtórzył nieśmiałemu adeptowi: „constable odsyła swego konia". I cel został osiągnięty. Na przedstawieniu nasz nieszczęśliwy debiutant wypowiedział fałszywy tekst, choć go przestrzegano, a może właśnie dlatego, że mu zwracano uwagę.

Wszystkie te drobne cechy czynności pomyłkowych nie znajdują wyjaśnienia w teorii o odwróceniu uwagi. Nie wynika z tego, by teoria ta musiała być błędna. Może jej tylko czegoś brakuje, może potrzebuje jakiegoś uzupełnienia, by mogła nas zadowolić. Ale niektóre czynności pomyłkowe mogą być jeszcze rozpatrywane z innej strony.

Weźmy najbardziej dla naszych celów nadające się przejęzyczenie (moglibyśmy równie dobrze wybrać pomyłki przy pisaniu lub czytaniu). Musimy sobie wreszcie powiedzieć, że dotychczas pytaliśmy tylko o to, kiedy, w jakich warunkach człowiek przejęzycza się i tylko na to otrzymaliśmy odpowiedź. Można jednak skierować zainteresowanie w inną stronę i chcieć się dowiedzieć, dlaczego przejęzyczamy się właśnie w ten sposób, a nie w inny, można zająć się tym, co z przejęzyczenia wynika. Dopóki na to pytanie nie odpowiemy, dopóki nie zostanie wy-

[1] Ponowny błąd, powinno być *kron*prinz - następca tronu [przyp. red.].

jaśniony skutek przejęzyczenia, dopóty zjawisko z psychologicznego stanowiska pozostaje przypadkowe, bez względu na to, że znalazło wyjaśnienie fizjologiczne. Gdy przejęzyczam się, może to się stać w nieskończenie wielu formach, mogę zamiast właściwego słowa powiedzieć jedno z tysiąca innych, mogę dokonać nieskończonej ilości zniekształceń właściwego wyrazu. Czy istnieje więc coś, co mi w specjalnym wypadku spośród wszystkich możliwych rodzajów przejęzyczenia ten właśnie rodzaj narzuca, czy też jest to przypadek, dowolność, czy może w tej sprawie w ogóle nie można wypowiedzieć niczego rozsądnego?

Dwaj autorzy, Meringer i Mayer (filolog i psychiatra), spróbowali w 1895 roku ująć kwestię przejęzyczenia z tej strony. Zaczęli zbierać przykłady, traktując je od razu czysto opisowo. Nie daje to oczywiście wyjaśnienia, ale może być do niego drogą. Podzielili oni zniekształcenia, jakich doznaje mowa przez przejęzyczenie, na: przestawienia, antycypacje, oddziaływania następcze, pomieszania (kontaminacje) i podstawienia (substytucje). Dam państwu przykłady wymienionych autorów, charakteryzujące ważniejsze grupy. Przestawienie zachodzi, gdy ktoś mówi: Milo z Venus zamiast: Venus z Milo (przestawienie kolejności słów). Oddziaływaniem następczym, byłby znany, nieudany toast: *ich fordere Sie auf, auf das Wohl useres Chefs aufzustossen* („wzywam państwa do zbiorowej czkawki za zdrowie naszego szefa") [2]. Te formy przejęzyczeń nie są zbyt częste. O wiele częstsze są wypadki, w których przejęzyczenie powstaje przez złączenie względnie zgęszczenie pewnych słów, na przykład, gdy jakiś pan mówi do pani, spotkanej na ulicy: *ich möchte Sie gerne begleit – digen* („chętnie bym panią odpro... obraził") [3]. W tym pomieszaniu tkwi i chęć obrazy i odprowadzenia (mówiąc nawiasem, nie budzi wątpliwości wielki sukces młodzieńca).

Próba wyjaśnienia, którą obydwaj autorzy opierają na podstawie swych przykładów, jest zupełnie niewystarczająca. Sądzą oni, że dźwięki i sylaby słowa mają różne wartości, że wysokowartościowe elementy wśród tych dźwięków i sylab wpływać mogą zakłócająco na elementy nisko wartościowe. Opierają się przy tym na rzadkich w zasadzie antycypacjach i oddziaływaniach następczych; dla innych skutków przejęzyczeń wyróżnienia asocjacji dźwiękowych, o ile w ogóle istnieją, nie wchodzą w rachubę. Przecież najczęściej mamy do czynienia z przejęzyczeniem, gdy zamiast jednego słowa pada inne, bardzo podobne, i to podobieństwo wielu ludziom wystarczy jako wytłumaczenie przejęzyczenia. Na przykład pewien profesor stwierdza w swej mowie inauguracyjnej: „nie jestem skłonny (ich bin nich *geneigt*, zamiast *ich bin nicht geeignet* – nie jestem godny) do uczczenia zasług mego poprzednika". Albo jego kolega z innego fakultetu: „przy genitaliach kobiecych mimo wielu *pokus* (*Versuchung*), przepraszam, pomyliłem się: mimo wielu prób (*Versuche*)...

---

[2] *Aufstossen* – mieć czkawkę; *anstossen* – trącać się kieliszkami [przyp. tł.].

[3] Odprowadzić znaczy po niemiecku *begleiten*, obrazić – *beleidigen* [przyp. tł.].

Najzwyklejszą i najczęstszą formą przejęzyczenia jest wypowiadanie czegoś przeciwnego, niż się chciało powiedzieć. Jest to bardzo odległe od związków i pokrewieństw dźwiękowych.

Można się przy tym powołać na to, że przeciwieństwa złączone są bardzo silnym pokrewieństwem pojęciowym i są sobie wzajemnie specjalnie bliskie przez skojarzenie psychologiczne. Istnieją w tej dziedzinie historyczne przykłady. Oto prezydent parlamentu otworzył kiedyś posiedzenie następującymi słowami: „Panowie! Stwierdzam obecność tylu a tylu posłów i oświadczam, że posiedzenie jest *zamknięte*".

Równie kusząco, jak związki między przeciwieństwami, działa każde inne utarte skojarzenie, które w pewnych warunkach może być dosyć kłopotliwe. Tak na przykład opowiadają, że na bankiecie z okazji ślubu syna H. Helmholtza z córką znanego wynalazcy i przemysłowca, W. Siemensa, sławny fizjolog Dubois-Reymond wygłosił wspaniały toast, zakończony w następujący sposób: „A więc, niech żyje nowa firma Siemens i Halske!". Była to właściwa nazwa starej firmy, niezwykle popularnej na terenie Berlina.

Musimy więc do związków dźwiękowych i do podobieństw między słowami dodać jeszcze wpływ asocjacji słownych. Ale to nie wystarczy. W szeregu wypadków wyjaśnienie zaobserwowanego przeoczenia będzie niemożliwe, dopóki nie uwzględnimy tego, co zostało powiedziane lub nawet pomyślane poprzednio. A więc znowu przypadek reprodukcji, jak ten, o którym mówi Meringer, tylko z większego oddalenia. Na ogół mam wrażenie, że teraz oddaliliśmy się od zrozumienia czynności pomyłkowej przy przejęzyczeniu bardziej niż kiedykolwiek.

Nie mylę się chyba, przypuszczając, że podczas przeprowadzonego przed chwilą badania przykłady przejęzyczeń wywarły na nas wszystkich nowe wrażenia, nad którymi warto by się nieco zastanowić. Zbadaliśmy warunki, w których przejęzyczenie w ogóle dochodzi do skutku, następnie poznaliśmy źródła, określające rodzaj zniekształcenia przy przejęzyczeniach, ale samego skutku przejęzyczenia, bez względu na jego powstanie, jeszcze nie rozpatrywaliśmy. Skoro zdecydujemy się i na to, będziemy musieli zdobyć się wreszcie na odwagę i powiedzieć: w niektórych przykładach ma sens i to, *co* powstaje przy przejęzyczeniu. Cóż to znaczy sens? Otóż chodzi o to, że skutek przejęzyczenia ma chyba prawo do tego, aby go uważać za pełnowartościowy akt psychiczny, który również dąży do swego własnego celu i winien być traktowany jako przejaw o pewnej treści i znaczeniu. Mówiliśmy dotychczas ciągle o czynnościach pomyłkowych, ale teraz wydaje się, że czasami czynność pomyłkowa może być czynnością normalną, która zajęła miejsce innej, oczekiwanej lub zamienionej.

Ten własny sens czynności pomyłkowej jest przecież w pojedynczych wypadkach uchwytny i niezaprzeczalny.

Gdy przewodniczący w pierwszych słowach swojej mowy zamyka posiedzenie parlamentu zamiast je otworzyć, skłonni jesteśmy na podstawie orientowania się w stosunkach uważać tę pomyłkę za pełną sensu. Nie spodziewa się po obradach niczego dobrego, byłby zadowolony, gdyby je mógł z miejsca przerwać. Wskazanie tego sensu, a więc wyjaśnienie przejęzyczenia nie sprawia nam trudności. Weźmy inny przykład. Pewna pani, uchodząca za energiczną, powiada: „mąż mój pytał lekarza, jakiej ma przestrzegać diety; lekarz oświadczył, że dieta jest zbyteczna, może jeść i pić, co *ja* uważam za stosowne". Czyż to przejęzyczenie nie jest oczywistym wyrazem konsekwentnie przeprowadzanego programu życiowego?

Panie i Panowie! Gdyby się miało okazać, że nie tylko nieliczne wypadki przejęzyczenia i czynności omyłkowych w ogóle mają swój sens, lecz że wypadków takich jest większa ilość, ten sens czynności omyłkowych, o którym dotychczas nie było mowy, stanie się dla nas sprawą najbardziej zajmującą i słusznie odsunie na drugi plan wszystkie inne punkty widzenia. Możemy wtedy pozostawić na boku wszystkie momenty fizjologiczne lub psychofizyczne, wolno nam poświęcić się badaniom czysto psychologicznym na temat sensu, tj. znaczenia i celu czynności pomyłkowej. Dla sprawdzenia, czy nadzieje nasze są uzasadnione, będziemy musieli rozszerzyć ramy materiału obserwacyjnego.

Zanim jednak zamiar ten wykonamy, chciałbym, by państwo poszli za mną, kierując się innym śladem. Zdarza się niejednokrotnie, że poeta używa przestawienia słów lub innej czynności pomyłkowej jako środka natury artystycznej. Sam ten fakt musi być dla nas dowodem, że czynność pomyłkową, w tym wypadku przejęzyczenie, uważa on za pełną sensu, bo przecież stwarza ją celowo. Nie dzieje się tak, że poeta przy pisaniu popełnił pomyłkę i później tę pomyłkę pozostawił w utworze jako przejęzyczenie. Przez przejęzyczenie chce nam poeta coś uświadomić i możemy zbadać, o co mu chodzi, czy chce na przykład zaznaczyć, że dana osoba jest roztargniona, zmęczona lub znajduje się bezpośrednio przed atakiem migreny. Jeżeli poeta używa przejęzyczenia jako zwrotu pełnego sensu, nie należy tego oczywiście przeceniać. W rzeczywistości mogło ono być pozbawione sensu, mogło być psychicznym przypadkiem, a tylko w wyjątkowych wypadkach mogło posiadać sens; poeta ma pełne prawo stopniować skalę tego sensu stosownie do swoich celów. Nie byłoby jednak nic dziwnego i w tym, gdybyśmy od poety mogli dowiedzieć się o przejęzyczeniu więcej aniżeli od filozofa lub psychiatry.

Taki przykład przejęzyczenia znajdujemy w *Wallensteinie* (*Rodzina Piccolominich, akt pierwszy, odsłona piąta*). W poprzedniej scenie Maks Piccolomini opowiedział się z całą gwałtownością za księciem, wypowiadając entuzjastyczną tyradę na temat błogosławieństw pokoju, które mu się objawiły podczas odprowadzania córki Wallensteina do obozu. Ojciec Maksa i wysłannik dworu, Questenberg, pozostają pod druzgocącym wrażeniem tej tyrady.

Oto scena piąta:

Questenberg: O biada, biada! Czy tak rzeczy stoją?
(Niecierpliwie i pośpiesznie).
I ty powagą nie weźmiesz go swoją?

Dozwalasz odejść mu w takim zapale,
Ócz nie otworzysz tak zaślepionemu?
Oktawio (z głębokiego zamyślenia).
On właśnie moje w tej otworzył dobie,
I więcej widzę, niźli życzę sobie.
Questenberg: Ja twojej mowy nie pojmuję wcale...
Oktawio: Przeklinać muszę dzień jego podróży!
Questenberg: I cóż się stało?
Oktawio: Nie bawmy tu dłużej!
Ja muszę śledzić, widzieć własnem okiem -
Ach śpieszmy!
(Chce go wyprowadzić).
Questenberg (zdziwiony): Dokąd?
Oktawio (niecierpliwie): Do niej!
Questenberg: Do niej?
Oktawio: Tak, do - (poprawia, się) księcia. Idźmy![4]

Oktawio chciał powiedzieć" „do niego, do księcia". Przez słowa „do niej" zdradza, że doskonale rozumie, kto jest przyczyną entuzjazmu młodego wojaka dla pokoju.

Jeszcze bardziej przekonywujący przykład odnalazł O. Rank u Szekspira. Znalaz go w *Kupcu weneckim*, w słynnej scenie wyboru trzech skrzynek przez szczęśliwego wybrańca. Zdaje się, że uczynię najlepiej, jeżeli odczytam krótkie wywody Ranka. Oto one:

„W *Kupcu weneckim* Szekspira (*akt trzeci, scena druga*) znajdujemy przejęzyczenie poetycko bardzo zręcznie umotywowane, technicznie świetnie wyzyskane, dowodzące tak samo, jak przy przykładzie Freuda z Wallensteinem, że poeci znają dobrze mechanizm i sens czynności pomyłkowych i są pewni, że ich czytelnicy również się w tym orientują. Porcja, wskutek woli ojca uzależniona w wyborze męża od losu, dotychczas potrafiła przez szczęśliwy wypadek pozbyć się niemiłych konkurentów.

Spotkawszy Bassania, którego pokochała, lęka się, że i on fałszywy los wyciągnie. Chciałaby mu powiedzieć, że i w tym wypadku może być pewny jej miłości, ale nie pozwala na to przysięga. W tej rozterce poeta każe jej wypowiedzieć do Bassania następujące słowa"

Wstrzymaj się jeszcze, signore; zaczekaj
Dzień lub dwa, zanim dokonasz wyboru;
Bo gdybyś błędnie wybrał, pozbawioną
Byłabym twojej obecności; bądź więc
Cierpliwy, proszę. Coś mi skrycie mówi

[4] Tłumaczenie Jana Nepomucena Kamińskiego ze zbiorowego wydania dzieł Schillera - Lwów [1928].

(Lecz to nie miłość), że rozstać się z panem,
Z trudnością by mi przyszło, a sam przyznasz,
Że nienawiści głos bywa odmienny,
Abyś mnie jednak lepiej pan zrozumiał,
(Choć to kobiecie myśleć tylko wolno,
Ale nie mówić), chętnie bym cię miesiąc,
Albo dwa, w moim zatrzymała domu,
Zanimbyś odbył tę grę hazardowną,
Mogłabym jeszcze podać ci wskazówki
Co do trafności wyboru, lecz wtedy,
Złamać bym moją musiała przysięgę,
A tego nie uczynię. Tak więc
Możesz mnie chybić; jeślibyś zaś chybił
Zaiste dałbyś mi powód do grzechu,
Boby mi przyszło żałować, żem była
Wierną przysiędze. O, te oczy wasze,
Opanowały mnie i rozdwoiły:
Jedna połowa moja już jest waszą,
Druga połowa waszą, to jest moją,
Chciałam powiedzieć; lecz jeżeli moją,
To waszą także, więc i całość wasza. [5]

Właśnie to, do czego chciała tylko uczynić lekką aluzję, bo właściwie nie miała o tym mówić, że już przed wyborem *całkowicie* należy do niego i kocha go, poeta, kierowany podziwu godnym wyczuciem psychologicznym, ujawnia przez przestawienie wyrazów. Dzięki temu majstersztykowi uspokaja zarówno nieznośną niepewność kochanków, jak i napięcie słuchacza co do wyniku wyboru".

Proszę jeszcze zwrócić uwagę, w jak delikatnej formie Porcja rzuca pomost między wyznaniami, zawartymi w grze słów, jak niweluje zawartą w niej sprzeczność, jak wreszcie wraca do swej pomyłki, podkreślając, że w niej zawarta jest prawda, gdy mówi: „Lecz jeżeli moją, to waszą także, więc i całość wasza".

Pewien myśliciel, daleko stojący od medycyny, odkrył nam również sens czynności pomyłkowej i oszczędził trudu wyjaśnienia tego wypadku. Jest nim pełen polotu satyryk Lichtenberg (1742–1799), o którym Goethe powiedział: „w każdym jego żarcie jest ukryty problem". Przy sposobności żartu przychodzi również nieraz rozwiązanie problemu. W jednym ze swych dowcipnych, satyrycznych utworów notuje Lichtenberg zdanie następujące: „zawsze zamiast słowa angenommen [6] czytał „Agamemnon", tak był przesiąknięty lekturą Homera. Oto mamy istotną teorię omyłek przy czytaniu.

Następnym razem postaramy się ustalić, czy w ujmowaniu czynności pomyłkowych wolno nam iść drogą wytkniętą przez poetów.

[5] W. Szekspir, *Kupiec wenecki*, przeł. J. Paszkowski, Lwów–Złoczów 1908.

[6] Przyjął, przyjęte, biorąc pod uwagę [przyp. tł.].

WYKŁAD III

CZYNNOŚCI POMYŁKOWE
(Ciąg dalszy)

Panie i Panowie! Podczas poprzedniego wykładu wpadliśmy na pomysł rozpatrywania czynności pomyłkowych w oderwaniu od zakłóconej czynności, zamierzonej, jako całości zamkniętej w sobie. Odnieśliśmy wrażenie, że czynności te w poszczególnych wypadkach zdradzają swój własny sens i powiedzieliśmy sobie: jeżeli w naszym zakresie dałoby się stwierdzić, że czynność pomyłkowa ma sens, sens ten mógłby stać się bardziej zajmujący niż okoliczności, wśród których czynność pomyłkowa doszła do skutku.

Ustalmy raz jeszcze, co chcemy rozumieć przez „sens" procesu psychicznego. Nic innego, jak zamiar, któremu służy, i jego stanowisko w szeregu psychicznym. W przeważającej ilości naszych badań możemy „sens" zastąpić słowami „zamiar" lub „tendencja". Czy więc był to tylko złudny blask czynności pomyłkowej, czy też jej wywyższenie przez poezję, gdy się nam zdawało, że widzimy w niej zamiar?

Pozostańmy przy przykładach przejęzyczenia, rozszerzmy tylko zasięg obserwacji. Znajdziemy całe kategorie wypadków, w których widoczny jest zamiar czy sens przejęzyczenia. Będą to przede wszystkim wypadki, w których na miejscu tego, co zamierzaliśmy, występuje coś przeciwnego. Przypomnijmy sobie słowa przewodniczącego, który na posiedzeniu inauguracyjnym oświadcza, że posiedzenie jest zamknięte. Nie ma tu niczego dwuznacznego. Sensem i zamiarem jego pomyłkowego przemówienia jest chęć zamknięcia obrad. „Sam to przyznaje", chciałoby się powiedzieć, wystarczy go „wziąć za słowo". Proszę mi teraz nie przeszkadzać zarzutem, że to niemożliwe, że przecież wiemy, iż chciał otworzyć posiedzenie, a nie zamknąć je, że sam, jako najwyższa, uznana przez nas instytucja, gotów jest potwierdzić: chciałem otworzyć. Zapominacie, państwo, przy tej okazji, że zgodziliśmy się na traktowanie czynności pomyłkowej jako czegoś oderwanego; o jej stosunku do intencji, którą zakłóca, pomówimy później. W przeciwnym razie popełnilibyście błąd logiczny, na skutek którego ominęlibyście to właśnie zagadnienie, o które nam tutaj chodzi.

W innych wypadkach, gdy się drogą pomyłki nie powiedziało czegoś przeciwnego, niż to co się chciało powiedzieć, może mimo to przez przejęzyczenie wyjść na światło sens przeciwny. „Nie jestem *skłonny* (*geneigt*) do uczczenia zasług mego poprzednika". Skłonny (*geneigt*), nie jest przeciwieństwem zdolnego (*geeignet*), a jednak mamy wyraźne wyznanie, pozostające w jaskrawym przeciwieństwie do sytuacji, w której znalazł się nasz mówca.

W innych jeszcze wypadkach przejęzyczenie dodaje do sensu zamierzonego sens drugi. Zdanie, którego słuchamy, sprawia wrażenie stłoczenia, zgęszczenia lub skrótu z większej ilości zdań. Oto energiczna dama, która oświadcza: może jeść i pić, co *mnie* się podoba. To zupełnie tak, jak gdyby opowiadała: może jeść i pić, co tylko zechce, ale czegóż on może chcieć? Ja chcę za niego.

Przejęzyczenia robią często wrażenie takich skrótów. Na przykład, kiedy profesor anatomii po wykładzie o jamach nosowych, otrzymawszy odpowiedź, że został przez słuchaczy zrozumiany, mówi w dalszym ciągu: nie bardzo w to wierzę, gdyż ludzi, orientujących się dobrze w sprawach jam nosowych, nawet w milionowym mieście policzyć można *na palcu*... przepraszam, na palcach jednej ręki. Ten skrót ma także swój sens; mówi o tym, że jest tylko jeden człowiek, który się w tym orientuje.

Obok tych grup, w których czynność pomyłkowa sama przez się wyraża swój sens, mamy inne, w których przejęzyczenie nie wykazuje żadnego sensu; przeciwstawiają się one energicznie naszym oczekiwaniom. Jeżeli ktoś przez przejęzyczenie przekręca czyjeś imię albo popełnia błędy w szyku głosek, wydaje się na podstawie bardzo częstego powtarzania się tego rodzaju wypadków, że pytanie, czy wszystkie czynności pomyłkowe produkują coś, co ma sens, przesądzone zostało w sensie negatywnym. Jednak przy każdym badaniu tych przykładów okazuje się, że będzie można bez trudu znaleźć wyjaśnienie dla tych zniekształceń, że różnica między tymi mniej jasnymi wypadkami a poprzednimi, zupełnie jasnymi, nawet nie jest tak wielka.

Jegomość, zapytany o zdrowie swego konia, wypowiada: *ja das draut... das dauert* (to potrwa) pewnie jeszcze jeden miesiąc. Zapytany, co właściwie chciał powiedzieć, oświadcza, że uważa to za *smutną* historię (*traurige Geschichte*). Połączenie *dauert* (trwa) i *traurig* (smutny) dało w rezultacie owo *draut* (Meringer i Mayer).

Ktoś inny, opowiadając o sprawach, które mu się nie podobają, oświadcza: *dann aber sind Tatsachen zum Vorschwein gekommen* (potem wyszły na jaw fakty) [1]. Na pytanie wyjaśnia, że fakty te chciał określić jako świństwo. Ze słów *Vorschein* i *Schweinerei* (świństwo) wyszło dziwne *Vorschwein* (M. i M.).

Proszę sobie przypomnieć wypadek młodzieńca, który chciał *begleitdigen* nieznaną damę. Pozwoliliśmy sobie na rozłożenie tego tworu na słowa *begleiten* (odprowadzić) i *beleidigen* (obrazić) i uważaliśmy tę interpretację za słuszną, nie żądając potwierdzenia. Z przykładów tych widzą państwo, że mniej jasne wypadki przejęzyczenia można tłumaczyć przez spotkanie, *interferencję*, dwóch różnych intencji słownych. Różnice polegają jedynie na tym, że raz jedna intencja drugą w zupełności zastępuje (substytuuje) – dzieje się to przy przejęzyczeniu, którego rezultatem jest wypowiedzenie czegoś przeciwnego niż to, co leżało w zamiarze; kiedy indziej musimy zadowolić się jej zniekształceniem lub modyfikacją, dzięki czemu powstają jakieś mieszaniny o większym lub mniejszym sensie.

Wydaje nam się teraz, że uchwyciliśmy tajemnicę wielkiej ilości przejęzyczeń. Stojąc na tym stanowisku, będziemy mogli zrozumieć inne jeszcze grupy, dotychczas zagadkowe. Przy zniekształceniu imion i nazwisk na przykład nie można wyjść

[1] Wyjść na jaw – po niemiecku *zum Vorschein kommen* [przyp. tł.].

z założenia, że zawsze chodzi tu o współzawodnictwo dwóch podobnych, a jednak różnych imion czy nazwisk. Ale ten drugi zamiar nie jest trudny do odgadnięcia.

Zniekształcenie nazwiska zdarza się często poza obrębem przejęzyczenia i chodzi w nim o próbę stworzenia nazwiska o niemiłym, poniżającym brzmieniu. Jest to znany sposób obrazy, z którego nawet wykształcony człowiek niechętnie rezygnuje, którego używa często jako „kawału" o bardzo niskim poziomie. Jaskrawym i obrzydliwym przykładem takiego zniekształcenia nazwisk jest nazywanie w okresie wielkiej wojny prezydenta republiki francuskiej Poincaré - Schweinskarré (pieczeń wieprzowa).

Można więc dopatrzeć się przy przejęzyczeniu zamiaru obrazy, który się przejawia w zniekształceniu nazwiska. Podobne wyjaśnienia narzucają się dla pewnych typów przejęzyczeń z komicznym lub absurdalnym efektem, jak na przykład wezwanie do czkawki na cześć szefa (*Ich fordere Sie auf, auf das Wohl unseres Chefs aufzutossen* - zamiast *anzustossen*).

Uroczysty nastrój został tu niespodzianie zakłócony przez wdarcie się słowa, wywołującego nieapetyczne wrażenie. Na podstawie pewnych przemówień o charakterze obelżywym możemy śmiało przypuszczać, że chce tutaj znaleźć swój wyraz tendencja, sprzeciwiająca się energicznie wysuniętemu na plan pierwszy uczczeniu, że chce powiedzieć: nie wierzcie temu, nie mówię serio, gwiżdżę sobie po prostu na tego pana itd.

Wiemy, że wielu ludzi umyślnie, dla pewnego zadowolenia, zniekształca niewinne słowa, tworzy wyrazy o posmaku gorszącym; uchodzi to za dowcipne. U osobników tego typu trzeba stwierdzić, czy przekształcenie jest umyślnym zrobieniem kawału czy też rezultatem przejęzyczenia.

Tak więc, przy stosunkowo niewielkim wysiłku mielibyśmy rozwiązanie zagadki czynności pomyłkowych.

Nie są to objawy przypadkowe, lecz poważne akty psychiczne; mają swój sens, powstają przez współdziałanie albo raczej przez wzajemne oddziaływanie na siebie dwóch różnych zamiarów. Teraz mogę zrozumieć, dlaczego zasypią mnie państwo masą pytań i wątpliwości, na które należy odpowiedzieć, które trzeba załatwić, zanim będziemy mogli nacieszyć się rezultatem naszej pracy. Nie chcę was nakłaniać do zbyt pośpiesznych decyzji. Rozważmy wszystko po kolei.

O cóż chcecie mnie pytać? Czy sądzę, że to tłumaczenie dotyczy wszystkich wypadków przejęzyczenia, czy też pewnej tylko ich liczby? Czy to samo ujęcie można rozszerzyć na szereg innych rodzajów czynności pomyłkowych, na pomyłki przy czytaniu, pisaniu, na zagubienie, zarzucenie itd.?

Co mają oznaczać czynniki zmęczenia, podniecenia, roztargnienia, jaką rolę w obliczu psychicznej natury czynności pomyłkowych gra zakłócenie uwagi? Jest przecież oczywiste, że wśród dwóch rywalizujących ze sobą tendencji czynności pomyłkowych, jedna jest zawsze wiadoma, druga nie zawsze. Cóż czynimy, by tę drugą odgadnąć, a jeżeli zdaje się nam, że ją zrozumieliśmy, jak możemy przeprowadzić dowód, że jest nie tylko prawdopodobna, lecz jedynie prawdziwa? Macie jeszcze jakieś pytania? Jeżeli nie, sam będę je kontynuował. Przypominam, że właściwie na czynnościach pomyłkowych nie bardzo nam zależy, że z ich badania chcemy nauczyć się czegoś, co znalazłoby zastosowanie w psychoanalizie. Dlatego stawiam pytanie: cóż to za zamiary i tendencje w ten sposób przeszkadzają innym, jaki stosunek zachodzi między tendencjami zakłócającymi a tendencjami ulegającymi zakłóceniu? W ten sposób praca nasza zacznie się na nowo dopiero po rozwiązaniu problemu.

A więc, czy jest to wytłumaczenie wszelkiego rodzaju przejęzyczeń? Jestem skłonny uważać, że tak, a to dlatego, ponieważ w każdym wypadku przejęzyczenia można znaleźć tego rodzaju rozwiązanie. Nie można jednak udowodnić, że nie zdarzają się przejęzyczenia bez takiego mechanizmu. Niech i tak będzie; teoretycznie jest to dla nas obojętne, gdyż wnioski, które chcemy wysnuć dla wprowadzenia was do psychoanalizy, pozostają w mocy nawet wtedy – co zresztą nie odpowiada stanowi faktycznemu – gdyby tylko mniejszość wypadków przejęzyczenia mieściła się w ramach naszego ujęcia. Na następne pytanie, czy to, co ustaliliśmy jako rezultat przejęzyczenia, możemy rozszerzyć również na inne rodzaje czynności pomyłkowych, nie chcę na razie odpowiadać. Przekonacie się o tym sami, gdy przejdziemy do przykładów z dziedziny pomyłek na piśmie itd. Ze względów technicznych jednak proponuję odłożenie tej pracy do chwili, w której samo przejęzyczenie zbadamy jeszcze dokładniej.

Pytanie, jakie znaczenie mogą mieć dla nas wysunięte przez szereg badaczy na pierwszy plan momenty zaburzeń w krążeniu krwi, zmęczenia, podniecenia, roztargnienia oraz teoria zaburzenia uwagi, jeżeli stoimy na stanowisku opisanego mechanizmu psychicznego przejęzyczenia, zasługuje na szczegółową odpowiedź. Zwracam uwagę, że nie negujemy tych momentów. Psychoanaliza w ogóle rzadko przeczy twierdzeniom strony przeciwnej. Z zasady dodaje tylko coś nowego, a przy tej okazji zdarza się oczywiście, że właśnie to, co dotychczas było przeoczone, staje się istotne. Wpływ warunków fizjologicznych, które powstają na skutek lekkiej niedyspozycji, zaburzenia obiegu krwi, wyczerpania, nie da się przy przejęzyczeniu zaprzeczyć; poucza nas o tym codzienne doświadczenie osobiste. Jakże to jednak mało tłumaczy! Przede wszystkim nie są to warunki konieczne czynności pomyłkowej. Przejęzyczenie bowiem jest również możliwe przy pełnym zdrowiu i stanie normalnym. Te momenty cielesne mają więc jedynie wartość ułatwień w swoistym mechanizmie psychicznym przejęzyczenia. Dla tej ich roli użyłem kiedyś porównania, które powtórzę, gdyż nie znalazłem żadnego lepszego. Przypuśćmy, że o późnej, nocnej godzinie idę przez samotną miejscowość, jakiś bandyta napada na mnie, zabiera mi zegarek i woreczek z pieniędzmi. Przypuśćmy, że zjawiam się po rabunku na najbliższym posterunku policji, a ponieważ nie widziałem dokładnie twarzy złoczyńcy, oświadczam: samotność i ciemność obrabowały mnie przed chwilą. Komisarz policji może mi na to powiedzieć: Wydaje mi się, że pan niesłusznie kładzie zbyt wiele na karb ujęcia czysto mechanicznego. Przedstawmy raczej stan rzeczy w taki sposób; pod osłoną ciemności, korzystając z tego, że na drodze nikogo nie było, obrabował pana jakiś nieznany złoczyńca. Wydaje mi się, że najważniejszą rzeczą w naszym wypadku jest odnalezienie sprawcy zbrodni. Może wtedy odbierzemy mu zrabowane przedmioty.

Momenty psychofizjologiczne - podniecenie, roztargnienie, zakłócenie uwagi, w niewielkim, jak widać, stopniu przyczyniają się do wyjaśnienia sprawy. To tylko zwroty retoryczne, parawany, które nie powinny nas powstrzymać od dalszych badań. Zachodzi raczej pytanie, co wywołało tutaj podniecenie czy też specjalne odwrócenie uwagi. Wpływy dźwiękowe, podobieństwa słowne i pospolite skojarzenia, nawiązujące do słów, należy raz jeszcze uznać za rzeczy ważne. Ułatwiają one przejęzyczenie, wskazując mu drogi, po których może wędrować. Ale gdy mam przed sobą drogę, czy już jest bezapelacyjnie zdecydowane, że nią pójdę? Potrzebny jest jeszcze do decyzji motyw, potrzebna siła, która pcha mnie naprzód. Te relacje dźwiękowe i słowne są więc, tak jak dyspozycje cielesne, elementami pomocniczymi przejęzyczenia i nie mogą dać właściwego wyjaśnienia. Proszę pamiętać jeszcze o jednym: w ogromnej większości wypadków mowie mojej nie przeszkadza okoliczność, że używane przeze mnie słowa dźwiękowo przypominają inne, że są ściśle złączone ze swoimi przeciwieństwami, albo że są one punktem wyjścia dla utartych skojarzeń. Można by powiedzieć wraz za filozofem Wundtem, że przejęzyczenie wtedy dochodzi do skutku, gdy pod wpływem wyczerpania fizycznego skłonności skojarzeniowe biorą górę nad pozostałą intencją mowy. Brzmiałoby to bardzo pięknie, gdyby nie przeczyło temu doświadczenie; w szeregu wypadków brak bowiem ułatwień fizycznych, w innych wypadkach nie ma ułatwień skojarzeniowych.

Szczególnie jednak interesuje mnie wasze następne pytanie, w jaki sposób można stwierdzić obie tendencje, które tutaj ze sobą kolidują.

Prawdopodobnie nie przeczuwacie, jak brzemienna to w skutki sprawa. Prawda, jedna z dwóch tendencji, ta która została zakłócona, jest zawsze niewątpliwa: osoba, która czynność pomyłkową wykonuje, zna ją i przyznaje się do niej. Powód do wątpliwości i namysłu może dać tylko druga, ta, która przeszkadza. Słyszeliśmy już i z pewnością nie zapomnieliście o tym, że w szeregu wypadków ta druga tendecja jest równie wyraźna. Wskazuje na nią skutek przejęzyczenia, jeżeli tylko mamy odwagę rozpatrywać go w oderwaniu. To jasne, że przewodniczący, który przejęzyczył się i powiedział coś przeciwnego, chce otworzyć posiedzenie; ale równie jasne jest, że chciałby je zamknąć. Jest to wyraźne, nie wymaga komentarzy. Ale w innych wypadkach, w których tendencja zakłócająca zniekształca jedynie pierwotną, nie ujawniając się w całej pełni? Jak odgadnąć w nich poza zniekształceniem tendencję, która je wywołała? W pierwszym szeregu wypadków w sposób bardzo prosty i pewny, tak samo, jak przy ustalaniu tendencji zakłóconej. Sam mówca komunikuje ją bezpośrednio, gdy po przejęzyczeniu wypowiada tekst pierwotnie zamierzony. *Das draut, nein das dauert vielleicht einen Monat*[2]. Nasz rozmówca wyjawia również tendencję zniekształcającą. Pytają go: „Dlaczego pan powiedział najpierw: *draut*". Odpowiada: „Chciałem powiedzieć: *das ist eine traurige Geschichte*". W drugim wypadku[3] otrzymujemy potwierdzenie, że przy wyrazie *Vorschwein* chodziło o zwrócenie uwagi na *Schweinerei* (świństwo). Ustalenie tendencji zakłóconej udało się tu z równą pewnością jak sprecyzowanie tendencji przeszkadzającej. Nie bez powodu wziąłem tu przykłady nie pochodzące ani ode mnie, ani od moich zwolenników. W obydwu jednak potrzebny był dla rozwiązania pewien zabieg. Trzeba było zapytać mówiącego, dlaczego właśnie *tak* się przejęzyczył, co może powiedzieć o swoim przejęzyczeniu. Gdyby nie to, przeszedłby może obok swego przejęzyczenia, nie starając się go wyjaśniać. Zapytany, podał wyjaśnienie w pierwszym skojarzeniu, które mu przyszło na myśl. Ten mały zabieg i jego sukces to właśnie psychoanaliza, wzór każdego badania psychoanalitycznego, które będziemy stosowali w dalszym ciągu.

Czy jestem zbytnim niedowiarkiem, jeżeli przypuszczam, że w tym momencie, gdy wyłania się przed wami psychoanaliza, podnosi również głowę opór przeciw niej? Czy nie macie ochoty zarzucić mi, że informacje zapytanej osoby, która przejęzyczyła się, nie mają pełnej siły dowodowej? Powiadacie tak: oczywiście, chciała ona wytłumaczyć przejęzyczenie, ale właśnie dlatego rzuciła pierwsze lepsze słowa, które, zdaniem jej, mogą sprawę wyjaśnić. Dowodu, że przejęzyczenie tak właśnie doszło do skutku, nie ma. Mogło być tak, ale równie dobrze inaczej. Mogło jej wpaść do głowy coś innego, równie dobrego lub nawet lepszego.

Rzecz charakterystyczna, jak mało w gruncie rzeczy macie państwo szacunku dla faktu psychicznego. Proszę sobie wyobrazić, że ktoś przeprowadził analizę chemiczną pewnej substancji i zważył dokładnie, w miligramach, część tej substancji. Z tej wagi można wyciągnąć określone wnioski. Czy sądzicie, że jakiemuś chemikowi wpadłoby do głowy kwestionować te wnioski na podstawie, że wydzielona substancja mogłaby mieć również inną wagę? Każdy uchyla czoła przed faktem, że to właśnie ta waga, a nie inna, i na tej podstawie z całym zaufaniem buduje gmach dalszych wniosków. Gdy jednak mamy do czynienia z faktem z dziedziny psychicznej, gdy zapytany wpada na pewien pomysł, nie zgadzacie się i oświadczacie, że równie dobrze mogło mu wpaść na myśl coś innego! Jest w was złudzenie wolności psychicznej i nie chcecie z niego zrezygnować. Przykro mi, że pod tym względem stoję na stanowisku krańcowo różnym.

---

[2] Analizę tego przykładu podaliśmy już w tym samym wykładzie. Zob. s. 26 [przyp. tł.].
[3] Również omówionym. Zob. s. 26 [przyp. tł.].

Przerwiecie w tym miejscu, ale tylko po to, aby podjąć atak na innym odcinku. A więc powiecie: rozumiemy, że specjalna technika psychoanalizy polega na rozwiązywaniu jej zagadnień przez same osoby analizowane. Weźmy więc inny przykład, w którym mówca na bankiecie wzywa zebranych, aby na toast za zdrowie szefa odpowiedzieli czkawką (*aufstossen* zamiast *anstossen* - trącili się kieliszkami). Twierdzi pan, powiecie, że tendencją zakłócającą jest tu chęć obrazy, to ona przeciwstawia się wyrażeniu szacunku. Ale jest to tylko pańska interpretacja, oparta na spostrzeżeniach poza obrębem przejęzyczenia. Jeżeli w tym wypadku zapyta pan tego, który się przejęzyczył, nie odpowie on, że miał zamiar obrazić, przeciwnie, zaprzeczy temu z całą stanowczością. Dlaczego pańska interpretacja, pozbawiona dowodów, nie ma ustąpić przed tym wyraźnym oświadczeniem?

Tak, tym razem argument jest mocny. Wyobrażam sobie nieznanego mówcę; jest to prawdopodobnie asystent szefa, który obchodzi jubileusz, może już docent, młody człowiek z najlepszymi widokami na przyszłość. Chcę z niego wydobyć, czy jednak nie odczuł czegoś, co się przeciwstawiło wezwaniu do uczczenia szefa. Ładna spotyka mnie odpowiedź! Zniecierpliwiony oświadcza podnieconym tonem: „Niechże pan nareszcie przerwie tę indagację, bo inaczej będę niegrzeczny. Przez swoje podejrzenia zepsuje mi pan jeszcze całą karierę. Powiedziałem *aufstossen* zamiast *anstossen,* ponieważ w tym samym zdaniu dwa razy użyłem słów, zaczynających się od *auf.* Meringer nazywa to *podźwiękiem*. Szkoda o tym mówić. Zrozumiał mnie pan? Basta!".

Hm, to niespodziewana reakcja, naprawdę energiczna odprawa. Widzę, że nie dam sobie rady z tym młodym człowiekiem, równocześnie zaś myślę sobie: bardzo zależy mu na tym, aby jego czynność pomyłkowa nie miała sensu. Będziecie zapewne również tego zdania, że niesłusznie przy badaniu czysto teoretycznym tak się unosi, ale w końcu pomyślicie sobie: jednak ten człowiek musi sam wiedzieć, co chciał powiedzieć, a co leżało poza jego zamiarami.

Czy naprawdę musi? A może to jeszcze kwestia?

Teraz jesteście przekonani, że trzymacie mnie w ręku. Słyszę, jak mówicie: a więc to tak wygląda pańska technika! Gdy osobnik, który przejęzyczył się, wypowiada coś, co panu odpowiada, uważa go pan za ostatnią instancję, podkreślając: „przecież on sam to potwierdza!". Skoro jednak to, co mówi, nie przypada panu do smaku, twierdzi pan nagle: „to nic nie warte, temu nie należy wierzyć".

Jest to rozumowanie słuszne. Mogę jednak przytoczyć podobny wypadek, w którym sytuacja wygląda równie niesamowicie. Gdy oskarżony przyznaje się przed sędzią do czynu, sędzia wierzy jego przyznaniu; gdy jednak przeczy, sędzia nie wierzy. Gdyby było inaczej, nie byłoby sądownictwa, więc mimo możliwości pomyłek musimy pozostać przy tym systemie.

A zresztą, czyż państwo są sędziami, ten zaś, kto się przejęzyczył, oskarżonym? Czy przejęzyczenie jest przestępstwem?

Może nawet nie należy odrzucać tego porównania. Niech państwo tylko popatrzą, do jak głęboko sięgających różnic doszliśmy przy pewnym pogłębieniu tak pozornie niewinnych problemów czynności pomyłkowych. Są to różnice, których chwilowo nie potrafimy wyrównać. Proponuję wam chwilowy kompromis na podstawie porównania z sędzią i oskarżonym. Przyznajcie mi, że sens czynności pomyłkowej nie dopuszcza wątpliwości, jeżeli osobnik, poddawany analizie, sam go potwierdza. Za to zgodzę się na to, że bezpośredni dowód przypuszczalnego sensu nie da się osiągnąć, gdy analizowany odmawia wyjaśnień lub gdy go nie ma pod ręką dla złożenia tych wyjaśnień. Wtedy, jak w sądownictwie, jesteśmy zdani na poszlaki, które czynią ostateczny dowód raz więcej, raz mniej prawdopodobnym. W sądzie, z praktycznych względów, muszą przy dowodach z poszlak zapadać wyroki skazujące. My nie jesteśmy do tego zmuszeni; ale też nic nie zmusza nas do rezygnowania z takich poszlak. Wiara w to, że wiedza składa się z samych ściśle udowodnionych tez naukowych, jest błędna. Równie błędne jest żądanie tego od niej. Żądanie takie wysuwają tylko umysły, stawiające ponad wszystko zasadę autorytetu, odczuwające potrzebę zastępowania katechizmu religijnego przez inny, nawet naukowy. Nauka ma w swym katechizmie niewielką ilość zdań apodyktycznych, poza tym tylko twierdzenia, które w pewnym stopniu podnosi do poziomu prawdopodobieństwa. Jedną z cech naukowego sposobu myślenia jest umiejętność zadowalania się tymi zbliżeniami do pewności oraz możliwość kontynuowania konstruktywnej pracy mimo braku ostatecznych potwierdzeń.

Skąd bierzemy punkty oparcia dla naszych interpretacji, skąd czerpiemy poszlaki, jeżeli informacje osobnika, poddanego analizie, nie wyjaśniają sensu czynności pomyłkowych? Z różnych stron. Przede wszystkim z analogii zjawisk poza czynnościami pomyłkowymi, gdy na przykład twierdzimy, że zniekształcenie nazwiska przy przejęzyczeniu ma ten sam sens obrażający, co celowe jego przekręcenie. Następnie, z sytuacji psychicznej, w której się czynność pomyłkowa przytrafia, z naszej znajomości charakteru osoby, popełniającej czynność pomyłkową, z wrażeń, jakich ta osoba doznała przed jej dokonaniem i na które może w ten właśnie sposób reaguje. W zasadzie sprawa wygląda tak, że tłumaczymy czynność pomyłkową według zasad ogólnych; mamy więc do czynienia tylko z przypuszczeniem, z pewną próbą wyjaśnienia, którą hartujemy później w ogniu badania sytuacji psychicznej. Aby przypuszczenia nasze umocniły się, musimy czasami poczekać na wydarzenia przyszłe, zasygnalizowane przez czynność pomyłkową.

Trudno mi to byłoby uzasadnić, gdybym się musiał zasklepić w dziedzinie przejęzyczeń, choć i tu można przytoczyć szereg przykładów. Panią, której mąż może jeść i pić, ile *ona* zechce, znam jako wcielenie energii, trzymające cały dom pod pantoflem. Albo taki wypadek. Na walnym zebraniu towarzystwa „Concordia" młody członek stowarzyszenia wygłasza namiętną mowę opozycyjną, w której członków zarządu zamiast *Ausschussmitglieder* nazywa *Vorschussmitglieder*[4]. Powstaje przypuszczenie, że zrodził się w nim jakiś protest przeciw własnemu opozycyjnemu przemówieniu, protest, pozostający w związku z zaliczką. Istotnie, dowiadujemy się od naszego informatora, że mówca był w ciężkich kłopotach finansowych i właśnie wtedy złożył prośbę o pożyczkę. Intencją zakłócającą była prawdopodobnie refleksja; hamuj się w swojej opozycyjności. To przecież ci sami ludzie, którzy decydują o twojej zaliczce.

Jeżeli sięgnę do innych dziedzin czynności pomyłkowych, będę mógł służyć długim szeregiem takich dowodów, opartych na poszlakach.

Gdy ktoś zapomina czyjegoś imienia, które przecież zna doskonale, albo gdy mimo całego wysiłku pamięta je z trudnością, bliscy jesteśmy hipotezy, że ten ktoś żywi do posiadacza zapomnianego imienia jakąś urazę, wskutek czego niechętnie o nim myśli. Rozważmy następującą sytuację psychiczną, w której powstaje czynność pomyłkowa: „Pan Y, zakochał się bez wzajemności w pewnej pani, która po niedługim czasie poślubiła pana X. Jakkolwiek pan Y, zna od dłuższego czasu pana X i nawet łączą go z nim stosunki handlowe, raz po raz zapomina jego nazwiska i przy wysyłaniu korespondencji do pana X musi o nie pytać kilkakrotnie innych ludzi" (według C. G. Junga). Jest rzeczą widoczną, że pan Y nie chce niczego wiedzieć o swym szczęśliwym rywalu. („Imię jego niechaj będzie zapomniane!...")

Inny przykład. Pewna pani dopytuje się pewnego lekarza o wspólną znajomą, wymieniając jednak jej nazwisko panieńskie. Nazwisko męża wypadło jej z pamięci. Pani ta przyznała się później, że była z tego małżeństwa bardzo niezadowolona i nie znosi męża swojej przyjaciółki (według A. A. Brilla).

O zapominaniu imion i nazwisk będziemy jeszcze mówili przy innych okazjach; obecnie interesuje nas sytuacja psychiczna, w której doszło do zapomnienia. Zapominanie zamiarów daje się ogólnie sprowadzić do intencji, która nie chce wypełnić zamiaru. Nie jest to tylko ujęcie psychoanalityczne. Jest to pogląd powszechny, uznawany w praktyce, negowany dopiero w teorii. Opiekun, który oświadcza pupilowi, że zapomniał o jego prośbie, nie jest w oczach pupila usprawiedliwiony. Pupil myśli z miejsca: „nie zależy mu na tym, obiecał, ale nie chce tego uczynić". Pod niektórymi względami zapomnienie cieszy się w życiu niezbyt dobrą opinią, a różnica między przeciętnym i psychoanalitycznym sposobem ujmowania tej sprawy, zdaje się, nie istnieje. Proszę sobie wyobrazić gospodynię, która wita gościa słowami: „Co, dziś pan przychodzi? Zupełnie zapomniałam, że zaprosiłam pana na dzisiaj". Albo wyobraźmy sobie młodzieńca, który miałby wyznać ukochanej, że zapomniał przyjść w porę na ostatnie rendez-vous. Z pewnością nie przyzna się, raczej wynajdzie najmniej prawdopodobne przeszkody, które rzekomo nie pozwoliły mu przyjść i które uniemożliwiły nawet zawiadomienie po fakcie. To, że w spra-

[4] *Vorschuss* - zaliczka, a więc dosłownie członkowie zaliczki [przyp. tł.].

wach wojskowych usprawiedliwianie się zapomnieniem nie pomaga i nie chroni przed karą, wiemy doskonale i musimy uznać to za uzasadnione. Oto nagle wszyscy zgadzają się z tym, że pewna czynność pomyłkowa ma ściśle określony sens. Dlaczegóż nie mamy być dostatecznie konsekwentni, aby ten pogląd rozszerzyć na inne czynności pomyłkowe i przyznać się do niego w całej rozciągłości? Oczywiście i na to jest odpowiedź.

Jeżeli sens zapominania o zamiarach jest nawet dla laika bezsporny, to nie będzie dla was niespodzianką stwierdzenie, że pisarze zużytkowują tę czynność pomyłkową dla swoich celów. Kto z państwa czytał lub widział na scenie *Cezara i Kleopatrę* Bernarda Shawa, ten sobie przypomina, że odjeżdżającego Cezara trapi w ostatniej scenie myśl: „Miałem jeszcze coś uczynić, ale co? Nie pamiętam". Wreszcie dowiadujemy się, o co chodzi; o pożegnanie z Kleopatrą. Ten drobny manewr autora chce wielkiemu Cezarowi przypisać pewną wyższość, której nie posiadał, do której osiągnięcia wcale nie dążył. Z historycznych źródeł możecie się bowiem dowiedzieć, że Cezar kazał przybyć Kleopatrze do Rzymu, że przebywała tam ze swym małym Cezarionem, gdy Cezar został zamordowany, w panice uciekła z miasta.

Wypadki zapominania o zamiarach są na ogół tak jasne, że dla naszego celu, którym jest czerpanie z sytuacji psychicznej poszlak dla zrozumienia sensu czynności pomyłkowej, nie na wiele się przydają. Zwróćmy się więc dlatego do wybitnie wieloznacznej i nieprzejrzystej czynności pomyłkowej, do gubienia i zarzucania przedmiotów. Twierdzenie, że fakt zgubienia, który jest przypadkiem niejednokrotnie dotkliwie odczuwanym, nie powstaje bez współudziału naszego zamiaru, z pewnością nie wyda się wiarygodne. Istnieje tu jednak bogata skala obserwacji. Oto młody człowiek gubi ołówek, do którego miał specjalny sentyment. W przeddzień otrzymał od szwagra list, kończący się następującymi słowami: „Na razie nie mam ani chęci, ani czasu popierać twoją lekkomyślność i twoje lenistwo" (według B. Dattnera). Ołówek był właśnie podarunkiem od szwagra. Bez tego zbiegu okoliczności nie moglibyśmy oczywiście twierdzić, że do zguby przyczynił się zamiar pozbycia się przedmiotu. Wypadki podobne są częste. Gubi się przedmioty, gdy się między ofiarodawcą a obdarowanym wytworzył stan wrogości, gdy obdarowany nie chce przypominać sobie ofiarodawcy albo też gdy się człowiekowi podarunek już nie podoba, wreszcie gdy chce stworzyć pretekst dla otrzymania innej, lepszej rzeczy. Ten sam stosunek do przedmiotu wyraża się również w zniszczeniu czegoś, zbiciu, złamaniu, rzuceniu o ziemię. Czyż można to uważać za przypadek, jeżeli dziecko w wieku szkolnym właśnie przed dniem swoich urodzin gubi, niszczy, łamie przedmioty codziennego użytku, takie jak tornister lub zegarek?

Kto dobrze nieraz namęczył się i napocił przy daremnym szukaniu czegoś, co sam gdzieś położył, ten nie zechce uwierzyć w zamiar przy zarzuceniu jakiegoś przedmiotu. A jednak liczne są przykłady, w których okoliczności, towarzyszące zarzuceniu, wskazują na zamiar usunięcia przedmiotu na stałe lub na jakiś czas określony. Oto w relacji pewnego młodzieńca jeden z najbardziej przekonywujących przykładów:

„Przed kilku laty doszło w moim pożyciu małżeńskim do dysonansów. Uznając wybitne zalety mojej żony, uważałem, że jest za chłodna. Żyliśmy obok siebie bez czułości. Pewnego dnia, wróciwszy ze spaceru, przyniosła mi książkę. Kupiła ją w przekonaniu, że zainteresuje mnie temat. Podziękowałem za ten „dowód uwagi", obiecałem, że przeczytam książkę, odłożyłem ją i nie odnalazłem jej więcej. W przeciągu kilku miesięcy przypominałem sobie kilkakrotnie o tej zaginionej książce, na próżno jednak starałem się ją odnaleźć. W jakieś pół roku później zachorowała moja ukochana matka, mieszkająca osobno. Żona opuściła nasz dom, aby pielęgnować teściową. Stan chorej stawał się coraz cięższy, poważniejszy, a żona moja okazała przy tym najlepsze strony swego charakteru. Pewnego dnia wracam do domu, przepełniony entuzjazmem i wdzięcznością dla jej dobroci. Po chwili podchodzę do biurka, bez określonego celu, ale z somnambuliczną pewnością, otwieram pewną szufladę i na wierzchu znajduję zarzuconą książkę".

Z wygaśnięciem motywu skończył się również stan zarzucenia przedmiotu.

Panie i Panowie! Mógłbym ten zbiór przykładów powiększać w nieskończoność. Ale nie chcę tego tutaj czynić. W mojej *Psychopatologii życia codziennego* [5] (pierwsze wydanie z 1901 roku) znajdziecie bogaty wybór przykładów z dziedziny czynności pomyłkowych; ponadto w zbiorach A. Maedera (franc.), A. A. Brilla (ang.), E. Jonesa (ang.), J. Stärcke (hol.). Wszystkie te przykłady przynoszą jeden i ten sam rezultat: pozwalają wierzyć, że czynności pomyłkowe mają sens, i pokazują, w jaki sposób sens ten można z okoliczności towarzyszących odgadnąć lub potwierdzić. Nie będę się dzisiaj nad tym rozwodził, albowiem celem naszym jest jedynie wykorzystanie badań tych zjawisk dla przygotowania się do psychoanalizy. Muszę tylko jeszcze zająć się dwiema grupami spostrzeżeń. Do jednej należą czynności pomyłkowe powtarzające się i skombinowane, do drugiej potwierdzenie naszych interpretacji przez wypadki, następujące później.

Czynności pomyłkowe, powtarzające się i skombinowane, to niezaprzeczenie najdoskonalszy wykwit swego gatunku. Gdyby chodziło nam jedynie o to, by udowodnić, że czynności pomyłkowe mogą mieć sens, z góry ograniczylibyśmy się do nich, gdyż właśnie tutaj sens ich jest niezaprzeczalny, nawet przy jak najbardziej tępym ujęciu i najbardziej krytycznych zastrzeżeniach. Skupienie objawów zdradza uporczywość, jaka nie zdarza się prawie w dziedzinie przypadku, ale za to odpowiada zamiarowi.

Wreszcie zamiana poszczególnych czynności pomyłkowych między sobą pokazuje, co jest przy czynności pomyłkowej ważne i istotne; nie jej forma lub środki, którymi się posługuje, lecz cel, któremu sama służy i który ma być osiągnięty

---

[5] Wydanie polskie w tłumaczeniu L. Jekelsa i H. Ivànka, ok. roku 1910 [przyp. red.].

najrozmaitszymi sposobami. E. Jones opowiada, że kiedyś z nieznanych powodów przez szereg dni pozostawiał na biurku pewien list. Wreszcie zdecydował się na wysłanie listu, list jednak został zwrócony przez dyrekcję poczty, gdyż autor zapomniał o adresie. List został zaadresowany, zaniesiony na pocztę, tym razem bez znaczka. P. Jones musiał wreszcie przyznać, że czuł w ogóle niechęć do wysłania tego listu.

W innym wypadku zarzucenie łączy się z zamianą. Pewna pani jedzie w towarzystwie swego szwagra, wybitnego artysty, do Rzymu. Artysta jest w Rzymie przedmiotem wielkich owacji kolonii niemieckiej, między innymi otrzymuje w darze piękny, antyczny złoty medal. Pani jest zmartwiona, że szwagier zbyt małą wagę przywiązuje do pięknego dowodu pamięci. Wróciwszy do domu, stwierdza przy rozpakowywaniu, że medal - nie wie, jak się to stało - zabrała ze sobą. Natychmiast zawiadamia o tym szwagra i oświadcza mu, że następnego dnia odeśle do Rzymu zabrany przez pomyłkę przedmiot. Następnego dnia medal tak się jakoś „zgrabnie" zarzucił, że nie można go ani znaleźć, ani odesłać. Wtedy dopiero zaczyna jej świtać, co oznacza to całe „roztargnienie", mianowicie, że po prostu chciała sobie zatrzymać ów medal.

Już wcześniej dałem przykład połączenia zapomnienia z pomyłką, gdy ktoś za pierwszym razem zapomina o spotkaniu, drugim razem, pewny, że nie zapomniał, przez pomyłkę nie zjawia się o umówionej godzinie.

Zupełnie analogiczny wypadek ze swego życia opowiadał mi pewien mój przyjaciel, który zajmuje się żywo zarówno problemami nauki, jak literatury. Oto jego słowa: „Przed paru laty przyjąłem wybór do zarządu pewnej organizacji literackiej, w nadziei, że organizacja będzie mi kiedyś pomocna w wystawieniu jednego z moich dzieł scenicznych. Regularnie więc, choć bez większego zainteresowania, co piątek brałem udział w posiedzeniach zarządu. Przed kilkoma miesiącami dyrekcja teatru w F. zawiadomiła mnie, że jedna z moich sztuk zostanie wystawiona i od tej chwili *regularnie* zacząłem zapominać o posiedzeniach. Gdy odczytywałem listy i zapytania w tej sprawie, mówiłem sobie, że to niezjawianie się teraz, gdy ci ludzie nie są mi już potrzebni, jest nieprzyzwoite; w końcu przyrzekłem sobie, że o następnym piątku z pewnością nie zapomnę. Pamiętałem o tym postanowieniu do chwili, w której znalazłem się przed drzwiami sali posiedzeń. Ku mojemu zdumieniu były one zamknięte, posiedzenie już się skończyło. Pomyliłem się bowiem co do dnia, była to sobota!" (według R. Reitlera).

Odczuwam pokusę zebrania większej ilości takich obserwacji, ale idę dalej. Chcę, by państwo rzucili okiem na te wypadki, w których nasza interpretacja czekać musi na potwierdzenie w przyszłości.

Głównym warunkiem tych wypadków jest oczywiście, by ówczesna sytuacja psychiczna była nam nieznana lub niedostępna naszym badaniom. Wtedy interpretacja nasza ma tylko wartość przypuszczenia, do którego sami nie przywiązujemy zbyt wielkiej wagi. Ale później zachodzi coś, co wskazuje, jak usprawiedliwiona była nasza interpretacja już wtedy.

Byłem kiedyś z wizytą u pewnej młodej pary małżeńskiej. „Świeżo upieczona" mężatka opowiadała ze śmiechem, jak to po powrocie z podróży poślubnej odwiedziła swą niezamężną siostrę i jak, według zwyczaju z dawnych panieńskich czasów, poszła z nią po zakupy. Nagle widzi po drugiej stronie jakiegoś mężczyznę i woła do siostry: Patrz, idzie pan L. Zapomniała, że ten pan L. jest od paru tygodni jej mężem. Opowiadanie to przeraziło mnie, ale nie miałem odwagi snuć zbyt daleko idących wniosków. Dopiero po kilku latach przypomniałem je sobie, gdy pożycie małżeńskie moich znajomych skończyło się jak najgorzej.

A. Maeder opowiada o pewnej pani, która w przeddzień swego ślubu zapomniała zmierzyć suknię ślubną i ku rozpaczy krawcowej przypomniała sobie o tym dopiero późnym wieczorem. Maeder czyni w związku z tym uwagę, że pani ta po bardzo krótkim pożyciu rozeszła się z mężem. Znam pewną rozwódkę, która szereg dokumentów podpisywała swoim nazwiskiem panieńskim na wiele lat przedtem, zanim do niego na nowo powróciła. Słyszałem o kobietach, które podczas podróży poślubnej gubiły obrączki, i wiem, że dzieje ich małżeństwa nieraz nadawały tym zagubieniom właściwy sens. A teraz jeszcze jeden jaskrawy przykład z lepszym rezultatem. Opowiadają, że małżeństwo pewnego słynnego chemika niemieckiego nie doszło do skutku, ponieważ zapomniał o godzinie ślubu i zamiast do kościoła poszedł do laboratorium. Był na tyle rozsądny, aby z tego wyciągnąć konsekwencje, i dożył późnego wieku jako kawaler.

Może przyszło wam również na myśl, że w tych przykładach czynności pomyłkowe wystąpiły w miejsce wróżb albo przepowiedni starożytnych. Istotnie, część z nich to nic innego, jak czynności pomyłkowe, gdy na przykład ktoś potykał się lub padał. Inna część miała oczywiście cechy obiektywnego zdarzenia, nie subiektywnego działania. Ale nie uwierzylibyście, jak to czasem trudno rozstrzygnąć przy określonym zdarzeniu, czy należy ono do jednej grupy, czy do drugiej. Działanie potrafi tak często maskować się jako bierne przeżycie.

Każdy z nas, kto ma za sobą dłuższe doświadczenie życiowe, powie sobie zapewne, że byłby sobie oszczędził wielu rozczarowań i bolesnych niespodzianek, gdyby znalazł tyle odwagi i stanowczości, by drobne czynności pomyłkowe w stosunkach międzyludzkich uważać za zapowiedzi i oznaki ukrywanych jeszcze zamiarów. Przeważnie odwagi tej nam nie staje.

WYKŁAD IV

CZYNNOŚCI POMYŁKOWE
(Zakończenie)

Panie i Panowie! Jako rezultat naszych dotychczasowych wysiłków możemy, zdaje się, ustalić bezspornie i przyjąć za podstawę dalszych badań, że czynności pomyłkowe mają swój sens. Należy raz jeszcze podkreślić, że nie twierdzimy – twierdzenie to jest dla naszych celów zbędne – jakoby każda czynność pomyłkowa miała swój sens, jakkolwiek uważamy to za prawdopodobne. Wystarczy, jeżeli sens ten można przy różnych formach czynności pomyłkowej względnie często ustalić. Te różne formy wyglądają zresztą pod tym względem rozmaicie. Przy przejęzyczeniu na przykład lub przy pomyłkach w piśmie mogą się zdarzyć wypadki o motywacji często fizjologicznej, przy objawach, polegających na zapomnieniu (zapominanie nazw i zamiarów, zarzucanie przedmiotów) trudno mi w to uwierzyć, zaś co do gubienia, to prawdopodobnie zdarzają się wypadki, w których jest ono niezamierzone. W ogóle pomyłki, zdarzające się w życiu, tylko w pewnym stopniu podlegają naszym punktom widzenia. Należy pamiętać o tych zastrzeżeniach, jeżeli wychodzimy obecnie z założenia, że czynności pomyłkowe są aktami psychicznymi i powstają przez ścieranie się dwóch zamiarów.

Oto pierwszy rezultat psychoanalizy. O istnieniu takich ścierań się i możliwości, gdy rezultatem ich bywają tego rodzaju zjawiska, psychologia dotychczas nie wiedziała. Rozszerzyliśmy znacznie świat zjawisk psychicznych, zdobyliśmy dla psychologii zjawiska, które dotychczas były poza jej obrębem.

Pozostańmy jeszcze chwilę przy twierdzeniu, że czynności pomyłkowe są „aktami psychicznymi". Czy zawiera ono więcej niż nasze ogólne twierdzenie, że mają one sens? Nie sądzę; raczej jest bardziej nieokreślone i daje pole do nieporozumień. Wszystko, co można zaobserwować w życiu psychicznym, określać będziemy jako zjawisko duchowe. Będzie właśnie chodziło o to, czy pojedynczy objaw psychiczny wypłynął bezpośrednio z oddziaływań cielesnych, czyli organicznych, w którym to wypadku badanie nie należy do psychologii, czy też pochodzi od innych procesów psychicznych, za którymi gdzieś, później, rozpoczyna się szereg oddziaływań organicznych. Ten właśnie stan rzeczy mamy na względzie, gdy jakieś zjawisko określamy jako proces psychiczny, i dlatego bardziej celowe będzie takie sformułowanie naszego twierdzenia: zjawisko jest pełne sensu, ma sens. Przez sens rozumiemy znaczenie, zamiar, tendencję i stanowisko w szeregu psychicznych związków przyczynowych.

Istnieje szereg innych zjawisk, stojących bardzo blisko czynności pomyłkowych, dla których jednak ta nazwa się nie nadaje. Nazywamy je *czynnościami przypadkowymi i symptomatycznymi*. Posiadają również charakter czegoś nieumotywowanego, niepozornego i niewyraźnego, ponadto jednak wyraźniej zaznacza się w nich cecha zbędności. Od czynności pomyłkowej różni je brak innego zamiaru, z którym ścierałyby się, który by je zakłócał. Z drugiej strony przechodzą bez wyraźnego rozgraniczenia w gesty i ruchy, które zaliczamy do wyrazu uczuć.

Do tych czynności przypadkowych należą wszystkie czynności, pozornie bezcelowe, dokonywane bez żadnego wysiłku, a odnoszące się do ubioru, do poszczególnych części naszego ciała, do przedmiotów, które możemy osiągnąć, do melodii, które czasami nucimy pod nosem. Stoję na stanowisku, że wszystkie te zjawiska mają sens i znaczenie w tym samym stopniu, co czynności pomyłkowe, co drobne przejawy innych, ważniejszych procesów duchowych i co pełnowartościowe akty psychiczne. Ale nie mam zamiaru pozostawać przy tym rozszerzeniu dziedziny zjawisk psychicznych; wróćmy do czynności pomyłkowych, przy których szereg kwestii, ważnych dla psychoanalizy, da się ustalić wyraźniej.

Pytania najbardziej przy czynnościach pomyłkowych interesujące, które postawiliśmy, na które jednak jeszcze nie odpowiedzieliśmy, wyglądają tak: powiedzieliśmy, że czynności pomyłkowe są rezultatem ścierania się dwóch różnych intencji, z których jedną nazwać by można zakłócającą, drugą zakłóconą. Intencje zakłócone nie dają podstawy do dalszych pytań, ale co do tamtych, zakłócających, chcielibyśmy wiedzieć:

1° jakie to intencje występują jako przeszkoda dla innych;

2° jaki jest stosunek intencji zakłócających do zakłócanych.

Pozwolicie państwo, że znowu wezmę przejęzyczenie jako typowe dla całej grupy i że najpierw odpowiem na pytanie drugie.

Intencja zakłócająca przy przejęzyczeniu może pozostawać z intencją zakłóconą w związku treściowym. Zawiera wtedy albo przeciwieństwo intencji zakłóconej albo jej potwierdzenie, czy też uzupełnienie. Albo – wypadek mniej jasny i bardziej zajmujący – intencja zakłócająca treściowo nie ma nic wspólnego z zakłóconą.

Przykłady dla pierwszego typu ustosunkowania się obydwu intencji znamy już i wyszukiwanie ich nie sprawia wielkich trudności. Prawie we wszystkich wypadkach przejęzyczeń, gdzie intencja zakłócająca wyraża coś przeciwnego niż intencja zakłócona, czynność pomyłkowa jest przedstawieniem konfliktu między dwoma dążeniami, nie dającymi się pogodzić. Oświadczam, że posiedzenie jest otwarte, wolałbym jednak, aby było już zamknięte – oto sens przejęzyczenia przewodniczącego. Polityczny dziennik, obwiniony o przekupstwo, postanowił wystąpić z artykułem, którego finał ma mieć następujące brzmienie: nasi czytelnicy potwierdzą, że zawsze w sposób najbardziej *bezinteresowny* (*in uneigennützigster Weise*) występowaliśmy w obronie dobra ogólnego. Redaktor, któremu powierzono napisanie artykułu pisze: w sposób jak najbardziej *interesowny* (*in eigennützigster Weise*). Znaczy to, że sobie myśli: „Muszę wprawdzie pisać, co mi polecono, ale co wiem, to wiem!". Poseł, który wzywa parlament, by *bez zastrzeżeń* (*rückhaltlos*) powiedział cesarzowi prawdę, zląkł się zapewne głosu wewnętrznego, przerażonego tym zuchwalstwem, więc przejęzycza się i zamiast bez *zastrzeżeń* (*rückhaltlos*) woła: bez *kręgosłupa* (*rückgratlos*) [1].

W znanych państwu przykładach, które robią wrażenie połączeń i skrótów, chodzi o uzupełnienia, dodatki i dalsze ciągi; przy ich pomocy obok intencji pierw-

[1] W Reichstagu, w listopadzie 1908 roku.

szej przychodzi do słowa intencja druga. Ukazały się rzeczy (*es sind Dinge zum Vorschein gekommen*), powiedz lepiej po prostu, to były świństwa (*Schweinereien*). A więc w rezultacie: Es *sind Dinge zum Vorschwein gekommen*. Ludzi, którzy się na tym znają, można policzyć *na palcach jednej ręki;* właściwie istnieje tylko jeden człowiek, który się na tym zna. Więc: można policzyć na *jednym palcu*. Albo mój mąż może pić i jeść, co mu się podoba. Ale pani przecież wie – nie znoszę, aby mu się coś podobało. Więc: może jeść i pić, co mnie się podoba. We wszystkich tych wypadkach przejęzyczenie albo samo wynika z treści intencji zakłóconej, albo do tej treści nawiązuje.

Drugi rodzaj stosunku między dwiema ścierającymi się intencjami wydaje się dziwny. Jeżeli intencja zakłócająca nie ma nic wspólnego z treścią intencji zakłóconej, to skądże pochodzi i czemu to przypisać, że właśnie na takim miejscu staje się widoczna jako zakłócenie? Obserwacja, która tutaj wyłącznie może dać odpowiedź, pozwala zorientować się, że zakłócenie pochodzi od biegu myśli, który daną osobę zajmował na chwilę przed tym i który działa teraz w tej formie, przy czym jest obojętne, czy już znalazł swój wyraz, czy też nie. Zakłócenie można więc istotnie określić jako echo, ale niekoniecznie echo wypowiedzianych słów. I tu zachodzi związek skojarzeniowy między tym, co zakłóca, a tym, co ulega zakłóceniu; ale nie jest on rezultatem treści, powstaje sztucznie, często drogą bardzo wymyślnych powiązań.

Oto pospolity przykład, który sam zaobserwowałem. Spotykam raz w naszych pięknych Dolomitach dwie wiedenki w strojach turystycznych. Idziemy kawałek razem, mówimy zarówno o przyjemnościach, jak i o niewygodach turystycznego trybu życia. Jedna z pań przyznaje, że pociąga on za sobą pewne niewygody. „To prawda – powiada – że maszerowanie przez cały dzień w słońcu, gdy się ma przepoconą bluzę i koszulę, nie należy do przyjemności". Wypowiadając to zdanie, w pewnej chwili zająknęła się. Później mówi dalej: „Gdy się później przychodzi do *spodni*, zamiast do domu [2] i można się przebrać...".

Nie analizowaliśmy tego przejęzyczenia, ale mam wrażenie, że łatwo je zrozumiecie. Pani, o której mowa, chciała wyliczyć wszystko: bluzę, koszulę i spodnie. Ze względu na przyzwoitość – pominęła spodnie, ale w zdaniu następnym, zupełnie pod względem treści niezależnym od pierwszego, zjawiło się niewypowiedziane słowo jako zniekształcenie podobnego *nach Hause*.

Teraz możemy zwrócić się do długo odkładanego pytania, cóż to za intencje przejawiają się w tak niezwykły sposób, jako zakłócenie innych? Są one oczywiście bardzo różne, ale może poszukamy w nich cech wspólnych. Gdy zbadamy pod tym względem szereg przykładów, będziemy je mogli podzielić na trzy grupy. Do grupy pierwszej należą wypadki, w których tendencja zakłócająca jest mówiącemu znana,

[2] *Nach Hose* – do spodni; *nach Hause* – do domu [przyp. tł.].

którą ponadto przeczuwał on przed przejęzyczeniem. Przy pomyłce *Vorschwein* o której była mowa, mówiący nie tylko przyznaje, że zdaniem jego są to świństwa (*Schweinereien*), ale również potwierdza, że miał zamiar, od którego później odstąpił, dać wyraz temu poglądowi. Drugą grupę tworzą inne wypadki, w których mówiący również przyznaje się do tendencji zakłócającej, ale nie wie, że działała ona w nim bezpośrednio przed przejęzyczeniem. Zgadza się więc na nasze tłumaczenie swojego przejęzyczenia, ale w pewnym stopniu dziwi mu się. Przykłady na to znajdą się może łatwiej w dziedzinie innych czynności pomyłkowych.W grupie trzeciej mówiący energicznie przeczy interpretacji tendencji zakłócającej; nie tylko kwestionuje, jakoby ona w nim tkwiła przed przejęzyczeniem, ale twierdzi, że jest mu zupełnie obca. Przypomnijcie sobie przykład z *aufstossen* i niegrzeczny ton, jakim mówca zareagował na wykrycie intencji zakłócającej. Wiecie, że w ujęciu tych wypadków nie doszliśmy jeszcze do porozumienia. Nic bym sobie nie robił z protestów mówcy bankietowego i trwałbym przy mojej interpretacji. Co do was, to sądzę, że jednak pozostajecie pod wrażeniem jego oporu i zastanawiacie się nad tym, czy nie należałoby zrezygnować z interpretacji takich czynności pomyłkowych i traktować je jako akty czysto fizjologiczne w sensie przedanalitycznym. Wyobrażam sobie, co was odstrasza. Według mojej interpretacji u mówiącego mogą się uzewnętrznić intencje, o których sam nic nie wie, a które *ja* stwierdzam na podstawie poszlak. Zatrzymujecie się przed takim nowym i brzemiennym w skutki przypuszczeniem. Rozumiem to i nawet do pewnego stopnia przyznaję wam rację. Ale ustalmy jedno; jeżeli chcecie przeprowadzić konsekwentnie koncepcję czynności pomyłkowych, wypróbowaną w ogniu tych przykładów, musicie zdecydować się na ujęcie, o którym przed chwilą mówiłem, a które was odrzuca. Jeżeli tego nie potraficie, będziemy musieli znowu zrezygnować z ledwie osiągniętego zrozumienia czynności pomyłkowych.

Zbadajmy jeszcze, co łączy te trzy grupy, co jest wspólne tym trzem mechanizmom przejęzyczenia. W dwóch pierwszych grupach mówiący przyznaje istnienie intencji zakłócającej; w pierwszej dołącza się jeszcze i to, że daje ona o sobie znać przed przejęzyczeniem. W obydwu jednak wypadkach została ona odparta. Mówiący *zdecydował* się *nie wyrażać jej słownie* i wtedy *dochodzi do skutku przejęzyczenie*, tzn. *intencja odepchnięta przejawia* się *wbrew jego woli, zmieniając wyraz dopuszczonej przez niego intencji, łącząc* się z *tym wyrazem albo zajmując jego miejsce.* Tak oto wygląda mechanizm przejęzyczenia.

Z mojego punktu widzenia mogę również doskonale pogodzić, procesy trzeciej grupy z opisanym tutaj mechanizmem. Wystarczy, abym tylko stanął na stanowisku, że te trzy grupy, różnią się stopniami odsunięcia pewnej intencji na drugi plan. W grupie pierwszej jest intencja, którą mówiący zauważył, zanim zaczął mówić; dopiero później zostaje ona odrzucona, za co szuka odszkodowania w formie przejęzyczenia. W grupie drugiej odrzucenie sięga dalej, intencja nie jest widoczna przed zabraniem głosu. Ciekawe, że nie powstrzymuje jej to od współudziału w wywołaniu przejęzyczenia.

To ułatwia nam jednak wyjaśnienie procesów grupy trzeciej. Ośmielam się twierdzić, że w czynności pomyłkowej może się również przejawić tendencja, która od dłuższego, może nawet od bardzo długiego czasu, była odrzucona, niezauważona i którą dlatego właśnie mówiący neguje. Zostawmy jednak na boku nawet sam problem trzeciej grupy; z obserwacji innych wypadków musicie wysnuć wniosek, że *powściągnięcie istniejącego zamiaru powiedzenia czegoś jest nieodzownym warunkiem tego, aby w ogóle doszło do przejęzyczenia.*

Możemy teraz twierdzić, że w zrozumieniu czynności pomyłkowych zrobiliśmy dalsze postępy. Wiemy nie tylko, że są to akty psychiczne, w których znaleźć można sens i zamiar i że powstają przez starcie się dwóch różnych intencji. Wiemy ponadto i to, że jedna z tych intencji musi doznać przed wykonaniem pewnego odepchnięcia, by przez zakłócenie drugiej móc się przejawić. Musi ona sama zostać zakłócona, zanim będzie mogła stać się zakłócającą. Oczywiście, nie dochodzimy przez to do zupełnego wyjaśnienia zjawisk, które nazywamy czynnościami pomyłkowymi. Natychmiast wyłaniają się inne pytania. Zaczynamy przeczuwać, że im dalej zajdziemy w poznaniu, tym więcej znajdzie się sposobności do nowych pytań. Możemy na przykład zapytać, dlaczego nie dzieje się znacznie prościej. Jeżeli istnieje zamiar odrzucenia pewnej tendencji zamiast wykonania jej, to odrzucenie powinno by się tak udać, aby nic się z tego zamiaru nie przejawiło. Mógłby się również ten zamiar nie udać tak, że tendencja odrzucona znalazłaby swój pełny wyraz. Czynności pomyłkowe są jednak rezultatem kompromisów, mówią o tym, że każdy z tych dwóch zamiarów w połowie udało się zrealizować, w połowie zaś nie. Zagrożona intencja ani nie jest w całości zdławiona, ani też – poza wyjątkowymi wypadkami – nie znajduje swego pełnego wyrazu. Możemy sobie wyobrazić, że do powstania takich rezultatów ścierania się lub kompromisu potrzebne są wyjątkowe warunki, ale nie jesteśmy w stanie przeczuć, jakiego to rodzaju warunki mogą być. Nie sądzę, abyśmy te nieznane nam sprawy mogli odkryć przez dalsze zagłębianie się w badanie czynności pomyłkowych. Raczej koniecznym będzie zbadać przed tym jeszcze inne ciemne dziedziny życia psychicznego; dopiero analogie, które tam napotkamy, mogą nam dodać odwagi do przyjęcia tych założeń, które są potrzebne dla głębszego wyjaśnienia czynności pomyłkowych.

I jeszcze jedno! Nawet praca nad drobnymi objawami, którą prowadzimy stale w tej dziedzinie, grozi pewnym niebezpieczeństwem. Istnieje schorzenie psychiczne, zwane paranoją, w którym w nieograniczony sposób pacjent wyzyskuje tego rodzaju drobne objawy; oczywiście, nie będę walczył o to, że wnioski, wysnute z takich przesłanek, są bezwzględnie słuszne. Przed takimi niebezpieczeństwami może nas jedynie ustrzec szeroka płaszczyzna naszych obserwacji i powtarzanie podobnych doświadczeń z najróżniejszych dziedzin życia psychicznego.

Zaniechamy więc teraz analizy czynności pomyłkowych. Chciałbym tylko skierować do was jeszcze jeden apel; niechaj w pamięci waszej pozostanie, że sposób traktowania przez nas tych zjawisk jest wzorowy. Na przykładzie tym możecie zobaczyć, jakie są zamierzenia naszej psychologii. Nie tylko chcemy zjawiska opisywać i klasyfikować, lecz pragniemy rozumieć je jako przejawy próby sił duchowych, jako wyraz tendencji, dążących do pewnego celu, pracujących razem lub przeciw sobie. Chodzi nam o *dynamiczne ujęcie* zjawisk psychicznych. Zjawiska spostrzegane muszą w naszym ujęciu ustąpić przed dążeniami, których istnienie tylko przypuszczamy.

Nie będziemy się więc dalej zagłębiać w czynności pomyłkowe. Możemy jednak przedsięwziąć coś w rodzaju wędrówki po tej rozległej dziedzinie; odnajdziemy podczas niej rzeczy znane, natrafimy również na pewne nowe ślady. Podczas wędrówki będziemy trzymać się podziału na ustalone już w naszych rozważaniach trzy grupy przejęzyczenia. Równocześnie weźmiemy pod uwagę pokrewne im objawy pomyłek przy pisaniu, czytaniu, przesłyszenia się, zapominania, z ich podziałem według zapomnianych przedmiotów (imiona własne, wyrazy obce, zamiary, wrażenia), dalej objawy pomyłek przy zarzucaniu i gubieniu przedmiotów. Pomyłki, o tyle, o ile nas interesują, dotyczą po części zapominania, po części zamiany przedmiotów.

O przejęzyczeniu mówiliśmy już szczegółowo, a jednak trzeba tu jeszcze coś dorzucić. Łączą się z nim drobniejsze zjawiska natury uczuciowej, które zasługują na uwagę. Nikt chętnie się nie przejęzycza; często można nie dosłyszeć własnego przejęzyczenia, natomiast nie zdarza się to nigdy, gdy chodzi o kogoś innego. Przejęzyczenie jest również do pewnego stopnia zaraźliwe; nie tak łatwo mówić o przejęzyczeniu i nie przejęzyczyć się samemu. Najmniej istotne formy przejęzyczenia, nie wymagające specjalnych wyjaśnień na temat ukrytych procesów psychicznych oraz ich uzasadnienie nie trudno zrozumieć. Gdy na przykład ktoś wypowiada krótko długą samogłoskę na skutek zaburzenia, które może mieć różne uzasadnienie, to przy jednej z następnych samogłosek krótkich przeciąga ją i przejęzycza się na nowo, kompensując poprzednie przejęzyczenie. To samo dzieje się, gdy ktoś wypowiada nieczysto lub niedbale samogłoskę podwójną, na przykład *eu* lub *o* jak *ei;* po chwili mamy próbę naprawienia błędu i zamiast *ei* słyszymy *eu* lub *o*. Miarodajny jest jednocześnie wzgląd na słuchaczy; mówiący nie chce, by otoczenie myślało, że sposób traktowania mowy ojczystej jest mu obojętny. Drugie zniekształcenie, będące kompensatą pierwszego, zawiera w sobie zamiar zwrócenia uwagi słuchacza na pierwsze i zapewnienia go, że mówiący zauważył je również. Najczęstsze, najprostsze i najmniej ważne wypadki przejęzyczeń polegają na połączeniach i przeddźwiękach, które przejawiają się w sposób niepozorny. Człowiek przejęzycza się na przykład w dłuższym zdaniu w ten sposób, że przede wszystkim wypowiada ostatnie słowo zamierzonej intencji. Robi to wrażenie pewnego zniekształcenia, chęci zakończenia zdania i na ogół dowodzi, że mówiący przeciwstawia się wypowiedzeniu tego zdania lub że w ogóle nie chciałby o tym mówić. Dochodzimy w ten sposób do wypadków, pozostających niejako na granicy. Zacierają się tutaj różnice między ujęciem przejęzyczenia psychoanalitycznym a pospolitym, fizjologicznym. Zakładamy, że w tych wypadkach istnieje tendencja zakłócająca; może ona jednak tylko wskazywać, że istnieje, nie może zaś ujawnić, jakie ma zamiary. Zaburzenie, które wywołuje, ulega wtedy pewnym wpływom dźwiękowym lub przyciąganiom asocjacyjnym i może być traktowane jako odchylenie uwagi mówiącego od intencji. Ale ani odwrócenie uwagi, ani skłonności skojarzeniowe, które zaczęły działać, nie ujmują istoty procesu. Jest nią podkreślenie istnienia tendencji zakłócającej zamiar mówiącego, której charakter nie może być tym razem ustalony na podstawie jej skutków, co bywa możliwe we wszystkich bardziej jaskrawych wypadkach przejęzyczenia.

Błędy przy pisaniu, do których teraz przechodzę, o tyle są podobne do przejęzyczenia, że nie należy tu oczekiwać nowych punktów widzenia. Może uda nam się ustalić wybór odpowiednich przykładów. Tak rozpowszechnione drobne omyłki przy pisaniu, jak łączenie słów, pisanie najpierw wyrazów, które należałoby napisać później, zwłaszcza wyrazów ostatnich, wskazują znowu na niechęć do pisania lub zniecierpliwienie; bardziej jaskrawe przejawy błędów przy pisaniu pozwalają zorientować się w charakterze i zamiarze tendencji zakłócającej. Na ogół wiadomo, że błędy w listach są dowodem, iż piszący nie miał zupełnego spokoju; nie zawsze można ustalić, co go nurtowało.

Często piszący nie zauważa swych błędów, tak samo jak człowiek, który się przejęzycza. Warto zwrócić uwagę na następującą obserwację: pewni ludzie mają zwyczaj czytać każdy list, zanim go wyślą. Inni nie czynią tego, a gdy raz wyjątkowo odstąpią od reguły, znajdują sposobność wykrycia rażących błędów i ich poprawienia. Jak to wytłumaczyć? Wygląda to tak, jak gdyby ludzie ci jednak wiedzieli, że przy pisaniu listu popełnili szereg błędów. Czy mamy w to istotnie wierzyć?

Ze znaczeniem błędów przy pisaniu łączy się interesujące zagadnienie. Przypominacie sobie może sprawę mordercy H., który potrafił zaopatrzyć się w instytutach naukowych w hodowle niesłychanie niebezpiecznych bakterii chorobotwórczych, podając się za bakteriologa i za pomocą tych bakterii ekspediował bliskich sobie ludzi w ten najbardziej nowoczesny sposób na tamten świat. Człowiek ten napisał raz do zarządu jednego z instytutów list, w którym skarży się, że przysłane mu bakterie nie działają; w liście był błąd, polegający na tym, że zbrodniarz zamiast słów: „przy moich doświadczeniach na myszach i świnkach morskich", napisał: „przy moich doświadczeniach na ludziach". Błąd ten uderzył też lekarzy instytutu, ale, o ile mi wiadomo, nie wyciągnęli z niego konsekwencji. No i cóż sądzicie? Czyż lekarze nie powinni byli raczej uważać tego błędu w liście za wyznanie i dać znać władzom, które zdążyłyby na czas sparaliżować zbrodnicze zamiary mordercy? Czy w tym wypadku nasza niewiedza w ujmowaniu czynności pomyłkowych nie stała się w praktyce przyczyną brzemiennego w skutki zaniedbania? Co do mnie, błąd tego rodzaju wydałby mi się bardzo podejrzany, ale potraktowaniu go jako wyznanie stoi na przeszkodzie coś bardzo ważnego. Ta sprawa nie jest taka prosta. Omyłka w liście jest z pewnością poszlaką, ale sama nie wystarczyłaby do wszczęcia dochodzenia. Omyłka mówi wprawdzie, że człowiek, który pisał list, myślał o zatruciu innych ludzi, ale nie można ustalić, czy myśl ta ma wartość wyraźnie szkodliwego zamiaru, czy też jest fantazją, w praktyce pozbawioną znaczenia. Jest nawet możliwe, że człowiek, który tego rodzaju omyłkę popełnił, z zupełną subiektywną słusznością zaprzeczy tej fantazji i odrzuci ją jako coś zupełnie mu obcego. Gdy później przyjrzymy się różnicy między rzeczywistością psychiczną a materialną, jeszcze lepiej zrozumiecie te możliwości. Będzie to jednak znowu wypadek, w którym czynność pomyłkowa nabiera *ex post* znaczenia, którego się nie przeczuwało.

Przy pomyłkach przy czytaniu mamy sytuację psychiczną, różniącą się wyraźnie od przejęzyczenia i pomyłek przy pisaniu. Jedna z dwóch rywalizujących ze sobą tendencji jest tu zastąpiona przez podnietę zmysłową i dlatego jest może mniej odporna. To, co mamy do odczytania, nie jest przecież produktem własnego życia psychicznego jak to, co mamy napisać. W większości więc wypadków pomyłki przy czytaniu polegają na pełnej substytucji. Słowo, które ma zostać odczytane, zastępuje się innym, przy czym nie jest konieczne, by istniał treściwy związek między tekstem i rezultatem pomyłki. Z reguły mamy tu do czynienia z podobieństwem słów. Przykład Lichtenberga: *Agamemnon* zamiast *angenommen* [3] należy do najlepszych w tej grupie. Jeżeli się chce poznać tendencję zakłócającą, na skutek której powstaje pomyłka przy czytaniu, można zupełnie odsunąć odczytany tekst i rozpocząć badanie analityczne od dwóch pytań:

1° jakie skojarzenie zjawia się bezpośrednio w związku z pomyłką przy czytaniu;

2° w jakiej sytuacji zdarzyła się pomyłka.

Czasami dla wyjaśnienia pomyłki wystarczy, gdy jesteśmy zorientowani co do punktu drugiego. Oto przykład: ktoś przyciśnięty fizjologiczną potrzebą wędruje po obcym mieście i nagle na wielkiej tablicy, umieszczonej na pierwszem piętrze, widzi napis: *Klosethaus* (wc). Ma jeszcze czas, by się zdziwić, że tablica umieszczona jest tak wysoko, zanim uświadomi sobie, że przecież na tablicy widnieje napis: *Korsethaus* (pracownia gorsetów). W innych wypadkach właśnie niezależna od tekstu pomyłka przy czytaniu wymaga gruntownej analizy, której nie można przeprowadzić bez wprawy w technice psychoanalitycznej i bez zaufania do tej techniki. W większości jednak wypadków wyjaśnienie błędów przy czytaniu jest łatwiejsze. Podstawione słowo w przykładzie z *Agamemnonem* zdradza bez reszty krąg myśli,

[3] O przykładzie tym była już mowa. Zob. s. 24 [przyp. tł.].

z którego zakłócenie wypływa. W obecnym okresie wojny zdarza się ustawicznie, że nazwy miast, nazwiska dowódców i szereg słów z dziedziny wojskowej, które nas ciągle otaczają, odczytujemy wszędzie, gdzie się tylko pojawi podobne słowo. To, co nas interesuje i pochłania, zajmuje miejsce tego, co jest nam obce i nieinteresujące. Refleksy myśli zamącają nowe spostrzeżenia.

Nie brak przy pomyłkach przy czytaniu wypadków, w których sam tekst budzi tendencję zakłócającą; tendencja ta przeważnie daje w rezultacie przeciwieństwo, samej siebie.

Mieliśmy odczytać coś, co jest dla nas niepożądane i przekonujemy się w drodze analizy, że za zmianę tekstu odpowiedzialne jest intensywne pragnienie odrzucenia tego, co czytaliśmy.

W wymienionych na pierwszym miejscu najczęstszych pomyłkach przy czytaniu nie znajdują swego wyrazu dwa momenty, którym w mechanizmie czynności pomyłkowych przypisaliśmy wielką rolę: starcie się dwóch tendencji i odrzucenie jednej, która znajduje odszkodowanie w efekcie czynności pomyłkowej. Nie żebyśmy przy pomyłce podczas czytania natrafiali na coś przeciwnego, ale natarczywość myśli, która doprowadziła do pomyłki, rzuca się w oczy o wiele bardziej, aniżeli odepchnięcie, które myśl tę uprzednio spotkało.

Właśnie te dwa momenty występują najjaskrawiej w różnych sytuacjach czynności pomyłkowych przy zapominaniu.

Zapominanie zamiarów jest jednoznaczne; interpretacja, jak już słyszeliśmy, nie jest kwestionowana nawet przez laików. Tendencją zakłócającą zamiar jest zawsze zamiar przeciwny, niechęć. Nie wiemy tylko, dlaczego nie znajduje on swego wyrazu w innej formie, mniej widocznej. Ale istnienie tego przeciwnego zamiaru jest niewątpliwe. Czasami udaje się również odgadnąć motyw, zmuszający ten przeciwny zamiar do ukrywania się; zawsze przez czynność pomyłkową osiąga on swój cel ukrycia się, podczas gdy z pewnością zostałby odrzucony, gdyby występował jako otwarty protest. Gdy pomiędzy zamiarem i jego wykonaniem nastąpiła istotna zmiana sytuacji psychicznej, na skutek której wykonanie zamiaru nie wchodzi w rachubę, zapomnienie zamiaru wychodzi poza ramy czynności pomyłkowej. Nie dziwimy się już temu i rozumiemy, że przypominanie zamiaru jest zbyteczne; zginął on na stałe lub na jakiś czas. Zapomnienie zamiaru można nazwać czynnością pomyłkową tylko wtedy, jeżeli nie możemy uwierzyć w takie przerwanie zamiaru.

Wypadki zapominania zamiaru są na ogół tak typowe i przejrzyste, że właśnie dlatego nie są zajmujące dla naszych badań. W dwóch wypadkach możemy jednak z badania tej czynności pomyłkowej dowiedzieć się czegoś nowego. Powiedzieliśmy, że zapomnienie, a więc niewykonanie zamiaru, wskazuje na nieprzyjazny mu zamiar przeciwny. Jest to słuszne, ale przeciwny ten zamiar, jak nas uczy doświadczenie, może być dwojakiego rodzaju – bezpośredni lub pośredni. Zamiar pośredni ilustrują najlepiej dwa przykłady. Gdy opiekun zapomina wstawić się u osoby trzeciej za swoim pupilem, przyczyną tego może być okoliczność, że właściwie mało się tym pupilem interesuje i dlatego nie ma wielkiej ochoty wstawiać się za nim. Tak przynajmniej pupil będzie sobie tłumaczył zapomnienie opiekuna. Ale sprawa może być bardziej skomplikowana. Tendencja, przeciwstawiająca się wykonaniu zamiaru, może płynąć u opiekuna z innego źródła i atakować zupełnie inne miejsce. Tendencja przeciwna może nie mieć nic wspólnego z samym pupilem, może to być niechęć do osoby trzeciej, u której trzeba się wstawić. Widzicie więc, jakie wątpliwości przeciwstawiają się i tutaj praktycznemu wykorzystaniu naszej interpretacji. Mimo słusznej interpretacji zapomnienia grozi niebezpieczeństwo, że pupil stanie się podejrzliwy i wyrządzi opiekunowi wielką krzywdę. Albo: gdy ktoś zapomniał o spotkaniu, które przyrzekł komuś, najczęściej tłumaczyć to można zdecydowaną niechęcią do spotkania się z daną osobą. Analiza mogłaby jednak przeprowadzić dowód, że tendencja zakłócająca nie jest skierowana przeciw osobie, lecz przeciw miejscu, w którym ma nastąpić spotkanie, a którego się unika ze względu na związane z nim niemiłe wspomnienie. Albo: gdy ktoś zapomina przeczytać list, tendencja przeciwna może się opierać na treści listu; nie jest jednak wykluczone, że list jest bez znaczenia i zapomina się o nim tylko dlatego, ponieważ coś w nim przypomina inny list, pisany kiedyś, który tendencji przeciwnej służy za podstawę do bezpośredniego ataku. Można wtedy powiedzieć, że intencja przeciwna przeniosła się tu z poprzedniego listu, gdzie była usprawiedliwiona, na list obecny, z którym właściwie nie pozostaje w żadnym związku.

Widzicie więc, że w zastosowaniu waszej uzasadnionej interpretacji należy jednak być powściągliwym i ostrożnym; to, co psychologicznie jest jednowartościowe, może w praktyce być bardzo wieloznaczne.

Zjawiska w rodzaju tych, o których mówiliśmy przed chwilą, wydają się wam pewnie niezwykłe. Może będziecie skłonni przypuszczać, że „pośrednia" tendencja przeciwna nadaje procesowi charakter patologiczny. Mogę was jednak zapewnić, że mamy z nim również do czynienia w ramach normalnych, przy zupełnym zdrowiu. Proszę mnie zresztą źle nie rozumieć. W żadnym wypadku nie chcę sam przyznać się do tego, że nie można polegać na naszych analitycznych interpretacjach. Omówiona wieloznaczność zapominania zamiarów istnieje przecież jedynie tak długo, dopóki nie przedsięwzięliśmy analizy wypadku, dopóki interpretujemy go na podstawie naszych ogólnych przesłanek. Po przeprowadzeniu analizy z odnośną osobą, za każdym razem dowiadujemy się z wystarczającą pewnością, czy to jest bezpośrednia tendencja przeciwna albo skąd ona pochodzi.

Punkt drugi wygląda następująco: jeżeli w szeregu wypadków znajdziemy potwierdzenie, że zapominanie zamiaru łączy się z tendencją przeciwną, będziemy mogli śmiało rozwiązanie to rozszerzyć na inny szereg wypadków, w których osoba analizowana nie potwierdza wykrytej przez nas intencji przeciwnej, lecz ją neguje. Weźcie jako przykłady niezwykle częste wypadki, w których zapomina się zwracać pożyczone książki, wyrównywać rachunki lub oddawać pożyczone pieniądze. Ośmielimy się oświadczyć tym wszystkim, co zapominają, że w zamiarach ich leży zatrzymywanie książek i niepłacenie długów; zaprotestują przeciw istnieniu takich zamierzeń, ale nie potrafią w inny sposób wytłumaczyć swego zachowania. Odpowiadamy na to, że każdy z tych ludzi ma taki zamiar, tylko nic o nim nie wie; nam jednak wystarczy, że zamiar ten zdradza się sam przez rezultat zapomnienia. Co z tego, że nas ktoś będzie zapewniał, iż po prostu o tym zapomniał?

Przypominacie sobie państwo tę sytuację? Już raz zetknęliśmy się z nią. Jeżeli zechcemy konsekwentnie rozwijać dalej naszą interpretację czynności pomyłkowych, która tylekroć okazała się słuszna, będziemy zmuszeni do przyjęcia tezy, że istnieją u człowieka tendencje, które mogą działać, choć się o nich nie wie. Przez to jednak przeciwstawiamy się wszystkim poglądom, panującym w życiu i w psychologii.

Zapominanie nazwisk i słów obcych da się również w ten sam sposób sprowadzić do przeciwnego zamiaru, który bądź bezpośrednio, bądź pośrednio kieruje się przeciw danemu nazwisku. Kilka przykładów takiej bezpośredniej niechęci dałem już raz poprzednio. Spowodowanie pośrednie zdarza się jednak tutaj specjalnie często, na przykład w obecnym okresie wojny, który nas zmusił do zrezygnowania z tylu dawnych przyzwyczajeń, na skutek najdziwaczniejszych powiązań ucierpiała również bardzo zdolność przypominania sobie imion własnych. Niedawno zdarzyło mi się, że nie mogłem przypomnieć sobie nazwy dość dużego miasteczka morawskiego Bisenz; analiza wykazała, że nie ma tu mowy o jakiejś bezpośredniej wrogości; po prostu zapomnienie powstało pod wpływem podobieństwa nazwy Palazzo Bisenz w Orvieto, gdzie kilkakrotnie chętnie przebywałem. Jako motyw tendencji, skierowanej przeciw przypominaniu sobie nazw, występuje tu po raz pierwszy zasada, która później odsłoni nam całe swoje olbrzymie znaczenie dla powstawania objawów neurotycznych; niechęć pamięci do przypominania sobie czegoś, co było połączone z niemiłymi wrażeniami i co przy przypomnieniu mogłoby te wrażenia odnowić. Tę chęć uniknięcia przykrości we wspomnieniach lub innych aktach psychicznych, tę psychiczną ucieczkę przed przykrością możemy uznać za ostatni skuteczny motyw nie tylko zapominania nazw, lecz również przy wielu innych czynnościach pomyłkowych, jak zaniechania, błędy itd.

Zapominanie nazw zdają się również ułatwiać warunki psychofizjologiczne. Zdarza się więc ono wskutek tego również w wypadkach, które nie potwierdzają udziału w nich motywu niechęci. Jeżeli ktoś ma skłonności do zapominania imion, można ustalić w drodze badania analitycznego, że nie tylko dlatego zapomina imion, ponieważ sam ich nie znosi lub dlatego, iż przypominają mu coś niemiłego, lecz i z tego powodu, że to samo imię należy u niego do innego kręgu skojarzeniowego, z którym łączą go ściślejsze związki.

Imię to pozostaje w tym kręgu jak gdyby zatrzymane i niedopuszczone do innych chwilowo działających skojarzeń.

Jeżeli przypomnicie sobie sztuki mnemotechniki, będziecie mogli z pewnym zdziwieniem stwierdzić, że zapomina się imion na skutek tych samych współzależności, które się skądinąd stwarza samemu, aby się przed zapomnieniem uchronić. Najbardziej jaskrawy przykład na to dają imiona osób, które ze zrozumiałych przyczyn dla różnych ludzi posiadać muszą zupełnie różną wartość psychiczną. Weźcie na przykład imię Teodor. Dla jednego imię to nie ma żadnego specjalnego znaczenia; dla innych jest to imię ojca, brata, przyjaciela albo własne. Doświadczenie analityczne pokaże wam później, że pierwszemu osobnikowi nie grozi niebezpieczeństwo zapomnienia, iż pewna obca osoba tak się nazywa; natomiast ci inni ciągle są skłonni zabierać to imię obcej osobie, gdyż wydaje im się, że jest ono zarezerwowane dla ludzi bliskich. Przyjmijcie, że to zahamowanie skojarzeniowe może połączyć się z działaniem zasady przykrości i ponadto z jakimś pośrednim mechanizmem, a będziecie mogli stworzyć sobie właściwe pojęcie o komplikacji, łączącej się z przyczynami powstawania chwilowego zapominania imion. Rzeczowa analiza rozwiąże jednak całkowicie wszystkie te powikłania.

Zapominanie wrażeń i przeżyć jeszcze wyraźniej i jaskrawiej, niż zapominanie nazw, wskazuje na działanie tendencji do nieprzypominania sobie rzeczy niemiłych. Nie należy ono, oczywiście, całkowicie do czynności pomyłkowych, ale można o nim mówić o tyle, o ile, oceniane według miary naszego doświadczenia, wydaje się uderzające i nieusprawiedliwione. Na przykład, gdy odnosi się do świeżych albo zbyt ważnych wrażeń lub do wrażeń tego typu, których wypadnięcie tworzy luki w dobrze na ogół zapamiętanym związku. Dlaczego i w jaki sposób w ogóle zapominamy i to przeżycia, które z pewnością pozostawiły na nas najgłębsze wrażenie, jak przeżycia pierwszych lat chłopięcych, to zagadnienie zupełnie inne, przy którym obrona przed doznaniem przykrości odgrywa pewną rolę, ale nie wszystko tłumaczy. Nie ulega wątpliwości, że wrażeń niemiłych łatwo się zapomina. Stwierdzili to różni psychologowie, a wielki Darwin tak się tym przejął, że postawił sobie za zasadę notowanie ze szczególną pieczołowitością obserwacji niesprzyjających jego teorii, gdyż przekonał się, że właśnie te spostrzeżenia nie chciały pozostawać w jego pamięci.

Kto po raz pierwszy słyszy o tej zasadzie obrony przed przypomnieniem przykrości za pomocą zapomnienia, ten prawie zawsze występuje z zastrzeżeniem, że – według swego doświadczenia – właśnie o rzeczach przykrych zapomina najtrudniej, gdyż wbrew woli wracają one ciągle, aby nas męczyć, jak się to na przykład dzieje przy wspomnieniach obrazy i upokorzeń. Jest to słuszne, ale zastrzeżenie nie trafia w sedno sprawy. Należy liczyć się z faktem, że życie psychiczne jest terenem walk i zamieszek przeciwstawnych tendencji albo, nie wyrażając się dynamicznie, składa się ze sprzeczności i przeciwieństw. Wykazanie określonej tendencji nie wyklucza tendencji przeciwnej, jest tu dość miejsca dla jednej i drugiej. Chodzi tylko o to, w jaki sposób przeciwieństwa ustosunkowują się do siebie, jakie skutki wypływają z jednego i z drugiego.

Gubienie i zarzucanie przedmiotów jest dla nas szczególnie interesujące przez swą wieloznaczność, a więc przez różnorodność tendencji, w których służbę mogą wstąpić te czynności pomyłkowe. Wszystkie wypadki mają tę cechę wspólną, że się chciało coś zgubić, natomiast różnią się między sobą tym, z jakiego powodu i w jakim celu to się dzieje. Gubi się przedmiot, gdy jest uszkodzony, gdy się ma zamiar zastąpić go lepszym, gdy się przestało go lubić, gdy pochodzi od osoby, z którą stosunki się pogorszyły, albo gdy się go uzyskało w okolicznościach, o których nie chce się myśleć. Temu samemu celowi może służyć opuszczenie czegoś na ziemię, uszkodzenie lub złamanie. W życiu społecznym zrobiono podobno doświadczenie, że dzieci niechciane i nieślubne są znacznie wątlejsze niż dzieci, poczęte normalnie. Nie jest to rezultat ordynarnej techniki tak zwanych fabrykantek aniołków; dla wytłumaczenia wystarczy najzupełniej pewien brak dbałości w opiekowaniu się takimi dziećmi. Z opiekowaniem się przedmiotami mogłyby rzeczy mieć się podobnie jak z dziećmi.

Mogą jednak być przedmioty przeznaczone do zgubienia, które nie straciły niczego ze swej wartości, jeżeli istnieje zamiar złożenia losowi ofiary, aby uchronić się od innej straty, której się lękamy. Takie zaklinania losu są wśród nas według rezultatów analizy bardzo częste, zagubienie jest dlatego często dobrowolną ofiarą. Zagubienie może się również wprząc w służbę przekory lub chęci ukarania siebie, krótko mówiąc, bardziej odległe uzasadnienia tendencji pozbycia się rzeczy przez zgubienie jej są nie do objęcia.

Błędnie skierowanej czynności używamy często, podobnie jak innych pomyłek, by spełnić pragnienia, z których należałoby zrezygnować. Zamiar maskuje się przy tym jako szczęśliwy przypadek; gdy na przykład przy wyraźnej tendencji przeciwnej trzeba pojechać koleją do znajomych za miastem – jak się to zdarzyło jednemu z naszych przyjaciół – i na stacji, gdzie trzeba się przesiadać, wsiada się przez pomyłkę do pociągu, wracającego do miasta; albo gdy podczas podróży chciałoby się zatrzymać dłużej na jakiejś stacji, choć zatrzymanie to wobec pewnych zobowiązań jest niewskazane i potem traci się lub przegapia połączenie tak, że w rezultacie jest się zmuszonym do upragnionej przerwy w podróży. Albo, jak się to zdarzyło z jednym z moich pacjentów, któremu zabroniłem rozmawiać przez telefon z ukochaną, który jednak „przez pomyłkę", „w myślach", chcąc zatelefonować do mnie, wypowiedział fałszywy numer tak, że nagle został połączony z damą swego serca.

Interesujący przykład z dziedziny bezpośrednich pomyłek, niepozbawiony większego znaczenia, przynosi obserwacja pewnego inżyniera na temat okoliczności towarzyszących uszkodzeniu przedmiotu. Oto ona:

„Pracowałem kiedyś z kilkoma kolegami w laboratorium wyższej uczelni nad szeregiem skomplikowanych doświadczeń z dziedziny elastyczności. Była to robota, do której zgłosiliśmy się dobrowolnie, która jednak wkrótce zaczęła pochłaniać więcej czasu, niż oczekiwaliśmy. Gdy pewnego dnia w towarzystwie kolegi

F. szedłem znowu do laboratorium, oświadczył on, że bardzo mu dziś przykro tracić tyle czasu, gdyż ma w domu inną pracę; robiąc aluzję do wypadku, jaki zdarzył się w ubiegłym tygodniu, odpowiedziałem pół żartem: miejmy nadzieję, że maszyna znowu zawiedzie tak, że będziemy mogli przerwać pracę i wyjść wcześniej.

Przy podziale roboty koledze F. przypada kierowanie wentylem, to znaczy ma za pomocą ostrożnego otwierania wentyla wpuszczać z akumulatora płyn pod ciśnieniem do walca prasy hydraulicznej; kierownik eksperymentu stoi przy manometrze i ilekroć odpowiednie ciśnienie zostaje osiągnięte, woła głośno: stop! Na ten okrzyk F. bierze wentyl i z całej siły kręci go w lewo (wszystkie wentyle, bez wyjątku, zamykają się w prawo). Przez to ciśnienie w prasie zrównuje się z ciśnieniem w akumulatorze, na co urządzenie rur nie jest nastawione tak, że jedno z połączeń nagle pęka; powstaje zupełnie niewinny defekt maszyny, który nas jednak zmusza do zaniechania w dniu dzisiejszym dalszej pracy i pójścia do domu.

Rzecz zresztą charakterystyczna, że jakiś czas później, gdy ten wypadek omawialiśmy, przyjaciel F. w żaden sposób nie chciał sobie przypomnieć swego opowiadania, choć z całą pewnością twierdziłem, iż mi o tym mówił".

Stąd możecie dojść do przypuszczenia, że nie zawsze niewinny przypadek czyni ręce naszej służby tak niebezpiecznie wrogimi w stosunku do przedmiotów znajdujących się w mieszkaniu. Możecie jednak rzucić również pytanie, czy zawsze jest to rezultat przypadku, jeżeli człowiek sam sobie wyrządza szkodę i naraża siebie na niebezpieczeństwo. Są to myśli, których wartość możecie zbadać przy sposobności szczegółowej analizy odpowiednich spostrzeżeń.

Czcigodni słuchacze! To jednak jeszcze nie wszystko, co należałoby powiedzieć o czynnościach pomyłkowych. Wiele jest tu do zbadania i przedyskutowania. Będę szczerze zadowolony, jeżeli na podstawie dotychczasowych badań w tym kierunku nastąpi pewien wstrząs w waszych dotychczasowych poglądach i będziecie gotowi do przyjęcia nowych. Zresztą muszę poprzestać na tym, aby pozostawić was w obliczu spraw niezupełnie wyjaśnionych.

Na podstawie czynności pomyłkowych nie możemy udowodnić wszystkich naszych tez naukowych, nie jesteśmy też w dowodach zależni tylko od tego materiału. Wielkie znaczenie czynności pomyłkowych, o ile chodzi o nasze cele, polega na tym, że są to zjawiska bardzo częste; można je łatwo obserwować na własnej osobie, przy czym wcale nie są one uwarunkowane stanem chorobowym. Chciałbym jeszcze na koniec dać wyraz jednemu waszemu pytaniu, na które nie odpowiedziałem.

Jeżeli, jak to widzieliśmy na wielu przykładach, ludzie tak bardzo zbliżają się do zrozumienia czynności pomyłkowych i często tak się zachowują, jak gdyby przeczuwali ich sens, to jakże jest możliwe, że te same zjawiska przedstawiane są na ogół jako przypadkowe, pozbawione sensu i znaczenia? I dlaczego mamy do czynienia z tak energicznym oporem przeciw ich psychoanalitycznemu wyjaśnieniu?

Macie rację, to bije w oczy i wymaga wytłumaczenia. Nie dam go jednak, tylko powoli doprowadzę was do splotu związków, z którego wyjaśnienie narzuci się samo, bez mojej współpracy.

CZĘŚĆ II

MARZENIA SENNE

WYKŁAD V

TRUDNOŚCI I PIERWSZE ZBLIŻENIA

Panie i Panowie! Pewnego dnia zrobiono odkrycie, iż objawy cierpienia niektórych nerwowo chorych mają swój sens [1]. Na tej podstawie ugruntowano psychoanalityczny sposób leczenia. W czasie zaś tego leczenia zdarzało się, że chorzy opowiadali także o swych marzeniach sennych zamiast o objawach choroby. W ten sposób powstało przypuszczenie, że i marzenia senne mają sens.

Nie pójdziemy jednak drogą historyczną, lecz podążymy w odwrotnym kierunku. Pragniemy teraz wykazać - co ma być pracą wstępną dla studiów nad nerwicami - znaczenie tych marzeń sennych. To odwrócenie porządku jest usprawiedliwione tym, że studia nad marzeniami sennymi są nie tylko najlepszą pracą przygotowawczą przy badaniach nad nerwicami, lecz że wykazują one ponadto, iż marzenie senne jest samo przez się objawem neurotycznym, który posiada dla nas tę nieocenioną korzyść, iż występuje u wszystkich, nawet zupełnie zdrowych ludzi. Ba, gdyby wszyscy ludzie byli zdrowi i tylko śnili, to w drodze analizy ich marzeń sennych moglibyśmy dojść prawie do tych samych wyników, do jakich doszliśmy, rozpatrując nerwice.

A zatem staje się marzenie senne przedmiotem badania psychoanalitycznego. Znów więc zjawisko zwykłe, lekceważone, podobnie jak i czynności pomyłkowe pozbawione pozornie wartości praktycznej, z którymi łączy je ponadto ta wspólna cecha, że tak jak i one występuje u ludzi zdrowych. Poza tym warunki pracy są tu jeszcze mniej korzystne. Uchylenia zostały zaniedbane jedynie przez naukę, zajmowano się nimi niewiele, ale ostatecznie nie było to hańbą, jeśli się nimi interesowano. Powiadano wprawdzie, że są ważniejsze zagadnienia, ale że można stąd coś dla wiedzy wydostać. Zajmowanie się marzeniami sennymi jest natomiast nie tylko niepraktyczne i zbyteczne, lecz wprost hańbiące; wieje od nich odium ignorancji i budzi podejrzenie osobistych skłonności ku mistycyzmowi. Jakże może się lekarz zajmować marzeniami sennymi, skoro w patologii neuroz i psychiatrii jest tyle poważnych zagadnień jak guzy dochodzące do wielkości jabłka, a uciskające narząd życia psychicznego, krwotoki, chroniczne zapalenia, przy których można

[1] Józef Breuer w r. 1880-1882. Por. moje odczyty o psychoanalizie wygłoszone w Ameryce w 1909 roku (5 odczytów o psychoanalizie. Przekład polski dr. L. Jekelsa).

pod mikroskopem dojrzeć zachodzące w tkankach zmiany! Nie, marzenie senne jest przedmiotem zbyt błahym i niegodnym badania naukowego.

W dodatku jest to przedmiot, który z natury swej opiera się wszelkim wymaganiom ścisłej nauki. Przy badaniu marzeń sennych nie jesteśmy pewni naszego przedmiotu. Urojenie na przykład występuje jasno i w pewnych zarysach. „Jestem cesarzem chińskim" – powiada chory głośno. Ale marzenie senne? Wszak przeważnie nie można go wcale opisać. Czy mamy pewność, że opowiadając marzenie senne, opowiedzieliśmy je trafnie, a nie zmieniliśmy go raczej podczas opowiadania, nie dodaliśmy do niego czegoś zmuszeni niepewnością wspomnienia? Przeważnej ilości marzeń sennych nie przypominamy sobie, zachowując w pamięci li tylko małe fragmenty. I na tłumaczeniu tego materiału ma się oprzeć naukowa psychologia lub zabieg leczniczy?

Pewien nadmiar krytyki budzi w nas już nieufność. Zarzuty skierowane przeciwko marzeniu sennemu jako przedmiotowi naszych roztrząsań idą widocznie za daleko. Już praca nad uchyleniami nauczyła nas, jak odnosić się należy do rzeczy nieważnych. Powiedzieliśmy sobie wówczas, że wielkie sprawy mogą znaleźć wyraz także w małych oznakach. Odnośnie nieokreśloności marzenia sennego, to stanowi ona jego znamienną cechę, a nie możemy przecież rzeczom wyznaczać ich charakteru. Bywają zresztą jasne i w całości w pamięci zachowane marzenia senne. Natomiast istnieją inne przedmioty badania psychiatrycznego, które posiadają ten sam charakter niepewności, jak na przykład w wielu wypadkach natręctwa myślowe, którymi zajmowali się przecież psychiatrzy bardzo poważani i uznani. Wspomnę tylko o ostatnim przypadku z mojej praktyki lekarskiej. Pacjentka rozpoczyna swe skargi od słów: „Mam dziwne uczucie, jak gdybym skrzywdziła żyjące stworzenie – dziecko? – Nie, raczej psa, albo jakbym skrzywdzić chciała, może je z mostu strąciłam – lub coś innego". Trudność, wynikającą z niepewności wspomnienia, możemy jednak usunąć, jeżeli postanowimy, że opowiedziane przez śniącego marzenie senne zachowuje ważność bez względu na zapomniane lub ewentualnie we wspomnieniu zmienione fragmenty. Ostatecznie nie można znowu tak ogólnikowo twierdzić, że marzenie senne jest czymś tak nieważnym. Wiemy z własnego doświadczenia, że usposobienie, w którym się budzimy ze snu, może przeciągnąć się na cały dzień. Bywają wypadki, zaobserwowane przez lekarzy, w których choroba umysłowa powstaje z marzenia sennego i zachowuje urojenie pochodzące właśnie z tego marzenia. Opowiada się też o osobistościach historycznych, iż czerpały z marzeń sennych zachętę i pobudki do ważnych czynów. Pytamy więc, skąd pochodzi wzgardliwy stosunek uczonych do marzenia sennego?

Przypuszczam, że jest on reakcją na przecenianie ich w dawnych czasach. Odtworzenie przeszłości jest, jak wiadomo niełatwe. Możemy jednak przyjąć z wielką pewnością – o ile dozwolony jest mi ten żart – że nawet nasi przodkowie sprzed 3000 lat – lub więcej jeszcze – śnili podobnie jak my. Wiemy, iż wszystkie narody starożytne przypisywały marzeniom sennym wielkie znaczenie i ceniły je jako praktycznie doniosłe; były one dla nich zwiastunem i wróżbą przyszłości. Wyprawa wojenna Greków i innych wschodnich ludów była w owych czasach bez uprzedniego zasięgnięcia rad tłumaczy snów tak niemożliwa, jak nie możemy sobie wyobrazić, że można dziś przedsięwziąć walkę, nie mając uprzednio zebranych przez lotników informacji. Gdy Aleksander Wielki wybrał się na wyprawę zdobywczą, znajdowali się w jego orszaku najsłynniejsi tłumacze snów. Miasto Tyrus, leżące wówczas jeszcze na wyspie, stawiło królowi tak wytrwały opór, że postanowił zaniechać oblężenia. Tejże nocy widział we śnie tańczącego jakby w triumfie satyra, a skoro tłumacze, którym przedłożył ten sen, orzekli, że przepowiada on zwycięstwo nad miastem, wydał rozkaz wznowienia ataku i Tyrus zdobył. U Etrusków i Rzymian używano innych sposobów, aby dowiedzieć się o przyszłych zdarzeniach. Natomiast w czasach grecko-rzymskich kultywowano i wysoko ceniono tłumaczenie snów. Główne dzieło owej literatury zachowało się po dziś dzień, jest to rozprawa Artemidorosa z Daldis, żyjącego podobno za czasów cesarza Hadriana. Jak doszło do tego, że sztuka tłumaczenia snów upadła, a marzenie senne utraciło na wiarygodności, nie mogę wam powiedzieć. Nie mogło to być dziełem oświaty, gdyż ciemne średniowiecze zachowało wiernie większe niedorzeczności niż dawne tłumaczenie snów. Faktem jest, że zainteresowanie się marzeniem sennym upadało stopniowo aż do przesądu, a wiarę w nie zachowali jedynie ludzie niewykształceni. Ostatnie nadużycie tłumaczenia snów, które zachowało się do naszych czasów, służy do wywnioskowania z marzeń sennych liczb, mających przynieść na loterii główną wygraną. Natomiast współczesna nauka ścisła zajmowała się wielokrotnie marzeniem sennym, ale tylko w zamiarze zastosowania swoich teorii fizjologicznych. Marzenie senne było dla lekarzy naturalnie aktem nie-psychicznym, wyrazem podniet somatycznych w życiu duchowym. Binz tłumaczy w 1876 roku marzenie senne jako „przebieg cielesny przeważnie zupełnie zbyteczny, w wielu wypadkach natomiast wprost chorobliwy, ponad którym dusza świata oraz nieśmiertelność unoszą się równie wysoko jak niebieski eter ponad porosłą chwastem płaszczyzną piasków w najgłębszej nizinie". Maury porównuje marzenie senne z bezwładnymi drgawkami tańca św. Wita w przeciwieństwie do skoordynowanych ruchów zdrowego człowieka; zaś według starego porównania treść marzenia sennego to dźwięki: „wywołane niewprawną ręką, biegnącą po klawiszach instrumentu".

Interpretować oznacza tyle, co znaleźć ukryte znaczenie; przy tego rodzaju ocenie działalności marzenia sennego nie może być o tym mowy. Proszę tylko rzucić okiem na opisy marzeń sennych u Wundta, Jodla i innych filozofów współczesnych. Ograniczają się oni do wyliczenia cech, którymi różni się życie senne od myślenia na jawie i w zamiarze poniżenia go podkreślają rozpad skojarzeń, zniesienie krytyki, zupełne wyłączenie wszelkiej wiedzy i inne oznaki obniżonej działalności psychicznej. Jedyny wartościowy przyczynek do poznania marzenia sennego, jakiego dostarczyła nam nauka ścisła, odnosi się do wpływu podniet cielesnych, działających podczas snu na treść marzenia sennego. Niedawno zmarły norweski pisarz, J. Mourly Vold, jest autorem dwóch grubych tomów o badaniach doświadczalnych nad marzeniem sennym (1910 i 1912, tłumaczone na język niemiecki). Zajmuje się on prawie wyłącznie skutkami, wywołanymi przez zmianę pozycji części ciała. Dzieło to zachwalają nam jako wzór ścisłych badań nad marzeniem sennym. Czy możemy sobie zatem wyobrazić, jakie stanowisko zajęłaby nauka ścisła, jeśli dowiedziałaby się, że usiłujemy znaleźć *znaczenie* tych marzeń sennych? Możliwe jest, że wypowiedziała już swoje zdanie. Lecz nie damy się tym odstraszyć. Skoro pomyłki mogły mieć znaczenie, to mieć je mogą i marzenia senne, a wszakże pomyłki mają w wielu wypadkach sens, który uszedł uwadze ścisłego badania. Przyznajmy się zatem do przesądów starożytnych i ludowych i wstąpmy w ślady starodawnych tłumaczy.

Przede wszystkim musimy zdać sobie sprawę z naszego zadania i rozejrzeć się w dziedzinie marzeń sennych. Czym więc jest marzenie senne? Trudno to określić jednym zdaniem. Nie chcemy też próbować definicji tam, gdzie wystarcza wskazanie znanego każdemu przedmiotu. Pragniemy tylko podkreślić istotne cechy marzenia sennego. Gdzie można je znaleźć? Panuje tu niezwykła rozmaitość w granicach zakreślających naszą dziedzinę, różnorodność pod każdym względem. Istotnymi cechami będą te, które będziemy mogli wskazać jako wspólne wszystkim marzeniom.

A więc, pierwszą wspólną cechą wszystkich marzeń sennych byłaby ta, że snujemy je w czasie snu. Widoczne jest, że marzenie senne jest wyrazem duchowego życia w czasie trwania snu, które wprawdzie posiada pewne podobieństwo do życia na jawie, lecz zarazem znacznie się od niego różni. Tak określił już marzenie senne Arystoteles. Jest możliwe, że miedzy marzeniem sennym a samym snem istnieją jeszcze bliższe stosunki. Często budzimy się z powodu marzenia sennego albo też zdarza się, że śnimy, gdy nagle zrywamy się lub gdy ktoś nam gwałtownie podczas snu przeszkadza. Marzenie senne zdaje się być zatem stanem pośrednim między snem a czuwaniem. W ten sposób skierowujemy naszą uwagę na sen. Czymże jest sen?

Jest to zagadnienie fizjologiczne lub też biologiczne, po dziś dzień jeszcze sporne. Nie możemy tu nic rozstrzygnąć, spróbujmy jednak dać psychologiczną charakterystykę snu. Sen jest stanem, podczas którego nie chcę nic wiedzieć o świecie zewnętrznym, od którego odwróciłem moje zainteresowanie. Popadam w sen, skoro się od tego świata odsuwam i trzymam z dala od siebie jego podniety. Usypiam też, kiedy jestem nim znużony, a zasypiając, powiadam do niego: zostaw mnie w spokoju, gdyż chcę spać. Dziecko powiada przeciwnie: nie chcę jeszcze spać, nie jestem zmęczony, chcę jeszcze coś przeżyć. Odpoczynek jest, jak się zdaje, zamiarem biologicznym snu, podczas gdy przerwa w zainteresowaniu się światem – jego znamieniem psychologicznym. Widocznie nie możemy bez przerwy wytrwać w tym świecie, na który przyszliśmy tak niechętnie. Usuwamy się zatem czasowo w stan przedistnienia, niby do łona matki. Stwarzamy sobie przynajmniej zupełnie podobne warunki jak wówczas: ciepło, ciemno i bez podniet. Wielu z nas zwija się w mały kłębuszek i przybiera we śnie tę samą pozycję jak w łonie matki. Ma się wrażenie, jak gdyby świat posiadał nas dorosłych tylko w dwóch trzecich; jedna trzecia nie przyszła jeszcze na świat. Po każdym rannym przebudzeniu się jesteśmy więc jak nowonarodzeni. Określamy też zwykle nasz stan po śnie tymi słowami; jesteśmy jak nowo narodzeni, mając, zdaje się, bardzo fałszywe pojęcie o ogólnym stanie uczuć noworodka. Możemy przyjąć, że ten przeciwnie, niezbyt błogo się czuje. Określamy też akt urodzenia słowami: ujrzeć światło dzienne.

Skoro ten stan nazywamy snem, to w programie jego nie ma w ogóle marzenia sennego, które zdaje się jest tu raczej niepożądaną przyprawą. Najlepszym i jedynie właściwym snem jest, jak sądzimy, sen bez marzeń. We śnie nie powinna istnieć żadna czynność duchowa; skoro ją spostrzegamy, znaczy to, że nie udało się nam przywrócić stanu spoczynku płodowego, że resztki czynności psychicznej nie dały się całkowicie usunąć. Resztki te stanowią marzenie senne. Wobec tego wydaje się rzeczywiście zbytecznym, aby marzenie senne miało jakiś sens. W wypadku czynności pomyłkowych rzecz miała się inaczej; były to przecież czynności na jawie. Ale gdy zasypiam i wstrzymuję aktywność duchową, a tylko nie mogłem powstrzymać pewnych jej resztek, to nie jest konieczne, aby te oto resztki miały znaczenie. W ogóle nie mogę tego znaczenia zużytkować, skoro reszta mojego życia duchowego śpi. Chodzić tu może tylko o reakcje błyskawiczne i tylko o takie zjawiska psychiczne, które występują wprost pod działaniem podniet cielesnych. A więc marzenia byłyby resztkami psychicznej czynności na jawie, wichrzycielami snu i moglibyśmy powziąć zamiar porzucenia tego nieodpowiedniego dla psychoanalizy tematu.

Pomimo że marzenie senne jest zbyteczne, ono istnieje; usiłujmy więc zdać sobie sprawę z tego istnienia. Dlaczego nie zasypia życie psychiczne? Prawdopodobnie dlatego, że coś nie daje duszy spokoju. Podniety działają na nią, więc musi na nie reagować. Marzenie senne jest zatem oddziaływaniem duszy na wpływające na nią w stanie sennym podniety. Tu spostrzegamy drogę do zrozumienia marzeń sennych. Wobec tego możemy w poszczególnych marzeniach sennych poszukiwać podniet, zakłócających stan snu, na które śpiący odpowiada mową marzeń sennych. O tyle więc mielibyśmy wyodrębnioną pierwszą wspólną cechę wszystkich marzeń sennych.

Czy istnieją jeszcze inne cechy wspólne? Tak, są one widoczne, lecz trudne do ujęcia i opisania. Akty psychiczne mają we śnie zupełnie inny charakter niż na jawie. Przeżywamy wiele w marzeniu sennym i wierzymy w to, podczas gdy przecież w rzeczywistości nie przeżyliśmy niczego, co najwyżej niepokojącą nas podnietę.

Przeżycia te są przeważnie natury wzrokowej; tu i ówdzie mogą im towarzyszyć uczucia, myśli, a także przeżycia innych zmysłów; jednak obrazy przeważają. Trudność opowiedzenia marzenia sennego pochodzi po części stąd, że musimy te obrazy przetłumaczyć na słowa. „Mógłbym to narysować - powiada często śniący - ale nie wiem, jak mam opowiedzieć". Widzimy więc, że nie jest to właściwie niższa czynność duchowa, jak to ma miejsce, gdy porównujemy osobnika głupawego z geniuszem; istnieje tu różnica co do jakości, lecz trudno określić, na czym ona polega. G. Th. Fechner wyraził raz przypuszczenie, że widownia, na której rozgrywają się (w duszy) marzenia senne, różni się od tej, na której rozgrywają się wyobrażenia na jawie. Nie rozumiemy wprawdzie tego, nie wiemy, co mamy o tym myśleć, ale to określenie odpowiada rzeczywiście osobliwemu wrażeniu, jakie odnosimy z przeważającej części marzeń sennych. Również porównanie czynności marzenia sennego z czynnościami ręki niemuzykalnej nie jest trafne. Fortepian odpowiada przynajmniej tymi samymi tonami, jeśli już nie melodiami, gdy przypadkowo przebiegniemy ręką po jego klawiszach. Mimo że nie rozumiemy tej drugiej wspólnej cechy, zachowamy ją dobrze w pamięci.

Czy istnieją jeszcze inne wspólne właściwości? Nie spostrzegam żadnych, widzę tylko wokół różnorodność i to we wszelkich kierunkach, zarówno w pozornym trwaniu, jak i pod względem wyrazistości momentów uczuciowych, trwałości itd. Wszystkie te cechy nie są właściwie takie, jakbyśmy się spodziewali, gdyby marzenie senne miało być tylko skąpym i chwilowym odparciem podniet, użytym w akcie samoobrony. Rozmiary marzeń sennych są bardzo różne; bywają krótkie o jednym obrazie lub o kilku małych, zawierające tylko jedną myśl lub tylko jedno słowo, inne zaś bogate w treść, zawierające całe powieści, wydaje się, że bardzo długo trwające. Bywają sny tak jasne jak przeżycie, tak jasne, że nawet jakiś czas po ocknięciu się nie uznajemy ich tylko za marzenie; inne zaś zupełnie słabe i nikłe jak cień; zdarza się również, że w jednym i tym samym marzeniu zmieniają się nawzajem silnie podkreślone i zaledwie zarysowane części. Marzenia mogą mieć sens albo przynajmniej wątek, nawet czasami dowcip, fantazję i piękno, inne zaś są pogmatwane, bezrozumne, niedorzeczne, czasami wprost szalone. Bywają sny, które nie czynią na nas żadnego wrażenia, i takie, które poruszają w nas głębię uczuć, ból spotęgowany do płaczu, lęk - aż do przebudzenia, zdumienie, podziw itd. Przeważnie tuż po ocknięciu się ze snu idą marzenia senne w zapomnienie. Niekiedy zachowujemy je jednak w pamięci w ciągu całego dnia i to w ten sposób, że ku wieczorowi ich wspomnienie stopniowo blednie. Inne znów, jak na przykład marzenia senne z czasów dzieciństwa, utrzymują się w pamięci jak świeże przeżycie w ciągu 30 lat. Marzenia senne mogą pojawiać się tak jak ludzie jeden raz i nigdy więcej lub też zjawiają się kilkakrotnie u jednej i tej samej osoby, nie zmieniając wcale - lub też tylko nieznacznie - treści. Krótko mówiąc, ta znikoma nocna czynność psychiczna rozporządza niezwykłym repertuarem i mierzyć się może z każdą czynnością psychiczną na jawie, a przecież nie jest z nią identyczna.

Moglibyśmy spróbować zdać sobie sprawę z owych wielorakich właściwości marzenia sennego, gdybyśmy przyjęli, że odpowiadają one różnym stanom pośrednim między snem a jawą, różnym stopniom niezupełnego snu. Ale w miarę wzrastania wartości, treści i wyrazistości czynności marzenia sennego musiałaby wówczas wzrastać pewność, że jest to marzenie senne, gdyż podczas takiego marzenia sennego dusza jest bliska przebudzenia. Wobec tego byłoby niemożliwe, aby bezpośrednio po wyrazistej i rozsądnej części snu następował fragment bezsensowny i niejasny, po czym znów część zupełnie dobra. Tak szybko dusza nie jest w stanie zmieniać głębi snu. Wyjaśnienie to na nic się więc nie zdaje; w ogóle trudno tak, w mgnieniu oka, znaleźć wytłumaczenie.

Zrezygnujmy zatem z „sensu" marzenia sennego, a spróbujmy natomiast, opierając się na wspólnych cechach marzeń sennych, utorować sobie drogę do ich zrozumienia. Ze stosunku marzeń sennych do stanu sennego wywnioskowaliśmy, że marzenie senne stanowi reakcję na podnietę zakłócającą sen. Jak już wiadomo, jest to jedyny punkt, w którym może nam przyjść z pomocą ścisła psychologia doświadczalna. Podaje ona nam dowód, że działające podczas snu podniety występują w marzeniu sennym. Tego rodzaju badania czyniono z różnych stron, nie wyłączając poprzednio już wspomnianego Mourly Vold'a; a każdy z nas znalazł się chyba już niejednokrotnie w tym położeniu, że może te wyniki potwierdzić własnymi spostrzeżeniami. Wybieram tu kilka dawniejszych doświadczeń. Maury stosował tego rodzaju doświadczenia na własnej osobie. Dano mu poczas snu do wąchania wodę kolońską; śnił wówczas, iż jest w Kairze w sklepie Jana Marii Farina; po czym nastąpił dalszy ciąg jakichś szalonych przygód. Albo: uszczypnięto go z lekka w kark, a śniło mu się, że przykłada mu plaster lekarz, który go leczył w dzieciństwie. To znów skropiono mu wodą skroń, był wówczas w marzeniu we Włoszech, pocił się silnie i pił białe wino z Orvieto.

To, co nas teraz uderza w marzeniach sennych, wywołanych doświadczalnie, ujmiemy wyraźniej na przykładach tych marzeń sennych, które wywołane zostały przez jakiś bodziec zewnętrzny. Są to trzy marzenia senne, podane przez doskonałego obserwatora Hildebrandta. Są one reakcją na hałaśliwe odezwanie się budzika.

„Pewnego wiosennego poranka przechadzam się, błądząc po zieleniejących już polach i dochodzę do sąsiedniej wsi, gdzie spostrzegam mieszkańców w odświętnych strojach, z książkami do nabożeństwa, śpieszących do kościoła. Rzeczywiście, toż to niedziela i zaraz rozpoczną mszę świętą. Postanawiam być tam również obecny. Wcześniej jednak, ponieważ się zgrzałem, chciałem ochłonąć trochę w ogrodzie cmentarnym, który otacza kościół. Czytam różne napisy na grobach, gdy nagle słyszę, jak dzwonnik wychodzi na wieżę, i widzę w górze dzwon wiejski, który lada chwila ma dać znak rozpoczęcia mszy. Chwilę jeszcze wisi on bez ruchu, następnie poczyna się kołysać – i nagle rozlegają się jego tony jasno i przenikliwie – tak jasno i tak przenikliwie, że przerywają mi sen. Odgłosy dzwonu pochodzą od budzika."

Druga kombinacja. „Jasny dzień zimowy; ulice zasypane grubo śniegiem. Przyrzekłem wziąć udział w wycieczce sankami, muszę jednak dość długo czekać, aż usłyszę znak, że sanki stoją przed drzwiami. Rozpoczynam przygotowania, wkładam futro, wyjmuję worek na nogi – wreszcie siedzę na swoim miejscu. Jeszcze odjazd się przeciąga, dopiero bicz daje dotkliwy znak czekającym rumakom. Teraz zbliżają się, silnie potrząsane dzwonki rozpoczynają znaną wszystkim muzykę i to z taką gwałtownością, że natychmiast zostaje przedarta pajęcza tkanina marzenia sennego. Ale i tym razem jest to tylko ostry dzwonek budzika".

Jeszcze trzeci przykład. „Widzę służącą, która niesie kilka tuzinów talerzy, jeden na drugim, wzdłuż korytarza, zmierzając do jadalni. Słup z porcelany w jej ramionach wydaje mi się być w niebezpieczeństwie, mam wrażenie, że traci równowagę. Uważaj – napominam ją – cały ten stos spadnie na ziemię. Oczywiście, nie brak tu zwykłej odpowiedzi; jest już przecież do takich rzeczy przyzwyczajona itd., podczas czego śledzę trwożliwie idącą dalej dziewczynę. I rzeczywiście, na progu potyka się – naczynia spadają i ze stukiem rozpryskują się na sto kawałków. Ten niekończący się szmer, nie jest, jak wkrótce spostrzegam, właściwym stukiem, a jedynie dzwonieniem; to tylko budzik spełnił swą powinność, co budzący się teraz dopiero rozpoznaje".

Te marzenia senne są całkiem ładne, mają pewien sens, nie są bezładne, co jest zwykle właściwością innych marzeń sennych. Wspólną ich cechą jest to, że sytuacja kończy się każdorazowo hałasem, który śniący rozpoznaje jako dzwonek budzika. Widzimy więc tutaj, jak tworzy się marzenie senne, a równocześnie uczymy się czegoś nowego. Marzenie senne nie rozpoznaje budzika – budzik tutaj nie występuje – zastępuje go innym hałasem, interpretuje, i to za każdym razem w inny sposób, podnietę, która sen przerywa. Dlaczego to? Na to nie ma odpowiedzi, wydaje się to dowolne. Jeśli chcemy zrozumieć marzenie senne, to winniśmy poprzednio wykazać, dlaczego wybrało ono właśnie ten hałas, a nie inny, by dać obraz bodźca. Ten sam zarzut musimy podnieść przeciwko doświadczeniom Maury'ego, gdyż znajdujemy wprawdzie w marzeniu sennym czynną podnietę; dlaczego jednak w tej właśnie formie, tego się nie dowiadujemy i jasne jest, że nie zależy ona od rodzaju bodźca zakłócającego sen. Prócz tego dołącza się do bezpośredniego, wywołanego podnietą wyniku obfity obcy materiał marzenia sennego, jak na przykład dziwne przygody w marzeniu o wodzie kolońskiej; z tego zaś nie możemy na razie zdać sobie sprawy.

Weźmy pod rozwagę i to, że marzenia senne, których istotę stanowi budzenie śpiącego, są właściwie najodpowiedniejsze dla stwierdzenia wpływu podniet zewnętrznych zakłócających sen. W wielu innych wypadkach napotka to na większe trudności. Nie budzimy się przecież ze wszystkich marzeń sennych, a jeśli rankiem je sobie przypominamy, jakże tu jeszcze odnaleźć zakłócającą podnietę, która może oddziaływała w ciągu nocy? Udało mi się raz stwierdzić tego rodzaju hałaśliwy bodziec, ale to, oczywiście, dzięki wyjątkowym okolicznościom. Obudziłem się pewnego ranka w górskiej miejscowości tyrolskiej z uczuciem, iż śniłem tej nocy, że umarł papież. Nie mogłem sobie tego snu wytłumaczyć, lecz wkróce zapytuje mnie żona: „Czy słyszałeś dziś rano to niemożliwe dzwonienie we wszystkich kościołach i kaplicach?". „Nie, niczego nie słyszałem, mam twardy sen." Lecz dzięki tej informacji zrozumiałem moje marzenia senne. Jak często mogą tego rodzaju podniety wywołać u śpiącego marzenia senne, aby ze związku tego nie zdawał on sobie zupełnie sprawy? Być może - bardzo często, być może - nigdy. O ile nie można stwierdzić podniety, nie można też nabrać tu pewnego przekonania. Skoro wiemy zatem, że zewnętrzne pobudki zakłócające sen wyjaśniają tylko część marzenia sennego, a nie całkowitą reakcję, nie przecenimy ich znaczenia.

Mimo to, nie należy całkowicie lekceważyć tej teorii. Tym bardziej, że można ją dalej rozwinąć. Widocznie jest obojętne, co zakłóca sen, a pobudza duszę do marzeń sennych. Skoro nie zawsze jest to podrażnienie narządów zmysłowych, może ono wystąpić również w narządach wewnętrznych, może to być tak zwana podnieta cielesna. Z łatwością możemy wyrazić to przypuszczenie, wszak odpowiada ono jednemu z najpopularniejszych sądów o powstaniu marzenia sennego. Sny pochodzą z żołądka - słyszymy często. Ale i w tym wypadku należy przypuścić, że nie możemy często wykazać po ocknięciu się występującej w nocy podniety cielesnej, tak że pozostaje ona nieudowodniona. Mimo to, nie mamy zamiaru lekceważyć doskonałych doświadczeń, na których opiera się teoria powstawania marzeń sennych na tle podrażnień cielesnych. Na ogół jest niewątpliwe, że stan narządów wewnętrznych może wpłynąć na marzenia senne. W wielu przypadkach treść marzeń sennych wykazuje tak wyraźny związek z przepełnieniem pęcherza moczowego lub z podnieceniem narządów płciowych śniącego, że nie jesteśmy w stanie go przeoczyć lub zapomnieć.

Od tych przejrzystych przypadków dochodzimy do innych, w których z treści marzeń sennych wywnioskować możemy - z pewnym uzasadnieniem - wpływ tego rodzaju podniety cielesnej, a to na podstawie śladów w tej treści, wskazujących nam, że zaszło tu bądź opracowanie, bądź poglądowe przykrojenie lub przedstawienie tych podniet. Znany badacz marzeń sennych, Scherner, popierał gorąco teorię o wywodzeniu się marzeń sennych z podrażnień cielesnych i przytoczył też kilka pięknych przykładów. Widzi w marzeniu sennym „dwa rzędy pięknych, jasnowłosych, o delikatnej cerze chłopców, którzy stoją naprzeciw siebie, drżąc z pragnienia walki, nacierają na siebie i znów od siebie odstępują, potem przybierają dawną pozycję, powtarzając całe to zajście na nowo". Wówczas tłumaczy on sobie te rzędy chłopców jako zęby; przemawia nam to rzeczywiście do przekonania i potwierdzone zostaje w zupełności, skoro po tej scenie następuje inna, podczas której „wyciąga on sobie ze szczęki długi ząb". Również tłumaczenie długich, wąskich i krętych dróg podnietą pochodzącą z jelit wydaje się uzasadnione i potwierdza wywody Schernera, według których marzenie senne stara się przedstawić narząd, od którego pochodzi podnieta, poprzez podobne do niego przedmioty.

Wobec tego musimy być przygotowani do przyznania podnietom wewnętrznym tej samej roli, co i zewnętrznym. W wielu natomiast przypadkach pozostaje tłumaczenie marzenia sennego, jako reakcji na podnietę cielesną, niepewne i nieudowodnione; wszak nie wszystkie, lecz tylko pewna część marzeń sennych budzi podejrzenie, że w ich powstaniu brały udział podniety natury organicznej. Wreszcie nie sądzę, aby wewnętrzna podnieta cielesna, podobnie jak i zewnętrzna podnieta zmysłowa, były w stanie dostatecznie wyświetlić problem marzenia sennego. Wyjaśnienie, które im zawdzięczamy, odpowiada jedynie bezpośredniej reakcji marzenia sennego na dany bodziec. Pozostaje zatem jeszcze niewyjaśnione zagadnienie, skąd pochodzi reszta treści marzenia sennego.

Zachowajmy jednak w pamięci pewną właściwość marzeń sennych, ujawniającą się w trakcie badania wpływów tych bodźców. Marzenie senne nie powtarza po prostu danego podrażnienia, lecz je opracowuje lub o nim jedynie napomyka, umieszcza w pewnym związku lub zastępuje czym innym. Jest to pewna cecha pracy marzenia sennego, która nas musi zająć, gdyż jest możliwe, że zbliża nas ona do poznania jego istoty. Skoro czynimy coś z pewnej pobudki, nie znaczy to, że dana pobudka dzieło nasze w zupełności wyczerpuje. *Makbet* Szekspira jest na przykład sztuką okolicznościową, pisaną z okazji wstąpienia na tron króla, który po raz pierwszy złączył pod swoim berłem trzy kraje. Ale czy te motywy historyczne wyczerpują treść dramatu, czy wyjaśniają nam jego wielkość i zagadki? Może podrażnienia zewnętrzne i wewnętrzne są jedynie bodźcami do powstania marzenia sennego, co jednak nie zdradza nam jeszcze jego istoty.

Inną właściwość marzeń sennych, ich osobliwość psychiczną, możemy ująć tylko z trudnością, ponadto brak nam punktu oparcia do dalszego jej badania. Przeżycia w marzeniu sennym są przeważnie natury wzrokowej. Czy bodźce mogą nam dać wytłumaczenie tego zjawiska? Czy przeżywamy tę pobudkę w rzeczywistości? Dlaczego zatem przeżycie to jest wzrokowe, skoro bardzo rzadko bodziec wzrokowy wywołuje marzenie senne? Czy możemy też udowodnić, że skoro śnimy o rozmowach, podczas snu do naszych uszu dotarła mowa lub podobny jej szmer? Tę możliwość ośmielam się stanowczo odrzucić.

Skoro nie postępujemy naprzód, rozstrząsając wspólne cechy marzeń sennych, to spróbujmy może uczynić to z ich odrębnymi cechami. Marzenia senne są przecież często bezsensowne, pogmatwane, niedorzeczne, lecz bywa, że miewają sens, są trzeźwe i rozsądne. Przypatrzmy się, czy te ostatnie nie zdołają nam objaśnić marzeń bezsensownych. Przytaczam tu najświeższe, rozsądne marzenie senne, opowiedziane mi przez pewnego młodego mężczyznę: „Przechadzałem się po ulicy M..., gdzie spotkałem p. X i podszedłem do niego na chwilę, potem poszedłem do restauracji. Dwie panie i jeden pan przysiedli się do mojego stołu; było to początkkowo nieprzyjemne i postanowiłem nie patrzeć na nich, potem spojrzałem i stwierdziłem, że są mili". Opowiadający dodaje, że wieczorem poprzedzającym ten sen był rzeczywiście na tej ulicy, którędy zwykle chodzi, i że spotkał tam p. X. Druga część marzenia sennego nie jest wprost wspomnieniem, ma tylko pewne podobieństwo do przeżycia z dawnych czasów. Inne marzenie senne pewnej pani: „Mąż mnie pyta, czy nie należałoby kazać nastroić fortepian? A ja odpowiadam, że nie opłaca się, gdyż w każdym razie muszę go dać obić skórą". Sen ten jest tylko z nieznacznymi zmianami powtórzeniem rozmowy, jaka miała miejsce dnia poprzedniego między nią a mężem. Czegóż uczymy się z tych dwóch trzeźwych snów? Dostrzegamy w nich to jedynie, że zawierają powtórzenia faktów dnia lub do nich nawiązują. Mogłoby to stanowić pewien przyczynek, gdybyśmy mogli to nasze orzeczenie zastosować do wszystkich marzeń sennych. Ale o tym nie ma mowy. Odnosi się ono zaledwie do drobnej części snów, w przeważającej zaś ich części nie napotykamy na ślady, nawiązujące do dnia poprzedniego, a sny bezsensowne i niedorzeczne nie dają się z tego punktu widzenia wyjaśnić. Wiemy tylko, że zetknęliśmy się tutaj z nowym zadaniem. Chcemy wiedzieć nie tylko, co opowiada marzenie senne, ale również, skoro opowiada coś wyraźnie, jak to wykazują nasze przykłady, dlaczego i po co powtarza znane i świeże przeżycia.

Sądzę, że jesteście podobnie jak ja, znużeni kontynuowaniem tego rodzaju prób. Widzimy przecież, że całe nasze zainteresowanie problemem jest niewystarczające, skoro nie znamy drogi prowadzącej do rozwiązania. Drogi tej na razie jeszcze nie mamy. Psychologia doświadczalna dostarczyła nam jedynie cennych wskazówek co do znaczenia podniet jako sił wywołujących marzenie senne. Ze strony filozofii nie oczekujemy niczego innego jak dumnego zarzutu, że zajmujemy się przedmiotem o tak małej wartości intelektualnej; a nie chcemy szukać wskazówek w dziedzinie wiedzy tajemnej. Historia i pojęcia ludowe powiadają nam, że marzenie senne ma znaczenie i to pełne doniosłości, i że ma ono dar patrzenia w przyszłość, co trudno nam przyjąć i czego z pewnością nie można udowodnić. Tak kończą się nasze pierwsze starania zupełną bezradnością.

Niespodziewanie zyskujemy jednak pomoc ze strony, w którą nie spoglądaliśmy dotychczas. Język, który nie jest czymś przypadkowym, lecz osadem dawnej wiedzy, z której korzystać można tylko z pewną ostrożnością. Mowa nasza zna coś, co określa dziwnym mianem - „marzeń na jawie". Marzenia na jawie są to fantazje, powszechne zjawiska, które spostrzec możemy zarówno u zdrowych, jak i u chorych, i które z łatwością możemy zaobserwować u siebie samych. Co nas najwięcej uderza w tych fantastycznych tworach, to nadanie im nazwy „marzenia na jawie"; wszak brak im obu wspólnych cech marzeń sennych. Nazwa ich przeczy sama przez się temu, jakoby istnieć miał jakikolwiek związek ze stanem sennym. Co zaś dotyczy drugiej wspólnej cechy, to w marzeniu na jawie nie przeżywamy, nie halucynujemy, tylko wyobrażamy sobie. Wiemy wówczas, że fantazjujemy, nie widzimy, tylko myślimy. Tego rodzaju marzenia występują w okresie przed dojrzewaniem płciowym, w późniejszych latach dzieciństwa, przeciągają się aż do okresu dojrzałości, po czym albo zostają zaniechane, albo zachowane do późnego wieku. Umotywowanie treści tych marzeń jest zupełnie przejrzyste. Są to sceny i przygody, w których znajdują zaspokojenie pragnienia samolubne, ambicja i potrzeba władzy oraz pragnienia erotyczne danej osoby. U młodych mężczyzn przodują ambitne fantazje, u kobiet, których ambicja podąża w kierunku powodzenia w miłości, erotyczne. Często kryje się pragnienie erotyczne również i u mężczyzn, wszak czyny bohaterskie i powodzenie mają zdobywać podziw i łaskę niewiast. Marzenia na jawie odznaczają się ponadto bujną treścią i doznają zmiennych losów. Albo bywają po pewnym czasie zaniechane i zastąpione innym marzeniem, albo - zachowane i przetworzone w długie opowieści - przystosowują się tylko do zmienionych warunków życia. Biegną one, że tak powiem, z czasem, który wyciska na nich „piętno" i uwidacznia w ten sposób wpływ nowej sytuacji. Są one surowcem tworów poetyckich; albowiem poeta ze swoich marzeń na jawie, przekształcając je, opracowując i skreślając, tworzy sytuacje, które umieszcza później w swoich nowelach, powieściach i sztukach teatralnych. Bohaterem marzeń na jawie jest zawsze własna osoba bądź wprost, bądź też w przejrzystym utożsamieniu się z inną.

Czyżby marzenia na jawie zawdzięczały swą nazwę podobnemu stosunkowi do rzeczywistości, by zaznaczyć w ten sposób, że treść ich należy równie mało brać realnie, jak i treść marzeń sennych. Kto wie, czy ta wspólność nazwy nie polega na nieznanym nam jeszcze charakterze psychicznym marzeń sennych, właśnie tym, którego poszukujemy! Możliwe, że w ogóle nie mamy słuszności, przypisując głębsze znaczenie tej wspólnocie nazwy. To wyjaśnić się może dopiero później.

WYKŁAD VI

ZAŁOŻENIA I TECHNIKA TŁUMACZENIA

Panie i Panowie! Aby móc ruszyć naprzód z miejsca, na którym stanęliśmy przy badaniu marzeń sennych, potrzebna nam jest nowa ścieżka, nowa metoda. Proponuję wam zatem - co wydaje mi się uzasadnione - przyjmijmy najpierw jako założenie, że *marzenie senne nie jest zjawiskiem somatycznym, lecz psychicznym.* Co to oznacza - wiecie, ale cóż upoważnia nas do tego przypuszczenia? Nic, ale również nic nie stoi mu na przeszkodzie. Rzecz się ma tak: skoro marzenie senne jest zjawiskiem somatycznym, to ono nas wówczas nic nie obchodzi. Zająć nas może tylko wtedy, jeśli jest zjawiskiem psychicznym. Pracujemy zatem, zakładając, że jest ono nim rzeczywiście, aby zobaczyć, co z tego wyniknie. Czy nasze przypuszczenie jest słuszne i czy je uważać mamy za rezultat naszych usiłowań, o tym rozstrzygnie wynik naszej pracy. Cóż chcemy właściwie uzyskać, dokąd zdążamy? Naszym dążeniem, jak zresztą w ogóle w nauce, jest zrozumienie zjawisk, ustalenie związku między nimi, a w końcu, gdzie to jest możliwe, rozszerzenie naszej władzy nad nimi.

Przyjmując, że marzenie senne jest zjawiskiem psychicznym, prowadzimy w dalszym ciągu naszą pracę. Jest więc ono dziełem i pewnego rodzaju wypowiedzeniem się śniącego, które nam jednak nic nie mówi i którego nie rozumiemy. Cóż zrobicie na przykład, gdy pewien sposób mojego wyrażania się będzie dla was niejasny? Zapytacie się mnie, nieprawdaż? Dlaczego zatem nie ma być nam dozwolone zapytać śniącego, co oznacza jego marzenie senne?

Przypomnijcie sobie, że byliśmy już raz w podobnej sytuacji! Miała ona miejsca przy badaniu pewnych czynności pomyłkowych, w wypadku przejęzyczenia. Ktoś powiedział: *da sind Dinge zum Vorschwein gekommen*; a wówczas zapytaliśmy się - nie, na szczęście nie my, tylko inni ludzie, z psychoanalizą nie mający nic wspólnego - a więc zapytano się naszego mówcy: „Cóż on chciał właściwie wyrazić przez te niezrozumiałe słowa?". Odpowiedział natychmiast, że miał zamiar powiedzieć: „To były świństwa (*Schweinereien*)", ale że stłumił ten zamiar na korzyść innego, łagodniejszego określenia, wyszły na jaw pewne rzeczy. Tłumaczyłem wam już wówczas, że to dopytywanie się służy nam za wzór przy badaniu psychoanalitycznym, a teraz zrozumiecie, że psychoanaliza posługuje się techniką, która stara się wydostać - o ile to tylko jest możliwe - rozwiązanie zagadki. I tak winien nam jest sam śniący wyjaśnienie swego marzenia sennego.

Oczywiście, że sprawa ta nie idzie tak gładko przy marzeniu sennym. W niektórych przypadkach czynności pomyłkowej nie napotyka ten rodzaj badania na trudności; bywały jednak i tu wypadki, że zapytywany nie chciał nic powiedzieć, ba, nawet zgorszony, nie uznawał odpowiedzi, którą mu podsuwaliśmy. Przy marzeniu sennym brak jest zupełnie wypadków pierwszej kategorii, śniący powiada zawsze, że nic nie wie. Nie może zaś odrzucić naszego tłumaczenia, gdyż nie mamy żadnego, które byśmy mogli mu przedłożyć. Czy wobec tego mielibyśmy znów zaniechać naszych prób? Ponieważ śniący o niczym nie wie, my również nie wiemy, a ktoś trzeci dopiero na dobre nic wiedzieć nie może, nie mamy chyba żadnych widoków dowiedzenia się czegokolwiek. Tak, skoro chcecie, to porzućcie tę próbę. Jeśli jednak jesteście innego zdania, możecie mi towarzyszyć w mojej drodze. Właściwie powiadam wam, że jest bardzo możliwe, bardzo prawdopodobne, że śniący przecież wie, co oznacza jego marzenie senne, tylko *nie zdaje sobie sprawy z tego, że wie o tym, i dlatego sądzi, że nie wie.*

Zwrócicie mi uwagę, że w tym krótkim związku wprowadzam już drugie przypuszczenie i w ten sposób niezmiernie obniżam wiarygodność mego postępowania - wszystko to, wychodząc po pierwsze z założenia, że marzenie senne jest zjawiskiem psychicznym, a po drugie, że istnieją w człowieku zjawiska psychiczne, o których wie, sam nie zdając sobie z tego sprawy. Jeśli zważymy później wewnętrzne nieprawdopodobieństwo każdego z tych dwóch założeń, to możemy ze spokojem odwrócić nasze zainteresowanie od opartych na nich wniosków.

Tak, Panie i Panowie, nie wezwałem was tutaj, by przedstawić wam coś w niewłaściwym, rozmyślnie przeze mnie przygotowanym świetle, i nie było też moim zamiarem ukryć coś przed wami. Zapowiedziałem wprawdzie: „Wykłady elementarne jako wstęp do psychoanalizy", ale tym samym nie zamierzałem przedstawić wam moją naukę *in usum delphini* [1], wykazując gładkie związki, ukrywając troskliwie wszelkie trudności, wypełniając luki, zamalowując wątpliwości, by w ten sposób wzbudzić w was uczucie spokoju, że nauczyliście się czegoś nowego. Nie, właśnie przeciwnie, ponieważ jesteście początkujący, chciałem wam pokazać naszą naukę taką, jaką ona jest, nierówną i kanciastą, pełną pytań i wątpliwości. Wiem bowiem, że w żadnej innej nauce nie może być inaczej, a szczególnie w początkach każdej wiedzy. Wiem również, że nauczający starają się zwykle ukryć te trudności i niedoskonałości przed uczniami. Ale w psychoanalizie to nie uchodzi. W rzeczywistości wysunąłem dwa przypuszczenia, z tych jedno w granicach drugiego, a dla kogo całość jest zbyt uciążliwa i niepewna lub jeśli ktoś przywykł do większej pewności i wytworniejszych wywodów, ten niech nie podąża za nami. Właściwie chcę powiedzieć: ten niech zostawi w spokoju zagadnienia psychologiczne, gdyż należy przypuścić, że tych ścisłych i pewnych dróg, po których on gotów jest kroczyć, tutaj nie spotka. Jest też zupełnie zbyteczne, by wiedza, która nam coś dać może, ubiegała się o posłuch i zwolenników. Wyniki jej muszą same za nią mówić, może ona wyczekać, dopóki nie zwrócą na siebie uwagi.

Tym jednak, którzy pragną pozostać przy sprawie, przypominam, że moje dwa przypuszczenia nie są równowartościowe. Nasze pierwsze założenie, że marzenie senne jest zjawiskiem psychicznym, możemy dopiero udowodnić dodatnim wynikiem naszej pracy. Odnośnie drugiego, to zostało ono już udowodnione na innym polu, a ja tylko ośmielam się przenieść je stamtąd do naszego zagadnienia.

Gdzież jednak, w jakiej dziedzinie, zebrać mamy dowody, że człowiek wie coś, nie zdając sobie z tego sprawy, jak to przyjąć musimy u śniącego. Byłby to wówczas fakt niezwykły i zdumiewający, który musiałby pociągnąć za sobą również zmianę naszych pojęć o życiu psychicznym, a który nie ma potrzeby się ukrywać. Nawiasem mówiąc, jest to fakt, sprzeczny z samą swoją nazwą, a mimo to pretenduje do rzeczywistości, prawdziwa *contradictio in adiecto* [2]. Właściwie on się nie ukrywa. Nie on ponosi winę, że my nic o nim nie wiemy lub że się o nie troszczymy, tak jak nie jest naszą winą, że wszystkie te problemy psychologiczne rozważane bywają przez ludzi, którzy trzymają się z dala od wszystkich decydujących tutaj spostrzeżeń i doświadczeń.

---

[1] *In usum delphini* – na użytek Delfina (francuskiego następcy tronu). Na użytek określonego człowieka, grupy ludzi, zwłaszcza młodych [przyp. red.].

[2] *Contradictio in adiecto* – sprzeczność w przydawce, połączenie dwóch pojęć, które wzajemnie się wykluczają [przyp. red.].

Dowód został uzyskany na polu zjawisk hipnotycznych. Kiedy, w 1889 roku, byłem świadkiem niezwykle uderzających eksperymentów Liebaulta i Bernheima w Nancy, obserwowałem również następujące doświadczenie. Gdy pewnemu osobnikowi, wprowadzonemu w stan somnambuliczny, narzucono najrozmaitsze przeżycia omamowe, a potem go rozbudzono, to początkowo zdawał się nic nie wiedzieć o zajściach w czasie swego snu hipnotycznego. Bernheim zażądał wprost od niego, aby opowiadał, co się z nim działo podczas hipnozy. Twierdził wówczas, że nie przypomina sobie niczego. Lecz Bernheim obstawał przy tym i zapewniał go, że wie, że musi sobie przypomnieć i, o dziwo, człowiek ten stawał się niepewny, poczynał sobie coś uprzytamniać, przypominał sobie początkowo mgliście zasugerowane mu przeżycia, później inną ich część, wspomnienie nabierało coraz świeższych barw, stawało się coraz bardziej jasne, zupełne, aż wreszcie wypłynęło w całości. Ponieważ więc dany osobnik wiedział w końcu, a znikąd nie mógł się dowiedzieć, wobec tego słuszny jest wniosek, że i poprzednio znane mu były owe przeżycia. Były mu one jedynie niedostępne; nie wiedząc, że o nich wie, sądził, że o nich nie wie. A więc, zupełnie ten sam stan rzeczy, który przypuszczamy u śniącego.

Sądzę, że zaskoczeni jesteście stwierdzeniem tego faktu i że się mnie zapytacie: „Dlaczego nie powołał się pan na ten dowód już wcześniej, przy pomyłkach, kiedy byliśmy zmuszeni przypisać owemu mówcy, który się przejęzyczył, zamiary, o których tamtemu nic nie było wiadomo i których się wypierał. Skoro ktoś sądzi, że nie wie nic o przeżyciach, których wspomnienie nosi w sobie, to nie wydaje się już więcej tak nieprawdopodobne, że nie wie on również o innych swych przejściach psychicznych. Ten argument byłby z pewnością wywarł wrażenie i poparłby zrozumienie pomyłek!" Oczywiście, że mógłbym się już wtedy na niego powołać, lecz oszczędzałem go, pragnąc go zachować aż do tego punktu, w którym może się okazać jeszcze bardziej konieczny. Pomyłki wyjaśniły się po części same, po części ostrzegły nas, że należy uznać istnienie aktów psychicznych, o których się wprawdzie nie wie, lecz które ułatwiają nam zrozumienie związku pewnych zjawisk. Przy marzeniu sennym jesteśmy zmuszeni wyprowadzić objaśnienia z innej strony, a prócz tego liczę na to, że chętniej się zgodzicie na przeniesienie ich z hipnozy. Stan, w którym popełniamy pomyłki, musi się wam wydawać normalny, nie ma on nic wspólnego ze stanem hipnotycznym. Natomiast istnieje wyraźne podobieństwo między stanem hipnotycznym a stanem snu, który jest warunkiem marzeń sennych. Hipnozę zwiemy sztucznym snem; mówimy osobie, którą hipnotyzujemy: „Śpij", a sugestie, których udzielamy, porównać można z marzeniami sennymi. Sytuacje psychiczne są w obydwóch wypadkach rzeczywiście analogiczne. Podczas naturalnego snu odwracamy nasze zainteresowanie od całego świata zewnętrznego, w śnie hipnotycznym również od całego świata z wyjątkiem osoby hipnotyzera, pod którego wpływem pozostajemy. Odpowiednikiem jego można by nazwać tzw. sen karmicielki (*Ammenschlaf*), podczas którego pozostaje ona w kontakcie z dzieckiem, które jedynie jest w stanie ją obudzić. Wobec tego stosowanie pewnych danych, znanych nam z hipnozy, do snu naturalnego nie wydaje mi się zbyt śmiałe. Uzasadnione jest więc przypuszczenie, że i śniący wie o swoim marzeniu sennym, tylko że ta świadomość nie jest mu dostępna tak dalece, że sam w nią nie wierzy. Zauważmy zatem, że otwiera się tutaj trzeci dostęp do badania marzenia sennego; pierwszy, od strony podniet zakłócających sen, drugi pochodzący z marzeń na jawie, a wreszcie trzeci, oparty na snach sugerowanych w hipnozie.

Powróćmy ze wzmożonym zaufaniem do naszego zadania. Jest więc bardzo prawdopodobne, że śniący wie, co oznacza jego marzenie senne; chodzi jednakże teraz o to, ażeby mu umożliwić odszukanie i zakomunikowanie nam swojej wiedzy. Nie żądamy, aby nam natychmiast powiedział znaczenie swego snu, lecz będzie chyba mógł odszukać jego pochodzenie, zakres myśli i zainteresowań, z których się wywodzi. W wypadku, który sobie przypominacie, pytano się mówcy, w jaki sposób doszedł do błędnego słowa *Vorschwein*, a jego najbliższe skojarzenie dało nam wyjaśnienie. Nasza technika przy marzeniu sennym jest bardzo prosta, naśladuje ona ten przykład. Zapytamy się więc śniącego, w jaki sposób doszedł do swego snu, a jego pierwsza odpowiedź ma nam służyć za wyjaśnienie. Nie zwracamy tu uwagi na różnice, czy dany osobnik sądzi, że coś wie, czy też nie, i traktujemy obydwa wypadki, jak gdyby jeden.

Ta technika jest rzeczywiście bardzo prosta, lecz obawiam się, że wywoła surowy sprzeciw z waszej strony i powiecie: znów nowe przypuszczenie, już trzecie z rzędu! A do tego najmniej prawdopodobne ze wszystkich. Skoro zapytuję śniącego, co mu przychodzi na myśl w związku z marzeniem sennym, czyż jego pierwsze skojarzenie ma przynieść żądane wyjaśnienie? Albo w ogóle nie musi mu nic przyjść na myśl, albo też może sobie pomyśleć Bóg wie co. Nie możemy zrozumieć, na czym opiera się takie przypuszczenie. Znaczyłoby to wykazywać zbytnią łatwowierność w chwili, gdy bardziej na miejscu byłaby ostrzejsza krytyka. Ponadto marzenie senne nie jest pojedynczym słowem błędnym, lecz składa się z wielu pierwiastków. Które skojarzenie mamy zatem uważać za trafne?

We wszystkich szczegółach macie rację. Marzenie senne różni się od przejęzyczenia także mnogością składników, do tego też zastosować się musi technika. Proponuję wam zatem, by rozdzielić marzenie senne na jego składniki, a badanie rozpocząć od każdego składnika oddzielnie, a wówczas otrzymamy znów analogię do przejęzyczenia. I znów macie rację, utrzymując, że zapytany odpowiedzieć może, iż odnośnie oddzielnych składników jego marzenia sennego nie przychodzi mu nic na myśl. Bywają wypadki, w których uznajemy tego rodzaju odpowiedź, zobaczycie później jakie. Są to – rzecz ciekawa – takie przypadki, w których nam samym może coś przyjść na myśl. Ale w przeważającej liczbie marzeń sennych energicznie zaprzeczamy śniącemu, skoro podaje, że mu się nic nie kojarzy – zapewniając go, że nieodzownie jakieś myśli muszą mu się nasuwać, i będziemy mieli słuszność. W istocie, przyniesie on skojarzenie, jakiekolwiek, jakie – to jest nam obojętne. Pewnego rodzaju informacji, które nazwać można by historycznymi, z łatwością nam udzieli, na przykład: „To wydarzyło się wczoraj" (tak, jak w tych dwóch znanych nam „trzeźwych" snach) lub też: „To przypomina mi niedawne zdarzenie"; i w ten sposób spostrzegamy, że marzenie senne nawiązuje znacznie częściej, niż początkowo sądziliśmy, do wrażeń z dni ostatnich. W końcu przypomni sobie śniący wydarzenia, sięgające daleko wstecz.

Co do istoty rzeczy, nie macie jednak słuszności. Mylicie się, jeśli sądzicie, że przypuszczenie, iż najbliższe skojarzenie śniącego przyniesie to, czego szukamy, albo wskaże do niego drogę, jest dowolne, mylicie się, sądząc, że skojarzenie to może być byle jakie i bez związku ze znaczeniem całości, i że oczekiwania moje są tylko wyrazem naiwności. Już raz ośmieliłem się zwrócić uwagę, że tkwi w was głęboko zakorzeniona wiara - zresztą zupełnie nienaukowa - w swobodę i dowolność psychiczną. Ustąpić ona musi przed wymaganiami determinizmu, który opanowuje również życie psychiczne.

Proszę uznać za fakt, że zapytanemu przyszło tylko to jedno na myśl i nic więcej. Nie przeciwstawiam jednej wiary drugiej. Owszem, da się udowodnić, że skojarzenie, które wypowiada zapytany, nie jest dowolne, nieokreślone i bez związku z tym, czego poszukujemy. I tak dowiedziałem się niedawno, nie przykładając zresztą do tego zbytniej wagi, że i psychologia doświadczalna zebrała takie same dowody.

Wobec doniosłości przedmiotu proszę o szczególne skupienie. Skoro żądam od danego osobnika, by powiedział mi, co mu przychodzi na myśl w związku z pewnym składnikiem marzenia sennego, to wymagam od niego, by puścił wodze wolnym skojarzeniom, zachowując pewne wyobrażenia, jako punkt wyjścia. To wymaga szczególnego nastawienia uwagi, które różni się od rozmyślania i wyklucza je zupełnie. Niektórzy stosują się do tego z łatwością; inni okazują się przy tego rodzaju próbie bardzo niezręczni. Istnieje jeszcze wyższy stopień swobody skojarzeń, gdy wyrzekam się i tego wyobrażenia wyjściowego i oznaczam jedynie rodzaj skojarzenia, tak na przykład żądając podania mi imienia lub też liczby. Tego rodzaju skojarzenie musiałoby być jeszcze dowolniejsze, jeszcze bardziej nieobliczalne aniżeli wcześniej podane, a stosowane w naszej technice. Daje się jednak wykazać, że i ono jest za każdym razem ściśle określone przez ważne nastawienia wewnętrzne, uczuciowe, które są nam równie nieznane w danej chwili, jak i te tendencje, które wywołują czynności pomyłkowe.

Ja sam i wielu innych po mnie wielokrotnie robiło podobne próby wywołania imienia lub liczby, a niektóre przykłady zostały nawet opublikowane. Postępuje się tu w ten sposób, że w związku z pomyślanym już imieniem daje się podnietę do dalszych skojarzeń, które już nie są zupełnie dowolne, lecz w pewnej mierze wyznaczone, podobnie jak skojarzenia z pierwiastkami marzenia sennego, a to tak długo, aż się nie wyczerpie impuls w tym kierunku. Wówczas wyjaśnia się umotywowanie i znaczenie pomyślanego imienia. Próby tego rodzaju wykazują zawsze to samo, wydobyta wówczas treść czerpie swój materiał bardzo często z bogatych źródeł i wymaga obszernych wywodów. Najbardziej może przemawiają do przekonania skojarzenia ze swobodnie występującymi liczbami, przebiegają one z wielką szybkością i zdążają do ukrytego celu z niepojętą pewnością, olśniewając nas po prostu. Przytoczę wam tu tylko jeden przykład analizy imienia, która nie wymaga wielkiego materiału.

W czasie badania pewnego młodego człowieka przechodzę na ten temat i wypowiadam między innymi zdanie, iż mimo pozornej dowolności, nie może nam przejść przez myśl imię, które by nie było ściśle uwarunkowane przez najbliższe okoliczności, przez właściwości badanego osobnika i wreszcie jego chwilową sytuację. Pacjent mój wątpi, więc proponuję mu, aby bezzwłocznie sam uczynił tego rodzaju próbę. Ponieważ wiem, że ów jegomość ma liczne stosunki z wszelkiego rodzaju kobietami i dziewczętami, zakładam, że wybór będzie miał wielki, skoro wybierze właśnie imię żeńskie. Zgadza się na tę propozycję. Ku mojemu, a raczej, ku jego zdziwieniu nie wybucha bynajmniej lawiną imion kobiecych, lecz zachowuje jakiś czas milczenie i wyznaje potem, że przyszło mu na myśl tylko jedno imię: Albina, a oprócz tego żadne. „Jakie to dziwne, ale cóż wiąże się dla pana z tym imieniem? Ile Albin pan zna?" Szczególne, nie znał on żadnej Albiny i nie zjawiły się też skojarzenia do tego imienia. Wobec tego można było przypuścić, że analiza się nie udała; ale przeciwnie, była ona już ukończona, dalsze skojarzenia były już zbyteczne. Ów jegomość miał niezwykle jasną karnację, w czasie kuracji kilkakrotnie żartobliwie nazwałem go *albinosem*, byliśmy właśnie wówczas zajęci ustalaniem pierwiastków kobiecych w jego konstytucji. On sam był ową Albiną, wówczas najbardziej zajmującą dla niego kobietą.

Również i melodie, które nam bezpośrednio wpadają na myśl, ukazują uwarunkowanie i przynależność do pewnego zakresu myśli, które mają prawo nas zajmować, mimo że nie zdajemy sobie sprawy z ich czynności. Z łatwością możemy wtedy wskazać związek, istniejący między melodią a jej tekstem lub jej pochodzeniem. Tu jednak zastrzegam się, że nie rozszerzam tych poglądów na ludzi rzeczywiście muzykalnych, co do których nie mam przypadkowo doświadczenia. U nich muzykalna zawartość melodii powoduje, zdaje się, jej wynurzenie się. Częstszy jest jednak pierwszy rodzaj. I tak, znam pewnego młodego człowieka, którego prześladowała – zresztą urocza – melodia pieśni Parysa z *Pięknej Heleny* tak długo, dopóki analiza nie zwróciła mu uwagi na ówczesną rywalizację w jego sercu pewnej „Idy" z pewną „Heleną".

Skoro zatem owe swobodnie występujące skojarzenia są w ten sposób uwarunkowane i uporządkowane w pewnym oznaczonym związku, to słusznie możemy wywnioskować, że i skojarzenia, które związane są jedynie z wyobrażeniami wyjściowymi, mogą być uwarunkowane przynajmniej w tym samym stopniu. Badania wykazują też, że oprócz narzuconego im związku z wyobrażeniem wyjściowym, rozpoznać tu możemy jeszcze inną zależność, a mianowicie od pewnego zakresu myśli i zainteresowań o silnym akcencie uczuciowym, tzw. kompleksów, których współdziałanie jest w danym momencie nieznane, a więc nieświadome.

Skojarzenie o tego rodzaju zależności były już przedmiotem bardzo pouczających badań doświadczalnych, które odegrały doniosłą rolę w historii psychoanalizy. Szkoła Wundta podała tak zwane doświadczenie skojarzeniowe, podczas którego rzuca się badanej osobie pewne słowo jako podnietę i żąda od niej w odpowiedzi możliwie szybkiej, dowolnej reakcji. Można wówczas badać przerwę, dzielącą podnietę od reakcji oraz rodzaj odpowiedzi podanej jako reakcję, ewentualne błędy, zachodzące przy późniejszym powtórzeniu doświadczenia itd. Szkoła zurychska, pod przewodnictwem Bleulera i Junga, dała wyjaśnienie reakcji, występujących w doświadczeniach skojarzeniowych, żądając od badanych osobników wyjaśnienia za pomocą dalszych skojarzeń otrzymanych reakcji, o ile uderzały swą osobliwością. Okazało się wówczas, że owe osobliwe reakcje wyznaczone były w szczególnie jasny sposób przez kompleksy osób badanych. Toteż zasługą Bleulera i Junga jest rzucenie pierwszego mostu, łączącego psychologię doświadczalną z psychoanalizą.

W ten sposób pouczeni możecie powiedzieć: „Uznajemy teraz, że swobodne skojarzenia są zdeterminowane - a nie dowolne - jak sądziliśmy dotychczas. Przyznajemy też tę właściwość skojarzeniom w stosunku do pojedynczych składników marzenia sennego. Lecz nie o to nam właściwie chodziło. Pan twierdzi, że skojarzenie ze składnikiem marzenia sennego jest wyznaczone przez nieznane nam tło psychiczne właśnie tego składnika. To nie wydaje się nam dowiedzione. Spodziewamy się wprawdzie, że skojarzenie ze składnikiem marzenia sennego zostanie pokierowane kompleksami śniącego, ale cóż na tym zyskamy? Nie dochodzimy na tej drodze do zrozumienia marzenia sennego, lecz - jak wskazuje owo doświadczenie skojarzeniowe - do poznania tzw. kompleksów. Ale cóż one mają wspólnego z marzeniem sennym?"

Macie słuszność, lecz pomijacie pewną okoliczność, zresztą właśnie tę, z racji której nie wybrałem doświadczenia skojarzeniowego jako punktu wyjścia dla tych rozważań. Podczas tego doświadczenia słowo podniety, a więc jeden z wyznaczników reakcji, zostaje przez nas dowolnie wybrane. Reakcja jest wtedy pośrednikiem między słowem podniety a pobudzonym przez nas kompleksem osoby badanej. W marzeniu sennym słowo podniety zastąpione jest przez pierwiastek duchowy - pochodzący z nieznanych śniącemu źródeł życia psychicznego, a więc stanowiący z łatwością sam przez się „pochodną kompleksu". Toteż nie jest zbyt fantastyczne przypuszczenie, że i dalsze skojarzenia, nawiązujące do pierwiastków marzenia sennego, spowodowane być mogą wyłącznie przez kompleks właśnie tego składnika i że doprowadzą w dalszym ciągu do jego wykrycia.

Pozwólcie, że wykażę na innym przykładzie, iż doprawdy sprawa ma się tak, jak tu przypuszczamy. Zapominanie imion własnych jest właściwie doskonałym wzorem dla analizy marzeń sennych; tu przypada jednej osobie to wszystko, co podczas analizy snu zostaje rozdzielone. Jeśli czasami zapominam jakiegoś imienia, mimo to jestem pewien, że je znam, a tę pewność zdobywamy sobie u śniącego w drodze okrężnej, znajdując wskazówki w doświadczeniu Bernheima. Imię zapomniane, a mimo to wiadome, nie jest mi dostępne. Rozmyślanie nad nim, nawet najbardziej intensywne, nie przychodzi mi tu z pomocą, o tym wiem już z doświadczenia. Mogę jednak na miejsce zapomnianego wywołać kilka imion zastępczych. Jeśli takie imię zastępcze przychodzi mi na myśl spontanicznie, wówczas staje się widoczna zgodność tej sytuacji z analizą marzenia sennego. Wszak i składnik marzenia sennego zastępuje jedynie to właściwe jądro, którego nie znam i które dopiero analiza marzenia sennego ma mi objawić. Różnica polega na tym, że podczas gdy przy zapominaniu imion bezzwłocznie rozpoznaję, że nasuwające mi się imię zastępcze nie jest właściwe, to pogląd ten odnośnie składnika marzenia sennego zdobyliśmy z trudem. Jednakże i przy zapominaniu imion znamy drogę, którą dojść można od imienia zastępczego do właściwego, nieświadomego, czyli zapomnianego. Jeśli zwrócę swoją uwagę na to imię zastępcze i skojarzę dalej nasuwające mi się imiona, dochodzę po krótszym lub dłuższym błądzeniu do zapomnianego imienia i odkrywam, że te przypadkowe, jak również przeze mnie wywołane imiona zastępcze stały w związku z imieniem zapomnianym i zostały przez nie wyznaczone.

Przytoczę wam tutaj analizę tego rodzaju. Pewnego dnia spostrzegam, że nie mogę sobie przypomnieć nazwy państewka na riwierze, którego stolicą jest Monte Carlo. Gniewa mnie to, ale tak jest. Sprawdzam całą mą wiedzę o tym kraju, myślę o księciu Albercie z domu Lusignan, o jego małżeństwach, jego zamiłowaniu do badań głębin morskich i co poza tym przypomnieć sobie mogę, lecz na próżno. Zaniechałem zatem rozmyślań, a na miejsce zapomnianego imienia wywołuję inne zastępcze. Zjawiają się one szybko. Najpierw samo *Monte Carlo*, następnie *Piemont, Albania, Montevideo, Colico.* Albania uderza mnie w tym szeregu, potem zjawia się szybko *Montenegro,* widocznie jako kontrast białego i czarnego. Teraz spostrzegam, że cztery z tych imion zastępczych zawierają zgłoskę *mon*; błyskawicznie zjawia się zapomniane słowo i wykrzykuję głośno *Monaco.* Widoczne jest, że imiona zastępcze rekrutują się z imienia zapomnianego; cztery pierwsze z pierwszej zgłoski, ostatnie przynosi znów porządek zgłosek i końcową zgłoskę. Prócz tego rozpoznać mogę z łatwością, co odsunęło ode mnie tę nazwę na pewien czas. *Monaco* odpowiada również *Monachium* jako włoska nazwa tego miasta; to miasto wywarło tu hamujący wpływ.

Ten przykład jest bezsprzecznie piękny, lecz za prosty. W innych wypadkach należy puścić cugle skojarzeniom do pierwszych imion zastępczych, a wówczas staje się bardziej przejrzysta analogia z analizą marzenia sennego. I na tym polu mam pewne doświadczenie. Przypominam sobie zdarzenie, kiedy to pewien cudzoziemiec zaprosił mnie na szklankę włoskiego wina. Gdy przybyliśmy do gospody i mieliśmy zamówić wino, okazało się, że mój znajomy, który mnie zaprosił, zapomniał nazwy wina, które zawsze wspominał z uznaniem. Z obfitej ilości różnych imion zastępczych, które wpadały mu na miejsce zapomnianego, wyciągnąłem wreszcie wniosek, że ze względu na jakąś Jadwigę, nie zapamiętał owej nazwy. Moje przypuszczenie zostało potwierdzone przez wyznanie mego towarzysza, że rzeczywiście pił on po raz pierwszy to wino w towarzystwie pewnej Jadwigi. Po tym wyznaniu znalazł poszukiwaną przez siebie nazwę. Był on w owym czasie szczęśliwym małżonkiem, a wspomniana Jadwiga przypominała mu czasy, do których niechętnie powracał myślami.

Jeśli takie postępowanie jest uzasadnione przy zapominaniu imion, oddać nam ono musi te same usługi przy tłumaczeniu marzeń sennych. Dlatego sądzimy, że kojarząc z zastępczymi wyobrażeniami, dotrzemy do utajonego właściwego jądra rzeczy. Opierając się na przykładzie zapominania imion, możemy przyjąć, że skojarzenia ze składnikami marzeń sennych wyznaczone są zarówno przez składniki snu, jak i przez jego nieświadome jądro. W ten sposób zdołaliśmy zebrać pewne dane do usprawiedliwienia naszej techniki.

WYKŁAD VII

JAWNA TREŚĆ MARZENIA SENNEGO I UTAJONE MYŚLI SENNE

Panie i Panowie! Jak widzicie, studia nad czynnościami pomyłkowymi oddały nam pewne usługi. Dzięki tym usiłowaniom - wychodząc ze znanego wam założenia - zdobyliśmy sobie pojęcie o pierwiastkach marzenia sennego oraz technikę jego tłumaczenia. Pojęcie pierwiastków marzenia sennego formułujemy w ten sposób, że każdy składnik jest czymś niewłaściwym, namiastką czegoś innego a śniącemu nieznanego, podobnie jak i tendencja czynności pomyłkowych, zastępuje coś, o czym wprawdzie śniący wie, ale co mu jednak pozostaje niedostępne. Spodziewamy się, że zdołamy rozciągnąć to pojęcie na całe marzenie senne, które składa się przecież z takich pierwiastków. Zadaniem naszej techniki jest wywołanie drogą swobodnego skojarzenia z pierwiastkami snu tworów zastępczych, z których moglibyśmy odgadnąć ukryte jądro.

Proponuję wam więc zmianę naszej terminologii, która da nam większą swobodę ruchu. Zamiast ukryty, niedostępny, niewłaściwy powiemy: świadomości śniącego niedostępny, czyli *nieświadomy,* stosując w ten sposób ściślejsze określenie. Nie określamy zatem niczego innego, tylko to, co nam daje związek z brakującym słowem lub z zakłócającą tendencją czynności pomyłkowej, tzn. *tymczasowo nieświadome.* Oczywiście, że w odróżnieniu od tego nazwać należy świadomymi pierwiastki marzenia sennego oraz zdobyte drogą skojarzenia wyobrażenia zastępcze. Nadanie nowej nazwy nie jest jeszcze równoznaczne z jakąś budową teoretyczną. Zastosowanie słowa „nieświadome" jako określenia trafnego i łatwo zrozumiałego jest bez zarzutu.

Skoro przeniesiemy nasze ujęcie pojedynczego pierwiastka marzenia sennego na cały sen, okaże się, że jako całość zastępuje on w postaci zniekształconej coś innego nieświadomego, a zadaniem interpretacji marzenia sennego jest wydobycie tego na jaw. Wynikają stąd od razu trzy ważne reguły, do których należy się stosować przy tłumaczeniu marzeń sennych.

1. Nie należy troszczyć się o to, co sen zdaje się wyrażać, bez względu na to, czy jest rozsądny czy bezsensowny, jasny czy pogmatwany, gdyż w żadnym razie nie jest on poszukiwanym przez nas nieświadomym (pewnego rodzaju ograniczenie tej reguły narzuci się nam później).

2. Pracę ogranicza się jedynie do wywołania wyobrażeń zastępczych dla pojedynczych składników, nie rozmyśla się nad nimi, nie bada się ich, czy zawierają coś odpowiedniego, nie troszczy się o to, czy odbiegają zbyt od składników marzenia sennego.

3. Czeka się, aż ukryte, a poszukiwane przez nas nieświadome zjawi się samorodnie, podobnie jak słowo *Monaco* w opisanym powyżej przykładzie.

Rozumiemy więc teraz, że jest właściwie obojętne, czy przypominamy sobie marzenie senne całe lub w części, a przede wszystkim wiernie czy niepewnie. Wszak przypomniane marzenie senne nie jest właściwe, zastępuje ono tylko w zniekształconej postaci inną treść i pomóc ma nam, przez wywołanie innych tworów zastępczych, zbliżyć się do właściwej treści marzenia sennego, uświadomić jego nieświadome jądro. Jeśli więc nasze wspomnienie było niedokładne, to dokonało ono po prostu dalszego zniekształcenia tego surogatu, które zresztą może być też umotywowane.

Można tłumaczyć zarówno własne marzenia senne, jak i sny ludzi obcych. Na snach własnych można się nawet więcej nauczyć, cały proces wypada bardziej przekonywująco. Jeśli tego zatem spróbujemy, spostrzeżemy, że coś stawia opór naszej pracy. Zjawiają się wprawdzie skojarzenia, lecz nie wszystkie uznajemy. Widoczne są wpływy oceniające i wybierające. Przy jednym kojarzeniu powiadamy sobie: nie, nie nadaje się, nie odpowiada nam; przy innym znów: to za bezsensowne; przy trzecim: to jest mało ważne, a zauważyć można w dalszym ciągu, jak dławimy tego rodzaju zastrzeżeniami nasze skojarzenia, nim jeszcze stały się nam one jasne, a w końcu je przepędzamy. A więc, z jednej strony trzymamy się zanadto kurczowo wyobrażenia wyjściowego, czyli samego pierwiastka marzenia sennego, z drugiej zaś, wybierając, zakłócamy wynik swobodnych skojarzeń. Jeśli przy tłumaczeniu marzenia sennego nie jesteśmy sami, spostrzegamy wyraźnie jeszcze jeden motyw, którego przy tym niedozwolonym wyborze używamy. Powiadamy sobie wtedy: nie, ta myśl jest zbyt nieprzyjemna, nie mogę lub nie chcę nią się podzielić.

Te zastrzeżenia zagrażają widocznie wynikom naszej pracy. Musimy się przed nimi bronić, a czynimy to u siebie samych w ten sposób, że przyrzekamy sobie im nie ulec; skoro tłumaczymy marzenie senne innej osoby, stawiamy jako warunek nie do przekroczenia, że każda myśl musi być wypowiedziana bez względu na to, czy uważa się ją za nieważną, bezsensowną, nie należącą do rzeczy lub choćby za przykrą do zakomunikowania. Analizowany przyrzeka przestrzegać tego prawidła, potem zaś możemy się gniewać, o ile nie dotrzymuje ściśle tego przyrzeczenia. Z początku staramy się wytłumaczyć to sobie tym, że mimo autorytatywnego zapewnienia nie zdołaliśmy przekonać pacjenta o celowości swobodnego kojarzenia. Namyślamy się, czy nie należałoby pozyskać go najpierw na drodze teoretycznej, dając mu do czytania prace naukowe lub posyłając go na wykłady, które uczynią z niego zwolennika naszych zapatrywań na sprawę swobodnych skojarzeń. Jednak spostrzeżenia poczynione na własnej osobie ratują nas przed tego rodzaju uchybieniem. Wszak i tu stwierdzamy, mimo że pewni jesteśmy naszego przekonania, przeciw niektórym z naszych skojarzeń te same krytyczne zastrzeżenia, które dopiero później - że tak powiem „w drugiej instancji" - zostają usunięte.

Zamiast zatem irytować się z powodu nieposłuszeństwa śniącego, możemy skorzystać z tego doświadczenia, by nauczyć się czegoś nowego, co jest tym ważniejsze, że nie byliśmy na to przygotowani. Rozumiemy więc, że praca tłumaczenia marzeń sennych odbywa się wbrew *oporowi,* który jej przeciwdziała, a krytyczne zastrzeżenia są właśnie jego wyrazem. Ten opór jest niezależny od teoretycznego przekonania śniącego. Owszem, dowiadujemy się jeszcze więcej. Przekonujemy się, że to krytyczne zastrzeżenie nie ma właściwie nigdy racji. Skojarzenia, które tak chętnie pragniemy stłumić, okazują się *bez wyjątku* jako najważniejsze i rozstrzygające przy odszukiwaniu pierwiastka nieświadomego. Jest to pewnego rodzaju wyróżnienie, jeśli skojarzeniu towarzyszy tego rodzaju zastrzeżenie.

Opór ten jest czymś zupełnie nowym, jest to zjawisko, które napotkaliśmy, wychodząc z naszych założeń, mimo że nie było ono w nich zawarte. Nowy czynnik w naszym procesie nie jest zbyt miłą niespodzianką. Przeczuwamy już, że nie ułatwi nam pracy. Może on nas nawet doprowadzić do tego, że zaniechamy całej pracy nad marzeniem sennym. Coś tak nieważnego jak marzenie senne i do tego takie trudności zamiast gładkiej techniki! Z drugiej strony te trudności mogą właśnie dać nam bodźca i obudzić nadzieję, że praca ta godna jest wysiłku. Napotykamy regularnie na opór, jeśli pragniemy dostać się od zastępczego pierwiastka marzenia sennego do utajonego, nieświadomego. Wobec tego możemy wnioskować, że poza tym zastępcą kryje się coś doniosłego. Jakiż inny cel bowiem miałyby owe trudności, które utrzymują w mocy to utajenie? Jeśli dziecko nie chce otworzyć piąstki, aby pokazać, co w niej trzyma, to z pewnością jest to coś niedozwolonego, coś, czego mu mieć nie wolno.

W chwili, kiedy wprowadzamy do naszych pojęć dynamiczne wyobrażenie oporu, musimy również pamiętać o tym, że moment ten jest czymś ilościowo zmiennym. Bywają większe i mniejsze opory i jesteśmy przygotowani na to, że te różnice będziemy zdolni wykazać podczas naszej pracy. Może zespolimy z tym i inne doświadczenia, zebrane również podczas pracy tłumaczenia marzeń sennych. Czasami wystarczy jedno lub niewiele skojarzeń, by poprowadzić nas od pierwiastka marzenia sennego do jego nieświadomego, podczas gdy innym razem musi się przejść cały łańcuch skojarzeń oraz przezwyciężyć wiele krytycznych zastrzeżeń. Powiemy, że ta różnorodność zależna jest od zmiennej wielkości oporu i będziemy mieli prawdopodobnie słuszność. Skoro opór jest niewielki, to i twór zastępczy jest niezbyt oddalony od nieświadomego; natomiast wielki opór wymaga wielkich zniekształceń pierwiastka nieświadomego, a tym samym znacznego cofnięcia się od namiastki do nieświadomego.

Byłby czas, aby wziąć jakieś marzenie senne, wypróbować na nim naszą technikę, ażeby się przekonać, czy sprawdzą się pokładane w niej nadzieje. Dobrze, ale jakie marzenie senne mamy tu wybrać? Nie uwierzycie, jak trudno mi zadecydować i nie mogę nawet wytłumaczyć wam, na czym polega ta trudność. Bywają oczywiście marzenia senne, które nie doznały wielkiego zniekształcenia i byłoby może najlepiej rozpocząć od nich. Ale jakie marzenia senne są najmniej zniekształcone? Czy te zrozumiałe i proste, z których dwa już wam przytoczyłem? Tu byśmy się grubo pomylili! Badanie wykazuje, że zostały one w wysokim stopniu zniekształcone. Skoro zatem - nie dbając o szczególne warunki - podam wam dowolne marzenie senne, będziecie z pewnością bardzo rozczarowani. Być może, że będziemy zmuszeni zanotować takie mnóstwo skojarzeń do poszczególnych pierwiastków snu, że cała praca stanie się zupełnie nie do objęcia. Jeśli zapiszemy marzenie senne i z notatką tą porównamy wszystkie nasuwające się skojarzenia, to może się okazać, że ich objętość przewyższy wielokrotnie sam tekst snu. Najdogodniejsze okaże się zatem wyszukanie kilku krótszych marzeń sennych, z których każde może nam przynajmniej coś powiedzieć lub potwierdzić. Zdecydujemy się więc na nie, gdyby doświadczenie nie miało nam wskazać, gdzie znaleźć możemy naprawdę najmniej zniekształcone marzenia senne.

Znam jednak jeszcze inne ułatwienie, które ponadto leży na naszej drodze. Zamiast tłumaczenia całych snów, ograniczymy się do pojedynczych pierwiastków i śledzić będziemy na szeregu przykładów, w jaki sposób znajdują one wyjaśnienie przy użyciu naszej techniki.

a) Pewna pani opowiada, że śniła często, jako dziecko, iż *Pan Bóg ma na głowie spiczasty kapelusz z papieru.* Jak chcecie to zrozumieć bez pomocy śniącej? Brzmi to przecież zupełnie bezsensownie. Ale przestaje takie być, skoro nam owa pani opowiada, że jako dziecko ubierano ją do stołu w tego rodzaju kapelusz, by przeszkodzić jej w zerkaniu na talerze rodzeństwa w celu zobaczenia, czy któreś z nich nie dostało cokolwiek więcej od niej. Kapelusz ten miał spełniać funkcję ochronną. Zresztą jest to informacja historyczna, podana bez wszelkiej trudności. Tłumaczenie tego składnika, a zarazem tego całego krótkiego snu ułatwia następujące skojarzenie śniącej: „Ponieważ słyszałam, że Pan Bóg jest wszechwiedzący i widzi wszystko, to i sen może tylko znaczyć, że ja wszystko wiem i widzę, jak Pan Bóg, nawet wówczas, jeśli chcą mi w tym przeszkodzić". Ten przykład jest może za prosty.

b) Pewna sceptyczna pacjentka ma dłuższe marzenie senne, w którym jacyś ludzie opowiadają o mojej książce *O dowcipie*, bardzo ją chwaląc. Potem jest mowa o *kanale, o jakiejś może innej książce, w której mowa o kanale, lub coś wspólnego z kanałem... ona nie wie... to jest zupełnie niejasne.*

Jesteście zapewne skłonni przypuścić, że składnik *kanał* z trudem lub w ogóle nie da się wytłumaczyć, gdyż sam jest tak nieokreślony. Przypuszczenie co do tej trudności jest słuszne, lecz nie z racji, że ów składnik jest niewyraźny, lecz właśnie z tej przyczyny, która utrudnia nam również tłumaczenie. Śniącej do słówka *kanał* nic nie przychodzi na myśl; ja oczywiście również nie wiem, co powiedzieć. W chwilę potem, w rzeczywistości na drugi dzień, opowiada ona, że przyszło jej na myśl coś, co *może wyjaśni również dowcip*, który słyszała niedawno. Na okręcie między Dover i Calais rozmawia znany literat z pewnym Anglikiem, który cytuje w pewnym momencie następujące zdanie: *Du sublime au ridicule il n'y a qu'un pas* [1]. Na co literat odpowiada: *Oui, le pas de Calais,* przez co chce powiedzieć, że jego zdaniem Francja jest wspaniała, a Anglia śmieszna. Ów *Pas de Calais* jest przecież *kanałem,* mianowicie kanałem la Manche. Czy ja przypuszczam, że to skojarzenie ma coś wspólnego z marzeniem sennym? Zapewne, rozwiązuje ono zagadkowy pierwiastek snu. Może wątpicie w to, że ten dowcip istniał już przed marzeniem sennym jako nieświadome pierwiastka *kanał*, czy przypuszczacie, że został wynaleziony dopiero później? To skojarzenie reprezentuje sceptycyzm, który kryje się w niej za szczerym podziwem, a opór odpowiedzialny jest zarówno za uciążliwość skojarzenia, jak i za niepewność sformułowania odpowiedniego składnika snu. Spójrzcie tu na stosunek pierwiastka marzenia sennego do jego nieświadomego. Jest on jakby cząstką nieświadomego, jak gdyby aluzją do niego; przez wyodrębnienie jednak stał się zupełnie niezrozumiały.

c) Pewien pacjent śni między innymi: *Dokoła stołu o dziwnym kształcie siedzą liczni członkowie mojej rodziny* itd. *Stół* – przychodzi mu na myśl, ponieważ widział podobny sprzęt podczas odwiedzin u znajomej rodziny. Jego myśli płyną dalej: w rodzinie tej zachodzi szczególny stosunek między ojcem a synem, a wkrótce dodaje również, że i on pozostaje w tym samym stosunku do swego ojca (stół przejęty został przez marzenie senne, aby zaznaczyć tę analogię).

W tym wypadku śniący był od dawna wtajemniczony w arkana analizy marzeń sennych. Ktoś inny byłby może zdziwiony, że taką błahostkę, jak kształt stołu, obraliśmy sobie za przedmiot naszych poszukiwań. W marzeniu sennym nie uznajemy jednak cech przypadkowych lub obojętnych, a oczekujemy wyjaśnień zwłasz-

[1] *Du sublime au ridicule il n'y a qu'un pas* – Od wzniosłości do śmieszności jest tylko jeden krok. Odpowiedź literata: Tak, *pas* (krok z) *de Calais.* Jest to gra słów, bo *Paş de Calais*, gdzie zaczyna się kanał la Manche. „Pas" po francusku to ów „krok" [przyp. red.].

cza od tych błahych, nieumotywowanych szczegółów. Zdziwieni może jesteście, że praca marzenia sennego, by wyrazić myśl: i u nas jest tak samo jak u nich – posługuje się właśnie stołem. Ale i to się wam wyjaśni, skoro usłyszycie, że owa rodzina nazywa się *Tischler* (stolarz). Gdy śniący sadza rodzinę swą przy tym stole, powiada równocześnie, że są *Tischlerami* (stolarzami). Czy zauważacie, nawiasem mówiąc, jak przy podawaniu tego rodzaju tłumaczeń marzeń sennych popełnia się umyślnie niedyskrecję. Zrozumiecie teraz, gdzie leży jedna z trudności przy doborze przykładów. Mógłbym z łatwością ten przykład zastąpić innym, lecz prawdopodobnie umknąłbym tej niedyskrecji tylko za cenę innej.

Wydaje mi się na czasie wprowadzić dwa określenia, których mogliśmy użyć już od dawna. To, co opowiada nam sen, nazwiemy *jawną treścią marzenia sennego,* zaś utajone myśli, do których dochodzimy, biegnąc za łańcuchem skojarzeń, *ukrytymi myślami marzenia sennego.* Zwróćmy uwagę w naszych przykładach na stosunek jawnej treści do ukrytych myśli marzenia sennego. Stosunki te bywają bardzo różnorodne. W przykładach a) i b) jawny pierwiastek stanowi tylko nieznaczną część ukrytych myśli. Z owego wielkiego, złożonego psychicznego tworu nieświadomych myśli przedostała się do jawnego marzenia sennego tylko cząsteczka, pewien fragment, w innych wypadkach, jak gdyby tylko aluzja, skrót telegraficzny. Zadaniem analizy jest uzupełnienie, stworzenie całości z tych okruszyn lub z tej aluzji, co powiodło się nam tak pięknie w przykładzie b). Jednym ze sposobów zniekształcenia – na czym w istocie polega praca marzenia sennego – jest więc zastąpienie myśli przez odłamek albo aluzję. W przykładzie c) widzimy zresztą jeszcze inny związek, który jednak występuje jeszcze wyraźniej i bardziej przekonywująco w następujących przykładach.

d) Śniący *wyciąga spoza łóżka* pewną *znajomą damę.* Pierwsze skojarzenie pozwala mu znaleźć sens tego składnika, który brzmi: *wyróżnia tę damę* (wyciągać: *hervorziehen,* wyróżniać: *vorziehen*).

e) Ktoś inny znów śni, iż *brat tkwi w skrzyni.* Pierwsze skojarzenie przynosi na miejsce skrzyni wyraz szafa *(Schrank),* a następne tłumaczy ten pierwiastek snu: mój brat *ogranicza się* (*schränkt sich ein*).

f) Śniący *wspina* się *na górę, z której rozpościera się szeroki widok.* To brzmi zupełnie rozsądnie, możliwe, że zbyteczne jest tu wszelkie wytłumaczenie, należy się jedynie dowiedzieć, jakie wspomnienie porusza to marzenie senne i z jakich motywów zostało ono wywołane. Mylicie się jednak, okazuje się, że i to marzenie senne wymaga tak samo tłumaczenia, jak jakiekolwiek inne pogmatwane. Śniącemu nie przychodzi na myśl żadne wspomnienie z własnych wędrówek w górach, tylko przypomina sobie, że jego znajomy wydaje czasopismo „Rundschau" („Przegląd"), które zajmuje się naszymi stosunkami z najbardziej oddalonymi częściami świata. Ukrytą myślą marzenia sennego jest więc utożsamienie się śniącego z osobnikiem dokonującym przeglądu (*Rundschauer*).

Tu napotykamy na nowy rodzaj związku między jawnym a ukrytym składnikiem marzenia sennego. Jawny składnik snu nie jest tu wyłącznie zniekształceniem ukrytej myśli, lecz jedynie jej przedstawicielem, jej ujęciem plastycznym, konkretnym obrazowym, opierającym się na brzmieniu słowa. Właśnie w ten sposób powstaje nowe zniekształcenie, gdyż przy zastosowaniu słowa nie pamiętamy już, z jakiego konkretnego obrazu ono się wywodzi, a wobec tego nie rozpoznajemy go w obrazie, który je zastępuje. Skoro uprzytomnicie sobie, że marzenie senne składa się przeważnie z wzrokowych wrażeń, rzadziej z myśli lub słów, sami spostrzeżecie, że ten rodzaj związku ma szczególne znaczenie przy jego powstawaniu. Widzicie zatem, że na tej drodze można zastąpić w jawnym marzeniu sennym cały szereg myśli abstrakcyjnych przez obrazy, które właśnie służą zamiarowi ukrycia. Jest to ta sama technika, co w naszych zagadkach obrazkowych. W czym leży pozór dowcipu, jakim odznaczają się tego rodzaju przedstawienia? To jest szczególne pytanie, na które tu odpowiadać nie będziemy.

Czwartą odmianę stosunku między jawnym a ukrytym składnikiem na razie przemilczę, dopóki nie przyjdzie na nią kolej przy omawianiu techniki tłumaczenia. I wówczas nie będzie to wyczerpującc, ale dla naszych celów dostateczne.

Czy macie teraz dość odwagi, by podjąć się tłumaczenia całego marzenia sennego? Spróbujmy, czy jesteśmy dostatecznie przygotowani do tej pracy. Nie wybiorę tu oczywiście najtrudniejszego marzenia sennego, ale w każdym bądź razie takie, które jasno uwypukla właściwości snu.

A więc, młoda, od wielu lat zamężna pani śni: *siedzi ze swoim mężem w teatrze, jedna strona parteru nie jest zajęta, mąż opowiada jej, że Liza L. i jej narzeczony mieli także pójść, lecz mogli dostać tylko złe miejsca, 3 za 1 fl. 50 hal.* [2]*, a tych przecież wziąć nie mogli. Ona uważa, że nie byłoby to takie straszne.*

Pacjentka opowiada przede wszystkim, że powód, który wywołał sen, poruszony jest w jego jawnej treści. Mąż jej rzeczywiście opowiadał, że Liza L., jej znajoma prawie że równego z nią wieku, zaręczyła się. Marzenie senne jest reakcją na tę wiadomość. Wiemy już, że w wielu wypadkach wykazać możemy tego rodzaju podnietę z dnia poprzedzającego sen i że często sam śniący podaje nam ją bez trudności. Tego samego rodzaju wyjaśnień udziela nam w dalszym ciągu śniąca i co do innych składników marzenia sennego. Skąd bierze się szczegół, że jedna strona parteru nie jest zajęta? Jest to aluzja do realnego zdarzenia z zeszłego tygodnia. Pacjentka postanowiła pójść na pewne przedstawienie teatralne, kupiła dlatego *wcześniej* bilety, tak wcześnie, że musiała zapłacić drożej. Gdy przyszli jednak do teatru, okazało się, że było to zbyteczne, gdyż *jedna strona parteru była prawie pusta.* Byłoby dość czasu do kupienia biletów w dniu przedstawienia. Mąż jej nie omieszkał też przekomarzać się z nią o ten *pośpiech*. Skąd bierze się suma 1 fl. 50 hal.?

[2] Floreny (także korony) i halerze - monety używane w Austro-Węgrzech [przyp. red.].

Z zupełnie innego związku, nie mającego z poprzednim nic wspólnego, który jednak również odnosi się do wiadomości z ubiegłego dnia. Szwagierka jej dostała w podarunku od swego męża sumę 150 fl. i głupia gęś nie miała nic pilniejszego do zrobienia, jak pobiec do jubilera i zostawić mu pieniądze w zamian za jakiś klejnot. Skąd bierze się trójka? Nic o tym nie wie, przychodzi jej tylko na myśl, że narzeczona, Liza L. jest tylko o 3 miesiące od niej młodsza, a ona przecież jest już od 10 lat zamężna. A ten nonsens, że dwie osoby biorą trzy bilety? Do tego nie przychodzi jej nic na myśl, w ogóle odmawia wszelkich dalszych skojarzeń i informacji.

Dostarczyła nam jednak tyle materiału z własnych skojarzeń, że umożliwione nam zostało wysnucie z nich ukrytych myśli. Musi nas uderzyć, że występują w jej skojarzeniach określenia czasu, które motywują wspólność między pewnymi częściami tego materiału. Załatwiła *za wcześnie* bilety do teatru, pośpieszyła się je wziąć, tak że musiała przepłacić; i szwagierka jej *pokwapiła się* zanieść w podobny sposób swe pieniądze do jubilera, aby kupić sobie za nie klejnoty, jak gdyby obawiała się, że *nie zdąży*. Jeśli zatem oprócz tych, w ten sposób podkreślonych, określeń czasu *za wcześnie*, *skwapliwie* uwzględnimy okazję, z jakiej powstało marzenie senne, a więc wiadomość o zaręczynach tylko o 3 miesiące *młodszej* przyjaciółki z dzielnym przecież człowiekiem oraz krytykę, wyrażoną przez wymyślanie szwagierce; że było nonsensem tak się spieszyć, to ukaże się nam jak gdyby samorzutnie następująca konstrukcja ukrytych myśli marzenia sennego, dla których jawny sen jest tylko mocno zniekształconą namiastką.

„Było przecież nonsensem tak spieszyć się z zamążpójściem! Na przykładzie Lizy widzę, że i później dostałabym męża." (Skwapliwość przedstawiona jest przez zachowanie się śniącej przy kupnie biletów oraz przez zachowanie się szwagierki przy kupnie klejnotów; pójściem do teatru zastępują zamążpójście.) To byłaby myśl przewodnia; może uda się nam podążyć dalej, choć z mniejszą pewnością, gdyż analiza nie powinna była zrezygnować z dalszych wynurzeń śniącej. „I to sto razy lepszego męża mogłabym była dostać za te pieniądze!" (150 fl. jest to sto razy tyle, co 1 fl. 50 hal.) Gdybyśmy zamiast pieniędzy mogli wstawić posag, to zdanie to znaczyłoby, iż za posag można kupić sobie męża, a zarówno klejnoty, jak i złe bilety stałyby na miejscu męża. Jeszcze dogodniej byłoby, gdyby właśnie składnik „3 bilety" miał coś wspólnego z jakimś mężczyzną. Ale tak daleko nie sięga jeszcze nasze zrozumienie. Wywnioskowaliśmy jedynie, że marzenie senne wyraża *lekceważenie* własnego męża i *ubolewanie, że tak wcześnie* wyszła za mąż.

Moim zdaniem wynik tej pierwszej analizy marzenia sennego nie zadawala nas właściwie, przeciwnie, jesteśmy raczej zaskoczeni i zmieszani. Za wiele wrażeń na raz, tak że nie jesteśmy w stanie ich ująć i opanować. Zauważamy też, że nie wyczerpiemy wszystkich nauk, które wynikają z tej analizy. Uporządkujmy sobie jednak te wiadomości, które wydają się nam pewne.

Po pierwsze: osobliwe jest, że główny akcent w ukrytych myślach pada na pierwiastek pośpiechu, o czym natomiast nic nie wspomina jawne marzenie senne. Gdyby nie analiza, nie mielibyśmy pojęcia o tym, że składnik ten odegra jakąś rolę. Wydaje się więc możliwe, że właśnie główny motyw, ognisko myśli nieświadomych, zanika w jawnym marzeniu sennym. Dlatego wrażenie, które ono wywiera, musi być zupełnie zmienione. Po drugie: w marzeniu sennym napotykamy na niedorzeczne zestawienie, 3 za 1 fl. 50 hal. Z myśli sennych wnioskujemy następujące zdanie: „To był nonsens" (tak wcześnie wychodzić za mąż). Czy możemy odrzucić przypuszczenie, że myśl „to był nonsens" przedstawiona właśnie została przez wcielenie bezsensownego składnika w jawnym marzeniu sennym? Po trzecie: porównawczy rzut oka poucza nas, że związek pomiędzy jawnymi a ukrytymi składnikami nie jest tak prosty, a w każdym razie nie tego rodzaju, że zawsze jawny składnik zastępuje ukryty. Nie, raczej musi istnieć pewien związek ogólny między obydwoma obozami, a w ich ramach zastąpiony być może jeden jawny pierwiastek przez wiele ukrytych lub też jeden ukryty składnik wieloma jawnymi.

O znaczeniu marzenia sennego i stosunku do niego śniącej można by również powiedzieć wiele ciekawego. Uznaje ona wprawdzie tłumaczenie, lecz jest nim zdziwiona. Nie wiedziała zupełnie o tym, że lekceważy swego męża, nie wie również, z jakiej racji miałaby go lekceważyć. Tutaj niejedno jest jeszcze niezrozumiałe. Rzeczywiście, jestem zdania, że nie jesteśmy jeszcze dostatecznie przygotowani do tłumaczenia snów, wobec czego musimy sięgnąć po dalszą naukę i przygotowanie.

WYKŁAD VIII

MARZENIA SENNE DZIECI

Panie i Panowie! Jesteśmy pod wrażeniem, że zapędziliśmy się. Cofnijmy się więc nieco wstecz. Zanim zabraliśmy się do próby, która miała nam wskazać, jak należy opanować za pomocą naszej techniki trudność zniekształcenia marzenia sennego, powiedzieliśmy sobie, że najlepiej byłoby ją ominąć, w ten sposób, że wybierzemy takie marzenia senne, w których zniekształcenie jest nieznaczne albo brak go zupełnie, o ile w ogóle takie istnieją. W ten sposób znów odbiegamy od historycznego rozwoju naszego poznania, gdyż w rzeczywistości zauważyliśmy dopiero przy *konsekwentnym* zastosowaniu techniki tłumaczenia i analizy zniekształconych marzeń sennych, że istnieją również sny, których treść nie została zniekształcona.

Sny, których poszukujemy, znajdujemy u dzieci. Są one krótkie, jasne, składne, łatwe do zrozumienia, niedwuznaczne, a przy tym są one bezsprzecznie marzeniami sennymi. Lecz nie przypuszczajcie, że wszystkie marzenia senne dzieci są tego rodzaju. Zniekształcenie senne rozwija swą działalność już we wczesnym dzieciństwie i zanotowane zostały marzenia senne dzieci 5- do 8-letnich, które mają wszelkie cechy marzeń sennych ludzi w wieku dojrzalszym. Jeżeli natomiast ograniczymy się do okresu od wystąpienia wyraźnych przejawów życia psychicznego aż do czwartego lub piątego roku, zyskamy cały szereg marzeń sennych, noszących cechy charakteru dziecięcego. Również i w późniejszych latach dzieciństwa spotykamy je tu i ówdzie. Ba, nawet u ludzi dorosłych występują w szczególnych warunkach marzenia senne, które zdradzają wielkie podobieństwo do typowo dziecięcych.

Z tych snów dziecięcych możemy z łatwością i pewnością zyskać wyjaśnienia co do istoty marzenia sennego, przy czym spodziewamy się, że okażą się one rozstrzygające i ogólnie ważne.

1. Do zrozumienia snów dziecięcych nie trzeba ani ich analizy, ani też zastosowania jakiejś techniki. Zbyteczne też jest wypytywać dziecko, które opowiada nam swe marzenie senne. Musimy tylko dodać część historii z życia dziecka. Zwykle przeżycie z dnia poprzedniego wyjaśnia nam marzenie senne. Marzenie senne jest reakcją życia psychicznego podczas snu na dane przeżycie z dnia. Posłuchajmy kilku przykładów, by móc oprzeć na nich nasze dalsze wnioski:

a) Chłopczyk 22-miesięczny ma dać na imieniny w podarunku koszyk czereśni. Widoczne jest, że czyni to niechętnie, jakkolwiek obiecuje mu się, że dostanie kilka do skosztowania. Następnego ranka opowiada swój sen: *He(r)man zjadł wszystkie czereśnie.*

b) Dziewczynka w wieku 3. latka i 3 miesiące po raz pierwszy odbywa przejażdżkę po jeziorze. Przy wysiadaniu wzbrania się opuścić łódkę i gorzko płacze. Czas spędzony na przejażdżce minął jej za szybko. Następnego ranka powiada: *Tej nocy jeździłam po jeziorze.* Wolno jest nam chyba dodać, że ta jazda trwała dłużej.

c) Chłopczyka w wieku 5 lat i 3 miesiące zabrano na wycieczkę do Escherntal koło Halstattu. Wiedział on o tym, że Hallstatt leży u stóp Dachsteinu i zdradzał wielkie zainteresowanie dla tej góry. Z mieszkania w Aussee można ją było widzieć, a przez lunetę nawet schronisko Simony na jej szczycie. Kikakrotnie próbował już dojrzeć je przez lunetę, nie wiadomo jednak, z jakim skutkiem. Wycieczka rozpoczęła się wśród wesołego i pełnego oczekiwania nastroju. Na widok każdej góry pytał nasz chłopczyk: *Czy to jest Dachstein*? Im częściej dawano mu przeczącą odpowiedź, tym bardziej pochmurniał, aż w końcu zupełnie zamilkł i wzbraniał się odbyć małą drogę do wodospadu. Myślano, że jest przemęczony, lecz następnego poranka opowiada z błogim uśmiechem: „Tej nocy śniłem, że *byliśmy w schronisku Simony*". W oczekiwaniu tego wziął on zatem udział w wycieczce. Ze szczegółów podał jedynie to, co słyszał już poprzednio: idzie się sześć godzin w górę po schodach.

Te trzy marzenia senne dadzą nam wyczerpujące wyjaśnienie.

2. Widzimy, że marzenia senne dzieci nie są bezsensowne, są to *zrozumiałe, pełnowartościowe twory psychiczne.* Czy przypominacie sobie, co wam opowiedziałem o poglądzie świata lekarskiego na sny, o porównaniu z niewprawnymi palcami, biegnącymi po klawiszach fortepianu? Nie ujdzie waszej uwagi, w jakiej sprzecz-

ności z tymi wywodami stoją marzenia senne dzieci, a byłoby przecież zbyt dziwne, aby właśnie dziecko było w stanie rozwijać podczas snu pełną działalność duchową, podczas gdy dorosły poprzestaje w podobnym wypadku na reakcjach o charakterze odruchowym. Wszelkie okoliczności przemawiają też za tym, że dziecko posiada lepszy i głębszy sen.

3. Snom tym brak zniekształcenia sennego; toteż zbyteczna jest tu praca tłumaczeniowa. Jawne marzenie senne odpowiada ukrytemu. *Zniekształcenie nie należy zatem do istoty marzenia sennego.* Sądzić chyba mogę, że spadł wam ciężar z serca. Po dokładnym jednak zastanowieniu się przyznamy i tym marzeniom sennym odrobinę zniekształcenia, pewną różnicę między jawną treścią a ukrytymi myślami.

4. Marzenie senne dziecka jest reakcją na przeżycia dzienne, które pozostawiły rozżalenie, tęsknotę, nieziszczone życzenie. *Marzenie senne przynosi bezpośrednie i niemaskowane spełnienie tego życzenia.* Przypomnijcie sobie tylko nasze rozważania odnośnie roli podniet cielesnych zewnętrznych i wewnętrznych jako bodźców, które zakłócają lub wywołują marzenia senne. Zapoznaliśmy się wtedy z wieloma pewnymi faktami, lecz zdołaliśmy w ten sposób wytłumaczyć tylko niewielką ilość marzeń sennych. W snach dziecięcych nie wskazuje nic na to, jakoby oddziaływały tu tego rodzaju podniety cielesne; nie możemy się tu mylić, wszak sny te są jasne, zrozumiałe i z łatwością możemy je ogarnąć. Z tej racji nie należy zarzucać sprowadzenia snów do działania podniet. Możemy jedynie zapytać, dlaczego od samego początku zapomnieliśmy, że oprócz cielesnych, zakłócających sen podniet, istnieją również i psychiczne? Wiemy przecież, że są to właśnie te zaburzenia, które zakłócają przeważnie sen dorosłych, uniemożliwiając zasypiającemu wywołanie w sobie takiego stanu psychicznego, w którym następuje odwrócenie zainteresowania od świata. Pragnie on raczej nie przerywać życia i snuć dalej pracę dookoła spraw, które go zajmują, i dlatego też nie śpi. Tego rodzaju podnietą psychiczną, zakłócającą sen, jest dla dziecka niespełnione życzenie, na które reaguje ono marzeniem sennym.

5. Stąd otrzymamy najkrótszą drogą wyjaśnienie, jaką funkcję spełnia marzenie senne. Marzenie senne, jako reakcja na podnietę psychiczną, musi tym samym posiadać to znaczenie, że likwiduje ją, czyli usuwa, chroniąc w ten sposób śpiącego od przerwania snu. W jaki sposób marzenie senne dynamicznie umożliwia tę likwidację, tego jeszcze nie wiemy, lecz na razie stwierdzamy, że *marzenie senne nie jest mącicielem snu,* za co je dotychchczas uważano, lecz *strażnikiem snu, który usuwa wszelkie zaburzenia senne.* Jesteśmy wprawdzie zwykle zdania, że gdyby nie marzenie senne bylibyśmy znacznie lepiej spali, lecz jest to niesłuszne, gdyż w rzeczywistości bez pomocy marzenia sennego nie bylibyśmy spali w ogóle. Jest to jedynie jego zasługą, że o tyle, o ile dobrze spaliśmy. Nie leżało w jego mocy nie naruszyć w zupełności naszego snu, podobnie jak niejednokrotnie nie udaje się nocnemu stró-

żowi uniknąć hałasu, gdy przepędza głośnych przechodniów, którzy mogą nas swymi okrzykami wyrwać ze snu.

6. Jedną z głównych cech marzenia sennego jest, że życzenie wywołuje marzenie senne oraz że ziszczenie tego życzenia stanowi treść marzenia. Druga stała cecha marzenia sennego polega na tym, że nie wyraża ono po prostu pewnej myśli, lecz przedstawia to życzenie jako spełnione, w formie halucynacyjnego przeżycia. Życzenie, które wywołuje marzenie senne, brzmi: *chciałbym jechać po jeziorze,* a treść marzenia sennego mówi: *jadą po jeziorze.* A więc i marzenia senne dzieci wykazują pewną różnicę między treścią ukrytą a jawną, pewne zniekształcenie ukrytej myśli sennej, *przeobrażające myśl w przeżycie.* Tłumacząc marzenie senne, musimy przede wszystkim *usunąć tą zmianę.* Gdyby to miała być ogólna cecha marzenia sennego, to należałoby poprzednio przytoczony fragment snu: *widzę mojego brata w szafie,* przetłumaczyć: nie mój brat ogranicza się, ale to ja pragnę, żeby mój brat się ograniczał, „*mój brat powinien* się *ograniczać*". Z tych dwóch przytoczonych cech ogólnych marzenia sennego zdaje się, że druga ma więcej widoków na uznanie bez sprzeciwów niż pierwsza. Dopiero dzięki rozległym badaniom zdołamy udowodnić, że to właśnie życzenie wywołuje zawsze marzenie senne, nie zaś troska lub postanowienie, czy też wyrzuty. Wywody te nie naruszą drugiej cechy marzenia sennego, która polega na tym, że nie oddaje ono po prostu tej podniety, lecz usuwa ją, niweczy i zaspakaja przez pewnego rodzaju przeżycie.

7. Nawiązując do wspomnianych cech marzenia sennego, możemy porównać go z czynnością pomyłkową. W tej ostatniej rozróżniamy zamiar zakłócający i zakłócony, a czynność pomyłkowa jest kompromisem obydwóch. Temat ten dostosować też możemy do marzenia sennego. Zakłóconym zamiarem nie może być nic innego jak pragnienie snu. Tendencję zakłócającą zastępujemy tu podnietą psychiczną, a raczej powiedzmy życzeniem, które domaga się spełnienia, gdyż nie poznaliśmy dotychczas innej podniety psychicznej, która mogłaby zakłócić sen. I tutaj jest zatem marzenie senne wynikiem kompromisu. Śpi się, lecz przeżywa się przecież usunięcie życzenia, zadawala się życzenie, lecz równocześnie śpi się nadal. Obydwa zamiary zostają po części przeprowadzone, a po części zaniechane.

8. Przypominacie sobie, że spodziewaliśmy się pewnego zrozumienia zagadnienia marzeń sennych na tej podstawie, że pewne, bardzo dla nas przejrzyste, twory fantazji zwane są „*marzeniami na jawie*". Oto te marzenia na jawie są w rzeczywistości spełnieniem życzeń, życzeń ambitnych i erotycznych dobrze nam znanych. Życzenia te są jednak zawsze tylko pomyślane, chociaż bardzo często żywo wyobrażone, nigdy jednak nie zostają przeżyte w sposób omamowy. Z dwóch więc głównych cech marzenia sennego ostaje się jedynie mniej pewna, podczas gdy druga, jako zależna od stanu sennego i w życiu na jawie niedostępna, odpada w zupełności. W samej więc mowie tkwi przeczucie, że spełnienie życzenia jest główną cechą marzenia sennego. Nawiasem mówiąc, skoro przeżycie w marzeniu sennym jest

tylko zmienionym wyobrażeniem, umożliwionym przez szczególne warunki snu, więc niby „marzeniem nocnym", to rozumiemy też, że proces tworzenia się marzenia sennego może usunąć podnietę nocną i przynieść zaspokojenie; wszak i marzenie na jawie jest czynnością ściśle związaną z zaspokojeniem, które stanowi jego jedyną rację bytu. Nie tylko w ten sposób objawia nam mowa znaczenie snów. Znane przysłowia powiadają: świnia śni o żołędziach, gęś o kukurydzy; lub też pytają: o czym śni kura - o prosie. Przysłowie sięga żalem niżej, aniżeli my, od dziecka do zwierzęcia, i twierdzi, że treść marzenia sennego jest zaspokojeniem pewnej potrzeby. Także i wiele zwrotów w naszej mowie zdaje się na to wskazywać, jak na przykład: „wymarzenie piękny", „nawet we śnie nie przyszłoby mi to na myśl", „nie wyobrażałem sobie tego nawet w najśmielszych snach". Widoczna jest tu stronniczość naszej mowy. Bywają przecież marzenia senne lękowe oraz o treści niemiłej lub obojętnej, lecz tego rodzaju marzenia senne nie znalazły swego odbicia w mowie. Wprawdzie mówimy, że są złe sny, lecz marzenie senne jest właściwie wcieleniem uroczego spełnienia życzenia. Nie istnieje też przysłowie, które by nas zapewniało, że wieprz lub gęś śnią o zarżnięciu.

Byłoby oczywiście nie do pojęcia, gdyby badacze nie zauważyli w marzeniu sennym tej tendencji do spełnienia życzenia. Owszem, bardzo często ją uznawali; natomiast nie przeszło żadnemu z nich przez myśl uogólnić to zapatrywanie i obrać za główny punkt wyjaśnienia marzenia sennego. Możemy z łatwością wyobrazić sobie, co powstrzymało ich od tego kroku, o czym też później pomówimy.

Spójrzcie jednak, ile bogatych wyjaśnień zdobyliśmy prawie bez trudu, rozpatrując marzenia senne dzieci! Zawdzięczamy im wiadomość, że marzenie senne jest strażnikiem snu, że powstaje ono z dwóch sprzecznych i walczących ze sobą tendencji, z których jedna pozostaje stała, a jest nią pragnienie snu, druga zaś usiłuje zaspokoić podnietę psychiczną. Poza tym otrzymaliśmy dowód, że marzenie senne jest aktem psychicznym o pełnym znaczeniu, i poznaliśmy wreszcie dwie jego główne cechy: spełnienie życzenia i przeżycia halucynacyjne. Przy tym moglibyśmy nawet zapomnieć, że uprawiamy psychoanalizę. Praca nasza nie zdradza żadnych szczególnych oznak oprócz nawiązania do czynności pomyłkowych. Każdy psycholog, któremu zupełnie nieznane są założenia psychoanalizy, mógłby dać to samo wyjaśnienie marzeń sennych dziecka. Dlaczego jednak żaden dotychczas tego nie uczynił?

Gdyby istniały tylko marzenia senne o typie dziecięcym, rozwiązany zostałby problem, zadanie nasze dokonane bez wypytywania śniącego, bez uciekania się do nieświadomego i do swobodnych skojarzeń. Tu widocznie tkwi dalszy ciąg naszej pracy. Doświadczenie pouczyło nas już kilkakrotnie, że cechy, które okazywały się ogólne, zyskiwały potwierdzenie tylko dla pewnej kategorii marzeń sennych. Chodzi nam teraz o to, czy cechy ogólne, wywnioskowane z dziecięcych marzeń sennych, okażą się wytrzymalsze, to znaczy, czy zachowają one także swoje znaczenie i dla innych marzeń sennych, które nie są przejrzyste, których jawna treść nie wykazuje związku z pozostałościami życzeń dziennych. Odnośnie marzeń sennych urobiliśmy sobie pogląd, że doznały one tak daleko idącego zniekształcenia, że początkowo nie możemy ich zrozumieć. Wnioskujemy aby wyjaśnić to zniekształcenie, zwrócić się musimy do naszej techniki psychoanalitycznej, której pomoc okazała się zbyteczna przy uzyskaniu zrozumienia dziecięcych marzeń sennych.

Istnieje jeszcze pewien rodzaj nie zniekształconych marzeń sennych, które, tak jak marzenia senne dzieci, z łatwością możemy rozpoznać jako spełnienia życzeń. Są to marzenia senne, które w ciągu całego życia wywoływane bywają przez przemożne potrzeby cielesne, a więc: głód, pragnienie, pożądanie płciowe; są to zatem spełnienia życzeń, jako reakcje na wewnętrzne podniety cielesne. I tak zanotowałem marzenie senne 19-miesięcznej dziewczynki, którego treść stanowiło menu oraz jej imię (*Anna F..., poziomki, jagody, jajecznica, papu*). Było ono reakcją na jednodniową głodówkę, przeprowadzoną z powodu zepsucia żołądka, a zasłabnięcie przypisywano właśnie przejedzeniu się jagodami, które dwukrotnie występują w marzeniu sennym. Tej samej nocy śniła babka – której wiek uzupełniał wiek wnuczki do siedemdziesięciu lat i która również z powodu dolegliwości wędrującej nerki skazana była na całodzienny post – że jest w gościnie, gdzie podają jej najlepsze smakołyki. Spostrzeżenia, zebrane u głodnych więźniów lub u osób, skazanych podczas podróży lub wypraw na wielkie niedostatki, pouczają, że wśród tych okoliczności śnią oni przeważnie o zaspokojeniu tych potrzeb. I tak donosi Otto Nordenskjöld w swej książce *Antarctic* w roku 1904 o załodze, która z nim przezimowała (tom I, s. 336): „Charakterystyczne dla naszego kierunku myśli były nasze marzenia senne, które nigdy nie były tak żywe i liczne jak wtedy. Nawet ci koledzy, którzy na ogół rzadko śnili, opowiadali teraz długie historie co rano, gdy zwykliśmy sobie opowiadać wzajemnie ostatnie przeżycia z naszego świata fantazji. Treść każdego z nich nawiązywała do tak dalekiego nam teraz świata zewnętrznego, ale dostosowana była bardzo często do naszych teraźniejszych warunków. Jedzenie i picie było najczęściej głównym tematem, wokół którego krążyły nasze marzenia senne. Jeden z nas, którego specjalnością we śnie było branie udziału w wielkich biesiadach, był uszczęśliwiony, gdy mógł rano opowiedzieć, że „spożył obiad z trzech dań"; inny śnił o tytoniu, o całych górach tytoniu; inny znów o okręcie, który z pełnymi żaglami płynie ku nam na otwartym morzu. I jeszcze jeden sen godzien jest wspomnienia: listonosz przynosi pocztę i usprawiedliwia się, że tak długo musiano na niego czekać: mylnie ją doręczył i dopiero z wielkim trudem udało mu się dostać ją z powrotem. Oczywiście, że zajmowaliśmy się podczas snu jeszcze bardziej niemożliwymi sprawami, uderzający jest jednak brak fantazji zarówno w moich własnych snach, jak i znanych mi z opowiadania. Nie ulega wątpliwości, że byłoby z wielką korzyścią dla psychologii, gdyby spisane zostały wszystkie te sny. Toteż łatwo zrozumieć, jak tęskniliśmy za snem, który darzył nas tym wszystkim, czego najgoręcej pożądaliśmy. Cytuję tu także Du Prela: „Mungo Park w podróży po Afryce, usychając prawie z pragnienia, śnił bezustannie o obfitujących w wodę dolinach i łąkach ojczystych. Również głodem dręczony Trenck widywał siebie w Sternschanze, w Magdeburgu, przy sutym stole, a Jerzy Back, uczestnik pierwszej wyprawy Francklina, bliski śmierci głodowej na skutek straszliwego wyczerpania, śnił stale o sutym stole".

Kto po spożyciu na kolację pieprznych potraw dostaje pragnienia, ten śni z łatwością o piciu. Oczywiście, że niemożliwe jest zaspokojenie silniejszego głodu lub pragnienia w marzeniu sennym, zwykle też budzimy się spragnieni, by pokrzepić się rzeczywistą wodą. Działalność marzenia sennego jest w tym wypadku praktycznie nieznaczna, choć nie mniej jasne jest, że powstała w celu, by utrzymać sen wbrew działaniu podniety, zmierzającej do przebudzenia. Przy mniej intensywnie odczutych potrzebach często tego rodzaju marzenia senne spełniają całkowicie swą funkcję.

W podobny sposób marzenie senne powoduje pod wpływem podrażnień płciowych zaspokojenia, które odznaczają się jednak cechami szczególnymi. Ponieważ popęd płciowy jest mniej zależny od swego przedmiotu niż głód i pragnienie, dlatego zaspokojenie w marzeniu sennym, zakończonym polucją, może być rzeczywiste. Często się też zdarza, że na skutek pewnych trudności w stosunku do przedmiotu – o czym zresztą później dopiero wspomnimy – to zaspokojenie realne połączone jest z niewyraźną lub zniekształconą treścią marzenia sennego. Dzięki tej właściwości marzeń sennych z polucją stają się one, jak zauważył O. Rank, podatnymi obiektami dla badań nad zniekształceniem sennym. Prócz zaspokojenia miewają takie marzenia senne dorosłych także inną jeszcze treść, źródłem której jest czysto psychiczne, a zrozumienie jej wymaga tłumaczenia.

Nie chcemy też utrzymywać, że marzenia senne dorosłych, powstałe na wzór spełniających życzenia snów dziecięcych, występują tylko jako reakcja na przytoczone powyżej fizyczne potrzeby. Znamy również i jasne marzenia senne tego rodzaju, które mają bez wątpienia swe źródło w podniecie psychicznej, a powstały pod wpływem pewnych dominujących sytuacji. Do nich należą marzenia senne, wyrażające niecierpliwość, skoro przygotowując się do podróży, na interesujące nas przedstawienie, odczyt lub wizytę, śnimy o przedwczesnym ziszczeniu naszych oczekiwań; widzimy się w noc przedtem we śnie u celu podróży lub w teatrze, w rozmowie ze znajomymi. Do nich też zaliczyć możemy, słusznie tak zwane, marzenia senne powstałe z pragnienia wygody; kiedy ktoś chętnie spałby dłużej, śni, że już wstał, myje się lub jest już w szkole, podczas gdy w rzeczywistości śpi dalej, a więc chętniej wstaje we śnie niż w rzeczywistości. Pragnienie snu, którego udział rozpoznawaliśmy stale przy tworzeniu się marzeń sennych, dochodzi w nich do głosu i staje się istotnym ich twórcą. Potrzeba snu pojawia się słusznie w szeregu innych ważnych potrzeb fizycznych.

Na przykładzie reprodukcji obrazu Schwinda z galerii Schacka w Monachium przedstawię wam, jak trafnie pojął malarz powstanie marzenia sennego pod wpływem pewnej dominującej sytuacji. Jest to „sen więźnia", którego treść stanowić może tylko jego uwolnienie. Bardzo ładnie przedstawione jest uwolnienie, które ma nastąpić przez okno, gdyż właśnie przez okno wpada promień światła, który budzi więźnia. Karzełki, stojące jeden na drugim, wyobrażają, zda się, jego własne stopniowe pozycje, które zająć musiałby, wspinając się na wysokość okna, i jeśli się nie mylę, jeśli nie narzucam artyście zbyt wiele zamysłu, to najwyżej stojący karzełek, który przepiłowuje kraty, a więc czyni to, co pragnąłby uczynić sam więzień, posiada rysy jego twarzy.

Przy wszelkich innych marzeniach sennych, za wyjątkiem dziecięcych i snów dorosłych tego rodzaju, natrafiamy zwykle na zniekształcenie senne, które wchodzi nam w drogę. Początkowo nie możemy powiedzieć, czy i one są spełnieniem życzeń, jak przypuszczamy; z ich jawnej treści nie możemy odgadnąć, jakiej podniecie psychicznej zawdzięczają swe powstanie, i nie możemy udowodnić, że usiłują one również usunąć lub zaspokoić tę podnietę. Widocznie należy je najpierw wyjaśnić tzn. przetłumaczyć, cofnąć zniekształcenie, zastąpić jawną treść przez ukrytą, a wtedy dopiero będziemy w stanie osądzić, czy cechy, które odkryliśmy przy badaniu marzeń sennych dziecka, odnoszą się z tą samą ważnością do wszystkich innych snów.

WYKŁAD IX

CENZURA SENNA

Panie i Panowie! Z badań nad marzeniami sennymi dzieci poznaliśmy powstawanie, istotę i funkcję marzenia sennego. *Marzenia senne usuwają drogą halucynacyjnego zaspokojenia podniety psychiczne, które zakłócają sen.* Z marzeń sennych dorosłych wyjaśniliśmy tylko jedną grupę, którą określiliśmy jako marzenia senne o typie dziecięcym. Jak się rzecz ma z innymi, nie wiemy jeszcze, ale ich też nie rozumiemy. Zyskaliśmy na razie rezultat, którego znaczenia nie chcemy nie doceniać. Jeśli marzenie senne jest zupełnie zrozumiałe, okazuje się ono wtedy zawsze jako halucynacyjne spełnienie życzenia. To połączenie nie może być przypadkowe lub obojętne.

Odnośnie marzenia sennego innego rodzaju to przyjmujemy na podstawie różnorodnych rozważań i przez analogie do naszego poglądu na czynności pomyłkowe, że zastępuje ono w sposób zniekształcony nieznaną treść, do której dopiero należy je sprowadzić. Dlatego też pierwszym naszym zadaniem jest zbadanie i zrozumienie tego *zniekształcenia* marzenia sennego.

To właśnie zniekształcenie snu przyczynia się do tego, że jest nam obce i niezrozumiałe. Chcemy się też wiele o nim dowiedzieć: po pierwsze, skąd pochodzi, gdzie jest źródło jego dynamiki; po drugie, czego dokonuje i wreszcie, w jaki sposób. Możemy też powiedzieć, za zniekształcenie marzenia sennego jest dziełem pracy sennej. Pragniemy opisać pracę marzeń sennych i wykryć działające w niej siły.

A teraz posłuchajcie następującego snu. Spisany on został przez pewną panią z naszego koła [1] i pochodzi, według jej informacji, od pewnej bardzo poważanej, wykształconej starszej osoby. Nie analizowano tego snu. Nasza referentka zauważyła, że dla psychoanalityka zbyteczne jest tu tłumaczenie. Śniąca też go nie tłumaczyła, ale oceniła go i osądziła w ten sposób, jak gdyby umiała go wytłumaczyć. Albowiem wyraziła się o nim w ten sposób: „I tak ohydne głupstwa śnią się kobiecie 50-letniej, której jedyną myślą w dzień i w nocy jest troska o jej dziecko! A oto marzenie senne o «usługach miłosnych»" [2]. Idzie do szpitala okręgowego nr 1 i powiada do stojącego na warcie żołnierza, że musi mówić z lekarzem naczelnym... (tu wymienia nieznane jej nazwisko), gdyż chce pełnić służbę w szpitalu. Przy czym w ten sposób podkreśla słowo „służba", że sierżant natychmiast miarkuje, iż chodzi tu o „służbę miłosną". Ponieważ jest starszą niewiastą, przepuszcza ją po chwili wahania. Zamiast jednak pójść do naczelnego lekarza dostaje się do dużego, ponurego pokoju, w którym siedzą i stoją oficerowie i lekarze wojskowi dokoła długiego stołu. Z propozycją swą zwraca się do pewnego lekarza pułkowego, który zrozumiał ją po kilku słowach. Słowa jej we śnie brzmią następująco: «Ja sama jak również wiele innych kobiet i dziewcząt wiedeńskich jesteśmy gotowe żołnierzom, szeregowcom i oficerom bez różnicy». Tu następuje w marzeniu sennym mamrotanie. Że zostało ono jednak zrozumiane, na to wskazują po części zażenowane, po części ironiczne miny oficerów. Niewiasta ta mówi w dalszym ciągu: «Wiem, że nasze postanowienie brzmi osobliwie, lecz dla nas jest to gorzka prawda. Wszak i żołnierza w polu nie pytają, czy chce zginąć czy nie». Następuje kilkuminutowa przykra cisza.

Lekarz pułkowy obejmuje ją wpół ramieniem i powiada: «Ależ proszę pani, przypuśćmy, że rzeczywiście do tego dojdzie...» (mamrotanie). Wysuwa się z jego ramion, myśląc, że przecież ten jest taki sam jak inni, i odpowiada: «Mój Boże, jestem starą kobietą i może wcale nie znajdę się w tej sytuacji. Zresztą pod pewnym warunkiem: uwzględnić należy wiek; żeby jakaś starsza niewiasta młodemu chłopcu... (mamrotanie); to byłoby straszne». Lekarz pułkowy: «Rozumiem doskonale». Kilku oficerów, między nimi widzi również znajomego, który się o nią starał w młodych latach, zaśmiało się głośno, a śniąca prosi, aby zaprowadzono ją do znajomego lekarza celem całkowitego uporządkowania tej sprawy. Jakież jest jej przerażenie, kiedy sobie uprzytamnia, że nie wie, jak się on nazywa. Mimo to lekarz

[1] Pani dr von Hug-Hellmuth.

[2] Pakunki z żywnością lub innymi podarunkami, wysyłane podczas wojny żołnierzom na front, nosiły nazwę *Liebesgaben* („dary miłosne") [przyp. tł.].

ów wskazuje jej uprzejmie i z szacunkiem bardzo wąskie, żelazne, kręte schody, które prowadzą wprost z pokoju na górne piętra. Idąc w górę, słyszy, jak jeden z oficerów powiada: «To rzeczywiście jest nadzwyczajna decyzja, bez względu na to, czy która jest młoda czy stara; z całym szacunkiem!"

Z uczuciem, że spełnia po prostu swój obowiązek, idzie bez końca po schodach.

To marzenie senne powtórzyło się jeszcze dwa razy w przeciągu kilku dni i, jak sama zauważa, tylko z nieznacznymi bezsensownymi zmianami".

Ze względu na swój przebieg odpowiada to marzenie senne fantazji dziennej; stanowi mniej więcej jednolitą całość, a niejeden szczegół jego treści mógłby zostać wyjaśniony, gdyby możliwe było wybadanie śniącej, czego, jak wiecie, zaniechano. Uderzający, ale zarazem bardzo zajmujący jest fakt, że sen ten wykazuje kilka luk nie we wspomnieniu, lecz w treści. W trzech miejscach treść jest jakby wymazana. Zdania, w których się te luki znajdują, przerwane są niezrozumiałym bełkotem. Ściśle rzecz biorąc, skoro nie przeprowadziliśmy analizy tego snu, nie mamy prawa wydać jakiekolwiek orzeczenie na temat jego znaczenia. Lecz zawiera on aluzje, z których wiele można wywnioskować, jak na przykład ze słowa „usługi miłosne", ale przede wszystkim wymagają uzupełnienia te części rozmów, które poprzedzają owo bełkotanie. Uzupełnienia te mogą jednak wypaść tylko jednoznacznie; jeśli je wstawimy, to treścią tej fantazji jest, że śniąca gotowa jest, wypełniając swój obowiązek patriotyczny, oddać swą osobę dla zaspokojenia potrzeb erotycznych wojska, zarówno oficerów jak i szeregowców. To byłoby rzeczywiście bardzo gorszące. Wzór zuchwałej fantazji erotycznej, ale nie występuje ona przecież w marzeniu sennym. Tam właśnie, gdzie wątek opowiadania wymagałby tego wyznania, napotykamy w jawnej treści marzenia sennego na niezrozumiałe mamrotanie; coś zaginęło lub zostało usunięte.

Przypuszczam, że było to właśnie ich gorszące znaczenie. Gdzie znajdziecie analogię do takiego zdarzenia? W dzisiejszych czasach nie należy zbyt daleko szukać. Weźmy na przykład do ręki jakikolwiek dziennik polityczny, a zauważymy, że w niejednym miejscu brak tekstu, a zamiast niego lśni biel papieru. Wiadomo wam, że to dzieło cenzury. W tych pustych miejscach było coś, co nie przypadło do gustu wysokiej władzy cenzorskiej i dlatego też zostało usunięte. Żałujecie tego zwykle i sądzicie, że musiało to być najbardziej zajmujące, tzw. „najlepsze miejsce".

Innym razem cenzura nie miała wpływu na gotowe już zdanie. To autor, przewidując, które miejsca mogłyby narazić się cenzurze, złagodził je, z lekka zmienił lub też zadowolił się przybliżeniami, aluzjami do tego, co popłynąć chciało spod jego pióra. Wówczas nie ma w dzienniku pustych miejsc, lecz czytelnik wnioskuje z pewnych omówień i niejasności wyrażeń, że autor użył ich ze względu na cenzurę.

Trzymajmy się więc tego porównania. Powiadamy: przecież i te miejsca opuszczone, kryjące się poza szemraniem, padły jako ofiara cenzury. Mówimy też wprost o *cenzurze sennej*, której należy przypisać udział w zniekształceniu snu. Wszędzie, gdzie znajdują się luki w jawnej treści marzenia sennego, winę ponosi cenzura. Winniśmy pójść dalej i wszędzie tam rozpoznać działanie cenzury, gdzie jakiś element snu zostaje przypomniany w sposób szczególnie słaby, nieokreślony i wątpliwy na tle innych wyraźniejszych. Rzadko jednak odzywa się cenzura tak otwarcie, że tak powiem, naiwnie, jak w przykładzie przytoczonego marzenia sennego. Częściej posługuje się cenzura tym drugim rodzajem wyrażania się, a mianowicie złagodzeniem, przybliżeniem lub aluzją zamiast właściwej myśli.

Trzeciego sposobu działania cenzury nie mogę porównać z panowaniem cenzury dzienników, mogę go natomiast zademonstrować właśnie na tym jedynym dotychczas zanalizowanym przykładzie marzenia sennego. Przypominacie sobie marzenie senne o złych biletach teatralnych za 1 fl. 50. W myślach ukrytych tego snu przodował składnik „skwapliwie, przedwcześnie". Brzmiały one; nonsensem było tak *wcześnie* pójść za mąż - było też nonsensem tak wcześnie zakupić bilety do teatru - śmieszne było ze strony szwagierki *pospieszyć się* tak z wydaniem pieniędzy, aby kupić sobie za nie klejnoty. Do jawnej treści marzenia sennego nie przedostało się nic z owego głównego elementu; tutaj osią treści jest pójście do teatru i zakupienie biletów. Dzięki przesunięciu akcentu, dzięki przegrupowaniu składników treści staje się jawne marzenie senne tak niepodobne do ukrytego, że nikt nie przypuściłby, iż kryje się ono za pierwszym. To przesunięcie akcentu jest głównym środkiem pomocniczym zniekształcenia snu i nadaje mu to piętno obcości, na skutek którego sam śniący nie chciałby go uznać za własny wytwór.

Opuszczenia, zmiany, przegrupowania materiału są dziełem cenzury marzenia sennego, jak również środkiem pomocniczym dla zniekształcenia. Cenzura snu jest co najmniej jednym ze sprawców zniekształcenia, którym obecnie się zajmujemy. Zmiany te zwykliśmy obejmować mianem *przesunięcia*.

Skoro zatem omówiliśmy oddziaływanie cenzury, zwróćmy teraz uwagę na jej dynamikę. Sądzę, że nie bierzecie tego wyrażenia zbyt antropomorficznie i nie wyobrażacie sobie pod tym określeniem cenzora, małego surowego człowieka lub też ducha zamieszkującego małą komórkę mózgową, gdzie sprawuje swój urząd. Nie wolno wam również myśleć przy tym o określonym ośrodku mózgowym, z którego wychodzi ów wpływ cenzurujący, wpływ, który byłby usunięty w razie uszkodzenia lub zniszczenia tego ośrodka. Tymczasem przedstawia on jedynie dogodne określenie dla związku dynamicznego. Słowo to nie przeszkodzi nam w zapytaniu, w imię jakich tendencji on działa i na jakie tendencje swój wpływ wywiera; nie zdziwi nas to, jeśli dowiemy się, że poprzednio już natrafiliśmy na cenzurę marzenia sennego, nie rozpoznając jej.

I tak rzeczywiście rzecz się miała. Czy przypominacie sobie, jakiego dziwnego i nieoczekiwanego wrażenia doznaliśmy, zastosowując po raz pierwszy naszą technikę swobodnych skojarzeń. Wówczas już zauważyliśmy, że naszym usiłowaniom dotarcia od składnika marzenia sennego do nieświadomego pierwiastka, którego jest on zastępcą, przeciwstawił się *opór*. Powiedzieliśmy wtedy, że ów opór może przybrać różne rozmiary, raz może być olbrzymi, innym razem nieznaczny. W ostatnim wypadku należy przeprowadzić pracę tłumaczenia przez kilka tylko ogniw, skoro jednak opór jest wielki, musimy przejść długi łańcuch skojarzeń, jaki od tego elementu prowadzi i nas od niego znacznie oddala, przy czym musimy po drodze pokonywać wszelkie trudności, które występują jako krytyczne zarzuty przeciwko nasuwającej się myśli. To, co się nam przy tłumaczeniu przedstawia jako opór, musimy wprowadzić do pracy marzenia sennego jako cenzurę. Opór przy tłumaczeniu jest obiektywizacją cenzury. Udowadnia on nam również, że siły cenzury nie wyczerpują się, tworząc zniekształcenie marzenia sennego, i nie gasną po jego dokonaniu, lecz przeciwnie, że cenzura istnieje nadal jako stała instytucja, której celem jest utrzymywanie w mocy zniekształcenia. Podobnie zresztą jak przy tłumaczeniu, zależnie od składnika, zmienny był rozmiar oporu, tak samo zniekształcenie, spowodowane cenzurą, może w tym samym marzeniu sennym przy każdym składniku wypaść z nierówną siłą. Porównując marzenie senne jawne i ukryte, widzimy, że pewne ukryte pierwiastki zostały całkowicie wykluczone, inne mniej lub więcej zmienione, a inne znów zachowały swą postać, możliwe, że zostały nawet silniej w jawnej treści podkreślone.

Chcieliśmy jednak zbadać, jakim tendencjom służy cenzura, względnie przeciwko jakim występuje. Na to podstawowe pytanie, ważne nie tylko dla zrozumienia marzenia sennego, ale być może i całego naszego życia psychicznego, możemy z łatwością odpowiedzieć, jeśli przejrzymy szereg marzeń sennych, które zostały przeanalizowane. Dążności, którym służy cenzura, uznaje śniący w swym sądzie na jawie, czuje się z nimi w zgodzie. Możecie być przekonani, że skoro nie chcecie uznać prawidłowo przeprowadzonego tłumaczenia własnego marzenia sennego, działają tu te same motywy, na jakich opiera się cenzura, wytwarzająca zniekształcenie i potrzebę tłumaczenia. Uprzytomnijcie sobie marzenie senne naszej 50-letniej pani. Pani ta uważa swój sen za ohydny, a byłaby jeszcze bardziej oburzona, gdyby jej pani dr von Hug powtórzyła cokolwiek z tego nieuniknionego tłumaczenia, lecz właśnie temu potępieniu należy przypisać, że owe nieprzyzwoite miejsca zostały w marzeniu sennym zastąpione bełkotaniem.

Te dążności jednak, przeciwko którym zwraca się cenzura, musimy najpierw określić z punktu widzenia tej instancji. Wówczas dopiero możemy powiedzieć, że są one bez wyjątku godne odrzucenia czy to ze względów etycznych, estetycznych, czy też społecznych; są to sprawy, o których nie ważymy się nawet myśleć lub myślimy o nich ze wstrętem. Przede wszystkim są te cenzurowane i w marzeniu sennym zniekształcone życzenia wyrazem bezgranicznego i bezwzględnego egoizmu. Własne „ja" występuje bowiem w każdym śnie i gra w nim główną rolę, choćby nawet zdołało się ono w jawnej treści dobrze ukryć. Ten „święty egoizm" marzenia sennego pozostaje z pewnością w związku z naszym nastawieniem na sen, które polega na odwróceniu naszego zainteresowania od świata zewnętrznego.

Jaźń, wyzwolona z wszelkich więzów etycznych, solidaryzuje się z takimi pragnieniami seksualnymi, które od dawna już zostały potępione przez nasze wychowanie estetyczne. Nie sprzeciwia się ona też dążeniom, skrępowanym dotychczas obyczajami. Pragnienie rozkoszy - *libido*, jak mówimy - wybiera swoje przedmioty, nie hamując się, zwłaszcza najchętniej zabronione, nie tylko żonę bliźniego, lecz przede wszystkim obiekty kazirodcze, uświęcone obyczajem, u mężczyzny - matkę i siostrę, u kobiety - ojca i brata. (I w marzeniu sennym naszej 50-letniej pani jasne jest, że *libido* skierowana jest do jej syna). Pożądania, co do których sądzimy, że są obce ludzkiej naturze, okazują dość siły, by wywołać marzenie senne. I nienawiść może się wyładować bezgranicznie, życzenia zemsty i śmierci najbliższym i najukochańszym osobom, rodzicom, rodzeństwu, żonie czy mężowi, własnym dzieciom nie są czymś niezwykłym. Te ocenzurowane życzenia zdają się wyrastać z prawdziwego piekła; a po tłumaczeniu na jawie najradykalniejsza cenzura nie wydaje się nam dla nich zbyt surowa.

Nie należy winić marzenia sennego za jego złą treść ani nie wolno nam zapomnieć, że jego niewinną a użyteczną funkcją jest strzeżenie snu od zakłócenia tego rodzaju; zło nie tkwi w istocie marzenia sennego. Wiecie przecież, że istnieją sny, które uznać musimy za zaspokojenia słusznych życzeń i naglących potrzeb cielesnych. Nie wykazują one wprawdzie zniekształcenia, jest ono też dla nich zbędne, wszak mogą spełniać swoją funkcję, nie obrażając etycznych ani też estetycznych dążeń naszej jaźni. Uprzytomnijcie sobie również, że zniekształcenie marzenia sennego odpowiada dwóm czynnikom. Z jednej strony jest ono o tyle większe, o ile gorsze jest życzenie, które ma zostać ocenzurowane, po drugie musi się ono stosować do każdorazowych wymagań cenzury, która nie zawsze jest w równym stopniu ostra. Młoda, surowo wychowana i nieprzystępna dziewczyna zniekształca z nieubłaganą cenzurą te zapędy marzenia sennego, które my, lekarze na przykład uznać musimy jako dozwolone, niewinne życzenia *libido*, a śniąca sama po dziesięciu latach też osądzi je w ten sposób.

Poza tym nie zaszliśmy jeszcze tak daleko, by wolno nam było oburzać się na wyniki naszego tłumaczenia. Sądzę, że nie rozumiemy ich jeszcze należycie; naszym zadaniem jest przede wszystkim obronić je przed pewnymi zarzutami. Wszak nie trudno znaleźć tutaj jakąś słabą stronę. Marzenia senne tłumaczymy, wychodząc z założenia, które już poprzednio wyłuszczyliśmy, a mianowicie, że marzenie senne ma w ogóle sens, że do normalnego snu możemy zastosować zdobyte przez nas przekonanie o istnieniu nieświadomych zjawisk psychicznych w śnie hipnotycznym i że wszelkie nasuwające się wyobrażenia są zdeterminowane. Gdybyśmy na podstawie tych założeń doszli do wiarygodnych wyników tłumaczenia marzeń sennych, wówczas moglibyśmy wywnioskować, że i te założenia były słuszne. Cóż począć jednak, skoro wyniki wyglądają właśnie tak, jak je poprzednio opisałem? Dlatego najtrafniejszą odpowiedzią byłoby orzeczenie, że są to wyniki niemożliwe, niedorzeczne, a przynajmniej nieprawdopodobne, a więc i założenia nie były zupełnie w porządku. A zatem albo marzenie senne nie jest zjawiskiem psychicznym, albo też nie istnieje pierwiastek nieświadomy w stanie normalnym lub wreszcie jest w naszej technice jakaś luka. Czyż nie byłoby znacznie prościej i bardziej zadowalająco przyjąć te przypuszczenia, niż te obrzydliwości, które podobno odkryliśmy na mocy naszych założeń?

W istocie! Byłoby prościej i bardziej zadowalająco, ale niekoniecznie słuszniej. Poczekajmy trochę, kwestia ta nie nadaje się jeszcze do dyskusji. Przede wszystkim możemy zaostrzyć jeszcze krytykę naszego tłumaczenia marzeń sennych. Nie zaważyłaby może jeszcze w takim stopniu okoliczność, że wyniki ich są tak niemiłe i niesmaczne. Silniejszym zarzutem jest fakt, że skoro przedstawiamy śniącym wynikłe z tłumaczenia tendencje życzeniowe, ci wypierają się ich i to z wszelkimi pozorami słuszności. „Co? – powie ktoś – pan chce mi udowodnić, że żal mi tej sumy, którą wydałem na wyprawę siostry i wychowanie mojego brata? Ależ to niemożliwe, pracuję i żyję przecież jedynie dla mojego rodzeństwa, nie mam poza tym innych zainteresowań w życiu, wypełniam moje obowiązki wobec nich tak, jak przyrzekłem matce nieboszczce". Lub też oburza się śniąca niewiasta: „To ja życzę mojemu mężowi śmierci? Cóż to za oburzający nonsens! Pomijając już, że nasze pożycie małżeńskie jest najszczęśliwsze – w to prawdopodobnie pan nie uwierzy – śmierć jego zabrałaby mi wszystko, co na świecie posiadam. Lub też ktoś inny powie nam: „To ja pożądam mojej siostry? To śmieszne, przecież nic sobie z niej nie robię, żyjemy źle ze sobą i od lat nie zamieniliśmy ani słowa". Moglibyśmy brać lżej te sprawy, gdyby śniący nie potwierdzali przypisywanych im tendencji lub im nawet zaprzeczali i moglibyśmy wtedy powiedzieć, że są to rzeczy, o których właśnie nie wiedzą. Ale fakt, że odczuwają oni dążności wprost przeciwne, na co wskazuje cały tryb ich życia, musi nas wreszcie wprowadzić w zdumienie. Czy nie byłoby teraz na czasie porzucić w zupełności pracę nad tłumaczeniem marzeń sennych wobec tego, że wyniki jej prowadzą do niedorzeczności?

Nie, jeszcze nie! I ten najsilniejszy zarzut upada, skoro ujmiemy go krytycznie. O ile przyjmiemy, że istnieją nieświadome dążenia w życiu psychicznym, to wykazanie w świadomości prądów zupełnie im przeciwnych nie świadczy jeszcze o niczym. Przecież możliwe jest, że w życiu psychicznym jest dość miejsca dla sprzecznych tendencji, dla kontrastów, które istnieć mogą obok siebie; nawet nie jest wykluczone, że górowanie pewnych porywów jest warunkiem dla nieświadomości impulsów przeciwnych. A więc pozostajemy przy początkowo poczynionych zastrzeżeniach, że wyniki tłumaczenia marzeń sennych nie są proste i nie bardzo pocieszające. Co do pierwszego zarzutu, to tylko mogę powiedzieć, że mimo całego zachwytu dla prostoty, z tego punktu widzenia nie można rozwiązać ani jednego z zagadnień snu; i że tutaj musicie się już zgodzić z istnieniem bardziej zawiłych stosunków. Odnośnie drugiego waszego zarzutu, to niesłuszne jest uzależniać sąd naukowy od tego, czy w danym wypadku odczuwamy zadowolenie, czy też odrazę. Czego to dowodzi, że wyniki tłumaczenia marzeń sennych wydają się nam niemiłe, zawstydzające, a nawet wstrętne? *Ça n'empéche pas d'exister*[3], mówił w podobnym przypadku mój mistrz Charcot, kiedy byłem jeszcze młodym lekarzem. Trzeba być pokornym, usunąć na bok własne sympatie i antypatie, jeśli chcemy się dowiedzieć, gdzie jest prawda. Jeśli fizyk udowodnić wam może, że życie organiczne na tej ziemi wkrótce ulec musi zupełnemu zastygnięciu, czy wówczas odważycie się mu odpowiedzieć: „Tak nie może być, ta perspektywa jest zbyt niemiła"? Sądzę, że będziecie milczeli, dopóki nie zjawi się inny fizyk i wykaże pierwszemu błędy w jego założeniach i rachunkach. Skoro odtrącacie co dla was jest nieprzyjemne, to powtarzacie raczej mechanizm tworzenia się snu zamiast go zrozumieć i przezwyciężyć.

Przyrzekniecie mi może teraz pominąć odrażające cechy ocenzurowanych życzeń marzenia sennego, natomiast podniesiecie zarzut, że jest nieprawdopodobne przypisać złu tyle miejsca w ustroju człowieka. Ale czy własne doświadczenia upoważniają was do podobnego sądu? Nie chcę mówić o tym, jacy wydajecie się sami sobie, ale czy natrafiliście na tyle życzliwości u swoich przełożonych i konkurentów, na tyle rycerskości u swych nieprzyjaciół i tak mało zawiści u swoich znajomych, że czujecie się zobowiązani wystąpić przeciwko roli zła i egoizmu w naturze ludzkiej? Czy nie wiecie, jak nieopanowana i nieobliczalna jest większość ludzi w sprawach życia seksualnego? Czy też nie wiecie, że wszelkie nadużycia i wykroczenia, o których w nocy śnimy, bywają codziennie popełniane na jawie jako przestępstwa? Psychoanaliza potwierdza tutaj jedynie stare słowa Platona, że dobrzy są ci, którzy poprzestają na tym, aby śnić o rzeczach, które inni, źli - czynią.

Teraz odwróćcie swą uwagę od jednostki, a przypatrzcie się wojnie, która jeszcze wciąż pustoszy Europę, uprzytomnijcie sobie, co za bezmiar brutalności, okrucieństwa, zakłamania rozpanoszył się dziś swobodnie w świecie kulturalnym. Czy rzeczywiście wierzycie, że udałoby się garstce karierowiczów i uwodzicieli bez czci i wiary rozpętać wszystkie te złe duchy, gdyby nie było w tym i winy milionów tych, których za sobą pociągnęli? Czy odważycie się więc wśród tych okoliczności kruszyć kopie o wykluczenie zła z psychicznej konstrukcji człowieka?

Zarzucicie mi może, że osądzam wojnę jednostronnie; wszak rozbudziła ona najpiękniejsze i najszlachetniejsze porywy w człowieku, jego bohaterstwo, poświęcenie, jego poczucie społeczne. Zapewne, lecz nie popełniajcie tej samej niesprawiedliwości, która jest tak często popełniana wobec psychoanalizy, wytykając jej, że zaprzecza istnieniu pewnych właściwości przez to, że podkreśla inne. Nie leży

[3] *Ça n'empéche pas d'exister* - To nie przeszkadza w życiu [przyp. red.].

w naszych zamiarach zaprzeczanie szlachetnym dążeniom natury ludzkiej i nigdy też nie przyczyniliśmy się w niczym do obniżenia ich wartości. Przeciwnie, przecież pokazuję wam nie tylko ocenzurowane złe życzenia senne, lecz równocześnie i cenzurę, która je usuwa i deformuje. Zło w człowieku rozpatrujemy dlatego z silniejszym naciskiem, gdyż inni zaprzeczają mu, skutkiem czego życie psychiczne człowieka nie staje się wprawdzie lepsze, ale za to niezrozumiałe. Jeśli zaniechamy jednostronnej oceny etycznej, zyskamy z pewnością słuszniejszą formułę dla określenia w naturze ludzkiej stosunku zła do dobra.

Pozostajemy więc przy tym. Nie jest konieczne, abyśmy wyrzekli się wyników swojej pracy nad tłumaczeniem marzeń sennych, mimo że wywołują one zdumienie. Możliwe, że później na innej drodze uda się lepiej je zrozumieć. Tymczasem zapamiętajmy sobie: zniekształcenie marzenia sennego jest wynikiem cenzury, która działa pod wpływem uznanych tendencji naszej jaźni przeciwko jakimkolwiek gorszącym życzeniom, budzącym się w nas w nocy podczas snu. Dlaczego właśnie w nocy i skąd pochodzą te godne wzgardy życzenia? Tu oczywiście powstaje szereg pytań i zagadnień.

Byłoby niesłuszne nie wspomnieć o jeszcze jednym wyniku, który zasługuje na podkreślenie. Życzenia marzeń sennych, które chcą nam zakłócić sen, są nieznane, dowiadujemy się o nich dopiero dzięki tłumaczeniu snów; należy je zatem uważać za nieświadome w omówionym już znaczeniu, ale musimy sobie powiedzieć, że są one nieświadome bardziej niż tymczasowo. Sam śniący wypiera się ich po zapoznaniu się z ich tłumaczeniem, o czym dowiedzieliśmy się w wielu wypadkach. Powtarza się ta sama sytuacja, co w przytoczonym wypadku przejęzyczenia *Aufstossen*, kiedy młodzieniec, wznoszący toast, oburzony zapewniał, że ani wtedy, ani kiedykolwiek poprzednio nie uświadamiał sobie, iż odnosi się bez szacunku do swego przełożonego. Już wtedy zwątpiliśmy o wartości takiego zapewnienia i przyjęliśmy po prostu, że mówca nie zdaje sobie sprawy z tego uczucia. Powtarza się to przy każdym tłumaczeniu silnie zniekształconego marzenia sennego i zyskuje zatem na znaczeniu dla naszego rozumienia. Jesteśmy teraz gotowi przyjąć, że w życiu psychicznym istnieją procesy, dążenia, o których się w ogóle nic nie wie, nic nie wie od dłuższego czasu, a nawet może nigdy nie wiedziało. Nieświadome otrzymuje dla nas w ten sposób nowe znaczenie, znika z jego istoty „tymczasowość" lub „doczesność" i termin ten oznaczać może również to, co *stale* jest nieświadome, a nie tylko „tymczasowo ukryte". Oczywiście, że i o tym musimy później szerzej pomówić.

WYKŁAD X

SYMBOLIKA W MARZENIU SENNYM

Panie i Panowie! Nasze rozważania wykazały, że zniekształcenie marzenia sennego, które przeszkadza w jego zrozumieniu, jest wynikiem działania cenzury, kierującej się przeciwko życzeniom nieświadomym, których przyjąć nie możemy. Oczywiście, nie utrzymywaliśmy, że jedynie cenzura jest tym czynnikiem, powodującym zniekształcenie marzenia sennego, dlatego rozpatrując marzenie senne w dalszym ciągu, dochodzimy do przekonania, że współdziałały tutaj także inne momenty. To znaczy, jak gdybyśmy powiedzieli: nawet gdyby cenzura była wykluczona i wtedy nie bylibyśmy w stanie zrozumieć marzeń sennych; jawne marzenie senne nie byłoby identyczne ze swymi ukrytymi myślami.

Ten drugi moment, powodujący niejasność marzenia sennego, ten nowy czynnik zniekształcenia odnajdujemy, jeśli zwrócimy uwagę na pewne niedomaganie naszej techniki. Przyznałem wam, że analizowanym nie przychodzi czasami nic na myśl w związku z pewnymi pojedynczymi pierwiastkami snu. Rozumie się, że nie zdarza się to tak często, jak oni utrzymują, i w wielu wypadkach udaje się wytrwałością wymusić skojarzenie. Pozostaje jednak jeszcze dość wypadków, w których skojarzenie odmawia posłuszeństwa lub też, wymuszone, nie dostarcza tego, czego od niego oczekujemy. Jeśli ma to miejsce podczas leczenia psychoanalitycznego, to nabiera to szczególnego znaczenia, co nas jednak tutaj nie obchodzi. Zdarza się to jednak również przy tłumaczeniu marzeń sennych ludzi normalnych lub też własnych snów. Po przekonaniu się, że wszelkie wysiłki woli w tych wypadkach na nic się nie zdadzą, spostrzegamy wreszcie, że ów niemile widziany przypadek występuje regularnie przy pewnych tylko składnikach marzenia sennego i nabieramy przekonania, że istnieć muszą pewne prawa, a nie, jak początkowo przypuszczaliśmy, wyjątkowe niedomagania naszej techniki.

W ten sposób dajemy się skusić, aby owe „nieme" pierwiastki snu tłumaczyć samemu, próbować przełożyć je własnym sposobem. Narzuca się myśl, że za każdym razem otrzymujemy zadowalający sens, jeśli odważymy się na takie podstawienie. W przeciwnym wypadku marzenie senne pozostaje bezsensowne, a wątek przerwany na tak długo, dopóki nie zdecydujemy się na ten krok.

Wielokrotne i częste powtarzanie się podobnych wypadków upewnia nas w tym, co początkowo było tylko nieśmiałą próbą.

Przedstawiam to wszystko nieco schematycznie, niechaj będzie mi to dozwolone w celach dydaktycznych, tym bardziej, iż niczego nie fałszuję, a tylko upraszczam.

W ten sposób otrzymuje się dla całego szeregu składników marzenia sennego stałe tłumaczenia, a więc zupełnie podobnie, jak w popularnych sennikach. Nie zapominacie przecież, że przy stosowaniu naszej techniki skojarzeń nie zjawiają się nigdy stałe wyobrażenia zastępcze pierwiastków snu.

Powiecie też natychmiast, że ten sposób tłumaczenia wydaje się jeszcze bardziej niepewny i mniej przemawiający do przekonania, niż poprzedni, oparty na swobodnych skojarzeniach. Lecz to nie wszystko. Skoro mianowicie zbierze się dzięki doświadczeniu dość tych stałych wyobrażeń zastępczych, to powiemy sobie wreszcie, że rzeczywiście mogliśmy owe części tłumaczenia marzeń sennych wypełniać na mocy własnych wiadomości, że mogą być one rzeczywiście zrozumiałe i bez skojarzeń śniącego. Skąd powinniśmy znać ich znaczenie, to wytłumaczy nam druga część naszych rozważań.

Tego rodzaju stały związek między składnikiem marzenia a jego tłumaczeniem nazwiemy *symbolicznym*, a sam składnik marzenia sennego *symbolem jego nieświadomych myśli.* Przypominacie sobie, że poprzednio przy omawianiu związku między składnikami snu a ich właściwymi odpowiednikami rozróżniłem trzy rodzaje tego związku, mianowicie: część całości, aluzja, przedstawienie obrazowe. O czwartym wspomniałem wprawdzie, nie wymieniając go jednak. Ten czwarty związek, tutaj wprowadzony, jest właśnie związkiem symbolicznym. Wiążą się z nim interesujące rozważania, którymi się zajmiemy, zanim jeszcze przedstawimy nasze szczegółowe spostrzeżenia co do symboliki. Symbolika jest może najciekawszym rozdziałem nauki o marzeniach sennych.

Przede wszystkim, skoro symbole są stałymi przekładami, to urzeczywistniają one w pewnym stopniu ideał zarówno starożytnego, jak i ludowego tłumaczenia marzeń sennych, od którego oddaliliśmy się znacznie, stosując naszą technikę. Zezwalają one czasami tłumaczyć marzenia senne bez wypytywania śniącego, który i tak nie zna sensu symbolu. Znając zarówno utarte symbole marzeń sennych, jak i osobę śniącego, warunki, wśród których żyje oraz wrażenia, po których nastąpiło marzenie senne, jesteśmy często w stanie tłumaczyć sen bez trudności, jakby od ręki. Tego rodzaju sztuczka schlebia tłumaczowi i imponuje śniącemu; stanowi ona miły kontrast z mozolną pracą wypytywania śniącego. Nie dajcie się jednak tym skusić. Nie jest naszym zadaniem wykonywanie sztuczek. Tłumaczenie, oparte na znajomości symboliki, nie może ani zastąpić, ani też mierzyć się z techniką skojarzeń. Uzupełnia ją ono tylko i dopiero w połączeniu z nią daje użyteczne rezultaty. Odnośnie sytuacji psychicznej śniącego, to zważyć musimy, że tłumaczymy sny nie tylko dobrych znajomych, że w zasadzie nie znamy wydarzeń dnia, wywołujących marzenie senne, i że właśnie skojarzenia analizowanego zapoznają nas z tym, co nazywamy sytuacją psychiczną.

Szczególnie osobliwe jest, ze względu na związki, które później omówimy, że przeciwko istnieniu związku symbolicznego między marzeniem sennym a nieświadomym podniosły się najgłośniejsze sprzeciwy. Nawet osoby o pewnych przekonaniach i znaczeniu, które dotychczas sprzyjały psychoanalizie, odmówiły nam teraz swojej współpracy. To zachowanie jest tym bardziej dziwne, że po pierwsze, symbolika nie jest właściwa tylko marzeniu sennemu i nie charakteryzuje go, a po drugie, nie została ona wcale odkryta przez psychoanalizę, jakkolwiek ta ostatnia nie jest bynajmniej uboga w zdumiewające odkrycia. Odkrywcą symboliki marzenia sennego jest filozof K. A. Scherner (1861), o ile w ogóle przypisać ją chcemy czasom nowożytnym. Psychoanaliza potwierdziła dane Schernera, wprowadzając jednakże zasadniczą zmianę.

Zechcecie wreszcie usłyszeć coś o symbolice marzeń sennych i zapoznać się z jej przykładami. Chętnie podzielę się z wami moją wiedzą, lecz przyznaję, że nasze zrozumienie nie sięga tak daleko, jakbyśmy sobie tego życzyli. Istotą symboliki jest porównanie, lecz nie dowolne. Przeczuwamy, że porównanie zależne jest od pewnych warunków, lecz nie wiemy, na czym one polegają. Nie wszystko, z czym możemy porównać pewien przedmiot czy pewien proces, występuje w marzeniu sennym jako jego symbol. Oprócz tego marzenie senne nie symbolizuje pewnego dowolnego pierwiastka, lecz, przeciwnie, tylko ściśle określone składniki swoich ukrytych myśli. Widzimy więc, że istnieją tu ograniczenia z dwóch stron. Musimy też przyznać, że nie możemy ściśle oddzielić pojęcia symbolu, gdyż stapia się on często czy z wyobrażeniem zastępczym, czy z obrazem, a nawet zbliża się do aluzji. W pewnych symbolach podstawa porównania jest oczywista. Jednak przy wielu innych symbolach musimy sobie postawić pytanie, gdzie należy szukać tej wspólności, owego *tertium comparationis* [1] przypuszczalnego porównania. Możemy ją znaleźć później po dokładniejszym rozważaniu lub też pozostaje dla nas ukryta. Zdumiewa nas również, że skoro symbol jest porównaniem, nie otwiera się on przed nami na drodze skojarzeń, że ponadto śniący niczego o nim nie wie, że posługuje się nim, nie znając go. Co więcej, śniący nie okazuje ochoty uznania go, skoro mu go przedstawiamy. Widzicie zatem, że związek symboliczny jest porównaniem osobliwego rodzaju, którego uzasadnienia jeszcze na razie jasno ująć nie możemy. Możliwe, że później zdołamy zebrać poszlaki, które pozwolą nam znaleźć tę niewiadomą.

Zakres rzeczy, które bywają w marzeniu sennym symbolicznie wyrażone, nie jest wielki: ciało ludzkie jako całość, rodzice, dzieci, rodzeństwo, poród, śmierć, nagość - i jeszcze coś. Typowym, tj. regularnie występującym, obrazem osoby jako całości jest *dom*, co rozpoznał Scherner, który zresztą przypisał temu symbolowi wybitne znaczenie, naszym zdaniem, niesłuszne. Zdarza się we śnie, że czy z uczuciem rozkoszy, czy bojaźni zsuwamy się z fasad domów. Domy o gładkich murach oznaczają mężczyzn, inne zaś z przybudówkami, balkonami, o które się można oprzeć, oznaczają kobiety. Rodzice występują w marzeniu sennym jako *cesarz i cesarzowa* lub jako *król i królowa*, lub też inne osoby, do których odnosimy się z szacunkiem. Marzenie senne postępuje tu z wielkim pietyzmem. Mniej czule obchodzi się z dziećmi i rodzeństwem; symbolizują je *zwierzątka i robactwo*. Poród

[1] *Tertium comparationis* - trzecia rzecz, stanowiąca miarę porównania dla dwu innych [przyp. red.].

bywa zwykle wyobrażony przez związek z *wodą;* albo wpada się do wody, albo wychodzi się z niej, ratuje się jakąś osobę z wody, albo jest się przez nią ratowanym, tzn. pozostaje się do niej w stosunku macierzyńskim. Umieranie, zastępuje w marzeniu sennym *odjazd, jazda koleją,* a samą śmierć oznaczają różne ciemne niby nieśmiałe napomknienia; nagość podkreślają *suknie* i *uniformy.* Widzicie zatem, jak zacierają się tutaj granice pomiędzy symbolem a aluzją.

Ubogie wyda się nam to wyliczenie, skoro porównamy je z bogatą symboliką, która wyobraża przedmioty i sprawy innego zakresu. Jest to zakres życia płciowego, narządów płciowych, spraw i stosunków seksualnych. Przeważna ilość symboli w marzeniu sennym to symbole płciowe. Występuje tutaj dziwna dysproporcja.

Przedmiotów oznaczonych jest niewiele, natomiast symboli dla nich wyjątkowo dużo, tak że każdy z tych przedmiotów może być wyrażany za pomocą licznych, prawie równowartościowych symboli. Przy tłumaczeniu okazuje się potem coś, co budzi ogólne zgorszenie. Tłumaczenia symboli są w przeciwieństwie do różnorodności obrazów sennych bardzo jednostajne. To nie podoba się nikomu, kto się o tym dowiaduje. Ale cóż na to poradzić?

Ponieważ po raz pierwszy w ciągu tych wykładów poruszam sprawy życia seksualnego, poczuwam się do obowiązku przedstawienia, jak zamierzam ten temat traktować. Psychoanaliza nie widzi tutaj powodu do osłonek i aluzji i nie uważa za konieczne wstydzić się tego, iż zajmujemy się tą tak ważną materią; sądzi, że jest poprawnie i przyzwoicie nazywać wszystko po imieniu i spodziewa się, że w ten sposób uda się jej najlepiej usunąć wszelkie myśli uboczne. Nie może tu niczego zmienić okoliczność, że audytorium składa się z obojga płci. Tak jak nie istnieje wiedza *in usum delphini,* tak nie ma jej dla podlotków, a panie, które się *tutaj* zjawiły, dały nam tym samym do zrozumienia, że pragną być traktowane na równi z mężczyznami.

Marzenie senne posługuje się dla przedstawienia narządu męskiego całym szeregiem obrazów symbolicznych, przy czym najczęściej jest zupełnie jasna wspólna podstawa porównania. Symbolicznie doniosła jest dla oznaczenia męskich narządów płciowych święta liczba 3. Bardziej uderzająca i dla obojga płci więcej zajmująca część narządu, a więc członek męski bywa zastąpiony po pierwsze przez przedmioty, podobne mu formą, a więc długie i sterczące do góry, jak na przykład: *laski, parasole, pręty, drzewa* itp., ponadto przez przedmioty, których wspólną właściwością jest możność wtargnięcia w ciało, przy równoczesnym uszkodzeniu, więc ostra *broń* wszelkiego rodzaju: *noże, sztylety, włócznie, szable,* oraz broń palna: *strzelby, pistolety,* a szczególnie nadający się do tego dzięki swej formie *rewolwer.* W marzeniach lękowych dziewcząt gra znaczną rolę prześladowanie przez mężczyznę z nożem lub bronią palną. Jest to może najczęściej występujący symbol marzenia sennego, który też możecie sobie z łatwością przetłumaczyć. Łatwo zrozumiałe jest również zastąpienie członka męskiego przedmiotami, z których cieknie woda: *kurki wodocią-*

gowe, konewki do podlewania, wodotryski oraz wieloma innymi przedmiotami, które można przedłużać: *lampy wiszące, ołówki do wykręcania* itd. Związek symboliczny pomiędzy *ołówkami, obsadkami, pilnikami, młotkami* i innymi *instrumentami* a męskim narządem płciowym wiąże się również z pewnym pojęciem o roli tego narządu.

Osobliwa właściwość członka, który może podnosić się wbrew sile ciężkości, objaw erekcji, powoduje wyobrażenie symboliczne przez *balony powietrzne* i *samoloty*. Marzenie senne zna jednak jeszcze inny, bardziej uderzający sposób symbolizowania erekcji. Przenosi ono tę właściwość członka na całą osobę i każe jej samej *unosić się w powietrzu*. Nie bierzcie sobie tego zbyt do serca, że tak często piękne *marzenia senne o locie*, które wszyscy znamy, tłumaczone być muszą jako marzenia senne o ogólnym podnieceniu płciowym, o erekcji. Spośród badaczy psychoanalitycznych P. Federn zebrał dowody, które nie pozwalają nam wątpić w słuszność tego tłumaczenia. Również Mourly Vold, znany i ceniony za swą trzeźwość sądu, a stojący rzeczywiście daleko od psychoanalizy, może nawet nic o niej nie wiedząc, doszedł, przeprowadzając podobne eksperymenty za pomocą sztucznych pozycji ramion i nóg, do tych samych wyników. Niesłuszny byłby również zarzut, że i kobiety mają marzenia senne o locie. Przypomnijcie sobie przecież, że nasze marzenia senne usiłują spełniać życzenia, a pragnienie stania się mężczyzną istnieje świadomie lub nieświadomie u wielu kobiet. Że możliwe jest dla kobiety urzeczywistnić to życzenie na drodze tych samych doznań jak u mężczyzny, nie zdziwi nikogo, kto zna się na anatomii. Kobieta posiada w swoim narządzie płciowym również mały członek podobny do członka męskiego, mianowicie łechtaczkę (*clitoris*), która w dzieciństwie i w okresie przed dojrzałym życiem płciowym odgrywa tę samą rolę, co duży członek męski.

Do słabiej zrozumiałych męskich symboli płciowych należą niektóre *płazy* i *ryby*, a przede wszystkim znany symbol *węża*. Dlaczego *kapelusz i płaszcz* są w tym samym sensie używane, jest oczywiście niełatwe do zrozumienia, nie możemy jednak wątpić w ich symboliczne znaczenie. W końcu należy postawić pytanie, czy zastąpienie członka innym członkiem, na przykład nogą lub ręką, możemy nazwać symbolicznym. Sądzę, że zmusza nas do tego związek i porównanie z kobiecymi symbolami.

Kobiecy narząd płciowy bywa przedstawiony symbolicznie przez wszystkie te przedmioty, które posiadają jego właściwość, a mianowicie, wydrążenie, mogące w sobie coś pomieścić. A więc: *szyby, kopalnie, jamy, naczynia, flaszki, pudła, szkatuły, kufry, puszki, skrzynie, kieszenie* itd. Również *okręt* do nich należy. Inne symbole wykazują więcej związku z łonem matki niż z narządem płciowym kobiety, a więc: *szafy, piece*, a przede wszystkim *pokój*. Symbolika pokoju styka się tu z symboliką domu: *drzwi* i *brama* oznaczają symbolicznie otwór płciowy. Również i materiały są symbolami kobiety, *drzewo, papier*, jak również przedmioty z tych materiałów sporządzone; *stół* i *książka*. Ze zwierząt należy co najmniej wspomnieć o *ślimakach* i *muszlach*, które są widocznymi symbolami kobiecymi. Z części ciała wymienić tu należy *usta*, zastępujące otwór płciowy, z budowli – *kościół i kaplicę*. Jak widzicie, wszystkie te symbole nie są w równej mierze zrozumiałe.

Do genitalii zaliczyć musimy również piersi, które podobnie jak i większe półkule ciała kobiecego są wyobrażane przez *jabłka, brzoskwinie* i wszelkie *owoce*. Owłosienie narządów płciowych opisuje marzenie senne jako *las* i *gęstwinę*. Zawiła topografia kobiecych narządów płciowych czyni zrozumiałym, dlaczego bywają one przedstawiane bardzo często przez *krajobraz* ze skałami, lasem i wodą, podczas gdy okazałość mechanizmu męskiego narządu płciowego sprawia, że bywa on zastąpiony symbolicznie przez wszelkie trudne do opisania, skomplikowane *maszyny*.

Godny wzmianki jest jeszcze symbol narządów płciowych kobiecych w postaci *szkatułki na klejnoty; klejnoty* i *skarb* służą do określenia ukochanych osób również w marzeniu sennym; słodycze wyobrażają często rozkosz płciową. Samo zaspokojenie płciowe bywa zaznaczone przez wszelkiego rodzaju grę, a więc również przez grę *na fortepianie*. Specyficznym symbolem onanizmu jest *posuwanie* się *i zsuwanie* oraz *zrywanie gałęzi*. Szczególnie osobliwym symbolem jest *wypadanie zębów* lub *rwanie zęba*. Oznacza ono na pewno w pierwszym rzędzie kastrację jako karę za onanizm. Szczególne wyobrażenia spółkowania nie są tak liczne, jakbyśmy mogli przypuszczać. Wymienić tu należy czynności rytmiczne: *taniec, jazdę konną, wspinanie się*, również i gwałtowne doznania, jak na przykład *uczucie, że się jest przejechanym;* wreszcie pewne *czynności rękodzielnicze* oraz oczywiście *zagrożenie bronią*.

Nie należy jednak wyobrażać sobie stosowania czy też tłumaczenia tych symboli tak bardzo prosto. Zdarza się często coś, co nie odpowiada naszym oczekiwaniom. I tak, wydaje się nam wprost nieprawdopodobne, że symbolika nie rozróżnia wyraźnie różnic płciowych. Pewne symbole oznaczają narząd płciowy w ogóle, obojętne – męski czy kobiecy, na przykład *małe dziecko, mały syn* lub *mała córka*. Innym razem może być stosowany wyraźnie symbol męski dla określenia genitalii kobiecych i odwrotnie. Nie rozumiemy tego, dopóki nie wejrzymy w rozwój ludzkich wyobrażeń seksualnych. W niektórych wypadkach może być tego rodzaju dwuznaczność symboli tylko pozorna; najwyrazistsze symbole, takie jak: *broń, kieszeń, skrzynia* nie bywają stosowane biseksualnie.

Moim zamiarem nie jest jednak wytłumaczyć wam symbole, opierając się na tym, co one wyobrażają, lecz przeciwnie, chcę wam dać przegląd symboli oraz dziedzin, z których je wzięto i dodać kilka uzupełnień ze szczególnym uwzględnieniem symboli o niezrozumiałym podłożu wspólnym. Takim niejasnym symbolem jest *kapelusz*, czy w ogóle okrycie głowy, symbolem o znaczeniu męskim, niewykluczającym również i żeńskiego. Również *płaszcz* oznacza mężczyznę, może nie zawsze w charakterze płciowym. Wolno wam zapytać, dlaczego. Zwisający i przez kobietę nie noszony *krawat* jest wyraźnym symbolem męskim. *Biała bielizna*, a zwłaszcza *płótno*, jest kobiecym symbolem. *Suknie, uniformy* zastępują, jak już słyszeliśmy, *na-*

gość, kształty ciała; bucik, pantofel – narząd płciowy kobiety. *Stół i drzewo* wymieniliśmy jako zagadkowe, ale bezsprzeczne symbole kobiece. *Drabina, schody*, względnie *chodzenie po nich*, są pewnymi symbolami obcowania płciowego. Po głębszym namyśle wpada nam rytm chodzenia, jako wspólna cecha, może również wzrost podniecenia i brak tchu, im wyżej idziemy.

Krajobraz uznaliśmy już jako symbol narządów kobiecych. *Góra i skała* są symbolami członka męskiego, *ogród* bardzo częstym symbolem genitalii kobiecych. *Owoc* nie oznacza, dziecka, lecz piersi. *Dzikie zwierzęta* oznaczają ludzi zmysłowo podnieconych, poza tym również złe popędy, namiętności. *Kwiaty* wyobrażają genitalia kobiety, zwłaszcza dziewiczość. Nie należy zapominać, że kwiat jest rzeczywiście narządem płciowym roślin.

Wiemy już, że *pokój* stanowi symbol, a w konsekwencji okna i drzwi mają znaczenie otworów w ciele. Również *otwarcie* lub *zamknięcie* pokoju sprzyja tej symbolice, a *klucz*, który otwiera, jest stanowczo symbolem męskim.

Oto materiał do symboliki marzeń sennych. Nie jest on kompletny i można by go zarówno pogłębić, jak i rozszerzyć. Sądzę, że tymczasowo wystarczy on wam, możliwe, że nawet usposobi niechętnie. Zapytacie: czy rzeczywiście żyjemy wśród symboli seksualnych? Czyż wszystkie te przedmioty, które nas otaczają, wszystkie ubrania, które nosimy, wszelkie rzeczy, które bierzemy do ręki, czyż są to zawsze symbole seksualne, a nic innego? Dość jest chyba okazji do zadawania zdziwionych pytań, z których pierwsze będzie brzmiało: skąd właściwie znamy znaczenie tych symboli marzenia sennego, skoro śniący sam nie może nam dać wystarczającej podpowiedzi.

Odpowiadam: z różnych źródeł, z baśni i mitów, z dowcipów, folkloru, tj. nauki o obyczajach i zwyczajach, przypowieściach i piosenkach ludowych oraz z mowy poetyckiej, a także zwykłej. Wszędzie napotykamy na tę samą symbolikę, w wielu miejscach rozumiemy ją bez wszelkich dalszych wskazówek. Rozważając i badając poszczególne źródła, znajdujemy tyle analogii do symboliki marzeń sennych, że upewniamy się stanowczo co do słuszności naszego tłumaczenia.

Wspomnieliśmy już, że ludzkie ciało wyobrażone zostaje często, według poglądu Schernera, przez symbol domu. W dalszym ciągu przedstawiają zatem okna, drzwi i bramy otwory wejściowe do jamy ciała; fasady są gładkie lub opatrzone balkonami jako punktami oparcia. Tę symbolikę spotykamy w naszej mowie potocznej, witając dobrego znajomego poufale, *Altes Haus* (stara chałupa) lub też osądzając, że ktoś jest *nicht richtig im Oberstübchen* (ma źle w głowie). W anatomii zwiemy otwory ciała *Leibespforten* (bramy ciała).

Rodziców widzimy w marzeniu sennym jako parę cesarską lub królewską, wydaje się to rzeczywiście z początku dziwne, ale znajdujemy analogię w bajkach. Świta nam teraz myśl, że te wszystkie bajki, które rozpoczynają się: był sobie raz *król i królowa*, nie mówią niczego innego, jak: był sobie raz ojciec i matka. W rodzinie zwiemy żartobliwie dzieci książętami, a najstarszego następcą tronu. Król sam zwie się *Landesvater* (ojciec kraju). Małe dzieci określamy żartobliwie jako *robaczki* i powiadamy, współczując: *biedny robaczek.*

Powróćmy jednak do symboliki domu. Jeśli w marzeniu sennym służą nam wystające miejsca fasady za punkt oparcia, czy nie przypomina nam to popularnego wyrażenia ludowego, mówiącego o kobiecie o silnie rozwiniętym biuście: jest się czego uchwycić. Lud wyraża się jeszcze inaczej, mówiąc: ta ma dużo *drzewa* przed domem, jakby chcąc nam przyjść z pomocą w określeniu, że drzewo jest symbolem kobiecym, macierzyńskim.

Jeszcze odnośnie drzewa. Nie rozumiemy, w jaki sposób stało się drzewo symbolem macierzyństwa, kobiecości. Porównanie języków przyjdzie nam tu z pomocą. Niemieckie słowo *Holz* (drzewo) ma być tego samego pochodzenia co greckie ὕλη, oznaczające materię, surowiec. Widocznie mamy tu do czynienia z częstym zresztą wypadkiem, że ogólna pierwotnie nazwa materii zarezerwowana została dla szczególnego rodzaju materiału. I tak, istnieje na oceanie wyspa Madera. Nazwę tę nadali jej Portugalczycy przy jej odkryciu, gdyż była całkowicie pokryta gęstymi lasami, *madeira* zaś znaczy w języku portugalskim drzewo. Widzicie, że *madeira* nie jest niczym innym, jak tylko z lekka zmienionym słowem łacińskim: *materia,* które znowu oznacza materiał w ogólności. Słowo zaś *materia* wywodzi się od *mater* (matka). Materia, z której coś powstaje, jest jak gdyby jego macierzystą częścią. W symbolicznym zastosowaniu drzewa dla oznaczenia kobiety, matki, żyje zatem jeszcze to stare pojęcie.

Poród czy narodziny bywają regularnie wyobrażane w marzeniu sennym w związku z wodą: wpadamy do wody albo wychodzimy z niej, to znaczy rodzimy, albo zostaliśmy urodzeni. Nie zapominajmy też, że ów symbol powołać się może w dwojaki sposób na fakt rozwoju historycznego. Nie tylko, że wszelkie lądowe zwierzęta ssące, także i przodkowie człowieka wywodzą się od zwierząt wodnych – to byłby fakt dalszy – lecz wszak każde zwierzę ssące, każdy człowiek przeżył pierwszą fazę swego życia w wodzie jako płód w łonie matki i *rodząc się,* wydostał się z wody. Nie chcę utrzymywać, że śniący wie o tym, przeciwnie, jestem zdania, że zbyteczne jest, aby o tym wiedział. Możliwe, że śniący wie o czymś innym, ponieważ tak opowiadano mu w dzieciństwie, lecz i co do tego punktu jestem pewny, że wiedza jego nie przyczyniła się do wytworzenia tego rodzaju symboliki. Opowiadano mu przecież w dzieciństwie, że bocian przynosi dzieci, ale skąd je wziął. Ze stawu, ze studni, a więc znów z wody. Jeden z moich pacjentów, któremu dano podobne wyjaśnienie, gdy był jeszcze mały, zniknął potem na całe popołudnie. Znaleziono go wreszcie nad brzegiem stawu, z twarzyczką pochyloną nad zwierciadłem wody, ciekawie spoglądającego, czy nie ujrzy na jej dnie dzieci.

W mitach o narodzinach bohatera, które O. Rank poddał badaniom porównawczym, podrzucenie dziecka w wodzie i uratowanie go z niej, odgrywa wielką rolę.

Najstarszy mit tego rodzaju o królu Sargonie z Agady pochodzi z 2800 roku przed Chrystusem. Rank rozpoznał, że chodzi tu o narodziny, podobnie jak w marzeniu sennym. Jeśli w marzeniu sennym ratujemy pewną osobę z wody, to podnosimy ją do roli własnej matki, ostatecznie w ogóle do roli matki; w micie osoba ratująca dziecię z wody przyznaje się, że jest rzeczywistą matką dziecka. W znanej anegdocie pytają się inteligentnego małego Żyda, kto był matką Mojżesza. Odpowiada bez namysłu: księżniczka. Ależ nie, zaprzeczają mu, wszak ona go tylko wyciągnęła z wody, na co chłopiec rezolutnie odpowiada: tak *ona* mówi; i daje tym dowód, że znalazł właściwe wytłumaczenie mitu.

Odjazd oznacza w marzeniu sennym śmierć. Jest też w zwyczaju opowiadać dzieciom, dopytującym się o miejsce pobytu zmarłego, którego brak odczuwają, że *odjechał*. I znów muszę zaprzeczyć przekonaniu, jakoby ten symbol pochodził od owej, wobec dziecka użytej wymówki. Wszak i poeta posługuje się tym samym związkiem symbolicznym, skoro mówi o tamtym świecie jako o kraju nieodkrytym, z którego nie wraca żaden *podróżujący (no traveller)*. Również w życiu codziennym mówimy zwykle o ostatniej podróży. Znawca starych obrzędów wie jak poważnie brano w starożytnym Egipcie wyobrażenie podróży do kraju śmierci. W wielu egzemplarzach utrzymała się książka zmarłych, którą dawano mumii w podróż, jak gdyby Baedeckera. Od czasu oddalenia miejsca pochowania od miejsc zamieszkania stała się rzeczywistością ta ostatnia podróż zmarłego.

Niemniej i symboliki seksualnej nie należy przypisywać tylko marzeniu sennemu. Wszak każdy z was był przynajmniej raz tak nieuprzejmy i nazwał starą kobietę *starym pudłem*, może nie wiedząc, że posługuje się symbolem seksualnym. W *Nowym Testamencie* czytamy, że kobieta jest słabym *naczyniem*. Pisma święte Żydów w swym stylu, zbliżonym do formy poetyckiej, roją się od wyrażeń seksualnie symbolicznych, które nie zawsze zostały słusznie zinterpretowane. Toteż tłumaczenie ich w *Pieśni nad Pieśniami* doprowadziło do niejednego nieporozumienia. W późniejszej literaturze hebrajskiej jest bardzo rozpowszechnione wyobrażenie kobiety jako domu, gdzie drzwi zastępują otwór płciowy. I tak, żali się mąż, który nie znalazł swej żony dziewicą, że zastał *drzwi otwarte*. Również symbol stołu dla kobiety jest dobrze znany w tej literaturze. Żona powiada o swoim mężu: przygotowałam mu *stół, lecz on go odwrócił*. Kulawe dzieci mają rodzić się dlatego, że mąż *odwraca stół*. Przykłady te zaczerpnąłem z rozprawy L. Levy w Brnie pod tytułem: *Symbolika seksualna w Biblii i Talmudzie*.

Etymologowie ułatwiają nam też zrozumienie okrętu jako symbolu kobiecego, utrzymując, że *Schiff* (*okręt*) była to pierwotna nazwa glinianego naczynia i znaczy to samo co słowo *Schaff* (*szaflik*). Greckie podanie o Periandrze z Koryntu i jego żonie Melissie przynosi również potwierdzenie tłumaczenia pieca jako symbolu kobiety i łona matki. Herodot podaje, że po zamordowaniu z zazdrości swej ukochanej małżonki tyran wzywał jej cień, pragnąc się czegoś dowiedzieć o niej.

Wówczas zmarła wylegitymowała się, przypominając mu, że on, Periander, *wsunął swój chleb do zimnego pieca*, co było aluzją do wydarzenia, o którym nie mogła wiedzieć żadna inna osoba. W *Anthropophyteia*, doskonałym i niezbędnym zbiorze wiadomości z dziedziny życia płciowego ludów, wydawanym przez F. S. Kraussa, czytamy, że w pewnym niemieckim państewku mówi się o kobiecie, która urodziła, że *jej się piec zapadł*. Rozpalanie ognia oraz wszelkie czynności, które mają z nim coś wspólnego, są ściśle przesiąknięte symboliką seksualną. Płomień jest zawsze męskim narządem, a ognisko łonem kobiety.

Jeśli dziwicie się, że tak często w marzeniu sennym użyte bywają krajobrazy w celu przedstawienia narządów kobiecych, to niechaj pouczą was mitologowie, jaką rolę odgrywa *ziemia – matka* w wyobrażeniach i kultach dawnych czasów i jak pojęcie rolnictwa było określone przez tę symbolikę. Będziecie skłonni zgodzić się z tym, że pokój przedstawia w marzeniu sennym kobietę, opierając się na naszej mowie, która zamiast słowa *Frau* (*kobieta*) używa słowa *Frauenzimmer*, zastępując osobę przez przeznaczone dla niej pomieszczenie. Podobnie mówimy o „wysokiej bramie" (*Hohe Pforte*), mając na myśli sułtana i jego rządy; również imię dawnego władcy egipskiego *Faraon* nie oznacza niczego innego jak „duże podwórze". (W starożytności na Wschodzie były podwórza między podwójnymi bramami miasta miejscami spotkania, podobnie jak w świecie klasycznym – rynek). Jednak sam jestem tego zdania, że tłumaczenie to jest zbyt powierzchowne. Bardziej prawdopodobne wydaje mi się twierdzenie, że pokój ze względu na swoją właściwość przestrzeni, zamykającej w sobie człowieka, stał się symbolem kobiety. Dom znamy już w tym znaczeniu: z mitologii i języka poetyckiego należy tu zaliczyć jako dalsze symbole kobiety: *miasto, zamek, pałac i twierdzę*. Kwestię tę można by łatwo rozstrzygnąć na podstawie marzeń sennych osób, które nie mówią po niemiecku i nie rozumieją tego języka. W ostatnich latach leczyłem przeważnie cudzoziemców i, jak sobie przypominam, pokój oznaczał w ich marzeniach sennych zawsze kobietę, mimo że w ich języku nie było analogicznego wyrażenia. Zresztą mamy jeszcze inne oznaki świadczące, że związek symboliczny może przekroczyć granicę języka, co spostrzegł także dawny badacz snów Shubert (1862). Co prawda, żaden z tych pacjentów nie był zupełnie pozbawiony znajomości języka niemieckiego, tak że wyjaśnienie tej sprawy pozostawić muszę psychoanalitykom w innych krajach, którzy mogą zbierać dowody u swoich pacjentów, mówiących tylko językiem ojczystym.

Symboliczne wyobrażenia narządów męskich – bądź w wulgarnych, bądź żartobliwych, bądź też poetyckich wyrażeniach – powracają prawie bez wyjątku, a szczególnie u starożytnych poetów. Wchodzą tu w rachubę nie tylko symbole, występujące w marzeniu sennym, lecz również i inne, jak na przykład narzędzia, w pierwszym rzędzie pług. Zresztą, omawiając symbole męskości, wchodzimy już w dziedzinę bardzo rozległą i sporną, od której będziemy się jednak ze względów ekonomicznych trzymali z daleka. Pragnę tu jedynie wspomnieć o symbolu trójki.

Pozostawmy na uboczu pytanie, czy liczba ta nie zawdzięcza swojej świętości właśnie temu związkowi symbolicznemu. Pewne jest jednak, że wiele rzeczy, składających się w naturze z trzech części, zawdzięcza swoje zastosowanie jako godła i herbu temu znaczeniu symbolicznemu, na przykład liść koniczyny. Zarówno trójdzielna tzw. lilia francuska, jak i osobliwy herb dwóch tak oddalonych od siebie wysp, jak Sycylia i *Isle of Man*, mianowicie *Triskeles*[2] (trzy nogi wpół zgięte, wychodzące z jednego punktu) są jedynie stylizowanymi wyobrażeniami męskich narządów. Podobizny męskiego członka uchodziły w starożytności za najskuteczniejsze środki *(Apotropaea)* przeciw złym wpływom i z pewnością tu należy szukać związku, dla którego amulety naszych czasów są przeważnie łatwo zrozumiałymi symbolami seksualnymi. Przypatrzmy się takiemu zbiorowi, który zwykle nosi się jako srebrne wisiorki: czterolistna koniczyna, prosię, grzyb, podkowa, drabina, kominiarz. Czterolistna koniczyna zajęła miejsce właściwego symbolu, trójlistnej; świnia jest starym symbolem płodności; grzyb niewątpliwym symbolem członka męskiego, bywają grzyby, które zawdzięczają temu bezsprzecznemu podobieństwu swą nazwę w systematyce (*Phallus impudicus*); podkowa odtwarza kontury żeńskiego otworu płciowego, a kominiarz, który nosi drabinę, należy również do tego szeregu, gdyż dokonuje tych czynności, z którymi bywa w wulgarnej mowie porównywany akt płciowy (*vide: Anthropophyteia*). Jego drabinę poznaliśmy w marzeniu sennym jako symbol seksualny; niemieckie wyrażenie przychodzi nam tutaj z pomocą, wskazując, że słowo *steigen* (iść pod górę) stosuje się w znaczeniu czysto seksualnym. Powiada się *den Frauen nachsteigen* (uganiać się za kobietami) i *ein alter Steiger*, zupełnie podobnie we francuskim *un vieux marcheur*, gdzie stopień znaczy *la marche*. Zapewne stoi to w związku z faktem, że u wielu zwierząt podczas aktu płciowego rzeczywiście samiec wchodzi na samicę.

Zrywanie gałęzi jako symbol onanizmu zgadza się nie tylko z wulgarną nazwą, określającą w ten sposób sam akt, lecz natrafia poza tym na liczne analogie w mitologii. Osobliwe zwłaszcza jest wyobrażenie onanizmu lub też, ściślej mówiąc, kary za niego, a więc kastracji, przez wypadanie lub wyrywanie zęba, w etnologii znajduje się bowiem odpowiednik, który jest znany prawdopodobnie niewielu śniącym. Bez wątpienia i stosowane u wielu ludów obrzezanie jest ekwiwalentem i jednocześnie zwolnieniem od kastracji. Dowiadujemy się również, że niektóre pierwotne plemiona Australii dokonują obrzezania jako rytuału w okresie dojrzewania płciowego (celem uczczenia męskości młodzieży), podczas gdy inne, z nimi sąsiadujące, zamiast obrzezania zadawalają się wybijaniem zęba.

Tymi przykładami kończę moje przedstawienie tej sprawy. Są to jedynie przykłady, wiemy o tym więcej; możecie sobie zatem wyobrazić, o ile bogatszy i bardziej zajmujący byłby taki zbiór, gdyby pracowali na tym polu nie dyletanci, jakimi

[2] *Isle of Man* położona jest na Morzu Irlandzkim pomiędzy Wielką Brytanią a Irlandią [przyp. red.].

jesteśmy, lecz właściwi znawcy mitologii, antropologii, lingwistyki i folkloru. Narzucają się nam pewne konkluzje, które nie mogą być wyczerpujące, lecz które dadzą dużo do myślenia.

Po pierwsze, stoimy przed faktem, że śniący rozporządza symbolicznym sposobem wyrażania się, którego nie zna na jawie i którego później nie poznaje. Jest to tak dziwne, jak gdybyście odkryli, że wasza pokojowa rozumie sanskryt, mimo że wiecie, iż pochodzi z czeskiej wioski i że nigdy się go nie uczyła. Niełatwo fakt ten pogodzić z naszymi zapatrywaniami psychologicznymi. Możemy jedynie powiedzieć, że znajomość symboliki jest dla śniącego nieświadoma i należy do jego nieświadomego życia psychicznego. Ale i to przypuszczenie nie wystarcza. Dotychczas musieliśmy uznawać dążenia nieświadome, o których nie wiemy chwilowo lub stale. Teraz jednak chodzi o coś więcej, o nieświadome wiadomości, o związki myślowe, o porównywanie różnych przedmiotów, które doprowadzą do stałego zastępowania jednych przez inne. Tych porównań nie przeprowadzamy za każdym razem na nowo, lecz leżą one w pogotowiu, są dane raz na zawsze; wynika to przecież z ich zgodności u różnych osób, nawet zgodność tę znajdujemy mimo różnicy językowej.

Skąd pochodzi znajomość tych związków symbolicznych? Mowa nasza bierze odpowiedzialność za pewną tylko ich część. Liczne paralele z innych dziedzin są przeważnie nieznane śniącemu, przecież i my musieliśmy je dopiero z trudem wyszukać.

Po drugie, związki te nie są właściwe jedynie śniącemu lub też pracy marzenia sennego, przez którą zostają wyrażone. Dowiedzieliśmy się bowiem, że tą samą symboliką posługują się mity i baśnie, lud w swoich przysłowiach i pieśniach, gwara i fantazja poetycka. Sfera symboliki jest niezwykle obszerna, a symbolika marzeń sennych stanowi tylko jej małą cząstkę; nie jest też celowe cały ten problem ujmować z punktu widzenia marzeń sennych. Wiele symboli, stosowanych gdzie indziej, nie występuje w marzeniu sennym lub występuje bardzo rzadko, a znów symboli marzenia sennego nie napotykamy w innych dziedzinach lub tylko tu i ówdzie. Odnosimy wrażenie, że mamy do czynienia z pewnym starym, już zaniechanym sposobem wyrażania się, który utrzymał się w różnych dziedzinach w nierównej mierze, jedno tylko tu, drugie tam, trzecie może w lekko zmienionej formie w różnych dziedzinach. Wspomnieć tu muszę o pewnym umysłowo chorym, który wyobraził sobie *mowę podstawową*, od której miały pochodzić jako pozostałości, wszelkie związki symboliczne.

Po trzecie, uderzyć musi fakt, iż symbolika wymienionych poprzednio dziedzin nie jest wyłącznie seksualna, podczas gdy w marzeniu sennym bywa ona stosowana prawie jedynie w celu wyrażania przedmiotów lub związków seksualnych. I tego nie możemy tak łatwo wytłumaczyć. Czyżby pierwotne symbole seksualne miały otrzymać inne zastosowanie i czy tu szukać należałoby powodu przejścia symbolicznego przedstawienia w inne? Na te pytania nie można widocznie odpowiedzieć, zajmując się jedynie symboliką marzeń sennych. Należy tylko trzymać się przypuszczenia, że istnieje ścisły związek między właściwymi symbolami a sferą seksualną.

Ważną wskazówkę w tym kierunku zyskaliśmy w ostatnich latach. H. Sperber (Upsala), filolog, pracujący niezależnie od psychoanalizy, wypowiedział twierdzenie, że największy udział w powstaniu i dalszym rozwoju języka przypisać należy potrzebom seksualnym. Początkowe dźwięki służyły w celu porozumienia się i przywołania drugiej płci; dalszy rozwój mowy towarzyszy wykonywaniu pracy przez ludzi pierwotnych. Prace te wykonywano wspólnie przy równoczesnym rytmicznym powtarzaniu dźwięków mowy. Przy tym przeniosło się zainteresowanie seksualne na pracę. Człowiek pierwotny upodobał sobie pracę, uważając ją za ekwiwalent czynności płciowych, a słowo wypowiedziane podczas wspólnej pracy miało dwa znaczenia, oznaczało zarówno akt płciowy, jak i czynność roboczą, którą na równi z nim traktowano. Z czasem uwolniło się słowo od swego znaczenia seksualnego i utożsamione zostało z tą pracą. W późniejszych pokoleniach ten sam los spotkał inne słowo, mające również znaczenie seksualne i przystosowane do nowego rodzaju pracy. W ten sposób powstała pewna ilość pierwiastków językowych, które są wyłącznie pochodzenia seksualnego, lecz straciły to pierwotne znaczenie. Jeśli naszkicowany proces jest słuszny, to otwiera się nam możliwość zrozumienia symboliki marzeń sennych. Zrozumielibyśmy wówczas, dlaczego w marzeniu sennym, które przechowuje elementy z tych najstarszych procesów, istnieje tak wielka ilość symboli płciowych, dlaczego broń i narzędzia oznaczają zazwyczaj męskość, a materiały i pewne przedmioty - kobiecość. Związek symboliczny byłby pozostałością dawnej identyczności słów; przedmioty, które nazywały się kiedyś tak jak genitalia, mogą występować jako ich symbole w marzeniu sennym.

Nasze analogie z symboliką marzeń sennych pozwalają jednocześnie na ocenę charakteru psychoanalizy, która sprawia, iż może ona stać się przedmiotem ogólnego zainteresowania, co nie leżało w mocy ani psychologii, ani też psychiatrii. Przy pracy psychoanalitycznej nasuwa się tyle związków z innymi naukami humanistycznymi, których badanie obiecuje najcenniejsze wyniki, jak na przykład z mitologią, filologią, folklorem, psychologią ludów i nauką o religii. Zrozumiecie też, dlaczego na terenie psychoanalizy powstało czasopismo „Imago", którego wyłącznym zadaniem jest badanie tych związków, założone w 1912 roku i prowadzone przez H. Sachsa i O. Ranka. We wszelkich tych związkach jest psychoanaliza na razie stroną raczej dającą niż przyjmującą. Wyciąga ona stąd korzyść o tyle, że zapoznajemy się lepiej z jej osobliwymi wynikami, odnajdując je w innych dziedzinach. Właściwie psychoanaliza dostarcza metody technicznej i punktów widzenia, których zastosowanie w tych właśnie dziedzinach winno wydać obfite plony. Psychiczne życie jednostki ludzkiej daje przy badaniu psychoanalitycznym takie zrozumienie swych praw, z którego pomocą możemy rozwiązać niejedną zagadkę z życia mas lub też przynajmniej odpowiednio ją oświetlić.

Nie powiedziałem wam zresztą, wśród jakich okoliczności wejrzeć możemy najgłębiej w ową przypuszczalną „mowę podstawową" i w jakiej dziedzinie zachowała się ona najlepiej. Dopóki tego nie wiecie, nie możecie ocenić należycie doniosłości tego przedmiotu. Tą dziedziną są mianowicie nerwice, jej materiałem - objawy i inne sposoby wyrażania się osób nerwowych, dla których zrozumienia i leczenia stworzona została przecież psychoanaliza.

Mój czwarty punkt widzenia wraca do punktu wyjścia i skierowuje nas na wyznaczoną drogę. Powiedzieliśmy sobie, że gdyby nawet nie było cenzury marzenia sennego, to i wówczas nie byłoby ono jeszcze zrozumiałe, gdyż wtedy stanęlibyśmy przed zadaniem przetłumaczenia mowy symbolicznej na nasz sposób myślenia na jawie. Symbolika jest zatem drugim, niezależnym od cenzury, momentem zniekształcenia marzenia sennego. Wydaje się prawdopodobne, że cenzurze dogadza posługiwanie się symboliką, gdyż prowadzi ona do tego samego wyniku, do osobliwości i niezrozumiałości marzenia sennego.

Czy przy dalszym badaniu marzenia sennego nie natrafimy na nowy czynnik, który wpływa na zniekształcenie marzenia sennego? To musi się wkrótce okazać. Nie chciałbym jednak opuścić tematu symboliki, nie poruszywszy raz jeszcze owej zagadki, dlatego napotyka ona na tak gwałtowny opór ze strony ludzi wykształconych, podczas gdy niewątpliwe jest jej rozpowszechnienie w micie, religii, sztuce i mowie. Czyżby ponownie zawinił tutaj jej związek ze sferą płciową?

WYKŁAD XI

PRACA MARZENIA SENNEGO

Panie i Panowie! Uporawszy się z cenzurą marzenia sennego i symboliką, nie zgłębiliście wprawdzie dostatecznie zniekształcenia marzenia sennego, ale jesteście już w stanie zrozumieć większą część snów. Posługujecie się podwójną, uzupełniającą się wzajemnie techniką, a mianowicie wywołujecie skojarzenia śniącego tak długo, dopóki nie dotrzecie od zastępczego wyobrażenia do właściwego, zaś na miejsce symboli podstawiacie ich właściwe, a znane wam znaczenie. O tych niepewnościach, które przy tym powstają, pomówimy później.

Możemy zatem podjąć na nowo pracę, do której zabraliśmy się wtedy, kiedy nie rozporządzaliśmy jeszcze dostatecznymi środkami. Rozpatrując stosunek pomiędzy składnikami marzenia sennego a właściwymi wyobrażeniami, stwierdziliśmy wówczas poczwórny związek, a mianowicie: części i całości, zbliżenia i aluzji, związku symbolicznego i plastycznego przedstawienia w słowie. To samo uczynimy na większą skalę, jeśli porównamy w całości jawną treść marzenia sennego z ukrytą treścią, którą poznaliśmy dzięki tłumaczeniu snu.

Spodziewam się, że nie pomieszacie nigdy więcej tych dwóch pojęć. Jeśli się wam to uda, powiem, że zrozumieliście więcej z nauki o marzeniu sennym, niż, jak sądzę, większa część czytelników mojego *Tłumaczenia marzeń sennych*. Pozwólcie też, że przypomnę jeszcze raz, iż ta praca, która zamienia ukryte marzenie senne na jawne, zwie się *pracą marzeń sennych*. Praca zaś, która działa w odwrotnym kierunku, chcąc dotrzeć od jawnej treści marzenia sennego do myśli ukrytych, jest naszą *pracą tłumaczącą*. Praca tłumacząca dąży do usunięcia pracy marzenia sennego. W marzeniach sennych o widocznym spełnieniu życzenia, które poznaliśmy jako marzenia typu dziecięcego, są również ślady istnienia pracy marzeń sennych, która przetwarza życzenie w rzeczywistość oraz przeobraża myśli w obrazy. Zbyteczne jest tu tłumaczenie, należy tylko cofnąć obydwie przemiany. To, co w innych snach świadczy o dalszych wysiłkach pracy marzenia sennego, nazywamy *zniekształceniem*; usunięcie go stanowi, cel pracy naszego tłumaczenia.

Porównując ze sobą różne tłumaczenia marzeń sennych, mam możliwości przedstawić wam w zwięzłej formie, co czyni praca marzeń sennych z materiałem myśli ukrytych. Proszę was jednak, nie starajcie się zrozumieć zbyt wiele. Jest to tylko opis, którego trzeba wysłuchać ze spokojem i uwagą.

Pierwszym dziełem pracy marzeń sennych jest *zgęszczenie*; rozumiemy przez to ten fakt, że jawne marzenie senne wykazuje mniej treści niż marzenie ukryte i jest wobec tego pewnego rodzaju skróconym tłumaczeniem ostatniego. Zdarzyć się może, że brak jest zgęszczenia, w zasadzie spotykamy je i to nawet w dużych rozmiarach. Natomiast nie zdarza się nigdy, by jawne marzenie senne było obszerniejsze i pełniejsze w treści niż ukryte. Zgęszczenie powstaje w ten sposób, że *po pierwsze* – zostają opuszczone w ogóle *pewne* ukryte pierwiastki, *po drugie* – do jawnej treści snu przedostają się tylko okruchy niektórych zespołów marzenia utajonego, *po trzecie* – pierwiastki ukryte, które mają cokolwiek wspólnego z sobą, bywają w jawnym marzeniu sennym złożone i stopione w jedną całość.

Jeśli chcecie, to możecie zarezerwować sobie nazwę *zgęszczenie* tylko dla ostatniego procesu. Jego skutki można z łatwością zademonstrować. Z własnych marzeń sennych przypomnicie sobie bez trudu zgęszczenie wielu osób w jedną. Osoba taka wygląda jak A, ubrana jest jak B, wykonuje czynność, przypominającą C, a przy tym jeszcze wiemy, że jest to osoba D. Przez ten mieszany twór podkreślona bywa jakaś cecha wspólna wszystkim tym czterem osobom. Podobnie jak z osób można zestawić twór mieszany i z miejscowości, i z przedmiotów, pod warunkiem, że owe poszczególne przedmioty i miejscowości łączy wspólna cecha, podkreślona przez ukryte marzenie senne. Tu zyskujemy jakby nowe i ogólne pojęcie, którego jądrem jest wspomniana wspólnota. Owe splecione ze sobą pojedyncze wyobrażenia dają w zasadzie obraz zamazany, bez konturów, podobny do kliszy, na której zrobiono kilka zdjęć.

Widoczne jest, że praca marzeń sennych idzie w kierunku zestawienia tego rodzaju tworów mieszanych, możemy bowiem wykazać, że często stwarza ona rozmyślnie żądane wspólne cechy tam, gdzie ich początkowo brak, na przykład przez wybór wyrażenia dla danej myśli. Tego rodzaju zgęszczenia i twory mieszane poznaliśmy już wcześniej, grały one rolę przy powstawaniu pewnych przypadków przejęzyczenia. Przypomnijcie sobie człowieka, który chciał pewną damę *odprowadzić*. Istnieją również dowcipy, które wytłumaczyć możemy tego rodzaju zgęszczeniem. Pominąwszy już to, możemy powiedzieć, że przebieg ten jest osobliwy i zadziwiający. Mieszane twory marzenia sennego przypominają jednak niektóre twory naszej fantazji, która z łatwością splata w jedną całość obce sobie elementy. Za przykład niechaj posłużą centaury i fantastyczne zwierzęta z mitologii starożytnej lub z obrazów Bocklina. Fantazja „twórcza" nie może w ogóle niczego wynaleźć, lecz zespala obce sobie składniki. Ale praca marzenia sennego odbywa się w szczególny sposób: materiał, który zostaje przedłożony pracy marzeń sennych, składa się z myśli, z których niejedne mogą być gorszące i niemiłe, lecz poprawnie ułożone i wyrażone. Te myśli zostają przelane przez pracę marzeń sennych w inną formę, ale jest zadziwiające i niezrozumiałe, że przy tym przetłumaczeniu czy przełożeniu jakby na inny język lub pismo bywają zastosowane środki stopienia i kombinacji. Zwykle tłumaczenie usiłuje nie lekceważyć rozróżnień podanych w tekście i właśnie oddzielać podobieństwa. Praca marzeń sennych postępuje przeciwnie, usiłuje ona spleść dwie różne myśli w ten sposób, że podobnie jak dowcip wyszukuje wieloznaczne słowo, w którym zderzyć się mogą obydwie myśli. Zrozumienie tej cechy nie jest może chwilowo nieodzowne, lecz może okazać się doniosłe dla zrozumienia pracy marzenia sennego. Mimo że zgęszczenie powoduje nieprzejrzystość marzenia sennego, nie odnosimy wrażenia, jak gdyby było ono działaniem zniekształcenia sennego. Uznać można by raczej, że działają tu momenty mechaniczne i ekonomiczne, co nie przeszkadza, że i cenzura wyciąga z tego pewną dla siebie korzyść.

Skutki działania zgęszczenia mogą być niezmiernie rozległe. Jemu należy przypisać, że dwie różne myśli ukryte bywają złączone w jawnym marzeniu sennym, wobec czego można je pozornie trafnie zrozumieć, a przeoczyć właściwe tłumaczenie.

Zgęszczenie powoduje też, że pierwiastki ukrytego i jawnego marzenia sennego nie stoją do siebie w prostym stosunku, lecz jeden składnik jawny odpowiada jednocześnie kilku ukrytym i na odwrót – ukryty pierwiastek może mieć udział przy formowaniu wielu jawnych. Przy tłumaczeniu marzeń sennych okazuje się też, że skojarzenia do pojedynczych pierwiastków następują nie zawsze kolejno po sobie. Często należy przeczekać, aż całe marzenie senne zostanie wyjaśnione.

Praca marzeń sennych dokonuje zatem niezwykłej w swoim rodzaju transkrypcji myśli sennych; nie jest ona tłumaczeniem dosłownym, nie czyni również wyboru według pewnej reguły, według której byłyby na przykład powtórzone tylko spółgłoski jakiegoś słowa, a samogłoski opuszczone; nie możemy też o niej powiedzieć, że zastępuje jednym składnikiem wiele innych. Nie, jest ona czymś zupełnie innym, o wiele bardziej zawiłym.

Drugim dziełem pracy marzeń sennych jest *przesunięcie*. Na szczęście, poczyniliśmy już prace przygotowawcze i wiemy, że jest ono wynikiem wyłącznie cenzury marzeń sennych. Objawia się w dwojaki sposób: po pierwsze, składnik ukryty nie bywa wyobrażony przez własną część składową, lecz przez wyobrażenia obce, a więc zostaje zastąpiony aluzją, po drugie, akcent psychiczny przechodzi z ważnego składnika na inny, nieważny tak, że marzenie senne wydaje się inaczej zogniskowane i dziwaczne.

Wiemy wprawdzie, że i w naszych myślach na jawie zastępujemy wyobrażenie aluzją, ale zachodzi tu pewna różnica. W myśleniu na jawie rozumiemy aluzję z łatwością, pozostaje ona w związku z treścią wyobrażenia, które zastępuje. Przecież i dowcip posługuje się często aluzją, ale pomijając skojarzenie z treścią, zastępuje je niezwykłymi skojarzeniami zewnętrznymi, jak na przykład jednakowym brzmieniem, dwuznacznością wyrazu i innymi. Utrzymuje jednak w mocy warunek zrozumiałości; wszak utraciłby cały efekt, gdyby droga powrotna od aluzji do właściwej myśli wymagała trudu. Aluzja, którą posługuje się przesunięcie marzenia sennego, nie dba o te ograniczenia. Pozostaje ona w najbardziej zewnętrznym i oddalonym związku z pierwiastkiem, który zastępuje, staje się zatem niezrozumiała, a jeśli chcemy ją cofnąć, to tłumaczenie robi wrażenie nieudanego dowcipu lub też wymuszonej i sztucznie zestawionej interpretacji. Cenzura marzeń sennych osiąga wtedy cel, gdy uda się jej usunąć wszelki ślad drogi, prowadzącej od aluzji do właściwego wyobrażenia.

Niedozwolone jest stosowanie przesunięcia akcentu jako sposobu wyrażenia myśli. Pozwalamy sobie na nie niekiedy tylko w myśleniu na jawie, aby osiągnąć efekt komiczny. Wrażenie zamieszania, które ono wywołuje, mogę chyba wzbudzić i u was, przypominając anegdotę o pewnym kowalu wiejskim, który popełnił zbrodnię, za którą zasłużył na karę śmierci. Sąd orzekł, że winny musi ponieść karę, ale że ów kowal był jedynym i niezbędnym we wsi, natomiast w wiosce tej żyło aż trzech krawców, dlatego powieszono jednego z nich zamiast kowala.

Trzecie dzieło pracy marzeń sennych jest psychologicznie najbardziej zajmujące. Sens jego polega na przeistoczeniu myśli w obrazy. Należy jednak sobie uprzytomnić, że nie wszystkie myśli marzenia sennego doznają tego rodzaju przeobrażenia; niejedna z nich zachowuje swą pierwotną formę i występuje jako myśl lub też jako coś wiadomego; obrazy nie są też jedyną formą, w jaką bywają przekształcane myśli. Są one jednak istotną cechą przy tworzeniu marzeń sennych; ta część pracy marzeń sennych jest, jak już wiemy, drugą z rzędu najbardziej stałą jej właściwością. Dla pojedynczych składników marzenia sennego poznaliśmy już „plastyczne przedstawienie słowa".

Jasne jest, że dokonanie tego dzieła wymaga znacznego wysiłku. Aby wyrobić sobie o tym pojęcie, musicie sobie wyobrazić, że podjęliście się zadania zastąpienia artykułu wstępnego pewnego dziennika całym szeregiem ilustracji. Zamiast pisma literowego powrócilibyście więc do obrazkowego. Osoby i konkretne przedmioty owego artykułu zastąpić możecie z łatwością i nawet bardzo korzystnie obrazami, na trudność napotkacie jednak przy odtwarzaniu wszelkich myśli abstrakcyjnych i tych części mowy, które oznaczają związek myślowy, jak na przykład spójników, trybów warunkowych itp. Abstrakcyjne słowa postaracie się przedstawić, pomagając sobie różnymi sztuczkami. Na przykład zechcecie tekst artykułu wyrazić innymi słowami, które brzmią może bardziej niezwykle, ale które mieszczą w sobie więcej konkretnych i podatnych do przedstawienia części składowych. Wówczas przypomnicie sobie, że większa część słów abstrakcyjnych to spłowiałe słowa konkretne, toteż zwracać się będziecie tak często, jak tylko będzie to możliwe, do pierwotnego znaczenia tych słów. I cieszyć się będziecie, jeśli zdołacie przedstawić „posiadanie" jakiegoś przedmiotu przez rzeczywiste, cielesne siedzenie na nim. Takich środków chwyta się też praca marzeń sennych. W tych warunkach nie można rościć sobie pretensji do dokładności wyobrażenia. I nie weźmiecie za złe pracy marzeń sennych, jeśli zastąpi ona tak trudny do obrazowego ujęcia składnik złamania wiary małżeńskiej innym złamaniem, powiedzmy złamaniem nogi [1]. W ten sposób zdołacie wyrównać pewne niedokładności pisma obrazkowego.

Przy przedstawieniu części mowy, oznaczających związki myślowe, a więc na przykład, przy wyrażeniach: ponieważ, dlatego, lecz itd. brak nam podobnych środków pomocniczych; te części tekstu tracimy zatem przy obrazowym przedstawie-

---

[1] Podczas korekty tych arkuszy czytam przypadkowo w dzienniku następującą notatkę, którą podaję tu w całości, jako niespodziewaną ilustrację powyższych zdań:

Kara boska

Złamanie ręki za złamanie wiary małżeńskiej.

Pani Anna M., żona rezerwisty, wniosła skargę przeciwko p. Klementynie K. o cudzołóstwo. Skarga brzmi, że K. utrzymuje karygodny stosunek z Karolem M., podczas gdy jej własny mąż jest na froncie, skąd też przysyła jej 70 koron miesięcznie. K. otrzymała już od męża powódki dość *dużo pieniędzy*, podczas gdy ona żyje z dziećmi *w głodzie i nędzy*. Koledzy jej męża donieśli jej, że K. odwiedza z M. winiarnie, gdzie do późnej nocy odbywa się pijatyka. Raz nawet zapytała oskarżona męża powódki w obecności kilku kolegów, czy nie rozwiedzie się już wkrótce ze swoją „starą", by się do niej wprowadzić. Również i dozorczyni domu K. widziała kilkakrotnie męża powódki w negliżu w mieszkaniu K.

K. wyparła się przed sędzią znajomości z M., a o bliskim stosunku nie może być w ogóle mowy.

Świadek Alberta M. podała jednak, że zaskoczyła K. przy całowaniu męża powódki.

M., poprzednio już przesłuchany jako świadek, zaprzeczył jakoby między nim a oskarżoną istnieć miał intymny stosunek. Wczoraj nadszedł pod adresem sędziego *list, w* którym świadek odwołuje poczynione na pierwszej rozprawie zeznania: *i przyznaje,* że miał stosunek miłosny z K. aż do czerwca zeszłego roku. Dodaje też, że wyparł się w pierwszej rozprawie owego stosunku z obwinioną tylko dlatego, że zjawiła się ona u niego przed rozprawą i *na klęczkach go błagała,* by ją ratował i nie zdradził. „Dziś – pisze świadek – czuję się zmuszony złożyć przed sądem szczere zeznanie, gdyż *złamałem lewą rękę,* co wydaje mi się *karą boską* za moje przewinienie".

Sędzia konstatuje, że czynność karygodna jest już przedawniona, wobec czego powódka odwołuje swoją skargę, a oskarżona zostaje uniewinniona.

niu. Tak samo rozkłada praca marzeń sennych treść myśli na obiekty i czynności. I zadowolić się musicie tym, że uda się wam pewne, same przez się nie do oddania, związki myślowe zaznaczyć delikatniejszym wycieniowaniem obrazu.

Zupełnie w ten sam sposób udaje się pracy marzeń sennych wyrazić w formalnych, właściwościach jawnego marzenia sennego niejedną z treści myśli ukrytych, a mianowicie w wyrazistości lub niejasności, podziale na kilka części itd.

Ilość oddzielnych części, z których składa się jedno marzenie senne, odpowiada pod względem ilości tematów głównych szeregom myśli, ukrytych w marzeniu sennym; krótki wstępny sen, po którym następuje obszerny sen główny, wyobraża właściwie wstęp lub umotywowanie; zdanie podrzędne w myślach marzenia sennego zastępuje wsunięta zmiana sceny w marzeniu jawnym itd. Forma marzeń sennych nie jest zatem bez znaczenia i wymaga sama przez się tłumaczenia. Liczne sny jednej i tej samej nocy mają przeważnie to samo znaczenie i wskazują na wysiłek coraz lepszego opanowania wzrastającej i naglącej podniety. W pojedynczym marzeniu sennym wyraża się szczególnie trudny pierwiastek przez „dublety", tzn. przez kilka symboli.

Przez ciągłe porównywanie myśli marzeń sennych z zastępczym jawnym snem dowiadujemy się o niejednym, na co nie mogliśmy być przygotowani, tak na przykład, że i nonsens, i niedorzeczność mają swoje znaczenie. Ba, właśnie w tym punkcie zaostrza się niebywale różnica między psychoanalitycznym a lekarskim pojmowaniem marzenia sennego. Według poglądu lekarskiego marzenie senne jest niedorzeczne, gdyż śniąca czynność psychiczna zatraciła wszelki krytycyzm; my natomiast powiadamy, że marzenie senne staje się niedorzeczne, jeśli zawarta w myślach snu krytyka, sąd: „to jest niedorzeczne", ma być przedstawiona w marzeniu sennym. Doskonałym przykładem jest tutaj znane wam marzenie senne o pójściu do teatru (3 bilety za 1 fl. 50). Sąd w ten sposób wyrażony brzmi: *nonsensem* było tak wcześnie wychodzić za mąż.

Podczas pracy tłumaczącej wyjaśniają się nam również wątpliwości i niepewności, o których często wspomina śniący, a które dotyczą poszczególnych składników marzenia sennego, co do których śniący nie ma pewności, czy miały one miejsce naprawdę. Tym wątpliwościom i niepewnościom nic w ukrytych myślach marzenia sennego nie odpowiada, należy je zatem przypisać działaniu cenzury marzenia sennego, której nie udało się ich wytępić zupełnie.

Do najbardziej zdumiewających naszych odkryć należy sposób, w jaki marzenie senne traktuje sprzeczności ukrytego snu. Wiemy już, że zgodne pierwiastki ukrytego marzenia sennego zostają zastąpione w jawnym przez zgęszczenia. W podobny sposób odnosi się praca marzeń sennych do przeciwieństw, wyrażając je szczególnie chętnie przez ten sam składnik jawny. Pierwiastek jawnego marzenia sennego, dla którego można znaleźć odpowiedni kontrast, może zarówno zachować swoje właściwe znaczenie, jak i oznaczać to swoje przeciwieństwo oraz mieć obydwa znaczenia; dopiero sens wskazuje nam, które z tłumaczeń należy wybrać. Z tego wynika, że nie spotykamy w marzeniu sennym kategorii przeczenia, przynajmniej nie jednoznacznej.

Rozwój mowy ludzkiej dostarcza nam tu pożądanej analogii. Pewni filologowie twierdzą, że w najstarszych językach przeciwieństwa, jak: silny - słaby, jasny - ciemny, duży - mały, bywały wyrażane przez te same pierwiastki („odwrotne znaczenie prasłów"). W języku staroegipskim *ken* oznaczało pierwotnie silny i słaby. W mowie potocznej unikano nieporozumienia przy stosowaniu tego rodzaju ambiwalentnych słów przez podkreślanie intonacją i gestem właściwego znaczenia, w piśmie - dodając tzw. determinatyw, to jest obraz, którego nie wymawiano. *Ken* - silny, pisano, dodając obok liter obrazek wyprostowanego mężczyzny, a skoro *ken* - miało oznaczać słaby, to następował obrazek niedbale pochylonego człowieka. Dopiero później uzyskano przez osobne zmiany tego równobrzmiącego słowa dwa znaczenia, służące do określenia zawartych w nim kontrastów. W ten sposób powstało z *ken* silny - słaby, *ken* - silny i *kań* - słaby. Nie tylko najstarsze języki zachowały w swej ostatecznej postaci bogate pozostałości dawnego znaczenia odwrotnego, lecz i znacznie młodsze żywe języki. Przytoczę wam tu kilka przykładów C. Abla (1884 r.).

W łacinie zachowały się podobnie ambiwalentne wyrazy: *altus* (wysoki, głęboki), *sacer* (święty, bezecny).

Jako przykłady modyfikacji tego samego pierwiastka wyliczam: *clamare* - krzyczeć, *clam* - cicho, spokojnie, tajemnie; *siccus* - suchy, *succus* - sok. W niemieckim *Stimme* - głos, *stumm* - niemy. Na obfitość przykładów napotykamy przy porównywaniu pokrewnych sobie języków. W angielskim *lock* - zamknąć, w niemieckim *Loch, Lücke* - dziura. W angielskim *cleave* - łupać, rozcinać, w niemieckim *kleben* - lepić.

Angielskie *without,* właściwie wraz - bez, bywa dziś używane jako *bez;* że *with* oprócz przydzielającego miało również i znaczenie odbierające, to jest widoczne w zestawieniach *withdraw, withhold.* Podobnie niemieckie *wieder* - znowu.

Jeszcze jedna osobliwość pracy marzeń sennych znajduje analogię w rozwoju mowy ludzkiej. W języku staroegipskim zdarzało się, podobnie jak i w innych późniejszych, że kolejność następujących po sobie zgłosek w słowach o tym samym znaczeniu została przestawiona. Tego rodzaju przykładami w angielskim i niemieckim są: *topf - pot; boat - tub; hurry* (śpieszyć się) - *Ruhe* (spokój); *Balken - Kloben, club; wait* (czekać) - *täuwen.*

Pomiędzy łaciną a niemieckim: *capere - packen* (chwytać); *ren - Niere* (nerka).

Tego rodzaju odwrócenia, jakie spotykamy przy poszczególnych słowach, powstają przy pracy marzeń sennych w różnorodny sposób. Odwrócenie sensu, zastąpienie kontrastem jest nam już znane. Prócz tego znajdują się w marzeniu sennym odwrócenia sytuacji we wzajemnym stosunku dwóch osób, a więc jak

„w świecie na opak"; w marzeniu sennym strzela często zając do strzelca; ponadto odwrócenie porządku zajść tak, że zajście, będące przyczyną następnych, umieszczone jest po nich. Dzieje się tu podobnie jak na przedstawieniu w jakiejś budzie teatralnej, gdzie najpierw pada na scenie bohater, a później dopiero zza kulis strzał, który go zabija. Istnieją również marzenia senne, w których kolejność składników została całkowicie odwrócona, tak że przy tłumaczeniu należy wziąć ostatni składnik jako pierwszy, a pierwszy jako ostatni, by wydobyć pewien sens. Przypominacie sobie również z naszych rozważań nad symboliką marzeń sennych, że wejść do wody lub też wpaść do niej znaczy to samo, co wydostać się z niej, a mianowicie: rodzić lub też przyjść na świat; a wchodzenie po schodkach lub drabinie znaczy to samo, co schodzenie po nich. Oczywista jest korzyść, którą osiąga z tego rodzaju swobody przedstawienia zniekształcenie marzenia sennego.

Te cechy pracy marzeń sennych można nazwać archaicznymi. Trzymają się one również starych sposobów wyrażania, mowy i pisma i pociągają za sobą te same utrudnienia, o których będzie jeszcze mowa w innym związku.

Rozpatrując tę kwestię jeszcze z innego punktu widzenia, stwierdzamy, że przy pracy marzeń sennych chodzi widocznie i o to, by ukryte myśli, ujęte w słowa, zamienić na obrazy. Otóż nasze myśli wywodzą się przecież z tego rodzaju obrazów zmysłowych; pierwszym ich materiałem były wrażenia zmysłowe, poprawniej powiedziawszy, ich reprodukcje. Z nimi kojarzyły się później słowa, a te, powiązane ze sobą, dawały myśli. Praca marzeń sennych, poddając zatem myśli przeróbce wstecznej, cofa ich rozwój, a podczas tej regresji musi odpaść wszystko to, co w ciągu rozwoju od reprodukcji aż do myśli dostało się jako późniejszy nabytek.

To byłaby zatem praca marzeń sennych. Wobec zagadnień, jakie tutaj poznaliśmy, musiało ustąpić nasze zainteresowanie dla jawnego marzenia sennego. Pragnę mu jednak poświęcić jeszcze kilka uwag, wszak z nim jednym stykamy się bezpośrednio.

Oczywiście, że jawne marzenie senne traci dla nas na doniosłości. Staje się nam obojętne, czy jest ono dobrze ułożone, czy też rozpada się na szereg pojedynczych obrazów bez związku. Gdyż, jeśli nawet posiada ono pozornie pełną sensu postać zewnętrzną, wiemy, że powstała ona przez zniekształcenie marzenia sennego i że nie może mieć organicznej wspólnoty z wewnętrzną zawartością snu, podobnie jak nie ma jej fasada kościoła włoskiego z jego strukturą i głównym planem. Innym razem i fasada marzenia sennego ma swoje znaczenie, odtwarzając ważną część ukrytych myśli, a nie zniekształcając ich zupełnie lub tylko nieznacznie. Nie możemy jednak tego ocenić, dopóki nie poddamy marzenia sennego tłumaczeniu, które może dopiero wykazać, do jakiego stopnia sięga tu zniekształcenie. Podobne wątpliwości odnoszą się i do tego wypadku, kiedy dwa składniki marzenia sennego wydają się być zbliżone do siebie w pewnym znaczeniu. Czasami możemy zaczerpnąć stąd wskazówkę, że odpowiedniki owych składników w ukrytym marzeniu sennym należą również do siebie, to znaczy, że można je ze sobą powiązać, natomiast innym razem możemy się przekonać, że to, co w myślach należy do siebie, zostało w marzeniu sennym rozdzielone.

W zasadzie nie należy usiłować część jawnego marzenia sennego tłumaczyć na podstawie innej części tak, jak gdyby marzenie senne było pomyślane planowo i przedstawione pragmatycznie. Przeciwnie, można je raczej porównać z bresciańskimi głazami [2], które składają się z przeróżnych odłamków kamieni, spojonych ze sobą przy pomocy kitu i to w ten sposób, że linie, które podczas tego powstają, nie oddają pierwotnych zarysów kamieni. W rzeczywistości istnieje część pracy marzeń sennych, tak zwane *opracowanie wtórne*, którego zadaniem jest zestawienie jakiejś całości z najbliższych sobie wyników pracy marzenia sennego. Materiał zostaje przy tym nieraz ułożony według zupełnie błędnie pojętego sensu i, gdzie zachodzi potrzeba, tam zostają dodane rozmaite wstawki.

Z drugiej zaś strony nie należy ani przeceniać, ani zbytnio ufać pracy marzeń sennych. Wyliczyliśmy wszystkie jej rezultaty i na tym koniec. Praca marzeń sennych zgęszcza, przesuwa, plastycznie przedstawia i poddaje całość wtórnemu opracowaniu, lecz nic więcej. Jeśli w marzeniu sennym napotykamy na wydawanie sądu, krytykę, zdumienie, wnioski, to nie jest to dziełem pracy marzeń sennych i bardzo rzadko wyrazem rozmyślania nad nimi, lecz przeważnie są to części ukrytych myśli snu, które, mniej lub więcej zmienione i dostosowane do całości, przedostały się do jawnego marzenia sennego. Praca marzeń sennych nie potrafi również komponować przemówień. Z małymi wyjątkami, które można wyszczególnić, rozmowy w marzeniach sennych są odtworzeniem i zestawieniem przemówień zasłyszanych lub wygłaszanych za dnia, poprzedzającego marzenie senne, które jako materiał lub podnieta zostały przeniesione do myśli ukrytych. Praca marzeń sennych nie jest też zdolna, do przeprowadzenia rachunków; jeśli napotkamy na nie w jawnym śnie, to są one przeważnie zestawieniem liczb, rachunkami pozornymi i jako obliczenia zupełnie bezsensowne, przedstawiające znów tylko kopię rachunków w ukrytych myślach marzenia sennego. Wśród tych okoliczności nie dziwimy się, jeśli zainteresowanie, jakim darzyliśmy dotychczas pracę marzeń sennych, ustępuje i przechodzi na ukryte myśli marzenia sennego, które, mniej lub więcej zniekształcone, zdradzają się w jawnym śnie. Jeśli zmiana ta idzie tak daleko, że przy teoretycznym rozważaniu stawiamy ukryte myśli w miejsce marzenia sennego, po czym wydajemy o nim sąd, mający znaczenie tylko dla myśli ukrytych, to trudno takie postępowanie usprawiedliwić. Dziwne jest zaiste, że wyniki psychoanalizy mogły zostać użyte do takiej zamiany. „Marzeniem sennym" możemy nazwać jedynie wynik pracy marzeń sennych, tzn. *formę*, w jaką obleczone zostały myśli ukryte.

[2] W pobliżu Bresci, miasta w północnych Włoszech (prowincja Lombardia), znajdują się znane kamieniołomy, w których wydobywa się między innymi porfiry i biały marmur [przyp. red.].

Praca marzeń sennych jest procesem zupełnie szczególnym, jakiego dotychczas nie znano w życiu psychicznym. Tego rodzaju przesunięcia, wsteczne przeistoczenia myśli w obrazy to rzeczy nowe, których zdobycie wynagradza obficie wysiłki psychoanalizy. Sięgając do analogii i do pracy marzenia sennego, dowiadujecie się przy tej sposobności, jaki związek zachodzi między badaniami psychoanalitycznymi a badaniami innych dziedzin, w szczególności rozwoju myśli i mowy. Jaką doniosłość mają te procesy zrozumiecie, gdy dowiecie się, że mechanizm powstawania marzenia sennego jest pierwowzorem powstawania objawów neurotycznych.

Wiem również, że nie możemy na razie ogarnąć całkowicie nowych zdobyczy, jakie stąd dla psychologii wynikają. Dlatego wskażemy jedynie na to, że znajdujemy tutaj nowe dowody istnienia nieświadomych aktów psychicznych - a tym są ukryte myśli marzenia sennego - oraz że tłumaczenie snu zapowiada niespodziewanie szeroki dostęp do poznania nieświadomego życia psychicznego.

Zdaje się jednak, że można już zademonstrować wam na różnych przykładach marzeń sennych to, do czego was dotychczas przygotowywałem.

WYKŁAD XII

ANALIZA PRZYKŁADÓW MARZEŃ SENNYCH

Panie i Panowie! Nie bądźcie rozczarowani, jeśli i dziś przynoszę jedynie fragmenty tłumaczenia marzeń sennych, a nie zapraszam was do wzięcia udziału w tłumaczeniu pięknego, dużego marzenia sennego. Powiecie, że właściwie zyskaliście sobie do niego prawo po tak długich przygotowaniach i że jesteście przekonani, iż po pomyślnym dokonaniu tłumaczenia tylu tysięcy marzeń sennych dawno mogła się znaleźć sposobność zestawienia zbioru odpowiednich przykładów, na których dałyby się zademonstrować nasze twierdzenia o pracy i myślach marzenia sennego. Tak, lecz trudności, na które natrafiamy, chcąc ziścić wasze życzenie, są doprawdy znaczne.

Przede wszystkim muszę wam wyznać, że nie istnieje człowiek, który uważałby zajmowanie się tłumaczeniem marzeń sennych za swój główny zawód. Kiedyż to mamy sposobność tłumaczyć marzenia senne? Tu i ówdzie można się zajmować bez szczególnego zamiaru snami zaprzyjaźnionych osób lub też pracuje się nad własnymi, aby przysposobić się do pracy psychoanalitycznej; przeważnie jednak ma się do czynienia ze snami osób nerwowych, które poddają się leczeniu psychoanalitycznemu. Sny te są doskonałym materiałem i w niczym nie ustępują marzeniom sennym ludzi zdrowych, tylko że często jesteśmy zmuszeni ze względów technicznych tłumaczenie marzeń sennych podporządkować zamiarom terapii i wiele snów zostawić na uboczu, wybierając spośród nich to tylko, co może służyć za wskazówkę przy leczeniu. Te marzenia senne, które przypadają na czas kuracji, nie nadają się w ogóle do całkowitego tłumaczenia, gdyż są tylko częścią nieznanego nam materiału psychicznego, toteż wyjaśniają się one dopiero po ukończeniu leczenia. Przedstawienie tego rodzaju marzeń sennych wymagałoby również odkrycia wszystkich tajników neurozy, co nie zgadza się z naszym planem pracy, według którego sen służy nam za punkt wyjścia dla badań nad nerwicami.

Możliwe, że rezygnujecie chętnie z tego materiału i życzycie sobie wyjaśnienia marzeń sennych ludzi zdrowych lub też swoich własnych. Nie uchodzi to jednak ze względu na treść snów. Nie możemy tak bezwzględnie obnażać samych siebie lub osoby, która nam zaufała, czego jednak nie można uniknąć, jeśli przeprowadza się należyte tłumaczenie. Wiecie bowiem, że marzenia senne dotyczą najintymniejszych stron duszy. Do tej trudności w doborze materiału przyłącza się jeszcze inna. Wiecie już o tym, że marzenie senne wydaje się obce samemu śniącemu, cóż dopiero osobie, która go nie zna. Literatura nasza nie jest uboga w dobre i obszerne analizy marzeń sennych; ja również opublikowałem kilka snów w ramach historii chorób. Może najpiękniejszym przykładem tłumaczenia marzeń sennych są opublikowane przez O. Ranka dwa następujące po sobie marzenia senne młodej dziewczyny, które obejmują dwie strony druku, podczas gdy analiza ich zajmuje 76 stron. Ja zaś potrzebowałbym całego półrocza, by przeprowadzić z wami tego rodzaju pracę. Gdybym chciał roztrząsać jakiekolwiek dłuższe lub bardziej zniekształcone marzenie senne, to musiałbym dodać tyle wyjaśnień, tyle materiału i skojarzeń, tak często odbiegać od głównego przedmiotu, że wykład stałby się zupełnie nieprzejrzysty i nie zadowoliłby was. Proszę was więc poprzestańmy na tym, co przychodzi nam łatwiej, a więc na drobnych urywkach marzeń sennych osobników neurotycznych, na przykładzie których możemy zapoznawać się z tymi lub innymi cechami snu. Najłatwiej można zademonstrować symbole marzeń sennych, poza tym jeszcze pewne szczególne przypadki przedstawienia wstecznego. Przy każdym z przytoczonych snów zaznaczę wam, dlaczego uważam go za godny wzmianki.

1. Marzenie senne, złożone z dwóch krótkich obrazów: *jego wuj pali papierosa, pomimo że jest sobota. Jakaś kobieta głaszcze i pieści go, jak swoje dziecko.*

W związku z pierwszym obrazem zauważa śniący (Żyd), że jego wuj jest pobożnym człowiekiem, który nigdy tak grzesznego czynu nie popełnił ani nie popełni. Do kobiety w drugim obrazie przychodzi mu na myśl tylko jego matka. Te dwa obrazy czy też myśli należy, zdaje się, ze sobą powiązać. Ale jak? Ponieważ zaprzecza on stanowczo realności podobnej czynności ze strony wuja, to byłoby najprościej wsunąć tu słówko „gdyby". „Gdyby mój wuj, człowiek święty, palił w sobotę papierosa, wówczas mógłbym pozwolić na pieszczoty matki". Widocznie znaczy to, iż pieszczoty matczyne są zarówno niedozwolone jak palenie przez pobożnego Żyda w sobotę. Przypominacie sobie, iż zwróciłem wam uwagę, że w ciągu pracy marzeń sennych odpadają wszelkie relacje między myślami snu, że przechodzą one w stan surowy i że jest zadaniem tłumaczenia wprowadzić opuszczone związki z powrotem.

2. Od czasu opublikowania mych prac o marzeniu sennym stałem się publicznym doradcą w sprawach, dotyczących marzenia sennego, i otrzymuję zewsząd listy, w których opowiada mi się sny lub prosi o ich wytłumaczenie. Oczywiście, że jestem wdzięczny tym wszystkim, którzy do podanego snu dodają tyle materiału, że tłumaczenie staje się możliwe, albo też podają po prostu własne tłumaczenie. Do tej kategorii należy marzenie senne pewnego medyka z Monachium z roku 1910. Przytaczam je, gdyż może wam ono udowodnić, jak niemożliwe jest zrozumienie marzenia sennego bez odpowiednich informacji. Przypuszczam bowiem, iż w zasadzie uważacie za idealne tłumaczenie marzeń sennych drogą stosowania symboliki, podczas gdy technikę kojarzenia do snów chcielibyście ominąć. A z tego błędu chcę was wyprowadzić.

13 lipca 1910. Śnię nad ranem: *jadę na rowerze przez ulicę w Tybindze, a brązowy jamnik biegnie za mną i chwyta za piętę. Trochę dalej zsiadam z roweru i spoczywam na jakimś stopniu, przy czym dzwonię alarmująco na psa, który wgryzł się mocno w moją nogę. (Cała ta scena nie sprawia mi zupełnie przykrości.) Naprzeciwko siedzi kilka starszych pań, spoglądając na mnie z szyderczym uśmiechem. Następnie budzę się i, jak to często bywa, w chwili ocknięcia wyjaśnia mi się cały sen.*

Stosowanie symboliki niewiele nam tu pomaga. Śniący dodaje nam jednak: „Niedawno zakochałem się w pewnej dziewczynie, którą znałem tylko z widzenia na ulicy, nie miałem jednak sposobności zaznajomić się z nią. Najlepszą dla mnie sposobnością byłby tu jamnik, jestem bowiem wielkim przyjacielem zwierząt, i ta właśnie zaleta uderzyła mnie tak mile w tej dziewczynie". Dodaje również, że już niejednokrotnie z wielką zręcznością i ku zdumieniu widzów rozdzielał walczące ze sobą psy. Dowiadujemy się zatem, że dziewczynę, która mu się podobała, widywał zwykle w towarzystwie takiego psa. Dziewczyna została jednak z jawnego snu usunięta, a pozostał jedynie pies, z którym się ona kojarzy. Możliwe, że owe szyderczo uśmiechające się starsze panie zajęły miejsce młodej kobiety. Jego dalsze wyjaśnienia nie wystarczają, by wyjaśnić ten punkt, a jazda na rowerze podczas snu jest zwykłym powtórzeniem podobnej sytuacji; za dnia spotykał tę panienkę z psem tylko podczas jazdy na rowerze.

3. Po utracie drogiego krewnego śnimy w najrozmaitszy sposób, łącząc i godząc ze sobą dziwacznie wiadomość o śmierci z potrzebą przywołania do życia zmarłego. To nie żyje, to znów żyje nadal, gdyż nie wie, że jest nieżywy, a gdyby o tym wiedział, to dopiero zmarłby na dobre; to znów jest na wpół żywy, a na wpół umarły, a każdy z tych stanów ma swoje odrębne cechy. Nie można tych snów nazwać po prostu bezsensownymi, gdyż zmartwychwstanie nie jest dla marzenia sennego większą niemożliwością niż na przykład dla bajki, w której jest zwykłym biegiem rzeczy. O ile miałem sposobność analizowania podobnych marzeń sennych, okazywało się zawsze, że można je rozsądnie rozwiązać, tylko że pełne pietyzmu pragnienie przywrócenia do życia zmarłego posługuje się najosobliwszymi środka-

mi. Oto jedno z takich marzeń sennych; brzmi ono dziwacznie i bezsensownie, lecz jego analiza pokaże wam to, do czego zostaliście przygotowani w poprzedzających wywodach teoretycznych. Jest to marzenie senne mężczyzny, który przed kilku laty stracił ojca:

Ojciec umarł, lecz zwłoki jego wydobyto z ziemi i źle wygląda. Od tego czasu żyje dalej, a śniący dokłada wszelkich starań, aby tego nie spostrzec. (Potem przechodzi sen na inne tory, pozornie zupełnie oddalone).

Ojciec umarł, o tym wiemy. Wydobycie zwłok nie odpowiada już rzeczywistości, jak w ogóle wszystko dalsze. Śniący jednak opowiada: Po powrocie z pogrzebu ojca zabolał go ząb. Postanowił obejść się z tym zębem według starych przepisów żydowskich, które powiadają: jeśli dokucza ci ząb, to go wyrwij; udał się więc do dentysty. Ten jednakże powiedział: nie wyrywa się zęba, trzeba mieć trochę cierpliwości. Założę lekarstwo, aby nerw zatruć, po trzech dniach proszę przyjść znowu, a wówczas go wyjmę.

Nagle powiada śniący, iż to „wyjęcie" zęba oznacza wydobycie zwłok.

Czyżby śniący miał słuszność? Zgadza się to wprawdzie tylko w przybliżeniu, bo nie ząb zostanie wyjęty, lecz tylko pewna martwa jego część. Ale tego rodzaju niedokładności można, mając już pewne doświadczenie, przypisać pracy marzeń sennych. W tym wypadku zostałaby postać zmarłego ojca stopiona w jedną całość z zatrutym, lecz utrzymanym zębem. Nic dziwnego zatem, że jawne marzenie senne wydaje się bezsensowne, wszak nie można do ojca zastosować tego wszystkiego, co się mówi o zębie. Gdzie właściwie byłoby tu *tertium comparationis* pomiędzy zębem a ojcem, które umożliwia to zgęszczenie?

A jednak tak być musi, gdyż śniący opowiada w dalszym ciągu, że wie o tym, iż w marzeniu sennym wypadnięcie zęba oznacza stratę członka rodziny.

My wiemy, że to popularne tłumaczenie nie jest słuszne lub jest nim tylko w pewnym znaczeniu. Tym bardziej będziemy zatem zdumieni, odnajdując ten temat i w innych częściach treści marzenia sennego.

Nie czekając na dalsze zapytanie, śniący opowiada o chorobie i śmierci ojca, i o swoim do niego stosunku. Ojciec chorował długo, a pielęgnacja i leczenie kosztowały syna bardzo wiele. A mimo to nigdy nie było mu za wiele, nie niecierpliwił się i nigdy nie życzył sobie, aby raz już nastąpił koniec. Chwali swój prawdziwie żydowski pietyzm dla ojca, ścisłe stosowanie się do przepisów żydowskich. Czy nie uderza nas tu pewna sprzeczność z należącymi do marzenia sennego myślami? Utożsamił on ojca z zębem. Wobec zęba chciał postąpić według przepisów żydowskich, według których należy go wyrwać, skoro sprawia ból i zmartwienie. Także wobec ojca pragnął postąpić według przepisów prawa, które brzmi, iż nie należy zważać na trud i zmartwienie, lecz cały ciężar wziąć na siebie i nie dopuścić do wrogich zamiarów wobec obiektu, sprawiającego ten ból. Czyż zgodność nie byłaby tutaj bardziej uderzająca, gdyby śniący żywił wobec swego chorego ojca podobne uczucia, jak wobec chorego zęba, tzn., że życzyłby sobie, aby szybka śmierć położyła koniec zbytecznej, bolesnej i kosztownej egzystencji?

Nie wątpię, iż tak wyglądał rzeczywisty stosunek do ojca podczas jego uciążliwej choroby i że chełpliwe zapewnienia o pobożnym pietyzmie miały na celu wspomnienia te oddalić. Wśród takich okoliczności budzi się zwykle życzenie śmierci dla rodziciela i kryje się poza maską współczującego rozważania: byłoby to dla niego zbawieniem. Czy zauważyliście jednak, że przekroczyliśmy sami granicę ukrytych myśli marzenia sennego. Pierwsza ich część była zapewne tylko chwilowo to znaczy podczas tworzenia marzenia sennego nieświadoma, podczas gdy wrogie uczucia wobec ojca były, zdaje się, stale nieświadome; możliwe, że pochodziły z czasów dzieciństwa, a podczas choroby ojca nieśmiało i pod maską przedarły się do świadomości. Odnosi się to z większą jeszcze pewnością do innych ukrytych myśli, które przyczyniły się w sposób wyraźny do treści marzenia sennego. W marzeniu sennym nie mamy śladów wrogich uczuć względem ojca. Szukając jednak w życiu dziecka źródeł podobnej nienawiści wobec ojca, przypominamy sobie, że strach przed nim powstaje z tego powodu, iż sprzeciwia się on wczesnym przejawom seksualnym chłopca, co ze względów socjalnych powtarza się z reguły w okresie po pokwitaniu. Ten sam stosunek do ojca zachodził i w tym wypadku; prócz miłości odczuwał śniący szacunek i bojaźń, której źródłem było wczesne zastraszenie seksualne ze strony ojca.

Dlatego dalsze zdania jawnego marzenia sennego tłumaczą się kompleksem onanistycznym. *Źle wygląda* może się wprawdzie odnosić do dalszego powiedzenia dentysty, że to źle wygląda, jeśli brakuje zęba w tym miejscu; lecz dotyczy to również złego wyglądu, który śniący zdradzał w latach pokwitania na skutek nadmiernego wyżywania się płciowego. Przerzucenie więc złego wyglądu na ojca sprawia śniącemu nie lada ulgę, co jest jednym z wielu znanych wam procesów odwrócenia pracy marzeń sennych. *Żyje dalej* zgadza się zarówno z życzeniem przywołania do życia, jak i z zapewnieniem dentysty, że ząb będzie uratowany. Nader wyrafinowane jest natomiast zdanie: śniący czyni wszystko, *aby on (ojciec) nie spostrzegł tego*, zmierzające do podsunięcia nam myśli, że ojciec już nie żyje. Jedyne słuszne uzupełnienie daje nam kompleks onanistyczny, z którego jasno wynika, że chłopiec wszystko czyni, by ukryć przed ojcem swe życie seksualne. W końcu należy przypomnieć, że tak zwane sny o zębach zwykliśmy tłumaczyć onanizmem i oczekiwaną za niego karą.

Widzicie zatem, w jaki sposób powstało to niezrozumiałe marzenie senne; przez utworzenie osobliwego i łudzącego zgęszczenia, przez pominięcie wszelkich myśli z ośrodka ukrytych dróg myślowych i przez wytworzenie wieloznacznych tworów zastępczych dla myśli najgłębszych i najbardziej oddalonych w czasie.

4. Kilkakrotnie usiłowaliśmy już zrozumieć te trzeźwe i banalne marzenia senne, które nie odznaczają się ani bezsensownością, ani osobliwością, przy których jednak powstaje pytanie: po co właściwie śnimy o tak obojętnych rzeczach? Chcę więc

znowu przytoczyć przykład tego rodzaju, składający się z trzech marzeń sennych pewnej młodej kobiety, związanych ze sobą i śnionych przez nią tej samej nocy.

a) *Idzie przedsionkiem swego domu i uderza głową o nisko wiszący świecznik, przy czym płynie krew.*

Nie jest to żadne wspomnienie, nic, co w rzeczywistości miało miejsce. Jej wyjaśnienia prowadzą na inne tory. „Wie pan przecież, jak bardzo wypadają mi włosy. Dziecko – powiedziała do mnie wczoraj matka – jeśli to tak dalej pójdzie, to wkrótce będziesz miała głowę podobną do siedzenia". Głowa zastępuje tu zatem tylną część ciała. Przez świecznik, jak w ogóle przez wszelkie wydłużone przedmioty, rozumiemy symbolicznie, bez specjalnych wskazówek, członek męski. A więc chodzi tu o krwawienie dolnej części ciała, wywołane przez zetknięcie się z prąciem. To mogłoby być wieloznaczne; jej dalsze skojarzenia wskazują jednak, że chodzi tu o przesąd, iż krwawienie menstruacyjne spowodowane jest przez obcowanie płciowe z mężczyzną; jest to część teorii seksualnej, rozpowszechnionej między niedojrzałymi dziewczętami.

b) *Widzi w winnicy głęboki dół, o którym wie, że powstał przez wyrwanie drzewa.* Tu robi wzmiankę, że czuje *brak* tego *drzewa.* Sądzi, że nie widziała w marzeniu sennym drzewa, lecz to samo brzmienie słów służy do wyrażenia innej myśli, która utwierdza nas całkowicie w tłumaczeniu symbolicznym. Marzenie senne odnosi się do innej części dziecięcych teorii seksualnych, a mianowicie, że dziewczęta pierwotnie posiadały takie same narządy płciowe jak i chłopcy, a późniejsza forma powstała przez kastrację (wydarcie drzewa).

c) *Stoi przed szufladą swego biurka, którą zna tak dobrze, że natychmiast poznaje, jeśli ktoś tam manipulował.* Szuflada biurka jest, podobnie jak wszelkie szuflady, skrzynie, pudła, symbolem kobiecego narządu płciowego. Pacjentka wie, że ślady stosunku płciowego (a jak ona sądzi również i dotknięcia) rozpoznać można na genitaliach, czego od dawna się już obawiała. Sądzę, że akcent w tych trzech marzeniach należy położyć na *wiedzę.* Pacjentka wspomina o swych badaniach seksualnych z czasów dzieciństwa, z wyników których była bardzo dumna.

5. Ponownie mała cząsteczka symboliki. Tym razem muszę najpierw pokrótce opisać sytuację psychiczną. Pewien pan po spędzeniu nocy miłosnej z pewną kobietą opisuje ją jako jedną z tych natur macierzyńskich, u których w uścisku miłosnym z mężczyzną przedziera się nieprzeparcie pragnienie dziecka. Okoliczności tego stosunku zmuszały jednak do zastosowania środków ochronnych. Po ocknięciu się po tej nocy kobieta ta opowiada następujący sen.

Oficer w czerwonej czapce goni ją na ulicy. Ona ucieka przed nim, biegnie na górę po schodach, on wciąż za nią. Bez tchu dociera do swego mieszkania i zatrzaskuje za sobą drzwi. On pozostaje na zewnątrz, a ona, patrząc przez okienko w drzwiach, widzi, że siedzi na ławce i płacze.

Rozumiecie zapewne, że prześladowanie przez oficera w czerwonej czapce oraz pędzenie bez tchu po schodach jest przedstawieniem aktu płciowego. Zamykanie się śniącej przed prześladowcą niechaj posłuży wam jako przykład odwrócenia, które tak często bywa stosowane w marzeniu sennym. W rzeczywistości to mężczyzna uchylił się od dokończenia aktu płciowego. Podobnie został przesunięty smutek na jej partnera, który w marzeniu sennym płacze, czym jednocześnie wyrażony został wytrysk nasienia.

Słyszeliście już zapewne nieraz, iż psychoanaliza twierdzi, jakoby wszystkie marzenia senne miały znaczenie seksualne. Teraz oto jesteście sami w stanie przekonać się o niesłuszności tego zarzutu. Poznaliście bowiem marzenia o charakterze czysto życzeniowym, których tematem było zaspokojenie zrozumiałych potrzeb jak: głodu, pragnienia, tęsknoty do wolności; dalej sny wyrażające niecierpliwość lub zaspakajające potrzebę wygody, jak również chciwe i egoistyczne. Jako wynik badania psychoanalitycznego, winniście jednak zachować w pamięci, że przeważna ilość silnie zniekształconych marzeń sennych, ale nie bez wyjątku, daje wyraz życzeniom seksualnym,

6. Kieruję się szczególnymi motywami, by pomnożyć przykłady stosowania symboliki w marzeniach sennych. Już przy pierwszym naszym spotkaniu uskarżałem się na to, jak trudne jest zademonstrowanie, a co za tym idzie, wzbudzenie przekonania przy nauczaniu psychoanalizy, i wiem, że niejednokrotnie zgadzaliście się ze mną co do tego punktu. Ponieważ poszczególne tezy psychoanalizy pozostają ze sobą w bardzo ścisłym związku, dlatego można z łatwością przekonanie, odnoszące się do jednego punktu, przenieść na większą część całości. Można by o psychoanalizie powiedzieć, że kto jej da mały palec, tego chwyta za rękę. Toteż skoro ktoś pojął i uznał wyjaśnienie czynności pomyłkowych, ten, myśląc logicznie, nie może uchylić się od zrozumienia innych części poruszonych tu problemów. Drugim punktem, również łatwo dostępnym, jest symbolika marzeń sennych. Przytoczę wam tutaj ogłoszone już w druku marzenie senne kobiety z ludu, żony policjanta, która z pewnością nigdy nie słyszała ani o symbolice marzeń sennych, ani o psychoanalizie. Osądźcie sami, czy tłumaczenie tego snu za pomocą symboli seksualnych jest dowolne i wymuszone.

...potem włamał się ktoś do mieszkania, a ona pełna trwogi woła na pomoc policjanta. Ten jednak poszedł w zgodzie z dwoma „opryszkami" do kościoła, do którego prowadziło kilka stopni. Za kościołem była góra, a na górze gęsty las. Policjant odziany był w hełm i płaszcz. Miał długą, ciemną brodę. Obaj włóczędzy, idący całkiem spokojnie z policjantem, mieli dokoła bioder workowate przywiązane fartuchy. Z kościoła prowadziła droga pod górę, z obu stron porosła trawą i krzewami. Te stawały się coraz gęstsze, a u szczytu przechodziły prawie w las.

Zastosowane tu symbole rozpoznajecie bez trudu. Męski organ płciowy został tu przedstawiony przez 3 osoby, a kobiecy przez krajobraz z kaplicą, górą i lasem. Znów napotykacie tu na schody, symbolizujące akt płciowy. Co w marzeniu sennym zwie się górą, nazywa się podobnie w anatomii, mianowicie *mons veneris* (wzgórek wstydliwy).

7. Oto znów marzenie senne, które przez wstawienie symboli rozwiązuje się łatwo, dla nas z tego względu godne uwagi, że śniący przetłumaczył nam wszystkie symbole, nie mając teoretycznych wiadomości o tłumaczeniu marzeń sennych. Tego rodzaju fakt jest w każdym razie niezwykły, a warunki do tego niezupełnie znane. *Przechadza* się *ze swym ojcem w pewnym miejscu, będącym zapewne Praterem, gdyż widzi rotundę, przed nią małą budowlę, do której przytwierdzony jest mały balon, zupełnie już obwisły. Ojciec pyta* się *go, do czego to wszystko służy; on dziwi* się *temu, lecz objaśnia wszystko. Potem przechodzą na podwórze, na którym rozłożona jest wielka płyta blachy. Ojciec chce dla siebie odciąć duży kawał, ogląda się jednak najpierw dokoła, czy ktoś tego nie widzi. On powiada do ojca, że należy tylko powiedzieć dozorcy, a będzie mógł zabrać, ile tylko zechce. Z tego dziedzińca prowadzą schody do szybu, którego ściany są miękko wyścielone, podobnie jak skórzany fotel. Na końcu tego szybu mieści* się *długa platforma, a potem rozpoczyna* się *nowy szyb.*

Śniący tłumaczy sam; rotunda to mój narząd płciowy, a przywiązany do niego balon, to mój członek, na którego obwisłość często się uskarżam. Można ściślej przetłumaczyć, że rotunda to siedzenie - które zwykle dzieci zaliczają do genitalii - a mała budowla to worek mosznowy. W marzeniu sennym pyta się go ojciec, po co to wszystko, tzn. pyta o cel i użytek narządów płciowych. Wydaje się nam prawdopodobne odwrócenie tego stanu rzeczy w ten sposób, że to on jest stroną pytającą. Ponieważ ojciec nie stawiał w rzeczywistości nigdy podobnych pytań, należy pojąć myśl marzenia sennego jako życzenie lub też postawić je warunkowo: „gdybym poprosił ojca o uświadomienie seksualne". Dalszy ciąg tej myśli znajdziemy wkrótce w innym miejscu.

Podwórza, na którym rozpostarta jest blacha, nie należy od razu brać symbolicznie, jest ono reminiscencją sklepu ojca. Ze względów dyskrecji wstawiłem „blachę" na miejsce innego materiału, którym handluje jego ojciec, nie zmieniając jednak poza tym niczego w brzmieniu snu. Śniący wstąpił do sklepu ojca, oburzając się gwałtownie na niezupełnie dozwolone jego praktyki, na których w znacznej części opiera się zysk. Toteż dalszy ciąg wspomnianej myśli brzmi: „Gdybym się go zapytał, byłby mnie w ten sam sposób oszukał, jak oszukuje swoich odbiorców". Odcięcie, które reprezentuje kupiecką nieuczciwość, oznacza również onanizm, jak dodaje sam śniący. Wiemy o tym już od dawna, a ponadto zgadza się to doskonale z tym, że tajemnica onanizmu wyrażona jest odwrotnie (skoro to można zupełnie otwarcie czynić). Dlatego odpowiada to wszelkim oczekiwaniom, że czynność onanistyczna podsunięta została znów ojcu, podobnie jak pytanie w pierwszej scenie. Szyb tłumaczy śniący od razu jako pochwę, powołując się na miękkie wyścielenie ścian. Zsuwanie się oraz wspinanie oznacza stosunek płciowy, dodaję już od siebie.

Szczegóły jak ten, że po pierwszym szybie biegnie platforma, a potem znów nowy szyb, wyjaśnia on sam biograficznie. Spółkował przez pewien czas, po czym zaprzestał obcowania płciowego ze względu na różne zahamowania i ma nadzieję, że po przeprowadzonej kuracji będzie je mógł podjąć na nowo.

8. Przytaczam obydwa następujące marzenia senne pewnego cudzoziemca o bardzo poligamicznej naturze, jako przykład tego, że własne „ja" występuje w każdym marzeniu sennym, nawet tam, gdzie ukrywa się w jawnej treści. Kufry w marzeniu sennym oznaczają kobiety.

a) *Odjeżdża, wóz zabiera jego bagaże na dworzec, wiele kufrów piętrzy się, wśród nich dwa duże czarne, jakby kufry z próbkami. On zwraca się do kogoś z pocieszeniem: te jadą tylko do dworca.*

Podróżuje on w rzeczywistości z dużym bagażem, opowiada jednak także w czasie leczenia wiele historyjek o kobietach. Te dwa czarne kufry odpowiadają dwóm czarnym kobietom, które chwilowo grają w jego życiu główną rolę. Jedna z nich chciała przyjechać za nim do Wiednia, lecz za moją radą odradził jej telegraficznie.

b) Scena przy rewizji celnej; *jeden z towarzyszy podróżnych otwiera swój kufer i mówi obojętnie, paląc papierosa: niczego tu nie mam. Urzędnik zdaje się mu wierzyć, przeszukuje jednak ponownie i znajduje coś szczególnie wzbronionego. Podróżny powiada później z rezygnacją - tu się nie da nic zrobić.* On sam jest tym podróżnym, a ja urzędnikiem celnym. Przeważnie jest szczery w swoich wyznaniach, postanowił jednak zataić przede mną świeżo nawiązaną znajomość z pewną kobietą, gdyż słusznie przypuszczał, że nie mogła ona być mi nieznajoma. Przykrą sytuację przyłapania przenosi on na osobę obcą, tak że wydaje nam się, jak gdyby jego własna osoba w ogóle nie występowała w marzeniu sennym.

9. Oto przykład symbolu, o którym dotychczas nie wspomniałem: *Spotyka swoją siostrę w towarzystwie dwóch przyjaciółek, które są rodzeństwem. Podaje obydwóm rękę, tylko siostrze nie.*

Śniący nie może przypomnieć sobie podobnego rzeczywistego wydarzenia. Myśli jego skierowują go natomiast do czasów, w których rozmyślał i zastanawiał się nad tym, że piersi dziewczęce rozwijają się tak późno. Dwie siostry to zatem są piersi, których chętnie dotknąłby rękoma, gdyby to nie była jego siostra.

10. Tu znów przykład symboliki śmierci w marzeniu sennym:

Idzie z dwiema osobami, których imiona zna, lecz przy obudzeniu się zapomniał, wysoką, stromą, żelazną kładką. Nagle znikają te dwie osoby, a on spostrzega jak gdyby widmo mężczyzny w czapce i ubraniu płóciennym. Zapytuje go, czy jest posłańcem telegraficznym... Nie. Czy może jest woźnicą? Nie. Idzie zatem dalej. Odczuwa podczas snu wielką trwogę i snuje w dalszym ciągu sen, fantazjując po obudzeniu, że żelazny most się załamuje, a on spada w przepaść.

Osoby, co do których zaznacza się, że są nam nieznane, że zapomnieliśmy ich imienia, są przeważnie bardzo nam bliskie. Śniący ma dwoje rodzeństwa, a skoro życzył obojgu śmierci, to słusznie w zamian za to dręczyła go obawa przed śmiercią. Z posłańcem telegraficznym kojarzy się zwykle zwiastowanie nieszczęścia. Ze względu na uniform mógłby być tak samo latarnikiem, który zapala i gasi latarnie, podobnie jak geniusz śmierci, gaszący pochodnię. Z woźnicą kojarzy mu się wiersz

Uhlanda o przejażdżce morskiej króla Karola i przypomina sobie pełną niebezpieczeństw podróż morską z dwoma towarzyszami, podczas której grał rolę króla z tego wiersza. W związku z mostem żelaznym przychodzi mu na myśl wypadek z ostatnich czasów i głupie powiedzenie: życie jest mostem zwodzonym.

11. Inne przedstawienie śmierci widoczne jest z następującego snu: *Jakiś nieznany pan oddaje w jego imieniu wizytówkę z czarnymi obwódkami.*

12. Z wielu względów zajmie was następujące marzenie senne, którego pierwszym założeniem jest także i stan neurotyczny.

Jedzie koleją. Pociąg staje w otwartym polu. Sądzi, ze nastąpi jakiś wypadek, trzeba zatem pomyśleć o ucieczce, przechodzi przez wszystkie przedziały pociągu i zabija każdego kogo spotyka, konduktora, maszynistę itd.

Tu wypływa wspomnienie wypadku, opowiedzianego mu przez jego przyjaciela. Na pewnej linii we Włoszech przewożono obłąkanego w półprzedziale, lecz przez nieuwagę umieszczono tam jeszcze jednego podróżnego. Chory zabił swego współtowarzysza podróży. Śniący utożsamia się zatem z owym szaleńcem i usprawiedliwia to myślą natrętną, która go chwilowo dręczy, że musi „usunąć wszystkich wtajemniczonych". Po chwili znajduje jednak sam lepsze umotywowanie, które dało pobudkę do tego snu. Wczoraj w teatrze spotkał dziewczynę, z którą chciał się ożenić, lecz od której odsunął się, gdyż dała mu powód do zazdrości. Przy intensywności, do jakiej dochodzi u niego zazdrość, byłby rzeczywiście szalony, gdyby chciał się z nią ożenić. To znaczy: uważa ją za tak niepewną, że musiałby z zazdrości uprzątnąć wszystkich ludzi, którzy weszliby mu w drogę. Przechodzenie przez szereg pokoi, we śnie – przedziałów, znamy już jako symbol stanu małżeńskiego (przeciwieństwo monogamii).

O zatrzymaniu pociągu w otwartym polu i o obawie wypadku opowiada: gdy razu pewnego podczas podróży zdarzyło się, że pociąg nagle stanął poza stacją, jedna z podróżujących pań oświadczyła, że możliwe jest, iż nastąpi zderzenie, a wówczas najlepiej podnieść nogi do góry. Ten szczegół „nogi do góry" grał zresztą rolę w wielu przechadzkach i wycieczkach za miasto, przedsiębranych z ową dziewczyną w pierwszym, szczęśliwym okresie ich miłości. Jeszcze jeden dowód, że byłby szalony, gdyby się chciał teraz z nią ożenić. Mimo to żywił pragnienie takiego szaleństwa, mogłem to śmiało przypuścić, znając całą sytuację.

WYKŁAD XIII

CECHY ARCHAICZNE I DZIECIĘCE MARZENIA SENNEGO

Panie i Panowie! Pozwólcie mi nawiązać znowu do naszych rozważań, z których wynika, że praca marzenia sennego pod wpływem cenzury wprowadza pod zmienioną postacią ukryte myśli snu. Myśli ukryte nie są niczym innym jak myślami świadomymi i dobrze nam znanymi z życia na jawie; nowy sposób wyrażania czyni je niezrozumiałymi dla nas z wielu względów. Powiedzieliśmy już poprzednio, że praca marzenia sennego cofa się do dawno już przez nas przezwyciężonych stanów rozwoju intelektualnego, że posługuje się mową obrazową, związkiem symbolicznym, może nawet warunkami, które istniały jeszcze przed powstaniem naszej mowy myślowej. Nazwaliśmy ten sposób wyrażania się pracy marzeń sennych *archaicznym* lub *wstecznym*.

Z tego możecie wywnioskować, że głębsze badania pracy marzeń sennych mogłyby nam przynieść cenne wiadomości o początkach naszego rozwoju psychicznego, o czym wiedzieliśmy dotychczas niezbyt dużo. Mam nadzieję, że i to nastąpi, ale dotychczas nikt się tą sprawą nie zajął. Praca marzeń sennych cofa nas do wczesnych okresów dwojakiego rodzaju, po pierwsze do indywidualnej przeszłości dzieciństwa, po drugie do wczesnych okresów rozwoju życia społecznego, którego każdy etap jednostka przechodzi w formie skróconej, wraz z całym rozwojem rodzaju ludzkiego. Nie jest też, moim zdaniem, wykluczone, że uda się nam zbadać w ukrytych procesach psychicznych, jaki udział przypada przeżyciom indywidualnym, a jaki należy przypisać filogenezie czasów pierwotnych. Takim dziedzictwem filogenetycznym wydaje się związek symboliczny, którego nikt nie uczył się indywidualnie.

Nie jest to jedyną cechą archaiczną marzenia sennego. Wszak znacie dobrze z własnego doświadczenia osobliwą amnezję dzieciństwa. Mam na myśli fakt, że przeżycia z pierwszych lat, tj. do piątego, szóstego lub ósmego roku życia nie zostawiają takich śladów w pamięci jak późniejsze. Napotykamy wprawdzie tu i ówdzie na pojedyncze osoby, które mogą pochwalić się wspomnieniami, sięgającymi daleko wstecz, lecz o wiele częściej spotykamy pierwszy wypadek, ową lukę pamięciową. Moim zdaniem, fakt ten nie wywołał dostatecznego zdziwienia. Dwuletnie dziecko mówi już dobrze i okazuje wkrótce, że umie się znaleźć w zawiłych sytuacjach psychicznych, wyraża swoje uczucia, ale nie przypomina ich sobie, skoro mu się o tym po kilku latach opowiada. A przecież pamięć jest w tym okresie bardziej podatna, bo mniej obciążona niż w latach późniejszych. Prócz tego nie mamy żadnych danych, aby uznać czynność pamięciową za specjalnie wysoką i trudną funkcję psychiczną, przeciwnie, często napotykamy na doskonałą pamięć u osób stojących na niskim poziomie umysłowym.

Jako drugą osobliwość, która nawarstwia się na pierwszą, muszę nadmienić, że z próżni wspomnień, ogarniającej lata dzieciństwa, wyłaniają się niektóre dobrze utrzymane, najczęściej plastycznie odczute wspomnienia, które niczym swojej trwałości nie usprawiedliwiają. Z materiałem wrażeniowym naszego późniejszego życia postępuje nasza pamięć w ten sposób, że przeprowadza wybór, zachowuje ważne, a nieważne odrzuca. Z zachowanymi wspomnieniami dzieciństwa ma się rzecz inaczej. Niekoniecznie odpowiadają one przeżyciom doniosłym, ba, nawet nie takim, które z punktu widzenia dziecka mogłyby uchodzić za ważne. Są one często banalne, bez najmniejszego znaczenia, i zdziwieni pytamy się wtedy, dlaczego te właśnie szczegóły zostały wydarte z mroków zapomnienia. Swego czasu usiłowałem zbadać zagadkę amnezji dziecięcej i przerywających ją resztek wspomnień za pomocą analizy i doszedłem do wniosku, że i pamięć dziecka zachowuje wyłącznie tylko fakty o ważnym znaczeniu. Tylko, że przez znany nam proces zgęszczenia, a zwłaszcza przesunięcia, przeżycia ważne zostały zastąpione we wspomnieniu przez inne, które wydają się nam bez znaczenia. Nazwałem te wspomnienia dzieciństwa *wspomnieniami pokrywczymi;* drogą pracy analitycznej można z nich wydobyć cały materiał zapomniany.

Podczas leczenia psychoanalitycznego stawiamy sobie z reguły za zadanie wypełnić owe luki we wspomnieniu dziecięcym, a jeśli osiągamy jakiekolwiek wyniki kuracji, a więc nader często, wydobywamy stale na powierzchnię treść owych, niepamięcią pokrytych lat dziecięcych. Te wrażenia nie były właściwie nigdy zapomniane, były one jedynie niedostępne, ukryte i należały do nieświadomego. Zdarza się jednak, że wynurzają się one z nieświadomego spontanicznie, przyłączając się w tym wypadku do marzenia sennego. Okazuje się stąd, że marzenie senne potrafi znaleźć dostęp do tych ukrytych przeżyć dziecinnych. Wiele podobnych pięknych przykładów znaleźć można w literaturze, a i mnie również udało się znaleźć taki przyczynek. Śniłem razu pewnego między innymi o pewnej osobie, która mi wyświadczyła kiedyś przysługę i którą wyraźnie przed sobą widziałem. Był to jednooki mężczyzna o małej postaci, gruby, o głowie tkwiącej głęboko między ramionami. Z całego związku mogłem wywnioskować, że był lekarzem. Na szczęście mogłem zapytać się mojej matki, która jeszcze żyła, o wygląd lekarza w moim mieście rodzinnym, które opuściłem w trzecim roku życia, i dowiedziałem się od niej, że był jednooki, mały, gruby i głowę miał głęboko tkwiącą w ramionach. Dowiedziałem się też, przy jakim to przeze mnie zapomnianym wypadku udzielił mi swojej pomocy. To rozporządzanie zapomnianym materiałem z czasów pierwszego dzieciństwa jest więc dalszą cechą archaiczną marzeń sennych.

To samo wyjaśnienie stosuje się w dalszym ciągu do innej napotkanej przez nas zagadki. Przypominacie sobie, z jakim zdumieniem przyjęta została wiadomość, że sprawcami marzeń sennych są gwałtowne, złe, rozpustne pragnienia, które czynią koniecznym powstanie cenzury i zniekształcenia marzenia sennego. Jeśli tego rodzaju marzenie senne tłumaczymy śniącemu, który w najlepszym razie nie protestuje przeciwko samej interpretacji, to zazwyczaj stawia on nam pytanie, skąd bierze się u niego takie pragnienie, obce i sprzeczne z jego poczuciem świadomym. Nie należy wątpić, że uda nam się wskazać ich pochodzenie. Te złe życzenia pochodzą z przeszłości, często nawet z niedalekiej. Możemy wykazać, że w swoim czasie były one osobnikowi analizowanemu znane i świadome, mimo że dziś jest inaczej. Niewiasta, której marzenie senne oznacza, że pragnęłaby zobaczyć nieżywą swoją

17-letnią córkę, dowiaduje się przy naszej pomocy, że przecież żywiła kiedyś podobne życzenia śmierci. Dziecko to jest owocem nieszczęśliwego, wkrótce rozwiązanego małżeństwa. Kiedy córkę nosiła jeszcze w swym łonie, po scenie z mężem w napadzie wściekłości, uderzyła się pięściami gwałtownie w brzuch, aby zabić dziecię. Ileż to matek, dziś gorąco, może nawet za gorąco kochających swe dzieci, przyjęło je niechętnie i życzyło sobie, aby kiełkujące w nich życie nie rozwijało się dalej; ba, nawet często zamieniały one życzenia na czynności, na szczęście nieszkodliwe. Życzenia śmierci, skierowane przeciwko osobom ukochanym, później tak zagadkowe, pochodzą zatem z okresu wczesnego do nich stosunku.

Ojciec, którego marzenie senne uprawnia nas do tłumaczenia, że życzy on śmierci wyróżnianemu przez się najstarszemu dziecku, musi sobie również przypomnieć, że to życzenie nie było mu swego czasu obce. Gdy dziecko było jeszcze niemowlęciem, myślał wówczas, niezadowolony z małżeństwa, że gdyby nie było tej istoty, która dla niego tak niewiele znaczy, wtedy byłby wolny i mógłby lepiej użyć swej swobody. Podobne pochodzenie uczuć wrogich możemy wykazać w wielu wypadkach; są to wspomnienia przeszłości, które, niegdyś świadome, odegrały w życiu psychicznym pewną rolę. Wobec tego zechcecie wyciągnąć wniosek, że tego rodzaju życzenia i marzenia senne nie powinny istnieć, jeśli uczucia w stosunku do pewnej osoby nie uległy zmianie, lecz, przeciwnie, miały od początku ten sam charakter. Jestem gotów przyznać wam słuszność, pragnę jednak przypomnieć, że nie należy zważać na dosłowne brzmienie marzenia sennego, lecz na jego sens po tłumaczeniu. Może się zdarzyć, że pewne marzenie senne przybrało tylko straszną maskę śmierci ukochanej osoby, a oznacza coś zupełnie innego, albo też jest ona tylko osobą zastępczą, wprowadzoną w celu zamydlenia nam oczu.

Ten sam stan rzeczy wywoła u was jednak inne jeszcze, daleko ważniejsze pytanie. Powiecie: skoro to życzenie śmierci rzeczywiście raz istniało, co potwierdzają jeszcze wspomnienia, to nie jest jeszcze ono dostatecznym wyjaśnieniem. Wszak zostało ono już dawno przezwyciężone i może tkwić jedynie w nieświadomym jako wspomnienie bez afektu, a nie jako uczucie o pewnej sile popędowej. Nic przecież za tym faktem nie przemawia. Dlaczego więc przypomina o nim marzenie senne? To pytanie jest rzeczywiście uzasadnione; próba odpowiedzi na nie zaprowadziłaby nas za daleko i zmusiłaby do zajęcia stanowiska w jednym z najważniejszych punktów nauki o marzeniu sennym. Zmuszony jednak jestem trzymać się ram naszych rozważań i być powściągliwym. Zadowólmy się udowodnieniem, że to przezwyciężone pragnienie wywołuje rzeczywiście marzenie senne, i prowadźmy w dalszym ciągu nasze badania, aby przekonać się czy i inne złe życzenia dadzą się sprowadzić do tego samego źródła w przeszłości.

Zatrzymajmy się przy życzeniach usunięcia osób drogich, które w pierwszym rzędzie musimy przypisać nieograniczonemu egoizmowi śniącego. Podobne życzenia można bardzo często wykazać, jako motywy marzenia sennego. Kto kiedykolwiek w życiu staje nam na drodze, a zdarza się to przecież często wobec tak skomplikowanych warunków życia, tego marzenie senne gotowe jest natychmiast usunąć ze świata bez względu na to, czy jest to ojciec, matka, rodzeństwo czy małżonek itp. Dość już dziwiliśmy się, że natura ludzka mieści w sobie tyle złego, i nie byliśmy bynajmniej skłonni uznać tak po prostu wyników tłumaczenia marzeń sennych za słuszne. Skoro jednak dalsze poszlaki prowadzą do poszukiwania źródła podobnych życzeń w przeszłości, to natrafiamy wkrótce na okres przeszłości osobnika, kiedy tego rodzaju egoizm i impulsy wobec osób najbliższych przestają nas tak bardzo dziwić. Jest to pierwszy okres dzieciństwa, później pokryty niepamięcią, który wykazuje często te oznaki egoizmu w sposób krańcowy, w zasadzie zaś tylko jego pozostałości. Dziecko bowiem kocha najpierw jedynie siebie, później uczy się kochać innych i poświęcać im część swego ja. Nawet osoby, które, zda się, kocha od samego początku, kocha początkowo tylko ze względów samolubnych, bo ich potrzebuje. Dopiero później uwalnia się uczucie miłości od egoizmu, lecz w rzeczywistości dziecko nauczyło się kochać właśnie z egoizmu.

Godne uwagi jest również przeprowadzenie porównania pomiędzy stosunkiem dziecka do rodzeństwa z jednej a zachowaniem się wobec rodziców z drugiej strony. Dziecko nie zawsze kocha swoje rodzeństwo, często niechęci nawet nie ukrywa. Bez wątpienia nienawidzi go wówczas jako swoich współzawodników i wiadomo, że podobny stosunek trwa całe lata aż do okresu dojrzałości, czasami nawet i dłużej. Często wprawdzie zmienia się ten stosunek w serdeczny, powiedzmy lepiej, owa czułość pokrywa tylko nienawiść, która zwykle jest wcześniejsza. Najłatwiej możemy to zaobserwować u dziecka dwuipółletniego, do 4- lub 5-letniego, skoro rodzina powiększa się o nowego potomka. Bywa on zwykle przyjmowany bardzo nieprzychylnie. Zdania takie jak: niech bocian je weźmie z powrotem, nie cierpię go, nie należą do rzadkości. Później dziecko korzysta z każdej sposobności, by tego nowego przybysza poniżyć, ba, nie należą nawet do rzadkości usiłowania szkodzenia mu lub bezpośrednie zamachy. Przy mniejszej różnicy wieku natrafia dziecko na konkurenta, już po obudzeniu się intensywniejszego życia psychicznego i wtedy się do niego przystosowuje. Przy większej różnicy wieku uważa dziecko swego małego rywala za przedmiot zajmujący, jak gdyby pewnego rodzaju żywą lalkę, która może obudzić sympatię; zwłaszcza u dziewcząt przy różnicy 8 lat lub też większej budzą się instynkty opiekuńcze i macierzyńskie. Lecz mimo to, mówiąc szczerze, jeśli odkrywamy w marzeniu sennym życzenie śmierci, skierowane przeciwko rodzeństwu, to nie należy go traktować jako zagadkę, gdyż bez trudu znajdziemy jego pierwowzór we wczesnych latach dzieciństwa, a często nawet w późniejszych czasach współżycia.

Nie ma prawdopodobnie rodzeństwa, między którym nie zachodziłyby owe konflikty. Współubieganie się o miłość rodziców, o wspólną własność, o miejsce w mieszkaniu, oto ich motywy. Wrogie popędy skierowują się zarówno przeciw starszemu, jak i młodszemu rodzeństwu. Jeśli się nie mylę, to Bernard Shaw powiedział to zdanie: „Jeśli jest ktoś, kogo młoda angielska dama nienawidzi bardziej niż swą matkę, to jest nią jej starsza siostra". W tym aforyzmie uderza nas jeden osobliwy szczegół. Nienawiść i współzawodnictwo pomiędzy rodzeństwem możemy jeszcze od biedy zrozumieć, lecz w jaki sposób mogły się dostać uczucia wrogie do stosunku córki do matki, rodziców do dzieci?

Stosunek ten jest również z punktu widzenia dziecka bardziej korzystny. Odpowiada to naszym oczekiwaniom; oceniamy pobłażliwiej brak miłości do rodzeństwa aniżeli do rodziców. Możemy powiedzieć, że uczucie miłości tylko w drugim wypadku ma dla nas coś świętego w sobie, ale codzienne spostrzeżenia uczą, jak często stosunek uczuciowy między rodzicami a dorosłymi dziećmi odbiega od ideału, ustanowionego przez społeczeństwo. Ileż nienawiści, powstrzymywanej przez pietyzm i czułość, pozostaje w ukryciu, nie mogąc się wyładować! Motywy są wszystkim dobrze znane i polegają na dążności do rozdzielania osób tej samej płci, matki od córki, ojca od syna. Córka widzi w matce autorytet, który hamuje jej wolę i przestrzega wymaganej przez społeczeństwo rezygnacji ze swobody seksualnej. W niektórych wypadkach ponadto matka jest rywalką, która niechętnie ustępuje z placu. Ten sam stosunek, może jeszcze jaskrawszy, istnieje między synem a ojcem. Ojciec ucieleśnia wobec syna wszelki, niechętnie znoszony przymus społeczny; zamyka mu dostęp do wolności i do przedwczesnego użycia płciowego, a gdzie istnieje wspólny majątek rodzinny, tam wzbrania mu ojciec korzystania z niego. Czyhanie na śmierć ojca wzrasta u następcy tronu do tragicznych wprost rozmiarów. Mniej zagrożony jest stosunek ojca do córki, matki do syna. W ostatnim wypadku mamy najczystsze przykłady tkliwości, niezamąconej przez żadne względy samolubne.

Po cóż właściwie wspominam o rzeczach tak banalnych i powszechnie znanych? Ponieważ istnieje niewątpliwa chęć zatuszowania ich znaczenia w życiu, a ideał wymagany przez społeczeństwo wydaje się przez to osiągnięty o wiele częściej niż to ma miejsce rzeczywiście; a przecież jest lepiej, jeśli wypowiada prawdę psycholog, niż gdyby to zadanie miało przypaść cynikowi. To zatuszowanie odnosi się wprawdzie tylko do życia rzeczywistego; natomiast w powieści lub dramacie dozwolone jest posługiwanie się motywami, które wyrastają z konfliktu z ideałem.

W większości wypadków nie należy się dziwić, jeśli w marzeniu sennym odkrywamy życzenie usunięcia rodziców, szczególnie tej samej płci. Możemy nawet przyjąć, że życzenie to istnieje na jawie i czasem przenika do świadomości, jeśli może się ukryć poza innym motywem, jak to było w naszym przykładzie 3, gdzie przyjęło ono maskę współczucia dla bezcelowego cierpienia ojca. Rzadko się zdarza, że nienawiść opanowuje ów stosunek w zupełności, znacznie częściej ustępuje ona uczuciom tkliwym, które ją tłumią, tak że dopiero marzenie senne wydobywa ją na jaw w czystym stanie. To, co w marzeniu sennym na skutek wyodrębnienia dochodzi do olbrzymich rozmiarów, kurczy się z powrotem, skoro po dokonanym tłumaczeniu zestawimy je w związku z życiem (H. Sachs). Podobne życzenie senne spotykamy jednak również i tam, gdzie w życiu nie ma ono punktu oparcia, i gdzie człowiek dorosły nie musiałby się nigdy przyznać do niego na jawie. Tłumaczy się to tym, że najgłębszy i najczęstszy motyw oddalenia się od siebie dwóch osób, przeważnie tej samej płci, rozwija się już we wczesnym dzieciństwie.

Mam tu na myśli współzawodnictwo miłosne z wyraźnym podkreśleniem charakteru płciowego. Już jako małe dziecko odczuwa syn szczególną czułość dla matki, uważając ją za swoją własność, ojca zaś za wspólnika, który ubiega się również o tę wyłączność. Podobnie widzi mała córka w matce osobę, która zakłóca jej stosunek z ojcem i zajmuje miejsce, które i ona sama dobrze mogłaby wypełnić. Z naszych spostrzeżeń dowiadujemy się, jak wczesnych czasów sięgają tego rodzaju uczucia, które określamy jako *kompleks Edypa,* ponieważ to właśnie podanie realizuje z nieznacznym złagodzeniem owe dwa krańcowe życzenia syna; zabójstwo ojca i poślubienie matki. Nie utrzymuję, że kompleks Edypa wyczerpuje stosunek dzieci do rodziców; często może on być bardziej skomplikowany. Kompleks Edypa może być mniej lub bardziej rozwinięty, może nawet ulec odwróceniu, jest to jednak czynnik, który występuje zawsze w życiu psychicznym dziecka i odgrywa dużą rolę; raczej zachodzi obawa niedocenienia jego wpływu niż przecenienia. Często zresztą zespół Edypa jest reakcją dzieci na zachowanie się samych rodziców. Zdarza się bowiem, że rodzice powodują się w swym wyborze różnicą płci, tak że ojciec wyróżnia córkę, a matka syna, zaś w okresie ochłodzenia miłości małżeńskiej dziecko zastępuje obiekt miłosny, który utracił swą wartość.

Nie możemy powiedzieć, by świat za odkrycie kompleksu Edypa okazał psychoanalizie swoją wdzięczność. Przeciwnie, wywołało ono najgwałtowniejszy opór ze strony dorosłych, a osoby, które nie zdołały w odpowiednim czasie wyprzeć się tego wzgardzonego i wzbronionego związku uczuciowego, powetowały to sobie następnie w ten sposób, że przez opaczne tłumaczenie tego kompleksu pozbawiły go właściwej wartości. Według mojego niezmienionego przekonania nie ma się tu czego wypierać ani upiększać. Należy pogodzić się z faktem, który uznany został nawet przez greckie podanie jako nieuniknione przeznaczenie. Ciekawe jest, że ów zespół Edypa, wyrzucony poza nawias życia, odstąpiony został poezji, jakby do jej swobodnego użytku. O. Rank wykazał w swojej starannej pracy, że właśnie kompleks Edypa dostarcza poezji dramatycznej bogatych motywów w niezliczonych odmianach, złagodzeniach i przystrojeniach, a więc w podobnych zniekształceniach, jakie znamy z działalności cenzury. Zespół Edypa należy zatem przypisać także i tym śniącym, którzy szczęśliwie uniknęli w późniejszym życiu konfliktu z rodzicami. W ścisłym związku z nim stoi zespół kastracyjny, a zwiemy tak reakcję na nastraszenie seksualne syna przez ojca lub też na pohamowanie wczesnych przejawów seksualności dziecięcej.

Dotychczas nasze rozważania wskazywały na konieczność badania życia psychicznego dziecka, toteż przypuszczamy, że pochodzenie innej części zakazanych życzeń marzenia sennego, mianowicie wybujałych impulsów seksualnych, wyjaśnione zostanie w podobny sposób. Zyskujemy zatem podnietę do zajęcia się rozwojem dziecięcego życia seksualnego. Dowiadujemy się przy tym z różnych źródeł co następuje; przede wszystkim bezwzględnie błędne jest twierdzenie, jakoby dziecko nie miało życia seksualnego, jakoby sfera płciowa budziła się dopiero w okresie pokwitania wraz z dojrzewaniem narządów płciowych. Przeciwnie, dziecko prowadzi od samego początku intensywne życie seksualne, które różni się wprawdzie w wielu punktach od późniejszego, normalnego. To, co zwiemy u ludzi dorosłych „zboczeniem", odbiega od normalnej linii pod następującymi względami: po pierwsze, przez nieliczenie się z podziałem na gatunki (rozdział między człowiekiem a zwierzęciem), po drugie, przez przekroczenie granic wstrętu i po trzecie - zapory kazirodczej, zakazu zaspakajania pragnień płciowych w stosunku do bliskich krewnych, po czwarte - przez obcowanie bez względu na płeć, po piąte wreszcie - przez przeniesienie roli narządów płciowych na inne narządy lub części ciała. Wszystkie te granice nie istniały od samego początku, lecz zostały wytworzone stopniowo, z biegiem rozwoju i wychowania. Małe dziecko nie zna ich jeszcze. Nie wie jeszcze nic o tej głębokiej przepaści, dzielącej człowieka od zwierzęcia. Wyniosłość, z jaką człowiek odgranicza się od zwierzęcia, nabywa ono dopiero później. Początkowo nie okazuje wstrętu do ekskrementów, lecz nabiera go dopiero pod naciskiem wychowania; nie przykłada szczególnej wagi do różnicy płci i przypuszcza, że obie posiadają te same narządy płciowe; pierwsze swe zachcianki seksualne i ciekawość skierowuje ku osobom najbliższym i z innych względów najukochańszym, a więc ku rodzicom, rodzeństwu i piastunkom, w końcu zaś widoczne jest, co przebija zresztą później i u szczytu stosunku miłosnego, że nie oczekuje ono rozkoszy płynącej jedynie z narządów płciowych, lecz że wiele innych części ciała posiada dla niego tę samą pobudliwość, że dają one podobne uczucie rozkoszy, a więc tym samym mogą grać rolę genitalii. Dziecko możemy zatem nazwać „wielokształtnie perwersyjnym", że zaś przejawy tych popędów są zaledwie zaznaczone, należy to z jednej strony przypisać mniejszej intensywności w porównaniu z późniejszymi okresami życia, z drugiej zaś zważyć, że wychowanie tłumi od razu w sposób energiczny wszelkie przejawy seksualne dziecka. To stłumienie przechodzi w dalszym ciągu, że tak powiem, w teorię, gdyż dorośli starają się zamykać oczy na pewne dziecięce przejawy seksualne, inne zaś pozbawić charakteru seksualnego drogą interpretacji, tak że w końcu mogą się wyprzeć wszystkich. Często ci sami ludzie, którzy dopiero co w pokoju dziecinnym zwalczali wybryki seksualne dzieci, bezpośrednio potem przy biurku stają w obronie niewinności dziecka. Gdzie dzieci pozostają bez dozoru lub ulegają złym wpływom, tam mogą one zajść daleko w przejawach perwersyjnych popędów płciowych. Oczywiście, że rację mają rodzice, nie przykładając wiele wagi do tych „dziecińståw" i „zabawy", gdyż dziecko nie jest w pełni odpowiedzialne ani wobec prawa, ani wobec obyczajowości społecznej. A jednak są to fakty, które mają znaczenie i jako oznaki odziedziczonej konstytucji i jako przyczyny późniejszego rozwoju; wyjaśniają one dziecięce życie seksualne, a tym samym życie seksualne człowieka w ogóle. Skoro zatem w naszych marzeniach sennych odnajdujemy wszystkie te perwersyjne pragnienia, oznacza to tylko, że marzenie senne i na tym polu cofa się do stanu dziecięcego.

Na szczególne podkreślenie zasługują tutaj zakazane pragnienia kazirodcze, dotyczące stosunku płciowego z rodzicami i rodzeństwem. Wiecie, z jakim wstrętem odnosi się do nich (przynajmniej tak głosi) społeczeństwo ludzkie i z jakim naciskiem podkreśla swoje zakazy. Czyniono do granic możliwości wysiłki w celu wyjaśnienia owego strachu przed kazirodztwem. Jedni uważali, że są to względy biologiczne, na zdrowie rasy, które znajdują swój wyraz w tym zakazie psychicznym, albowiem kazirodztwo mogłoby wpłynąć szkodliwie na cechy rasowe; inni utrzymywali, że dzięki współżyciu od najmłodszych lat z pewnymi osobami przestają one być przedmiotem pragnień seksualnych. W obu wypadkach unikanie kazirodztwa odbywałoby się automatycznie, tak, że byłaby niezrozumiała potrzeba tak surowych zakazów, które wskazują raczej na silne pożądania. Badania psychoanalityczne wykazały jednak niewątpliwie, że kazirodczy wybór przedmiotu miłości jest zwykły i pierwotny, i że dopiero później budzi się przeciw niemu opór, którego nie można zrozumieć, opierając się na psychologii indywidualnej.

Zestawmy teraz to, co zyskaliśmy dla zrozumienia marzenia sennego przez zgłębienie psychologii dziecka. Zauważyliśmy nie tylko, że marzeniu sennemu dostępny jest materiał zapomnianych przeżyć dziecięcych, lecz widzieliśmy również, że dla marzenia sennego, a więc w nieświadomym, istnieje nadal życie psychiczne dziecka z wszelkimi jego właściwościami, z jego egoizmem, pragnieniami kazirodczymi itd. i że marzenie senne sprowadza nas noc w noc z powrotem do tego stanu dziecięcego. W ten sposób uzyskujemy potwierdzenie naszej tezy, *że nieświadome życie psychiczne zachowuje swą strukturę dziecięcą*. Łagodnieje zatem nasze pierwsze wrażenie, iż w człowieku tkwi tyle zła. To zło okropne jest po prostu tylko początkiem, pierwotnym, dziecięcym stadium życia psychicznego, którego ślady znaleźć możemy u dziecka, lecz ze względu na jego małe rozmiary po części ich nie dostrzegamy, a po części nie bierzemy ich zbyt poważnie, nie stawiając dziecku wysokich wymagań etycznych. Skoro marzenie senne cofa się na ten stopień, to budzi w nas to wrażenie, jak gdyby wydobywało na jaw tkwiące w nas zło. Jest to jednak tylko zwodniczy pozór, któremu daliśmy się nastraszyć. W istocie nie jesteśmy tak źli, jak należałoby sądzić na podstawie interpretacji marzeń sennych.

Skoro zatem te złe popędy marzeń sennych są tylko pozostałościami dzieciństwa, powrotem do początków naszego rozwoju etycznego, gdyż marzenie senne każe nam myśleć i czuć w sposób właściwy dzieciom, więc rozsądnie rzecz rozważywszy, nie powinniśmy się wstydzić tych brzydkich snów. Rozsądek jednak stanowi tylko część naszego życia psychicznego, oprócz tego dzieje się w naszej duszy niejedno, co jest nierozsądne, i tak już jest, że wbrew rozsądkowi wstydzimy się jednak takich marzeń sennych. Poddajemy je cenzurze, wstydzimy się i gorszymy, jeśli wyjątkowo jednemu z tych życzeń uda się dotrzeć do świadomości w tak niezmienionej postaci, że je musimy rozpoznać. Czasami wstydzimy się nawet i zniekształconych marzeń sennych tak, jak gdybyśmy je zrozumieli. Przypomnijcie sobie oburzenie owej zacnej starszej pani, z jakim osądziła swoje nietłumaczone marzenie senne o „usługach miłosnych". Zagadnienie to nie jest więc jeszcze rozwiązane, zachodzi możliwość, że przy dalszych badaniach nad pierwiastkiem zła w marzeniach sennych dojdziemy do innego sądu i do innej oceny natury ludzkiej.

Jako wynik całego naszego badania wyłaniają się dwa pojęcia, które ponownie stanowią jedynie początek nowych zagadek, nowych wątpliwości. Po pierwsze: regresja marzeń sennych nie jest tylko natury formalnej, lecz także materialnej. Nie tylko przekłada ona myśli na język pierwotny, lecz budzi również właściwości pierwotnego życia psychicznego, dawną wszechmoc jaźni oraz początkowe popędy życia seksualnego, nawet nasze dawne zasoby intelektualne, o ile mamy prawo zaliczyć do nich związek symboliczny. Po drugie: ten element dziecięcy, który pierwotnie panował wszechwładnie w naszej duszy, musimy obecnie zaliczyć do nieświadomego, przez co zmienia się i rozszerza nasze o nim wyobrażenie. Nieświadome przestaje być nazwą dla tego, co jest ukryte tymczasowo, nieświadome to oddzielne państwo psychiczne z własnymi pragnieniami, o własnym sposobie wyrażania się i o swoistych mechanizmach psychicznych, które nie mają mocy gdzie indziej. Ukryte myśli marzenia sennego, które poznajemy po jego tłumaczeniu, nie pochodzą z tego zakresu, przeciwnie, są one tego rodzaju, że moglibyśmy myśleć o nich na jawie; są one jednak nieświadome. Jak więc da się rozwiązać tą sprzeczność? Zaczynamy przeczuwać, że należy przeprowadzić pewne rozróżnienie. Coś, co pochodzi z naszego życia świadomego i nosi jego cechy - zwiemy resztkami dziennymi - łączy się z czymś innym z krainy nieświadomego, aby stworzyć marzenie senne. Między tymi dwiema częściami rozgrywa się praca marzeń sennych. Widocznie warunkiem regresji jest wpływ pierwiastka nieświadomego na resztki dzienne. To jest nasze najgłębsze zrozumienie istoty marzenia sennego, do którego dojść mogliśmy, zanim zdołaliśmy zbadać inne dziedziny psychiki. Zbliża się już czas, inaczej zinterpretować nieświadomy charakter ukrytych myśli, które ma je odróżnić od nieświadomego z krainy dzieciństwa.

Możemy naturalnie postawić także pytanie: co zmusza czynność psychiczną podczas snu do tego rodzaju regresji? Dlaczego nie daje sobie bez niej rady z podnietami psychicznymi, które zakłócają sen? A jeśli ze względu na cenzurę marzenia sennego zmuszona jest posługiwać się dawną, dziś niezrozumiałą formą wyrazu, na cóż jej przywołanie do życia dziś już przezwyciężonych impulsów, pragnień, cech charakteru, a więc regresja materialna oprócz formalnej? Jedyna odpowiedź, która mogłaby nas zadowolić, brzmiałaby, że tylko w ten sposób może powstać marzenie senne, że usunięcie w inny sposób podniety marzenia sennego jest niemożliwością dynamiczną. Na razie nie mamy jeszcze prawa udzielić podobnej odpowiedzi.

WYKŁAD XIV

SPEŁNIENIE ŻYCZENIA

Panie i Panowie! Czy mam wam znowu przypomnieć, jaką drogę odbywaliśmy dotychczas? Jak przy zastosowaniu naszej techniki zetknęliśmy się ze zniekształceniem marzenia sennego, jak postanowiliśmy początkowo zejść mu z drogi, aby zdobyć najpierw zasadnicze wiadomości co do istoty marzenia sennego na podstawie badania marzeń sennych dzieci? Jak następnie, uzbrojeni w wyniki naszych badań, zabraliśmy się wprost do sprawy zniekształcenia i jak ją stopniowo – jak sądzę – przezwyciężyliśmy? Teraz musimy sobie powiedzieć, że to, co znaleźliśmy na jednej i na drugiej drodze, nie zgadza się ze sobą w zupełności. Jest więc teraz naszym zadaniem zestawić i wzajemnie wyrównać te dwojakie wyniki.

Z obydwu stron okazało się, że istotą pracy marzeń sennych jest przeistoczenie myśli w przeżycia halucynacyjne. W jaki sposób stać się to może, jest samo przez się zagadkowe, lecz stanowi to zagadnienie psychologii ogólnej, które nie należy w tej chwili do nas. Z dziecięcych marzeń sennych dowiedzieliśmy się, że praca snu dąży przez spełnienie życzenia do usunięcia podniety cielesnej, zakłócającej sen. O zniekształconych marzeniach sennych nie mogliśmy powiedzieć czegoś podobnego, dopóki nie umieliśmy ich tłumaczyć. Przypuszczaliśmy jednak od samego początku, że uda się nam zniekształcone marzenia senne rozważać z tych samych punktów widzenia co i sny dziecięce. Pierwsze ziszczenie tego oczekiwania przyniosło nam zrozumienie faktu, że właściwie wszystkie sny są dziecięcymi marzeniami sennymi, o materiale dziecięcym, dziecięcych pobudkach psychicznych i o tym samym mechanizmie. Skoro uważamy zniekształcenie marzenia sennego za przezwyciężone, z tych samych względów musimy zwrócić badania w kierunku zagadnienia, czy pojęcie spełnienia życzenia odnosi się również do zniekształconych marzeń sennych.

Dopiero niedawno poddaliśmy tłumaczeniu cały szereg marzeń sennych, nie zwracając jednak uwagi na spełnienie życzenia. Jestem przekonany, że niejednokrotnie nasuwało się wam pytanie: gdzie tu jest spełnienie życzenia, które ma być podobno celem pracy marzeń sennych? Jest to pytanie doniosłe, gdyż stało się ono pytaniem naszych krytyków niespecjalistów. Jak wiecie, ludzie żywią instynktowną niechęć do wszelkich nowości intelektualnych. Do jej objawów należy zredukowanie takiej nowości do jak najmniejszego zakresu oraz, o ile to możliwe, sprowadzenie jej do łatwej formułki. Tego rodzaju formułką nowej nauki o marzeniu sennym stało się spełnienie życzenia. Laik, skoro tylko usłyszał, że marzenie senne ma być spełnieniem życzenia, natychmiast stawia pytanie: gdzie jest spełnienie życzenia? I w chwili, kiedy je zadaje, sam na nie odpowiada przecząco. Natychmiast przypomina sobie niezliczone własne doświadczenia z zakresu marzeń sennych, w których uczucie przykrości spotęgowane było do lęku, tak że to twierdzenie psychoanalizy wydaje mu się nieprawdopodobne. Z łatwością możemy mu odpowiedzieć, że w zniekształconych marzeniach sennych spełnienie życzenia nie może być widoczne, lecz że należy go dopiero szukać, tak że nie możemy go wskazać przed tłumaczeniem snu. Wiemy również, że życzenia marzeń zniekształconych – to życzenia zakazane, odtrącone przez cenzurę, których istnienie jest właśnie przyczyną zniekształcenia i cenzury marzenia sennego. Laikowi trudno wytłumaczyć, że przed dokonaniem tłumaczenia marzenia sennego nie należy pytać o spełnienie życzenia. On i tak o tym zapomni. Jego oporne stanowisko wobec teorii spełnienia życzenia jest również tylko konsekwencją cenzury marzenia sennego, namiastką i wpływem odrzucenia ocenzurowanych życzeń snu.

Oczywiście, że i my odczujemy potrzebę wyjaśnienia faktu, że istnieje tyle marzeń sennych o treści przykrej, szczególnie snów lękowych. Napotykamy tu na zagadnienie afektów w marzeniu sennym, które zasługuje na szczegółowe badanie, lecz w tym miejscu zająć nas, niestety, nie może. Skoro marzenie senne jest spełnieniem życzenia, nie powinny się w nim znajdować uczucia przykre; w tym punkcie wydaje się, jakoby nasz krytyk miał słuszność. Zachodzą tu jednak trojakie komplikacje, o jakich on nie pomyślał.

Po pierwsze: jest możliwe, że nie powiodło się całkowicie pracy marzeń sennych stworzyć spełnienie życzenia, tak że pewna część przykrych afektów myśli sennych przedostała się do jawnej treści snu. Analiza musiałaby wówczas wykazać, że owe myśli były jeszcze bardziej niemiłe niż marzenie senne, które zostało z nich wysnute. A to możemy udowodnić za każdym razem. Przyznajemy wówczas, że praca marzeń sennych nie osiągnęła swego celu, podobnie, jak wywołany przez pragnienie sen o piciu nie osiąga swego celu – ugaszenia pragnienia. Pragnienie pozostaje i zmusza nas do przebudzenia się i zaspokojenia go. Pomimo tego był to prawdziwy sen, któremu nie brak żadnych z jego cech właściwych. Musimy więc powiedzieć: *Ut desint vires, tamen est laudanda voluntas* [1]. Godnym pochwały pozostaje przynajmniej oczywisty zamiar. Tego rodzaju nieudane wypadki nie są rzadkością. Przyczynia się do tego właściwość pracy marzeń sennych, której trudniej przychodzi zmiana afektów niż treści myślowych; uczucia są bowiem czasami bardzo odporne. Tak więc zdarza się, że praca marzeń sennych przerabia przykrą treść

[1] *Ut desint vires, tamen est laudanda voluntas.* – Chociaż brakuje sił, to jednak godne pochwały są chęci [przyp. red.].

myśli sennych na spełnienie życzenia, podczas gdy przykry afekt przedostaje się w niezmienionej formie. W takich marzeniach sennych uczucie nie odpowiada treści snu, a nasi krytycy mogą powiedzieć: jakże może być marzenie senne spełnieniem życzenia, skoro nawet najbardziej niewinna treść budzi w nas tak niemiłe uczucia? Na te uwagi, zdradzające całkowite niezrozumienie, odpowiadamy, że właśnie w takich marzeniach sennych najwidoczniejsza jest tendencja do spełnienia życzenia, gdyż występuje ona tutaj zupełnie wyodrębniona. Błąd zaś wynika stąd, że ludzie, nie znający się na nerwicach, wyobrażają sobie, iż związek między treścią a uczuciem jest tak ścisły, że nie może być zmieniona treść bez zmiany uczucia, które jej odpowiada.

Oto drugi moment daleko ważniejszy i głębszy, lecz przez laika również zaniedbywany. Spełnienie życzenia powinno zapewne sprawiać zadowolenie, lecz pytam komu? Oczywiście temu, kto żywi owo życzenie. Wiemy jednak o śniącym, że ma on do swoich życzeń szczególny stosunek. Odrzuca je, cenzuruje, po prostu nie znosi ich. A więc spełnienie życzenia nie może mu sprawiać rozkoszy, wręcz przeciwnie. Doświadczenie uczy też, że sprzeciw ten, co wymaga jeszcze wyjaśnienia, występuje pod postacią lęku. Możemy zatem wyobrazić sobie śniącego w jego stosunku do własnych życzeń w marzeniu sennym jedynie jako zespolenie dwóch osób, związanych ze sobą silnym podobieństwem cech. Zamiast dalszych wywodów opowiem wam znaną bajkę, w której napotkacie na podobne stosunki. Jakaś dobra wróżka przyrzeka parze biedaków, mężczyźnie i kobiecie, spełnienie trzech pierwszych życzeń. Ci, uszczęśliwieni, postanawiają wybrać je z całą rozwagą. Niewiasta ulega jednak zapachowi smażonej kiełbasy, jaki dobiega z pobliskiej chaty, i życzy sobie tego smakołyku. Kiełbaski zjawiają się natychmiast i – oto zostało spełnione pierwsze życzenie. Oburza to męża i w swym gniewie życzy sobie, by na nosie żony zawisły kiełbaski. I to życzenie zostaje spełnione natychmiast, a kiełbasek nie można już ruszyć z miejsca. Tym razem było to życzenie męża dla żony nie bardzo miłe. Wiecie, jaki jest dalszy ciąg tej bajki. Ponieważ oboje stanowią właściwie jedną całość – mąż i żona – toteż następne życzenie musi być, by kiełbaski opuściły nos niewiasty. Moglibyśmy kilkakrotnie tę bajeczkę zużytkować i w innym związku, tutaj niechaj służy jako ilustracja możliwości, że spełnienie życzenia jednej osoby może być niemiłe dla drugiej, skoro obie nie są jednego zdania.

Z łatwością dojdziemy teraz do jeszcze lepszego zrozumienia lękowych marzeń sennych. Zużytkujemy tylko jeszcze jedno spostrzeżenie, aby potem zdecydować się na przypuszczenie, za którym przemawia niejeden argument: treść snów lękowych bardzo często nie nosi śladów zniekształcenia, że tak powiem, uszła cenzurze. Marzenie senne lękowe jest często niezamaskowanym spełnieniem życzenia, oczywiście życzenia nie uznanego, lecz potępionego. Zamiast cenzury zjawił się lęk. Podczas gdy o dziecięcym marzeniu sennym możemy powiedzieć, że jest ono otwartym spełnieniem życzenia, które zostało zaakceptowane, a o zwykłym zniekształconym śnie, że jest on zakamuflowanym spełnieniem życzenia stłumionego, to marzeniu sennemu lękowemu odpowiada jedynie formuła, że stanowi ono otwarte spełnienie życzenia stłumionego. Lęk jest oznaką, że życzenie stłumione okazało się silniejsze niż cenzura, że wbrew jej woli doznało ono spełnienia lub też miało zamiar je przeprowadzić. Pojmujemy też, że to, co dla niego stanowi spełnienie życzenia, w nas, którzy stoimy po stronie cenzury, wywołuje uczucia przykre i chęć odparcia. Lęk, występujący w marzeniu sennym, jest - jeśli chcecie - obawą przed siłą życzeń, zwykle powstrzymywanych. Dlaczego odparcie występuje pod postacią lęku, tego nie możemy odgadnąć jedynie na podstawie badań nad marzeniami sennymi; widocznie należy zbadać lęk również i w innych źródłach.

Wszystko to, co powiedzieliśmy o niezmienionych marzeniach sennych lękowych, odnosi się również do snów, które doznały pewnego zniekształcenia, i do innych marzeń sennych o przykrej treści, które wywołują w nas nieprzyjemne uczucia, zbliżone zapewne do lęku. Marzenie senne lękowe jest zazwyczaj równocześnie snem budzącym; zwykliśmy przerywać sen, zanim stłumione życzenie, ominąwszy cenzurę, doznało swojego całkowitego zaspokojenia. W tym wypadku nie udało się marzeniu sennemu jego dzieło, ale jego istota pozostaje przecież niezmieniona. Porównywaliśmy już marzenie senne ze stróżem nocnym czy strażnikiem, któremu przypada rola czuwania nad naszym snem. I stróż nocny może znaleźć się w położeniu, nakazującym obudzenie śpiących, a to wówczas, gdy sam czuje się zbyt słaby do odpędzenia sprawcy niepokoju lub do zażegnania niebezpieczeństwa. Jednak udaje się nam nieraz utrzymać sen nawet wtedy, kiedy marzenie senne staje się podejrzane i zaczyna skłaniać się ku lękowi. Powiadamy wtedy, śpiąc dalej: „to przecież tylko sen".

Kiedy zatem może się zdarzyć, że życzenie marzenia sennego zdolne jest pokonać cenzurę? Warunki ku temu mogą być dane zarówno ze strony samego życzenia, jak i ze strony cenzury. Czasami nabiera życzenie z nieznanych nam powodów niezwykłej mocy, lecz częściej odnosimy wrażenie, że to cenzura ponosi winę przy przesunięciu tego układu sił. Słyszeliśmy już, że cenzura pracuje w każdym poszczególnym wypadku z różną intensywnością, że traktuje ona każdy składnik snu z innym stopniem surowości; teraz chciałbym tylko wyrazić przypuszczenie, że jest ona w ogóle bardzo zmienna i że często nie występuje z tą samą surowością przeciwko jednemu i temu samemu gorszącemu ją elementowi. I jeśli się tak składa, że czuje się bezbronna wobec życzenia marzenia sennego, które napada na nią niespodziewanie, wówczas chwyta się zamiast zniekształcenia ostatecznego środka, który jej pozostaje, a mianowicie, rozwijając lęk, przerywa sen.

Tu przychodzi wreszcie na myśl, że nie wiemy dotychczas, dlaczego budzą się te złe, odtrącone przez nas życzenia właśnie w nocy, aby zakłócać nam sen. Odpowiedź nasza musi uciec się do przypuszczenia, które dotyczy istoty stanu sennego. W czasie dnia cenzura ciąży tak dotkliwie nad tymi życzeniami, że w zasadzie nie jest możliwe, by mogły one w jakikolwiek sposób dojść do słowa. W nocy odpada lub przynajmniej słabnie znacznie działanie cenzury, jak w ogóle wszelka działalność życia psychicznego, na korzyść jedynego życzenia, to jest chęci spania. Temu ograniczeniu cenzury w nocy zawdzięczają owe zabronione życzenia swobodę ruchu. Bywają ludzie nerwowi, cierpiący na bezsenność, którzy przyznają, że początkowo sami jej pragnęli. Nie mieli odwagi zasnąć, obawiając się swoich marzeń sennych, to znaczy właśnie owej konsekwencji ograniczenia cenzury. Łatwo zauważyć, że to odwołanie cenzury nie jest jeszcze tak wielką nieostrożnością. Sen poraża nasz aparat ruchowy, tak że nasze złe zamiary doprowadzić mogą tylko do powstania marzenia sennego, które praktycznie jest nieszkodliwe. Sam śpiący robi tę bardzo rozsądną, choć we śnie, lecz nie do życia sennego należącą uwagę: „Przecież to tylko marzenie senne! A więc nie psujmy mu zabawy i śpijmy dalej".

Jeśli ponadto przypomnicie sobie, że śniący, który broni się przeciwko swym życzeniom, odpowiada sumie dwóch oddzielnych, a przecież w jakiś sposób powiązanych ze sobą osób, to zrozumiecie również i inną możliwość, że przez spełnienie życzenia nastąpić może coś bardzo nieprzyjemnego, a mianowicie ukaranie. Tutaj znów służyć może za ilustrację bajeczka o trzech życzeniach: smażone kiełbaski na talerzu są bezpośrednim spełnieniem życzenia pierwszej osoby, żony, kiełbaski zdobiące jej nos, to spełnienie życzenia drugiej osoby, męża, ale równocześnie kara za niemądre życzenie żony. W nerwicach spotkamy się z umotywowaniem trzeciego życzenia, o którym wspomina bajka. Podobne tendencje do karania samego siebie są w życiu psychicznym człowieka dosyć częste; są one bardzo silne i ponoszą odpowiedzialność za część przykrych marzeń sennych. Powiecie może teraz, że w ten sposób nie pozostaje wiele z tego, tak zachwalanego spełnienia życzenia. Przypatrzmy się jednak bliżej, zauważycie bowiem, jak niesłuszny jest wasz zarzut. W przeciwieństwie do różnorodności, o której później jeszcze wspomnimy, a którą różni autorzy chcą przypisać marzeniu sennemu, jest odgadnienie jego treści jako: spełnienie życzenia - spełnienie lęku - i spełnienie kary, bardzo ograniczone, szczególnie, jeśli weźmiemy pod uwagę, że lęk stanowi bezpośrednie przeciwieństwo życzenia, a przeciwieństwa zbliżają się do siebie w skojarzeniach, zaś w nieświadomym - jak już słyszeliśmy - łączą się w jedną całość. Ponadto i kara jest spełnieniem życzenia, życzenia tej drugiej osoby, która sprawuje cenzurę.

Zestawiając to, co powiedziałem, muszę zaznaczyć, że nie uczyniłem ustępstwa na rzecz waszego zarzutu przeciwko teorii o spełnieniu życzenia. Jesteśmy jednak zobowiązani wykazać spełnienie życzenia na każdym dowolnym zniekształconym marzeniu sennym i nie zamierzamy uchylić się od tego zadania. Zwróćmy się znów do tłumaczonego już marzenia sennego o trzech złych biletach teatralnych za 1 fl. 50, na którym nauczyliśmy się już niejednego. Pewna niewiasta, której mąż opowiedział w ciągu dnia, że zaręczyła się jej przyjaciółka Liza, o trzy miesiące od niej młodsza, śni w nocy, że siedzi z mężem w teatrze. Jedna część parteru jest prawie pusta. Mąż mówi do niej, że Liza i jej narzeczony mieli również zamiar pójść do teatru, lecz nie mogli dostać innych biletów jak tylko 3 za 1 fl. 50. Ona myśli, że nie byłoby to takie straszne. Wywnioskowaliśmy wówczas, że myśli marzenia sennego wyrażają niezadowolenie, że wyszła ona tak wcześnie za mąż i że w ogóle nie jest zbyt zachwycona swoim małżonkiem. Możemy zadać sobie pytanie, w jaki sposób te przykre myśli zostały przerobione na spełnienie życzenia, i gdzie znajduje się ich ślad w jawnej treści. Wiemy już, że składnik „za wcześnie, zbyt pośpiesznie" wykluczony został przez cenzurę z marzenia sennego. Pusty parter jest do niego aluzją. Zagadkowe „trzy za 1 fl. 50" rozumiemy teraz lepiej za pomocą poznanej przez nas symboliki. Trójka [2] ta oznacza w rzeczywistości mężczyznę, a składnik jawny można z łatwością przetłumaczyć; kupić sobie męża za posag (sto razy lepszego męża mogłam sobie kupić za mój posag). Zamążpójście zastąpione jest tutaj przez pójście do teatru; „za wczesne załatwienie biletów" występuje zamiast przedwczesnego pójścia za mąż. To podstawienie jest właśnie dziełem spełnienia życzenia. Nasza śniąca nie była zawsze tak niezadowolona ze swojego wczesnego zamążpójścia jak w dniu, kiedy otrzymała wiadomość o zaręczynach swojej przyjaciółki. Swego czasu była nawet z tego bardzo dumna i uważała się za wyróżnioną w porównaniu z przyjaciółką. Naiwne dziewczęta dają podobno nieraz po zaręczynach wyraz swej radości, że wkrótce będzie im wolno chodzić do teatru na wszystkie sztuki, które były dotychczas zabronione, że wszystko będą już mogły oglądać. Ta część rozkoszy oglądania czy też ciekawości, która się przy tym ujawnia, była zapewne początkowo seksualną rozkoszą patrzenia, zwróconą ku życiu płciowemu, zwłaszcza rodziców, a później stała się silnym motywem, skłaniającym wiele dziewcząt do wczesnego zamążpójścia. W ten sposób pójście do teatru staje się bardzo prawdopodobnie aluzją zastępczą dla zamążpójścia. W obecnym niezadowoleniu ze swego wczesnego zamążpójścia powraca śniąca do owych czasów, w których małżeństwo stanowiło dla niej spełnienie życzenia, gdyż zaspakajało jej pragnienie obserwacji, i teraz mocą owego dawnego życzenia zastępuje ona w dzisiejszym marzeniu sennym zamążpójście przez pójście do teatru.

Możemy wprawdzie powiedzieć, że nie wybraliśmy tu najłatwiejszego przykładu, aby udowodnić utajone spełnienie życzenia. W podobny sposób bylibyśmy zmuszeni postępować i przy innych zniekształconych marzeniach sennych. Nie mogę uczynić tego wobec was, dlatego wyrażam tylko przekonanie, że nam się to zawsze powiedzie. Pragnę jednak zatrzymać się jeszcze przez chwilę przy tym punkcie naszej teorii.

Doświadczenie pouczyło mnie, że punkt ten jest jednym z najbardziej zagrożonych w całej nauce o marzeniu sennym i że wiąże się z nim wiele sprzeczności

[2] Pomijam inne tłumaczenie owej trójki, bardzo prawdopodobne z tego powodu, że niewiasta ta jest bezdzietna, gdyż analiza nie dostarczyła nam odpowiedniego materiału.

i nieporozumień. Poza tym macie może wrażenie, że część swych twierdzeń już odwołałem, ponieważ oświadczyłem, że marzenie senne jest spełnieniem życzenia lub jego przeciwieństwem, urzeczywistnionym lękiem albo karą, i będziecie zdania, że jest to sposobność do żądania ode mnie dalszych ustępstw. Słyszałem również i taki zarzut, że sprawy, które wydają mi się jasne, przedstawiam zbyt zwięźle i przez to mało przekonywująco.

Zdarza się często, że ktoś, kto uszedł z nami spory kawał drogi w kierunku tłumaczenia marzeń sennych i przyjął wszystko, co ona dotychczas przyniosła, nagle przystaje przy sprawie spełnienia życzenia i pyta: przypuśćmy, że marzenie senne zawsze ma sens, który daje się odkryć za pomocą techniki psychoanalitycznej, czemuż jednak należy zawsze to marzenie senne – na przekór wszelkiej oczywistości – wtłoczyć w formułkę o spełnieniu życzenia? Dlaczego nie mógłby sens myśli nocnych być tak samo różnorodny, jak i myśli dziennych, a więc raz odpowiadałoby marzenie senne spełnieniu życzenia, w innym wypadku, jak pan sam powiada, jego przeciwieństwu, tj. urzeczywistnionej obawie, to znów wyrażałoby postanowienie, przestrogę, rozmyślania za i przeciw lub też jakiś wyrzut, napomnienie sumienia, usiłowanie przygotowania się do czekającego zadania itp.? Dlaczego zawsze tylko życzenie lub w najlepszym razie jego kontrast?

Można by pomyśleć, że różnica co do tego punktu nie jest tak ważna, skoro poza tym jest się tego samego zdania. Wystarczy, że odkryliśmy sens marzenia sennego i drogi prowadzące do jego poznania; nie gra już wtedy roli to, czy sens ten ujęliśmy za ciasno. Ale tak nie jest. Nieporozumienie co do tego punktu dotyczy istoty całokształtu naszych wiadomości o marzeniu sennym i zagraża ich wartości dla zrozumienia nerwic. Oprócz tego ten rodzaj ustępliwości, który ceni się w życiu kupieckim, nie jest na miejscu przy rozważaniach naukowych i działa raczej szkodliwie.

Moja pierwsza odpowiedź na pytanie, dlaczego marzenie senne nie miałoby być wieloznaczne w sensie powyższym, brzmi jak zwykle w takich wypadkach: nie wiem, dlaczego by tak być nie miało. Nie miałbym nic przeciwko temu. Jeśli chodzi o mnie, niechaj tak będzie. Jedna tylko drobnostka sprzeciwia się temu szerokiemu i wygodniejszemu pojmowaniu marzenia sennego, a mianowicie to, że w rzeczywistości tak nie jest.

Moja druga odpowiedź podkreśli, że i mnie nie jest obce przypuszczenie, iż marzenie senne odpowiada różnorodnym formom myślenia i czynności intelektualnych. Opisując pewną historię choroby, podałem w swoim czasie marzenie senne, które występowało przez trzy noce z rzędu i nigdy więcej, i wyjaśniłem to w ten sposób, że ów sen odpowiadał pewnemu postanowieniu, po którego wykonaniu nie zachodziła więcej potrzeba jego powtórzenia. Jakże mogę teraz zaprzeczać i twierdzić, że marzenie senne to tylko spełnienie życzenia?

Czynię to, ponieważ nie chcę dopuścić do głupiego nieporozumienia, którego ofiarą stać się może cały owoc naszej pracy, nieporozumienia, które zamienia marzenie senne z jego ukrytymi myślami i przypisuje mu coś, co dotyczy jedynie tych ostatnich. Oczywiście, twierdzenie, że marzenie senne odpowiada - jak to wymieniliśmy poprzednio - postanowieniu, przestrodze, zastanowieniu się, przygotowaniu lub próbie rozwiązania pewnego zadania itd. jest zupełnie słuszne. Gdy się dobrze przyjrzycie, zauważycie, że odnosi się to wszystko tylko do myśli ukrytych, które zostały przekształcone w marzenie senne. Dowiadujecie się z tłumaczenia snów, że myśli nieświadome zajmują się tego rodzaju postanowieniami, przygotowaniami, rozmyślaniami itp., z których potem praca marzeń sennych urabia sen. Skoro na razie nie zajmujecie się pracą marzeń sennych, lecz interesuje was nieświadoma praca myślowa człowieka, to wyłączacie pracę marzeń sennych i mówicie - praktycznie zupełnie słusznie - że marzenie senne odpowiada pewnej przestrodze, postanowieniu itp. W ciągu pracy psychoanalitycznej zdarza się to dość często. Dążymy przeważnie tylko do tego, aby zburzyć gmach marzenia sennego, a z ukrytych myśli, z których wysnute zostało marzenie senne, utworzyć nowe ogniwo.

W ten sposób, rozważając kwestię myśli ukrytych, dowiadujemy się przypadkowo, że wszystkie wymienione bardzo zawiłe akty psychiczne powstają nieświadomie. Jest to wynik zarówno nadzwyczajny, jak i oszałamiający!

Przyznaję wam rację, skoro uprzytomniliście sobie, że posługiwaliście się skróconym sposobem wyrażania się i skoro nie wierzycie w konieczność zastosowania wspomnianej różnorodności do istoty marzenia sennego. Jeśli mówicie o „marzeniu sennym", to przez to słowo rozumieć należy bądź marzenie senne jawne, tzn. wytwór pracy marzeń sennych, bądź też „najwyżej samą pracę marzenia sennego, tzn. ów proces psychiczny, który urabia z myśli ukrytych jawne marzenie senne. Każde inne użycie tego słowa jest pomieszaniem pojęć, które może wyrządzić wiele złego. Jeśli twierdzenia wasze odnoszą się do myśli ukrytych poza marzeniem sennym, wtedy powiedzcie wprost i przez niedbałe sformułowania nie mąćcie zagadnienia snu. Myśli ukryte przedstawiają materiał, który praca marzeń sennych przetwarza w jawne marzenie senne. Dlaczego zatem pragniecie koniecznie zamienić sam materiał z pracą, która go urabia? Czym różnicie się wówczas od tych, którzy znali jedynie wytwór tej pracy, nie mogąc sobie jednak wytłumaczyć, skąd on pochodzi i jak powstaje?

Jedyna istotna część marzenia sennego to praca senna, która wpłynęła na materiał myślowy. Nie mamy prawa omijać jej w teorii, mimo że można ją zaniedbywać w niektórych sytuacjach praktycznych. Obserwacja analityczna poucza także, że praca marzeń sennych nie ogranicza się tylko do przekładania tych myśli na znany wam archaiczny lub wsteczny sposób wyrażania się, ale dodaje ona stale coś jeszcze, co nie należy do ukrytych myśli dziennych, lecz co stanowi właściwą siłę popędową przy tworzeniu marzenia sennego. Tym niezbędnym dodatkiem jest również nieświadome życzenie, dla którego spełnienia przeistoczona została treść snu. Marzenie senne może oznaczać wszystko, co chcecie, o ile tylko uwzględnicie myśli, które wyraża, a więc przestrogę, postanowienie, przygotowanie itd.; jest ono jednak zawsze również i spełnieniem nieświadomego życzenia i jest tylko tym, o ile uważacie sen za wynik pracy marzenia sennego. Marzenie senne nie jest zatem nigdy po prostu postanowieniem czy przestrogą, lecz zawsze postanowieniem itp., przełożonym za pomocą nieświadomego życzenia na język archaiczny i w celu spełnienia tych życzeń przeistoczonym. Ta jedna cecha, spełnienie życzenia, jest zawsze stała, inne mogą być zmienne; może ona być ze swej strony również życzeniem – wtedy wyraża marzenie senne za pomocą nieświadomego życzenia ukryte życzenie dzienne jako spełnione.

Osobiście rozumiem to doskonale, lecz nie wiem, czy udało mi się uczynić to zrozumiałym również i dla was. Napotykam bowiem na trudności przy udowodnieniu wam moich myśli. Z jednej strony trudno sobie poradzić bez starannej analizy wielu marzeń sennych, z drugiej zaś nie można przedstawić tego najbardziej drażliwego i najdonioślejszego punktu naszych poglądów na marzenie senne, nie nawiązując do rozważań późniejszych. Czy możecie uwierzyć, że mimo ścisłego związku pomiędzy wszystkimi zagadnieniami można przeniknąć głęboko w naturę jednego z nich, nie troszcząc się o inne podobne? Ponieważ nie wiemy jeszcze niczego o objawach nerwicowych, a te są najbardziej pokrewne marzeniu sennemu, dlatego musimy poprzestać na tym, co dotychczas zdobyliśmy. Pragnę tylko wyjaśnić jeszcze jeden przykład i wypowiedzieć pewien nowy pogląd.

Powróćmy znów do marzenia sennego o trzech biletach teatralnych za 1 fl. 50, o którym wspominaliśmy tu już kilkakrotnie. Mogę was zapewnić, że wybrałem ten przykład zupełnie dowolnie. Ukryte myśli tego snu są wam już znane: niezadowolenie kobiety, że pośpieszyła się tak z zamążpójściem, wywołane wiadomością o zaręczynach przyjaciółki; lekceważenie własnego męża i myśl, że dostałaby lepszego, gdyby czekała. Życzenie, jakie ulepiło z tych myśli marzenie senne, znamy również, jest nim pragnienie patrzenia, możliwość pójścia do teatru, która prawdopodobnie stanowi jakieś odgałęzienie dawnej ciekawości, pragnącej się wreszcie dowiedzieć, co się na prawdę dzieje w małżeństwie. Ta ciekawość dotyczy zasadniczo, jak wiadomo, życia płciowego rodziców, jest więc popędem dziecięcym, a o ile występuje także i później, wówczas źródła jej również szukać należy w dzieciństwie. Nowina dnia nie dała powodu do obudzenia się pragnienia patrzenia, obudziła tylko niezadowolenie i żal. Życzenie to nie należało do ukrytych myśli snu, wobec czego mogliśmy włączyć do analizy wynik tłumaczenia owego snu, nie uwzględniając życzenia. Jednak niezadowolenie nie było samo przez się zdolne utworzyć marzenie senne; mogło ono natomiast powstać, jeśli oprócz myśli „nonsensem było tak wcześnie wychodzić za mąż", rozbudzone zostało również dawne życzenie, aby wreszcie przyjrzeć się temu, co się dzieje w małżeństwie. Wtedy życzenie to uformowało treść marzenia sennego, zastępując zamążpójście przez pójście do teatru i nadając mu formę wcześniejszego spełnienia życzenia; oto teraz wolno mi chodzić do teatru i oglądać wszystko, co zabronione, a tobie nie. Ja jestem zamężna, a ty musisz jeszcze czekać. W ten sposób została zamieniona obecna sytuacja w jej przeciwieństwo, a dawny triumf zajął miejsce świeżej porażki. Jednocześnie zaspokojenie pragnienia patrzenia splotło się tutaj z egoistyczną satysfakcją zwycięskiej rywalki. To zaspokojenie nadaje wreszcie ostateczną formę jawnej treści marzenia sennego, w którym rzeczywiście ona siedzi w teatrze, podczas gdy jej przyjaciółka nie mogła do niego przyjść. Sytuacja zaspokojenia doznała jednak pewnych zmian niestosownych i niezrozumiałych, poza którymi jednak kryją się jeszcze myśli utajone. Analiza marzenia sennego powinna pominąć to wszystko, co służy do przedstawienia spełnienia życzenia, na przykład z aluzji odtworzyć przykre, ukryte myśli snu.

Rozważanie, którym chcę się z wami teraz podzielić, ma zwrócić waszą uwagę na wysunięte na pierwsze miejsce, ukryte myśli snu. Proszę więc nie zapominać, że po pierwsze są one dla śniącego nieświadome, po drugie są zupełnie zrozumiałe i powiązane tak, że można je uznać za zrozumiałe reakcje na bodziec snu, a po trzecie, że mogą one posiadać wartość jakiegokolwiek przeżycia lub działalności intelektualnej. Toteż ściślej jeszcze niż poprzednio nazwę te myśli „resztkami z dnia", bez względu na to, czy śniący do nich się przyznaje czy nie. Wyodrębniam obecnie resztki dnia i myśli ukryte, a jako myśli ukryte określam, zgodnie zresztą z naszym poprzednim zwyczajem, wszystko to, co nam przynosi analiza snu, podczas gdy resztki z dnia są jedynie cząstkami myśli ukrytych. Według naszych pojęć więc przyłączyło się do tych resztek z dnia coś z dziedziny nieświadomego, jakieś silne, lecz stłumione życzenie i ono jedynie jest zdolne utworzyć marzenie senne. Wpływ tego życzenia na resztki z dnia powoduje dalsze współdziałanie myśli ukrytych i to takie, którego nie można wyjaśnić racjonalnie i na podstawie życia na jawie.

W celu określenia stosunku, w jakim pozostają resztki z dnia do nieświadomego życzenia, użyłem porównania, które mogę tu tylko powtórzyć. W każdym przedsiębiorstwie potrzebny jest kapitalista, który ponosi koszt, i przedsiębiorca, który daje pomysł i potrafi go wprowadzić w życie. Rolę kapitalisty przy tworzeniu marzenia sennego gra zawsze nieświadome życzenie, które dostarcza energii psychicznej; przedsiębiorcą jest resztka z dnia, która decyduje o zużytkowaniu tej inwestycji. Jednak zdarzyć się może, że sam kapitalista może się pochlubić bogactwem idei i znajomością rzeczy lub też że przedsiębiorca sam posiada kapitał. Ułatwia to w praktyce sytuację, utrudnia jednak zarazem jej teoretyczne zrozumienie. W gospodarce społecznej przeprowadza się wprawdzie ciągle rozdział tej jednej osoby na obydwa czynniki, na kapitalistę i przedsiębiorcę, i w ten sposób stwarza się z powrotem sytuację podstawową, na której opierało się nasze porównanie. Przy tworzeniu marzenia sennego powstają często podobne odmiany, a dalsze ich rozwiązanie pozostawiam już wam samym.

Nie możemy iść tutaj dalej, gdyż prawdopodobnie przeszkadza wam już od dawna pewna wątpliwość, która zasługuje na uwagę. Czy resztki z dnia są nieświadome w tym samym znaczeniu co nieświadome życzenie, które musi się do nich dołączyć, jeśli ma z nich powstać marzenie senne? Wasze wyczucie jest trafne. To jest jądro całej sprawy. Nie, nie są one nieświadome w tym samym znaczeniu. Życzenie marzenia sennego należy do innej dziedziny nieświadomego, do tego nieświadomego, którego korzenie sięgają dzieciństwa, a którego osobliwe mechanizmy poznaliśmy już poprzednio. Byłoby wskazane rozdzielić te dwa rodzaje nieświadomego przez nadanie im różnych nazw. Poczekajmy z tym tak długo, aż zapoznamy się bliżej z dziedziną nerwic. Przecież zarzuca się nam, że nasze nieświadome jest zjawiskiem fantastycznym, a cóż dopiero powiedzą, gdy przyznamy się, że dopiero przyjęcie dwóch rodzajów nieświadomego jest w stanie nas zadowolić.

Na tym przerwiemy. I tym razem usłyszeliście coś niezupełnego, lecz czy nie przejmuje otuchą myśl, że nasza wiedza ma swój ciąg dalszy, który stworzymy sami albo inni po nas? I czyż nie dowiedzieliśmy się sami wielu rzeczy nowych i niespodziewanych?

WYKŁAD XV

MARZENIA SENNE. NIEPEWNOŚCI I KRYTYKI

Panie i Panowie! Nie zechcemy przecież opuścić dziedziny marzenia sennego, nie pomówiwszy o najczęstszych wątpliwościach i niepewnościach, jakie łączyły się z naszymi dotychczasowymi odkryciami i poglądami. Część materiału do tego celu zebrał już zapewne niejeden spośród moich uważnych słuchaczy.

1. Odnieśliście może wrażenie, że wyniki naszej pracy analitycznej, mimo poprawnego zastosowania techniki, dopuszczają tyle wątpliwości, iż przez to udaremnione zostaje pewne przetłumaczenie jawnego marzenia sennego na myśli ukryte. Oświadczycie mi, że po pierwsze nigdy nie wiadomo, czy należy rozumieć dany składnik marzenia we właściwym znaczeniu, czy też symbolicznie, gdyż przedmioty, które użyte zostały jako symbole, nie tracą swego właściwego charakteru, są nadal tym, czym są w rzeczywistości; skoro nie ma się zatem obiektywnego punktu oparcia, aby móc to rozstrzygnąć, wówczas tłumaczenie bywa w tym miejscu pozostawione dowolności tłumacza. Następnie – na skutek zatarcia się przy pracy marzeń sennych wszelkich kontrastów – niepewne jest za każdym razem, czy dany składnik należy rozumieć w znaczeniu pozytywnym czy negatywnym, tzn. czy mamy przyjąć go tak, jak nam się przedstawia, czy też jako jego kontrast. Świeża sposobność dla samowoli tłumacza! Po trzecie, wolno tłumaczowi – opierając się na tym, że marzenie senne posługuje się chętnie odwróceniami – przeprowadzać

podobne odwrócenia w tych punktach marzenia sennego, które on uznaje za stosowne. Wreszcie powołacie się na często wytaczany zarzut, iż rzadko jesteśmy pewni, czy znalezione tłumaczenie jest jedynie możliwe. Można się w tym wypadku narazić na przeoczenie innego, również dopuszczalnego, tłumaczenia. Wśród tych okoliczności - wywnioskujecie - jest otwarte pole dla dowolności tłumacza, która nie stoi w żadnym stosunku do obiektywnej pewności naszych wyników. Możecie również przyjąć, że błędu nie należy szukać w marzeniu sennym, lecz w niesłuszności naszych pojęć i założeń.

Cały wasz materiał jest doskonale zebrany, lecz mimo to sądzę, że nie daje wam prawa do wyciągania podobnych wniosków, które zmierzają w dwóch kierunkach, a mianowicie: że tłumaczenie marzeń sennych, tak jak je stosujemy, zagrożone jest samowolą oraz że braki w wynikach poddają w wątpliwość słuszność naszego postępowania. Zgodzę się, jeśli zamiast samowoli tłumacza umieścicie jego zręczność, doświadczenie i zrozumienie. Z podobnymi momentami osobistymi musimy się liczyć rzeczywiście, zwłaszcza przy trudniejszych zadaniach tłumaczenia snów. Nie dzieje się jednak inaczej i w innych dziedzinach nauki. Nie istnieje środek, który mógłby zapobiec temu, że jedni opanowują pewną technikę lepiej, a inni gorzej. Co zresztą, jak na przykład przy tłumaczeniu symboli, imponuje jako dowolność, to zostaje unieszkodliwione przez to, że w zasadzie związek między myślami marzenia sennego oraz pomiędzy snem a życiem śniącego jak też cała sytuacja psychiczna, w której powstaje marzenie senne, decyduje o wyborze jednej spośród danych możliwości tłumaczenia, odrzucając inne jako bezużyteczne. Odnośnie wniosku, że niedomagania naszego tłumaczenia wskazują na niesłuszność naszych wywodów, upada on, jeśli zważymy, że wieloznaczność i nieokreśloność marzenia sennego stanowią jego nieodzowną właściwość.

Przypomnijmy sobie, że powiedzieliśmy, iż rezultatem pracy marzeń sennych jest przekład myśli marzenia sennego na prymitywny sposób wyrażania się, podobny do pisma obrazkowego. Wszystkie te prymitywne systemy wyrażania się są jednak bardzo niepewne i wieloznaczne, a mimo to nie mamy prawa powątpiewać w możliwości ich zastosowania. Wiadomo, że połączenie w jedność kontrastów przy pracy marzeń sennych znajduje analogię w tak zwanym „odwrotnym znaczeniu prasłów" w najstarszych językach. Filolog K. Abel (1884), któremu ten pogląd zawdzięczamy, zwraca uwagę, że nie należy sądzić, jakoby porozumiewanie się dwóch osób za pomocą tak ambiwalentnych słów miało być przez to dwuznaczne. Ton i gest, towarzyszący mowie, w związku z całością, nadawały ostateczne piętno, tak że nie było wątpliwości, który z dwóch kontrastów mówca miał na myśli. W piśmie zamiast gestu stosowano mały znaczek, którego nie wymawiano, i tak na przykład, mały skurczony człowieczek względnie zuchwale wyprężony mężczyzna nadawali właściwy sens dwuznacznemu słowu pisma obrazkowego - „słaby" lub „silny". W ten sposób unikano nieporozumienia mimo wieloznaczności dźwięków i znaków.

Stare systemy wyrażania się, na przykład pisma najstarszych języków, zdradzają wielką ilość podobnych niepewności, których nie tolerowalibyśmy w naszym dzisiejszym piśmie. I tak w niektórych pismach semickich oznaczane bywają tylko spółgłoski. Opuszczone samogłoski musi sobie czytelnik sam poumieszczać stosownie do znajomości rzeczy i wątku. Niezupełnie w ten sposób, lecz podobnie, postępuje pismo obrazkowe i z tego też powodu pozostała dla nas nieznana wymowa języka staroegipskiego. Pismo święte Egipcjan zna jeszcze inne niepewności. Tak na przykład, uszeregowanie hieroglifów od prawej ręki do lewej, czy od lewej do prawej pozostawione jest dowolności piszącego. Aby móc czytać, trzeba stosować się do przepisu, według którego należy zważać na twarze figur, ptaków itd. Pisarz mógł jednak umieścić znaki również w porządku pionowym, a przy napisach na małych przedmiotach mógł się dać skłonić, czy to ze względów uprzejmości, czy też chcąc wypełnić puste miejsce, do innej jeszcze zmiany w następstwie znaków. Brak zaś przerw między słowami najbardziej utrudnia odcyfrowanie hieroglifów. Obrazki biegną przez całą stronę w równych od siebie odstępach i przeważnie nie wie się, czy dany znak należy jeszcze do poprzedniego, czy już jest początkiem nowego słowa. Za to w perskim piśmie klinowym ukośny klin służy jako „dzielnik słów".

Język i pismo chińskie są wprawdzie bardzo stare, lecz do dzisiaj w użytku 400 milionów ludzi. Nie myślcie, że wiele znam się na tym piśmie; dowiedziałem się tylko o nim, sądząc, że znajdę tu analogie do niepewności marzenia sennego. Oczekiwania mnie nie zawiodły. Język chiński pełen jest takich niepewności, które są w stanie napędzić nam strachu. Składa się on – jak wiadomo – z pewnej ilości dźwięków zgłoskowych, które wymawia się bądź pojedynczo, bądź po dwie spojone razem. Jeden z głównych dialektów posiada blisko 400 podobnych dźwięków. Ponieważ jednak zasób słów tego narzecza obliczony jest na około 4000 słów, zatem wynika z tego, że przeciętnie każdy dźwięk ma dziesięć różnych znaczeń, niektóre z nich mniej, a w zamian za to inne o tyleż więcej. Istnieją jednak liczne sposoby, które zapobiegają wieloznaczności, gdyż nie można jedynie z samego wątku myśli odgadnąć, które z tych dziesięciu znaczeń ma mówiący na myśli. Między innymi występuje tu połączenie dwóch dźwięków, tworzących w ten sposób jedno słowo złożone, i stosowanie czterech różnych „tonów", podkreślających te zgłoski. Dla naszego porównania ciekawa jest również ta okoliczność, że język ten nie posiada gramatyki. O żadnym takim jednozgłoskowym słowie nie można powiedzieć, czy jest to rzeczownik, czasownik czy też przymiotnik, brak jest też wszelkich końcówek, wskazujących na rodzaj, liczbę, czas czy tryb. Język ten składa się, że tak powiem, tylko z surowca, podobnie jak i nasza mowa myślowa zamienia się w materiał surowy dzięki pracy marzeń sennych, nie stosującej i nie uwzględniającej wyrażenia związków logicznych. W języku chińskim rozstrzyga w każdym niepewnym wypadku słuchacz, który kieruje się tylko wątkiem myśli. Zanotowałem sobie jako przykład pewne przysłowie chińskie, które w dosłownym tłumaczeniu brzmi: „Mało co widzieć, dużo co zadziwiające". Nietrudno jest to zrozumieć. Może to znaczyć: im mniej ktoś widział, tym więcej znajduje rzeczy do podziwiania, lub też: wiele podziwia ten, kto mało widział. Rozstrzygnięcie między tymi dwoma, różniącymi się od siebie tylko gramatycznie, tłumaczeniami nie wchodzi już w rachubę. Znawcy języka chińskiego zapewniają nas, że mimo swej nieokreśloności stanowi on doskonały środek dla wyrażania myśli. A więc nie zawsze nieokreśloność powoduje wieloznaczność.

Przyznać jednak musimy, że dla sposobu wyrażania się marzenia sennego sytuacja jest bardziej niekorzystna, niż jeśli chodzi o stary język lub pismo. Te ostatnie są w gruncie rzeczy środkami porozumiewania się, to znaczy, są obliczone na zrozumienie dzięki użyciu tych czy innych środków pomocniczych. Jednak tej cechy brak jest marzeniu sennemu. Marzenie senne nie chce nikomu nic powiedzieć, nie jest ono żadnego rodzaju komunikatem, przeciwnie, jest spreparowane w ten sposób, aby pozostało niezrozumiałe. Toteż nie należy dziwić się i opuszczać rąk, jeśli tu i ówdzie wykaże się, że nie możemy rozstrzygnąć jakichś niepewności i wieloznaczności marzenia sennego. Z poprzednio dokonanych porównań uzyskamy jedynie to uspokojenie, że podobne niepewności, które podnosi się jako zarzut przeciwko słuszności naszego tłumaczenia marzeń sennych, są właściwie zwykłymi cechami wszystkich prymitywnych systemów wyrażania się.

Jak daleko sięga w rzeczywistości zrozumiałość marzenia sennego, to da się stwierdzić jedynie na drodze wprawy i doświadczenia. Moim zdaniem, sięga ona bardzo daleko, a moje zapatrywanie potwierdzają wyniki porównawcze wielu doskonale wyszkolonych analityków. Publiczność lubuje się, jak wiadomo, w tym, aby wobec trudności i niepewności jakiejś nauki pysznić się wyższością swego sceptycyzmu. Według mnie, postępowanie to jest niesłuszne. Może nie wszystkim wiadomo, że podobna sytuacja zdarzyła się w dziejach odcyfrowywania napisów babilońsko-asyryjskich. Były czasy, w których opinia publiczna zaszła tak daleko, że uważała tych, co odcyfrowują pismo klinowe, za fantastów, a całą tę gałąź badania za „szalbierstwo". W 1857 roku podjęła jednak *Royal Asiatic Society* decydującą próbę. Zażądała ona od czterech najbardziej poważanych badaczy pisma klinowego [Rawlinson, Hincks, Fox Talbot i Oppert], aby przysłali jej w zapieczętowanej kopercie, jeden niezależnie od drugiego, tłumaczenie świeżo znalezionego napisu. Po porównaniu tych czterech tłumaczeń Towarzystwo wydało orzeczenie, w którym potwierdza, że zgodność odczytania napisu usprawiedliwia zaufanie do wyników dotychczasowych i budzi nadzieję dalszych postępów. Drwiny uczonych nie-specjalistów powoli ucichły, a od tamtego czasu wzrosła znacznie pewność w odczytywaniu dokumentów pisma klinowego.

2. Drugi rodzaj wątpliwości wiąże się z wrażeniem, któremu zapewne i wy ulegliście, że pewna ilość tłumaczeń marzeń sennych wydaje się wymuszona, naciągnięta, sztuczna, czasami śmieszna i zakrawająca na dowcip. Tego rodzaju zda-

nia są tak częste, że wybieram, nie zastanawiając się długo, ostatnie, które doszło do moich uszu. Posłuchajcie zatem. W wolnej Szwajcarii usunięto ostatnio z posady dyrektora seminarium za zajmowanie się psychoanalizą. Wniósł on przeciwko temu odwołanie, a pewien dziennik berneński podał do wiadomości publicznej orzeczenie władz szkolnych. Z tego dokumentu wybieram tylko kilka zdań, odnoszących się do psychoanalizy: „Następnie dziwi nas wiele wyszukanych i sztucznych przykładów, które znajdują się również w cytowanej książce Dr. Pfistera z Zurychu... Właściwie należałoby wyrazić zdziwienie, że dyrektor seminarium przyjmuje bezkrytycznie wszelkie te twierdzenia i rzekome dowody". Zdania te zostają podane jako orzeczenie „człowieka o spokojnym sądzie". Ja zaś ze swej strony sądzę, że ów spokój jest „sztuczny". Zbliżmy się jednak do tych poglądów, w oczekiwaniu, że nieco namysłu i znajomości rzeczy nie przyniesie szkody nawet spokojnemu sądowi.

Sprawia to rzeczywiście wrażenie orzeźwiające, skoro się widzi, jak szybko i nieomylnie wydają ludzie sąd o drażliwych zagadnieniach psychologii głębinowej, opierając się jedynie na pierwszym wrażeniu. Tłumaczenia wydają się im wyszukane i wymuszone, nie podobają się, a więc są błędne, a cała ta sztuka tłumaczenia nie nadaje się do niczego. Nawet przelotna myśl nie zatrzyma się przy innej możliwości – że tłumaczenia te z pewnych powodów muszą się takimi wydawać i że wobec tego należałoby zadać sobie dalsze pytanie, co to są za powody.

Ten podlegający krytyce stan rzeczy jest przede wszystkim wynikiem przesunięcia, które poznaliście już jako najsilniejszy środek cenzury. Za pomocą przesunięcia buduje cenzura marzenia sennego twory zastępcze, które określiliśmy jako aluzje. Są to jednak aluzje, których, jako takie, nie można łatwo rozpoznać, a droga powrotna od nich do tworu właściwego, kryjącego się za nimi i związanego z nimi za pomocą najosobliwszych, niezwykłych i powierzchownych skojarzeń, jest bardzo trudna. We wszystkich tych wypadkach chodzi o sprawy, które powinny być ukryte i przeznaczone są do utajnienia; to właśnie pragnie osiągnąć cenzura marzenia sennego. Rzeczy zaś, która została ukryta, nie należy szukać w miejscu zwykle dla niej przeznaczonym. Dzisiejsza straż graniczna jest sprytniejsza od szwajcarskich władz szkolnych. Przy poszukiwaniu dokumentów i notatek nie zadawala się ona przeglądaniem tek i portfeli, lecz uważa za możliwe, że szpiedzy i przemytnicy ukrywają tego rodzaju wzbronione przedmioty w najgłębszych zakamarkach swojego ubrania, do których stanowczo one nie pasują, a więc na przykład w podwójnej podeszwie butów. Jeśli rzeczy te zostaną tam znalezione, to były one wprawdzie bardzo subtelnie ukryte, ale zarazem i dobrze – znalezione.

Skoro uznajemy za możliwe najbardziej od siebie oddalone, najosobliwsze, już to śmieszne, już to dowcipne połączenia między ukrytym składnikiem marzenia sennego a jego jawnym tworem zastępczym, to opieramy się na bogatym zasobie przykładów, których rozwiązanie znaleźliśmy w zasadzie nie samodzielnie. Bardzo często jest wprost niemożliwe wysnucie podobnego tłumaczenia z własnego pomysłu; żaden myślący człowiek nie mógłby odgadnąć takiego powiązania. Śniący dostarcza nam tłumaczenia bądź za jednym zamachem przez bezpośredni pomysł - jest to dla niego możliwe, gdyż w nim przecież powstał ów twór zastępczy - bądź przez podanie tak obfitego materiału, że samo rozwiązanie nie wymaga szczególnej bystrości, lecz nasuwa się nam samo przez się jako jedyny punkt wyjścia. Jeśli śniący nie pomaga nam ani w ten, ani w inny sposób, wówczas jawny składnik pozostaje dla nas wiecznie niezrozumiały. Pozwolicie, że dodatkowo wspomnę tu o pewnym wypadku, jaki niedawno miał miejsce. Jedna z moich pacjentek w okresie leczenia się straciła ojca. Od tego czasu korzysta z każdej sposobności, aby przywołać go do życia w swoich marzeniach sennych. W jednym z tych snów zjawia się w pewnym, dla nas bez znaczenia, momencie jej ojciec i powiada: *Jest kwadrans po jedenastej, jest wpół do dwunastej, jest za kwadrans dwunasta.* Jedynym skojarzeniem pacjentki, odnoszącym się do tego osobliwego szczegółu, było wspomnienie, że ojcu było przyjemnie, jeśli dorosłe dzieci stawiały się punktualnie do wspólnych posiłków. Miało to rzeczywiście związek z owym pierwiastkiem marzenia sennego, lecz nie dawało powodu do wyciągania pewnych wniosków na temat jego pochodzenia. Sytuacja, panująca w okresie leczenia, wzbudzała podejrzenie, że pacjentka odnosiła się z pewnym krytycyzmem do ukochanego i uwielbianego ojca. Uczucie to było, oczywiście, troskliwie tłumione, lecz miałem powód przypuszczać, że odgrywało rolę w przytoczonym marzeniu sennym. W ciągu dalszych skojarzeń, pozornie bardzo oddalonych od marzenia sennego, opowiada śniąca, że omawiano poprzedniego dnia w jej towarzystwie wiele kwestii psychologicznych, a jeden z jej krewnych powiedział: w każdym z nas żyje *człowiek pierwotny* (w oryginale: *Urmensch*). Wyjaśnia to sytuację. Była to doskonała sposobność do przedłużenia życia zmarłemu ojcu. W marzeniu sennym śniąca mianowała ojca człowiekiem zegarowym (*Uhrmensch*), nakazując mu wyliczanie co kwadrans czasu pozostałego do południa.

Uderzające jest w tym przykładzie podobieństwo do dowcipu, niejednokrotnie też zdarzało się, że dowcip śniącego przypisywano tłumaczowi snu. Istnieje mnóstwo podobnych przykładów, gdzie trudno rozstrzygnąć, czy to dowcip, czy marzenie senne. Przypominacie sobie zapewne, że mieliśmy podobne wątpliwości przy pewnych wypadkach przejęzyczenia. Pewien jegomość opowiada, że śnił, iż stryj, podczas gdy siedzieli w jego samochodzie, pocałował go. Tłumaczy zaraz sam, iż oznacza to *autoerotyzm* (termin wzięty z nauki o *libido*, oznaczający zaspokojenie bez obcego obiektu). Czyżby ów jegomość zakpił sobie z nas i opowiedział nam dowcip, jaki właśnie przyszedł mu na myśl? Nie sądzę; śnił on o tym rzeczywiście. Skąd jednak pochodzi to zadziwiające podobieństwo? Pytanie to odwiodło mnie swego czasu dość daleko od mojej metody, zmuszając do specjalnych badań nad istotą dowcipu. Okazało się wówczas, że pewien przedświadomy bieg myślowy poddany zostaje w przeciągu jednej chwili opracowaniu nieświadomego, skąd wynurza się potem pod postacią dowcipu. Pod wpływem nieświadomego ulega on działaniu panujących tam mechanizmów, a więc zgęszczeniu, przesunięciu, tj. tym samym procesom, które współdziałają przy pracy marzeń sennych; tej więc wspólności należy przypisać podobieństwo, tam gdzie ono dochodzi do skutku, pomiędzy marzeniem sennym a dowcipem. Brak jest jednak temu spontanicznemu „dowcipowi marzenia sennego" cechy wesołości, co jest znamiennym rysem dowcipu. Dlaczego tak jest, pouczą was badania nad dowcipem. „Dowcip we śnie" wydaje nam się złym dowcipem, nie pobudza nas do śmiechu i nie wywołuje wrażenia.

W ten sposób wstępujemy także w ślady tłumaczenia marzeń sennych w starożytności, któremu zawdzięczamy, poza wieloma bezużytecznymi wskazówkami, kilka dobrych przykładów tłumaczenia snów, jakich i my byśmy się nie powstydzili. Wspomnę tu jedynie o bardzo doniosłym historycznym marzeniu sennym Aleksandra Wielkiego, o którym opowiadają z małymi zmianami Plutarch i Artemidor z Daldii. W czasie oblegania zawzięcie broniącego się miasta Tyr (322 przed Chrystusem) śnił król (którego wszystkie myśli były ku tej sprawia skierowane), że widzi tańczącego satyra. Arystander, wykładacz snów, który znajdował się wśród walczących, wytłumaczył mu to marzenie senne, rozkładając słowo *satyros* na *σα τύρος* (twoim jest Tyr), i w ten sposób przepowiedział mu zwycięstwo nad miastem. Pod wpływem tego tłumaczenia wydał Aleksander rozkaz nieprzerywania oblężenia i zdobył w końcu Tyr. Tłumaczenie, które rzeczywiście robi wrażenie sztucznego, było niewątpliwie słuszne.

3. Mogę sobie wyobrazić, że wywrze na was szczególne wrażenie fakt, iż także osoby, które stosując psychoanalizę, zajmowały się przez dłuższy czas tłumaczeniem marzeń sennych, podniosły pewne zastrzeżenia co do naszego pojmowania snów. Byłby to zresztą zbyt niezwykły przypadek, gdyby tak częsta i dobra sposobność nie została wykorzystana do popełnienia nowych błędów. Dzięki pomieszaniu pojęć i nieuprawnionym uogólnieniom powstały fałszywe poglądy, niewiele ustępujące lekarskiemu pojmowaniu marzenia sennego. Jedno z tych pojęć, które już znacie, powiada, że marzenie senne stara się zastosować do teraźniejszości oraz rozwiązać zadania przyszłości, czyli że służy ono „tendencji prospektywnej" (A. Maeder). Poprzednio już wspomnieliśmy, że twierdzenie to polega na zamianie marzenia sennego z ukrytymi myślami, a zatem opiera się na pominięciu pracy marzeń sennych. Jako charakterystyka nieświadomej czynności psychicznej, do której należą ukryte myśli snu, nie jest ono z jednej strony nowością, z drugiej zaś strony nie jest wyczerpujące, gdyż nieświadoma czynność psychiczna zajmuje się, oprócz przygotowania przyszłości, jeszcze wieloma innymi sprawami. Znacznie poważniejsza pomyłka tkwi, jak się zdaje, w twierdzeniu, że poza każdym marzeniem sennym można znaleźć „klauzulę śmierci". Nie wiem dokładnie, co ta formułka oznacza, przypuszczam jednak, że kryje się poza nią zamiana snu z całą osobowością śniącego.

Niesłuszne uogólnienie kilku dobrych przykładów znajdujemy w twierdzeniu, że każde marzenie senne dopuszcza dwa tłumaczenia, jedno, które już wskazaliśmy, psychoanalityczne, drugie, tak zwane anagogiczne, nie uwzględniające popędów, lecz zmierzające do wyobrażenia wyższych czynności psychicznych (H. Silberer). Są wprawdzie i tego rodzaju marzenia senne, lecz nadaremnie będziecie usiłowali rozszerzyć to pojmowanie bodaj na większość tylko snów. Zgoła już niezrozumiałe po tym, co dotychczas słyszeliście, wyda się wam twierdzenie, według którego wszystkie marzenia senne należy tłumaczyć biseksualnie, to znaczy jako zetknięcie się tak zwanego dążenia męskiego z dążeniem kobiecym (A. Adler). Oczywiście, że istnieją i tego rodzaju pojedyncze marzenia senne, a jak dowiecie się później, są one zbudowane w podobny sposób jak pewne objawy histeryczne. Wyliczam tu wszystkie te odkrycia nowych ogólnych cech marzenia sennego, aby przestrzec was przed nimi lub przynajmniej nie pozostawić was w wątpliwości co do mojego o nich sądu.

4. Pewnego dnia zdawała się chwiać obiektywna wartość badań nad marzeniem sennym, z powodu następującego spostrzeżenia: zauważono, że pacjenci, pozostający w leczeniu psychoanalitycznym, zaczęli dostosowywać treść swych marzeń sennych do ulubionych teorii swojego lekarza; i tak jedni śnili przeważnie o sprawach seksualnych, inni znów o żądzy władzy, a inni o ponownym narodzeniu (W. Stekel). Jeśli zważymy jednak, że ludzie śnili zawsze, zanim jeszcze istniało leczenie psychoanalityczne, które mogło nadać kierunek ich snom, i że pacjenci zwykli byli śnić przed poddaniem się tej kuracji, to obawa ta wyda się nam przesadzona. To, co w tej nowej teorii jest prawdziwe, okazuje się też szybko zupełnie zrozumiałe i bez znaczenia dla teorii marzeń sennych. Wszak resztki z dnia, które wywołują marzenia senne, są pochodnymi silnych zainteresowań z życia na jawie. Gdy słowa lekarza i jego wskazówki nabrały znaczenia dla pacjenta, wówczas wkraczają one w zakres resztek z dnia i mogą dać podnietę psychiczną do powstawania marzenia sennego, podobnie jak inne niezlikwidowane zainteresowania z dnia o silnym akcencie uczuciowym, przy czym działanie ich podobne jest do działania podczas snu podniet cielesnych na śpiącego. Podobnie jak inne podniety, mogą i te myśli, które zostały wywołane przez lekarza wystąpić bądź w jawnej treści, bądź w myślach ukrytych. Wiemy już, że można marzenia senne wywołać doświadczalnie, mówiąc ściślej, wprowadzić do nich pewną część materiału. Wpływ analityka na jego pacjentów porównać można z rolą eksperymentatora, który (podobnie jak Mourly Vold) nadaje rozmaite pozycje członkom ciała osób, które poddają się doświadczeniu.

Można często wpływać na śniącego, poddając mu temat, na który ma śnić, lecz nigdy nie wpłyniemy na to, co on będzie śnić. Mechanizm pracy marzeń sennych oraz nieświadome życzenie uchylają się od wszelkich obcych wpływów. Już przy rozważaniu marzeń sennych o podniecie cielesnej uznaliśmy, że osobliwość i samodzielność życia marzenia sennego ujawniają się w sposobie, w jaki marzenie senne reaguje na podniety cielesne lub psychiczne. Omówione tu zapatrywanie, które powątpiewa o obiektywności badań nad marzeniem sennym, zawiera znów ten sam błąd zamiany marzenia sennego z jego materiałem.

Tyle, Panie i Panowie, chciałem wam powiedzieć o zagadnieniach marzenia sennego. Przeczuwacie, że wiele pominąłem, spostrzegliście również, że we wszystkich prawie punktach musiałem być niezupełny. Przyczyna leży w związku, jaki zachodzi pomiędzy zjawiskiem marzenia sennego a zjawiskiem nerwicy. Zajęliśmy się badaniem marzeń sennych jako pracą wstępną do nauki o nerwicach i było to bez wątpienia słuszniejsze, niż gdybyśmy byli postąpili odwrotnie. Ale podobnie jak marzenie senne przygotowuje do zrozumienia nerwicy, tak samo z drugiej strony dopiero znajomość objawów nerwicowych ułatwi nam zupełne przeniknięcie istoty marzenia sennego.

Nie wiem, co o tym myślicie, lecz co do mnie, to zapewniam was, że nie żałuję, iż poświęciłem tyle waszego zainteresowania i czasu, jaki mieliśmy do dyspozycji, dla pracy nad marzeniami sennymi. Przy żadnym z innych przedmiotów nie można nabrać tak szybko przekonania o słuszności wywodów, na których opiera się psychoanaliza. Wykazanie, że objawy pewnego przypadku schorzenia nerwicowego mają sens, że służą pewnym zamiarom oraz że wywodzą się z przeżyć osoby cierpiącej, wymaga mozolnej pracy paru miesięcy, czasami nawet i lat. Natomiast już w przeciągu kilku godzin możemy wykazać ten sam stan rzeczy na początkowo niejasnym, zagmatwanym marzeniu sennym, a tym samym udowodnić wszystkie założenia psychoanalizy, nieświadomość przebiegów psychicznych, osobliwe mechanizmy, które nimi kierują, oraz popędy, jakie się w nich przejawiają. A jeśli porównamy zupełną analogię w budowie marzenia sennego i objawu neurotycznego z szybkością przemiany, która ze śniącego czyni człowieka czuwającego i rozsądnego, to zyskamy pewność, że i nerwica polega jedynie na zmienionym układzie sił psychicznych.

CZĘŚĆ III

NAUKA OGÓLNA O NERWICACH

WYKŁAD XVI
PSYCHOANALIZA A PSYCHIATRIA

Panie i Panowie! Rad jestem powitać was po roku w celu kontynuowania naszych rozważań. W roku ubiegłym wykładałem o psychoanalitycznym traktowaniu pomyłek życia codziennego i marzenia sennego; w tym roku chcę umożliwić wam zrozumienie zjawisk nerwicowych, które mają, jak wkrótce zobaczycie, z poprzednimi wiele wspólnego. Ale muszę was uprzedzić, że obecnie stosunek między nami nie może być taki sam jak w roku ubiegłym. Wtedy zależało mi na tym, by nie uczynić ani kroku bez porozumienia się z wami; dyskutowałem z wami wiele, liczyłem się z waszymi zarzutami, uznawałem was i wasz „zdrowy rozsądek" za instancję decydującą. Tak dalej być nie może, a to z bardzo prostej racji. Pomyłki życia codziennego i marzenia senne nie były wam jako zjawiska obce; można by powiedzieć, że posiadaliście lub też łatwo wam było zdobyć doświadczenie równe mojemu. Dziedzina zjawisk nerwicowych jest wam jednak obca; o ile nie jesteście lekarzami, nie macie do niej dostępu inną drogą, jak właśnie poprzez to, czego dowiecie się ode mnie, a na cóż zda się najlepszy sąd, jeśli brak dostatecznej znajomości przedmiotu?

Proszę jednakże mojej przedmowy nie rozumieć w ten sposób, jakgdybym chciał prowadzić wykłady dogmatycznie i wymagał od was bezwzględnej wiary. Tego rodzaju zrozumienie byłoby dla mnie krzywdzące. Nie chcę narzucać przekonań – chcę tylko dać bodziec i zachwiać przesądy. Jeżeli na skutek braku konkretnych wiadomości nie możecie wydać sądu, proszę ani wierzyć, ani odrzucać. Proszę tylko słuchać i pozwolić oddziaływać na siebie temu, co opowiem. Przekonań nie zdobywa się łatwo, a jeśli dochodzi się do nich bez trudu, okazuje się wkrótce, że są bezwartościowe i niezdolne stawić opór w walce. Prawo posiadania przekonań ma dopiero ten, kto jak ja wiele lat pracował nad tym samym materiałem i przy tym zdobył nowe i niespodziewane doświadczenia. Po cóż w ogóle w dziedzinie intelektu owa ruchliwość przekonań, błyskawiczne nawracania, nagłe odrzucenia? Czy nie widzicie, że ów *coup de foudre* [1], owa miłość na pierwszy rzut oka, ma swe źródło w innej dziedzinie, w sferze uczucia? Wszak nie żądamy nawet od naszych pacjentów, by przystępowali do psychoanalizy z przekonania lub jako jej zwolennicy. To czyni ich często w naszych oczach podejrzanymi. Przychylny sceptycyzm – oto co widzimy w nich najchętniej. Pozwólcie więc rozwijać się w was spokojnie owemu

---

[1] *Coup de foudre* – tutaj: miłość od pierwszego wejrzenia [przyp. red.].

psychoanalitycznemu ujęciu obok zwykłego lub psychiatrycznego, aż nadarzy się sposobność, kiedy te dwa poglądy będą mogły na siebie oddziaływać, zmierzyć się i doprowadzić do rozstrzygnięcia.

Z drugiej strony nie przypuszczajcie ani na chwilę, że moje pojmowanie psychoanalityczne jest jakimś systemem spekulacyjnym. Jest to raczej doświadczenie, bezpośrednie odnotowanie obserwacji lub też wynik jej opracowania. Dalszy rozwój nauki ukaże, czy opracowanie to jest wystarczające i odpowiednie; mogę tylko po upływie dwu i pół dziesiątka lat, wiekiem już posunięty, stwierdzić bez przechwałki, że praca, której owocem są te spostrzeżenia, była nader trudna, intensywna i głęboko sięgająca. Miałem często wrażenie, jak gdyby nasi przeciwnicy nie chcieli brać pod uwagę źródeł naszych twierdzeń, tak jak gdyby przypuszczali, że chodzi o koncepcje subiektywne, którym ktoś inny może przeciwstawić swoje własne. Postępowanie takie nie jest dla mnie zrozumiałe. Może przyczyną tego jest fakt, że lekarz tak mało udziela się nerwowo chorym, tak mało zwraca uwagi na to, co mają do powiedzenia, że uniemożliwia sobie dokładną obserwację ich cennych wyznań. Przy tej sposobności przyrzekam, że w czasie moich wykładów będę unikał polemiki w ogóle, a zwłaszcza polemiki z poszczególnymi osobami. Nie mogłem przekonać się o słuszności twierdzenia, jakoby spór był ojcem wszystkiego. Sądzę, że pochodzi ono od sofistów greckich i, jako takie, przecenia wartość dialektyki. Przeciwnie zdaje mi się, że tak zwana polemika naukowa jest na ogół zupełnie bezpłodna, pominąwszy już to, że prowadzona jest zwykle na terenie nader osobistym. Jeszcze przed kilku laty mogłem się pochwalić, że tylko z jednym jedynym badaczem (Löwenfeldem w Monachium) prowadziłem prawdziwie naukową dyskusję. Koniec był taki, że staliśmy się przyjaciółmi i pozostajemy nimi do dzisiaj. Ale długo nie ponawiałem tej próby, nie będąc pewny tego samego wyniku.

Zapewne pomyślicie, że takie uchylanie się od dyskusji literackiej świadczy o wielkiej nieprzystępności dla zarzutów, o zarozumiałości lub też, jak to się zwykło nazywać uprzejmie w polemice naukowej, o „zacietrzewieniu". Odpowiem na to, że jeśli kiedykolwiek wielkim nakładem pracy zdobędziecie jakieś przekonanie, będzie wam też dane prawo bronienia go nawet z pewną zaciętością. Dalej mogę zaznaczyć, iż w czasie mojej pracy zmieniałem i zastępowałem poglądy przez nowe odnośnie kilku ważnych kwestii, co naturalnie podawałem zawsze do wiadomości ogółu. Skutek tej szczerości? Niektórzy nie przyjęli w ogóle do wiadomości moich sprostowań i krytykują mnie po dziś dzień z racji twierdzeń, które już dawno utraciły dla mnie znaczenie. Inni znowu wyrzucają mi właśnie owe przekształcenia, nazywając mnie nieodpowiedzialnym. Nieprawdaż, że kto kilkakrotnie zmieniał swe poglądy, ten nie zasługuje w ogóle na zaufanie, gdyż sam nasuwa myśl, że i ostatnie jego twierdzenia okażą się błędne? Kto zaś mocno obstaje przy tym, co raz wypowiedział, lub nie dość łatwo od tego odstępuje, ten uchodzi za upartego lub zacietrzewionego. Cóż pozostaje innego wobec tych dwóch sprzecznych prądów krytyki, jak być takim, jakim się jest, i postępować zgodnie z własnym sądem? Na to też jestem zdecydowany i nic mnie nie powstrzyma od modyfikowania i korygowania mojej nauki zgodnie z postępem mojego doświadczenia. Poglądów podstawowych nie miałem powodu dotychczas zmieniać i mam nadzieję, że i nadal tak będzie.

Mam zatem zobrazować wam psychoanalityczne pojmowanie zjawisk nerwicowych. Nasuwa się tu nawiązanie do zjawisk już omówionych, a to zarówno ze względu na analogię, jak i na kontrast. Weźmy na przykład czynność objawową, którą zaobserwowałem u wielu osób w godzinach przyjęć. Z osobami, odwiedzającymi nas podczas ordynacji lekarskiej, aby w ciągu kwadransa roztoczyć przed nami niedolę długiego życia, psychoanalityk niewiele może począć. Jego głębsza wiedza nie pozwala mu wydać zwykłego lekarskiego orzeczenia: nic panu nie dolega – i udzielić rady: niech pan zastosuje lekką hydropatję. Jeden z naszych kolegów, zapytany, jak postępuje z pacjentami podczas ordynacji, odpowiedział, wzruszając ramionami: za swawolę nakładam na nich karę w wysokości tylu a tylu koron. Nie będziecie więc zdziwieni, słysząc, że nawet u psychoanalityków, cieszących się dużą praktyką, godzina ordynacji nie jest zbyt ożywiona. Między poczekalnią a moim pokojem ordynacyjnym znajdują się podwójne drzwi, obite filcem. Cel tego urządzenia nie budzi żadnej wątpliwości. I oto zdarza się wciąż, że osoby, które wpuszczam z poczekalni, nie zamykają drzwi za sobą, pozostawiając je prawie zawsze otwarte. Z chwilą, gdy to spostrzegam, nalegam w tonie niezbyt uprzejmym, aby wychodzący lub wchodząca, choćby to nawet był elegancki pan lub bardzo wystrojona pani, naprawili to, co zaniedbali. Sprawia to wrażenie zbytniej pedanterii. Blamowałem się nieraz tym żądaniem, kiedy dotyczyło ono osób, które same nie mogą ująć klamki i chętnie oszczędzają sobie, dzięki obcej pomocy, jej dotknięcia. Jednak w większości wypadków miałem słuszność, gdyż ten, kto się tak zachowuje, kto zostawia między poczekalnią a pokojem ordynacyjnym lekarza drzwi otwarte, ten należy do pospólstwa i nie zasługuje na uprzejme przyjęcie. Nie zajmujcie jeszcze w tej sprawie stanowiska, póki nie wysłuchacie dalszego ciągu. Ta nonszalancja pacjenta zdarza się tylko wówczas, jeśli znajduje się on w poczekalni sam jeden, a więc zostawia za sobą pusty pokój; nie zdarza się nigdy, o ile czekali w nim inni, obcy. W tym wypadku rozumie on doskonale, że podsłuchanie przez obcych jego rozmowy z lekarzem nie jest dla niego przyjemne, i nigdy nie zaniedbuje starannego zmknięcia drzwi.

Tak określone nie jest owo zaniedbanie ze strony pacjenta ani przypadkowe, ani bezsensowne, nawet nie bez znaczenia, naświetla bowiem stosunek do lekarza. Pacjent należy do wielkiej liczby tych ludzi, którzy wymagają światowego autorytetu, którzy chcą być olśnieni, onieśmieleni. Pytał może telefonicznie, o jakiej porze będzie najszybciej przyjęty, spodziewał się, że znajdzie tłum szukających pomocy, niby w któreś z filii Juliusza Meinla (Juliusz Meinl – właściciel znanego sklepu kolonialnego w Wiedniu). Zamiast tego wchodzi do pustej, ponadto bardzo skromnie urządzonej poczekalni i jest rozczarowany. Musi sobie powetować, że zjawił się u lekarza ze zbytecznym zasobem szacunku, i oto zapomina, aby zamknąć drzwi między poczekalnią a pokojem ordynacyjnym. Chce dać do zrozumienia lekarzowi: ach, tu i tak nie ma nikogo i prawdopodobnie jak długo tu będę, nikt się nie zjawi. Będzie się zachowywał podczas wizyty niegrzecznie i bez szacunku, jeżeli na samym początku nie ukrócimy jego zarozumiałości za pomocą energicznego zwrócenia mu uwagi.

W analizie tej drobnej czynności objawowej nie znajdziecie niczego, co by już wcześniej nie było wam wiadome: twierdzenie, że nie jest ona przypadkowa, lecz umotywowana, że zawiera sens i cel, że należy do pewnej danej sfery psychicznej i że jest drobnym znakiem – zwiastunem bardziej ważnego procesu duchowego; przede wszystkim zaś, że takie postępowanie jest obce świadomości tego, który tak się zachowuje, gdyż żaden z pacjentów, którzy pozostawili otwarte drzwi, nie zechce przyznać, że przez to zaniedbanie chciał mi wyrazić swoje lekceważenie. Uczucie rozczarowania przy wejściu do pustej poczekalni uświadomi sobie może niejeden, ale związek między tym wrażeniem a następującą po nim czynnością objawową pozostał poza sferą jego świadomości.

Niechaj obok tej krótkiej analizy czynności objawowej staną spostrzeżenia, dokonane na jednej z chorych. Wybieram jedno, które mam świeżo w pamięci m.in. dlatego, że da się względnie krótko przedstawić. Pewna szczegółowość jest jednak w każdej ilustracji niezbędna.

Młody oficer, bawiący w domu na krótkim urlopie, prosi mnie, abym przyjął na kurację jego teściową, która żyjąc w szczęśliwych warunkach, zatruwa życie sobie i swoim bliskim z powodu bezsensownej idei. Poznaję 53-letnią kobietę, zadbaną, uprzejmą i prostą w obejściu, która bez oporu opowiada mi, co następuje. Żyje szczęśliwie na wsi z mężem, który jest kierownikiem dużej fabryki. Nie ma dość słów pochwały dla troskliwości, jaką mąż ją otacza. Małżeństwo z miłości zawarte przed 30-tu laty, od tego czasu żadnego nieporozumienia, żadnej sprzeczki lub powodu do zazdrości. Mimo pomyślnych małżeństw obojga dzieci, mąż i ojciec pracuje nadal z poczucia obowiązku. Przed rokiem zdarzyło się coś niewiarogodnego, coś niezrozumiałego dla niej samej; uwierzyła od razu w treść listu anonimowego, który oskarżał jej męża o nawiązanie stosunku miłosnego z młodą dziewczyną; od tego czasu szczęście jej jest zniszczone. Bliższe szczegóły były następujące: pacjentka miała pokojówkę, z którą może zbyt często intymnie rozmawiała. Dziewczyna ta prześladowała z nienawistną wrogością swoją koleżankę, ponieważ tamta, chociaż nie lepszego pochodzenia, osiągnęła w życiu znacznie więcej. Zamiast iść do służby zdobyła wykształcenie handlowe, wstąpiła do fabryki i z powodu braku personelu, powstałego w wyniku powołania urzędników do służby wojskowej, zdobyła dobre stanowisko. Otrzymała mieszkanie w fabryce, była w kontakcie z właścicielami i mówiono do niej „pani". Pokojówka gotowa była do pomawiania swojej dawnej koleżanki szkolnej o wszystko co najgorsze. Pewnego dnia rozmawiała pacjentka z pokojówką o pewnym starszym panu, który był ich gościem i o którym wiadomo było, że nie żyje z żoną, lecz utrzymuje stosunek z inną kobietą. Nie wie, jak się to stało, że nagle wyrwało jej się: dla mnie byłoby najstraszniejsze, gdybym się dowiedziała, że mój dobry mąż też utrzymuje stosunek miłosny z inną kobietą". Następnego dnia otrzymała pocztą anonim, napisany nieznanym charakterem pisma, zawierający ową fatalną wiadomość. Doszła do – prawdopodobnie słusznego – wniosku, że list ten jest dziełem złej pokojówki, ponieważ jako kochanka jej męża została wskazana owa osoba, której służąca tak nienawidziła. Aczkolwiek przejrzała natychmiast intrygę i z przykładów otoczenia wiedziała, jak niewiarygodne są tego rodzaju tchórzliwe denuncjacje. Faktem jest, że list ten zgnębił ją od razu. Ogarnęło ją straszne zdenerwowanie, posłała natychmiast po męża, aby mu czynić wyrzuty. Mąż, śmiejąc się, odrzucił to oskarżenie i uczynił, co mógł najlepszego: wezwał domowego lekarza, który zajął się gorliwie uspokojeniem nieszczęśliwej kobiety. Także dalsze postępowanie obojga było rozsądne. Pokojową oddalono, nie oddalono jednak domniemanej rywalki. Odtąd chora uspakajała się kilkakrotnie na tyle, że przestawała wierzyć w treść anonimu, ale niezupełnie i nie na długo. Wystarczyło, że usłyszała imię owej panny lub spotkała ją na ulicy, aby został wywołany nowy atak nieufności, rozpaczy i wyrzutów.

Oto historia choroby tej pani. Nie trzeba zbyt wiele psychiatrycznego wyszkolenia, by zrozumieć, że w przeciwieństwie do innych nerwowo chorych przedstawiła ona raczej zbyt łagodnie swoją sprawę, a więc, jak się wyrażamy, dyssymulowała, i że nie przezwyciężyła właściwie nigdy wiary w oskarżenie, zawarte w anonimie.

Jakie stanowisko zajmuje psychiatra wobec takiego przypadku? Jak się zachowa wobec czynności objawowej pacjenta, który nie zamyka drzwi do poczekalni, o tym już wiemy. Uważa ją za coś przypadkowego, bez znaczenia psychologicznego, za coś, co go dalej nie obchodzi. Lecz ten stosunek nie da się utrzymać w wypadku chorobowym zazdrosnej kobiety. Czynność objawowa wydaje się czymś obojętnym, sam objaw chorobowy narzuca się jednak jako coś znamiennego. Jest on połączony z intensywnym cierpieniem podmiotowym, przedmiotowo zagraża współżyciu rodzinnemu, jest więc bez wątpienia przedmiotem zainteresowania psychiatrycznego. Psychiatra próbuje najpierw scharakteryzować objaw za pomocą jakiejś istotnej właściwości. Idea, która gnębi tę niewiastę, nie jest sama przez się bezsensowna; zdarza się, że starsi, żonaci mężczyźni utrzymują stosunki miłosne z młodymi dziewczętami. Ale niezrozumiałe i bezsensowne jest tu coś innego. Pacjentka nie ma, oprócz anonimowego listu, żadnego powodu wierzyć, że jej czuły i wierny mąż należy do tej, zresztą tak rzadkiej, kategorii mężczyzn. Wie, że nie należy przywiązywać do listu żadnej wagi, może sobie wytłumaczyć jego pochodzenie w sposób zupełnie zadowalający; mogłaby więc powiedzieć sobie, że nie ma żadnej przyczyny do zazdrości; mówi to sobie w rzeczy samej, mimo to cierpi, jak gdyby zazdrość ta była umotywowana. Tego rodzaju idee, które są niedostępne argumentom logicznym i zaczerpniętym z rzeczywistości, przyjęto nazywać *urojeniami*. Owa zacna niewiasta cierpi zatem na *urojenie zazdrości*. Oto istotna charakterystyka tego przypadku chorobowego.

Po tym pierwszym stwierdzeniu nasze zainteresowanie psychiatryczne będzie jeszcze bardziej żywe. Jeżeli jakiegoś urojenia nie można usunąć przez skonfrontowanie go z rzeczywistością, nie ma ono na pewno podłoża realnego. Skąd więc pochodzi? Bywają urojenia najrozmaitszej treści; dlaczego w naszym wypadku treścią urojenia jest zazdrość? U jakich osób powstają urojenia, zwłaszcza urojenia zazdrości? Teraz oczekujemy odpowiedzi od psychiatry, ale tu spotyka nas zawód. Przyjmuje on tylko jeden rodzaj naszych pytań. Będzie badał stosunki rodzinne tej kobiety i da nam, być może, odpowiedź: urojenia występują u osób, w których rodzinie miały miejsce podobne i inne zaburzenia psychiczne. Innymi słowy, jeżeli urojenie rozwinęło się u tej właśnie kobiety, była ona do tego dziedzicznie usposobiona. Oczywiście, że to coś znaczy, ale czy to wszystko, co chcemy wiedzieć? Wszystko, co spowodowało tę chorobę? Czy wystarcza przyjąć, że jest to obojętne, dowolne lub nie do wyjaśnienia, dlaczego rozwinęło się urojenie zazdrości zamiast jakiegoś innego? I czy należy twierdzenie, które głosi przewagę wpływu dziedzicznego, rozumieć w sensie negatywnym, jak gdyby niezależnie od tego, jakim przeżyciom psychika ta podlegała, przeznaczone jej było stworzyć urojenie? Zechcecie usłyszeć, dlaczego psychiatria naukowa nie może udzielić nam dalszych wyjaśnień. Odpowiem wam: nicponiem jest ten, kto więcej daje, niż posiada. Psychiatra nie zna właśnie żadnej drogi, która prowadziłaby do dalszego wyjaśnienia takiego przypadku. Musi zadowolić się diagnozą i niepewnym – mimo obfitego doświadczenia – rokowaniem dalszego przebiegu.

Czy jednak psychoanaliza może dokonać czegoś więcej? Chyba tak; mam nadzieję wykazać, że nawet w tak trudnym wypadku może ona wykryć coś, co umożliwia pierwsze zrozumienie. Zwróćcie, proszę, przede wszystkim uwagę na ten niepozorny szczegół, że pacjentka sprowokowała po prostu ów list, który stanowi oparcie dla jej urojenia, wzmiankując poprzedniego dnia służącej intrygantce, że największym nieszczęściem dla niej byłoby, gdyby jej mąż miał romans z młodą dziewczyną. Rzecz ta naprowadziła służącą na myśl przysłania jej anonimowego listu. Urojenie zdobywa przez to pewną niezależność od listu; istniało już wcześniej u chorej jako obawa – czy raczej jako życzenie? Dodajcie do tego drobne wiadomości, zdobyte przez tylko dwugodzinną analizę. Pacjentka zachowywała się wprawdzie bardzo opornie, kiedy zażądano od niej, aby po opowiedzeniu swojej historii mówiła też o dalszych myślach, skojarzeniach i wspomnieniach. Twierdziła, że nic nie przychodzi jej na myśl, że wszystko już powiedziała, i po dwóch godzinach musiała rzeczywiście przerwać próbę, gdyż orzekła, że czuje się już zdrowa i jest pewna, że ta chorobliwa myśl nie powróci. Mówiła to oczywiście tylko z oporu i obawy przed dalszą analizą. W ciągu jednak tych dwóch godzin rzuciła parę uwag, które pozwoliły na pewną określoną, nawet nieodpartą interpretację, rzucającą jasne światło na genezę urojenia zazdrości. Była ona bardzo zakochana w pewnym młodym człowieku, właśnie w swoim zięciu, na skutek nalegań którego zjawiła się u mnie jako pacjentka. O tym zakochaniu się nie wiedziała nic lub też bardzo mało; przy zachodzącym pokrewieństwie skłonność owa łatwo przybrała maskę niewinnej czułości. Na zasadzie naszych doświadczeń w tym kierunku nietrudno nam jest wczuć się w życie duchowe tej 53-letniej zacnej kobiety i troskliwej matki. Takie zakochanie się jako coś strasznego, niemożliwego, nie mogło przeniknąć do jej świadomości; trwało jednak i jako nieświadome wywierało silną presję. Coś musiało się z nim stać, trzeba było poszukać jakiejś pomocy i pierwszą ulgę przyniósł mechanizm przesunięcia, który zawsze bierze udział w powstawaniu urojonej zazdrości. Jeżeli nie tylko ona, stara kobieta, była zakochana, w młodym człowieku, lecz także jej stary mąż utrzymywał stosunek miłosny z młodą dziewczyną, wtedy sumienie jej było uwolnione od ciężaru niewierności. Fantazja o niewierności męża była plastrem chłodzącym na jej piekącą ranę. Jej własna miłość nie doszła do jej świadomości, ale odbicie, przynoszące jej takie korzyści, stało się czymś natrętnym, urojonym, świadomym. Wszystkie argumenty przeciw temu nie mogły naturalnie nic zdziałać, gdyż były skierowane tylko przeciw odbiciu, a nie przeciw obrazowi pierwotnemu, któremu ono zawdzięczało swą siłę i który, nietknięty, pozostawał ukryty w nieświadomym.

Uprzytomnijmy sobie, co dał nam dla zrozumienia tego przypadku krótki i utrudniony zabieg psychoanalityczny - przyjąwszy naturalnie, że odkrycia nasze dokonane zostały poprawnie, czego nie mogę poddać waszemu sądowi. Po pierwsze: urojenie nie jest już czymś bezsensownym ani niezrozumiałym, nabiera znaczenia, jest dobrze umotywowane, leży w obrębie silnego wzruszeniowego przeżycia chorej. Po drugie: jest ono potrzebne jako reakcja na nieświadomy, z innych oznak odgadnięty, przebieg duchowy i zawdzięcza właśnie temu względowi swój urojony charakter, swoją odporność wobec argumentów logicznych i realnych. Jest ono czymś pożądanym, rodzajem pociechy. Po trzecie: to przeżycie poza chorobą wpłynęło niedwuznacznie na to, że urojenie stało się właśnie manią zazdrości, a nie jakąkolwiek inną manią. Przypominacie sobie wszak, że pacjentka poprzedniego dnia wzmiankowała służącej, iż byłoby dla niej najokropniejsze, gdyby zdradził ją mąż. Nie zapominacie też o tych obu ważnych analogiach z analizowaną przez nas czynnością objawową przy wyjaśnieniu znaczenia lub zamiaru i w powiązaniu z nieświadomą treścią wynikającą z sytuacji.

Naturalnie, nie jest to odpowiedź na wszystkie pytania, które mogły nasunąć się na podstawie tego przypadku. Zawiera on wiele skomplikowanych problemów, takich, które na razie są jeszcze w ogóle nie do rozwiązania, i innych, które na skutek specjalnych, nieprzychylnych okoliczności nie dały się rozwiązać. Na przykład, dlaczego żyjąca w szczęśliwym małżeństwie kobieta zakochuje się w swoim zięciu i dlaczego ulga, która byłaby możliwa także na innej drodze, obiera sobie formę tego rodzaju odbicia, projekcji własnego stanu na męża? Nie myślcie, że stawianie takich pytań jest zbyteczne i dowolne. Posiadamy już nieco materiału, aby dać na nie możliwą odpowiedź. Kobieta owa przeżywa krytyczny okres, który przynosi nagłe, niepożądane wzmożenie się pragnień seksualnych; to wystarcza już samo przez się. Być może też, że dobry i wierny małżonek od paru lat nie posiada już owej mocy płciowej, która mogłaby zaspokoić tę jeszcze pełną temperamentu kobietę. Doświadczenie zwróciło naszą uwagę na to, że właśnie tacy mężowie, których wierność jest wtedy sama przez się zrozumiała, odznaczają się szczególną tkliwością względem swoich żon i niezwykłym pobłażaniem dla ich nerwowych dolegliwości. Dalej, nie jest obojętne, że przedmiotem tego chorobliwego zakochania się jest właśnie młody małżonek jej córki. Silne przywiązanie erotyczne do córki, które ostatecznie sprowadza się do seksualnej konstytucji matki, trwa często dalej w tak zmienionej postaci. W związku z tym pozwolę sobie przypomnieć wam, że stosunek między teściową a zięciem uchodził zawsze za coś nader drażliwego i ludom pierwotnym dał powód do stworzenia potężnych przepisów tabu i zakazów [2]. Przekracza on często miarę, której wymaga kultura, zarówno w kierunku dodatnim, jak i ujemnym. Który z tych trzech momentów doszedł w naszym wypadku do głosu, czy dwa, czy też wszystkie trzy spotkały się, tego nie mogę wam powiedzieć, ale tylko dlatego, że nie było mi dane kontynuować analizy tego przypadku dłużej niż przez dwie godziny.

Spostrzegam teraz, moi panowie, że mówiłem tylko o rzeczach, do których zrozumienia nie jesteście jeszcze przygotowani. Uczyniłem to dla przeprowadzenia porównania między psychiatrią a psychoanalizą. Lecz o jedno chciałbym was teraz zapytać; czy zauważyliście jakąkolwiek sprzeczność między nimi? Psychiatria nie stosuje technicznych metod psychoanalizy, zaniedbuje nawiązania do treści urojenia, powołując się na dziedziczność, daje nam bardzo ogólną i odległą etiologię, zamiast wskazać najpierw bardziej szczegółową i bliższą przyczynę. Lecz czy oznacza to jakąś sprzeczność lub przeciwieństwo? Czy nie jest to raczej uzupełnienie? Czy moment dziedziczności zaprzecza znaczeniu przeżycia, czy też raczej nie współdziałają one najskuteczniej? Przyznacie, że w istocie pracy psychiatrycznej nie leży nic, co by się mogło sprzeciwiać badaniu psychoanalitycznemu.

Psychiatrzy więc, nie zaś psychiatria, sprzeciwiają się psychoanalizie. Psychoanaliza ma się do psychiatrii mniej więcej tak jak histologia do anatomii; jedna bada formy zewnętrzne narządów, druga budowę ich tkanek i elementów. Sprzeczność

[2] Porównaj z [Z. Freud], *Totem i Tabu*, 1913.

między tymi dwoma rodzajami badania, z których jeden jest ciągiem dalszym drugiego, nie da się pomyśleć. Wiecie, że anatomia jest dziś podstawą naukowej medycyny, lecz był czas, gdy zabroniona była sekcja ludzkich zwłok, dokonywana w celu poznania wewnętrznej budowy ciała, jak dziś wydaje się godne potępienia zajmowanie się psychoanalizą w celu poznania mechanizmów życia duchowego. Można więc przewidzieć, że dziełem niezbyt odległej przyszłości będzie pogląd, iż naukowo pogłębiona psychiatria nie jest możliwa bez dobrej znajomości głębiej ukrytych, nieświadomych procesów życia duchowego.

Być może, tak silnie zwalczana psychoanaliza posiada wśród was także przyjaciół, którzy widzieliby chętnie, aby dała się ona usprawiedliwić także z innego, z terapeutycznego punktu widzenia. Wiecie, że nasza dotychczasowa terapia psychiatryczna nie potrafi wpłynąć na urojenia. Możliwość tę posiada może psychoanaliza dzięki wniknięciu w mechanizm tych objawów. Nie, moi panowie, nie posiada jej; jest ona wobec tego cierpienia - tymczasowo przynajmniej - tak samo bezsilna jak każda inna terapia. Możemy wprawdzie zrozumieć, co się w chorym odbyło, ale nie posiadamy środka, który umożliwiłby choremu to zrozumienie. Słyszeliście, że nie miałem możliwości posunąć analizy tego wypadku poza pierwsze punkty. Czy zechcecie twierdzić na podstawie tej racji, że analizę takich wypadków trzeba odrzucić, gdyż pozostaje ona bezowocna? Sądzę, że nie. Mamy prawo, a nawet obowiązek, prowadzić dalej badanie bez względu na bezpośrednią korzyść wyniku. W końcu - nie wiemy, jak i kiedy - każda cząstka wiedzy przeistoczy się w umiejętność, m.in. i w umiejętność terapeutyczną. Gdyby psychoanaliza okazała się i wobec innych postaci chorób nerwowych i psychicznych równie bezskuteczna jak wobec urojeń, byłaby w każdym razie w pełni usprawiedliwiona jako niezastąpiony środek badania naukowego. Nie mielibyśmy możliwości jej uprawiać; materiał ludzki, na którym chcemy się uczyć, żyje, posiada własną wolę i musi mieć swoje racje, aby współpracować z nami, i wobec takiego przypuszczalnego stanu rzeczy nie dopuściłby nas do siebie. Pozwólcie mi więc zakończyć dziś spostrzeżeniem, że istnieje cały szereg zaburzeń nerwowych, przy których udało się przenieść nasze lepsze zrozumienie na umiejętność terapeutyczną, i że przy tych, zresztą bardzo trudno dostępnych chorobach, osiągamy w pewnych warunkach rezultaty, które nie pozostają w tyle za żadnymi innymi na polu terapii wewnętrznej.

WYKŁAD XVII

ZNACZENIE OBJAWÓW

Panie i Panowie! W wykładzie poprzednim powiedziałem, że psychiatria kliniczna słabo troszczy się o formę zewnętrzną i treść poszczególnych objawów, że tu właśnie dochodzi do głosu psychoanaliza, która konstatuje przede wszystkim, że każdy objaw jest pełen znaczenia i pozostaje w związku z przeżyciami chorego. Znaczenie objawów nerwicowych zostało odkryte po raz pierwszy przez J. Breuera za pomocą zbadania i uleczenia słynnego od tego czasu przypadku histerii (1880 - 1882). Prawdą jest, że P. Janet niezależnie doszedł do tych samych wniosków; badacz francuski posiada nawet prawo pierwszeństwa w literaturze, gdyż Breuer opublikował swoje spostrzeżenia dopiero po 10-ciu latach (1893–1895), podczas współpracy ze mną. Zresztą może nam być dość obojętne, od kogo to odkrycie pochodzi, gdyż, jak wiecie, każde odkrycie dokonane zostaje parokrotnie, żadne od razu, a powodzenie nie idzie w parze z zasługą. Nazwa Ameryki nie pochodzi od imienia Kolumba. Przed Breuerem i Janetem wielki psychiatra Leuret wypowiedział twierdzenie, że nawet majaczenia chorych umysłowo musielibyśmy uznać za pełne znaczenia, gdybyśmy tylko potrafili je tłumaczyć. Przyznaję, że byłem gotów przez długi czas bardzo wysoko cenić zasługę P. Janeta na polu tłumaczenia objawów nerwicowych, gdyż rozumiał je jako wyraz *idées inconscientes*[1], które opanowują chorych. Ale potem Janet wypowiedział się z nadmierną powściągliwością, jak gdyby chciał się zastrzec, że nieświadome nie było dla niego niczym innym jak wyrażeniem, czymś pomocniczym, *une façon de parler*[2]; nie miał na myśli niczego realnego. Odtąd nie rozumiem wywodów Janeta, myślę jednak, że niepotrzebnie pozbawił się wielkiej zasługi.

Objawy nerwicowe mają zatem swoje znaczenie, podobnie jak czynności pomyłkowe, jak marzenia senne i tak jak one mają związek z życiem osób, u których występują. Chciałbym za pomocą kilku przykładów zapoznać was bliżej z tym doniosłym poglądem. Mogę tylko twierdzić, nie zaś dowieść, że bywa tak zawsze i we wszystkich wypadkach. Kto sam zdobywa doświadczenie, przekona się o tym. Pewne motywy skłaniają mnie do zaczerpnięcia tych przykładów nie z dziedziny histerii, lecz z dziedziny innej, niezwykle osobliwej nerwicy, w gruncie rzeczy bardzo do niej zbliżonej, o której muszę wam powiedzieć kilka słów w celu wprowadzenia. Ta, tak zwana nerwica natręctwa, nie jest tak pospolita, jak powszechnie znana histeria, nie jest ona, że się tak wyrażę, tak natrętnie hałaśliwa, wygląda raczej na „prywatną sprawę" chorego, rezygnuje niemal zupełnie z przejawów cielesnych i stwarza wszystkie objawy w obrębie sfery psychicznej. Nerwica natręctwa i histeria to formy schorzenia nerwicowego, których badanie stanowiło kamień węgielny psychoanalizy, w których leczeniu nasza terapia święci triumfy. Nerwica natręctwa, której brak owego zagadkowego przeskoku z dziedziny duchowej w cielesną, stała się dzięki pracy psychoanalitycznej bardziej przejrzysta i „swojska" niż histeria; dowiedzieliśmy się, że ujawnia ona znacznie jaskrawiej pewne skrajne cechy nerwicowe.

Nerwica natręctwa objawia się tym, że chorzy zajęci są myślami, które ich właściwie nie interesują, czują w sobie impulsy, które wydają się dziwaczne,

[1] *Idées inconscientes* - pojęć nieświadomych [przyp. red.].

[2] *Une façon de parler* - sposób mówienia [przyp. red.].

i wykonują czynności, które nie sprawiają im wprawdzie żadnej przyjemności, lecz których zaniechanie jest dla nich niemożliwe. Myśli (wyobrażenia przymusowe) mogą być same przez się bezsensowne lub też dla danego osobnika tylko obojętne, często są zupełnie niedorzeczne, we wszystkich wypadkach stanowią wynik wytężonej pracy myślowej, która wyczerpuje chorego i której poddaje się on bardzo niechętnie. Musi wbrew swojej woli zastanawiać się i rozmyślać, jak gdyby chodziło o jego najważniejsze zadania życiowe. Impulsy, które chory odczuwa, mogą również sprawiać wrażenie dziecinnych i bezsensownych, najczęściej jednak posiadają przerażającą treść, jak na przykład pokusa popełnienia ciężkiego przestępstwa, tak że chory nie tylko wypiera się ich jako obcych, lecz przerażony ucieka przed nimi i broni się przed ich wykonaniem poprzez zakazy, rezygnację i ograniczanie swojej swobody. Przy tym nie zostają one nigdy, ale to nigdy wykonane; ucieczka i ostrożność zawsze zwyciężają. To, co chory rzeczywiście wykonuje, tak zwane czynności przymusowe, są to rzeczy nader niewinne, na pewno nic znaczącego, przeważnie powtarzania, ceremonialne przyozdabianie czynności życia codziennego, przez co właśnie te konieczne funkcje - kładzenie się do łóżka, mycie się, ubieranie, chodzenie na spacer - stają się zadaniem w wysokim stopniu uciążliwym i ledwie możliwym do rozwiązania. Wyobrażenia, impulsy i czynności chorobowe nie biorą w poszczególnych formach i wypadkach nerwicy natręctwa jednakowego udziału; raczej regułą jest, że ten lub inny czynnik dominuje i daje nazwę chorobie, lecz podobieństwo tych wszystkich postaci jest oczywiste.

Jest to doprawdy dziwaczne cierpienie. Myślę, że najbardziej wybujała fantazja psychiatryczna nie zdołałaby skonstruować czegoś podobnego, i gdybyśmy nie mogli widywać tego codziennie, nie uwierzylibyśmy w to. Nie myślcie jednak, że oddajecie choremu usługę, radząc mu odwrócić swoją uwagę, nie zajmować się tymi niedorzecznymi myślami i zamiast tych igraszek zająć się czymś rozsądnym. On sam pragnąłby tego, gdyż widzi wszystko jasno, podziela wasz pogląd na swoje natręctwa, a nawet sam go wam podsuwa. Ale nie może niczego zmienić; to, co w nerwicy natręctwa przeradza się w czyn, ma za swoje źródło energii, dla której nie mamy prawdopodobnie odpowiednika w dziedzinie normalnego życia psychicznego. Pacjent może tylko przesuwać, zamieniać, jedną niedorzeczną ideę zastąpić inną, nieco słabszą, kroczyć od jednej przezorności lub zakazu do innego, zamiast jednej ceremonii wypełniać inną. Może ten przymus przesunąć, ale nie może go znieść. Możliwość przesuwania wszystkich objawów daleko od ich pierwotnego ukształtowania jest główną cechą charakterystyczną jego choroby; oprócz tego zwraca uwagę, że przeciwieństwa (biegunowości), zawarte w strukturze życia duchowego, występują u niego szczególnie ostro zróżnicowane. Obok przymusu o treści pozytywnej i negatywnej występuje w dziedzinie intelektualnej zwątpienie, które zaczyna powoli nadgryzać zazwyczaj najpewniejsze przekonania. Wszystko zmierza do coraz dotkliwszego braku decyzji, energii i do ograniczenia swobody. Osobnik cierpiący na nerwicę natręctwa był pierwotnie człowiekiem o charakterze bardzo energicznym, często z dużą dozą uporu, z reguły o ponadprzeciętnym intelekcie. Osiągnął on najczęściej wysoki stopień rozwoju etycznego, odznacza się nadmiernie wrażliwym sumieniem i nadmierną poprawnością. Możecie sobie wyobrazić, jak wielkiej pracy wymaga zorientowanie się w tym pełnym sprzeczności zespole cech charakteru i objawów chorobowych. Nie dążymy też na razie do niczego innego, jak do zrozumienia i wytłumaczenia pewnych objawów tej choroby.

Może chcecie najpierw dowiedzieć się, przez wzgląd na nasze przyszłe rozważania, jaki jest obecnie stosunek psychiatrii do problemów nerwicy natręctwa. Jest to mizerny rozdział. Psychiatria obdarza rozmaite „przymusy" nazwami, lecz nie mówi o nich poza tym nic więcej. Natomiast podkreśla, że osoby, które wykazują te objawy, są „degeneratami". Określenie to nie może nas zadowolić, jest to właściwie wartościowanie, osądzenie, nie zaś wyjaśnienie. Mamy to rozumieć w ten sposób, jak gdyby u ludzi, którzy się wyrodzili, mogły się zdarzać wszystkie możliwe osobliwości. Wierzymy, że osoby, u których takie objawy występują, muszą być z przyrodzenia czymś odmiennym od innych ludzi. Chcielibyśmy jednak zapytać, czy są oni bardziej „zwyrodniali" niż inni nerwicowcy, na przykład histerycy lub też psychicznie chorzy? Charakterystyka ta jest widocznie znów za bardzo ogólnikowa. Można nawet powątpiewać, czy jest ona usprawiedliwiona, gdy się słyszy, że takie objawy zdarzają się i u ludzi niezwykłych, którzy wykazują działalność wybitną i dla ogółu doniosłą. Na ogół dzięki ich własnej dyskrecji i zakłamaniu ich biografów, dowiadujemy się niewiele o życiu intymnym naszych wielkich ludzi; zdarza się jednak, że któryś z nich jest fanatykiem prawdy, jak Emil Zola, i wtedy dowiadujemy się od niego, na ile osobliwych, natrętnych przyzwyczajeń cierpiał w ciągu całego życia[3].

Psychiatria znalazła sobie wyjście, mówiąc o *dégénerés superieurs*[4]. Pięknie – ale zdobyliśmy za pomocą psychoanalizy doświadczenie, że można usunąć na zawsze te szczególne objawy natręctwa, podobnie jak i inne cierpienia, jak to się dzieje u innych osób niezdegenerowanych. Mnie samemu udawało się to wielokrotnie.

Chcę wam podać tylko dwa przykłady analizy natręctwa, jeden spośród moich dawniejszych spostrzeżeń, który byłoby mi trudno zastąpić piękniejszym, drugi świeższej daty. Ograniczam się do tak małej ilości, gdyż wypadki tego typu wymagają obszernego i bardzo szczegółowego omówienia.

Kobieta w wieku około 30-tu lat, cierpiąca na najcięższe objawy natręctwa i której byłbym może pomógł, gdyby podstępny przypadek nie zniweczył moich usiłowań – może będę miał jeszcze sposobność opowiedzieć wam o tym – wykonywała między innymi wielokrotnie w ciągu dnia następującą osobliwą czynność

[3] E. Toulouse, Emile Zola, *Enquęte médico-psychologique*, Paris 1896.

[4] *Dégénerés superieurs* – zwyrodnienia wyjątkowe (specyficzne) [przyp. red.].

przymusową. Wybiegała ze swego pokoju do sąsiedniego, stawała tam w pewnym określonym miejscu przy stole, stojącym na środku, dzwoniła na swą pokojówkę, dawała jej jakieś obojętne zlecenie lub odsyłała ją bez niego i biegła z powrotem. Nie był to wprawdzie ciężki objaw cierpienia, ale mógł pobudzić naszą ciekawość. Wyjaśnienie wyłoniło się w sposób jasny i niewątpliwy, i to bez pomocy lekarza. Nie wiem, na jakiej drodze mógłbym powziąć przypuszczenie co do znaczenia tej czynności przymusowej i jaką zaproponować interpretację. Ilekroć pytałem chorą: „Czemu pani to robi? Co to ma za sens?" – odpowiadała: „Nie wiem". Pewnego dnia, kiedy udało mi się zwalczyć jej zasadnicze skrupuły, znalazła nagle wyjaśnienie i opowiedziała coś, co odnosiło się do czynności przymusowej. Przed więcej niż dziesięciu laty poślubiła znacznie starszego mężczyznę, który podczas nocy poślubnej okazał się impotentem. Niezliczoną ilość razy biegał tej nocy ze swojego do jej pokoju, by ponowić próbę, lecz za każdym razem bezskutecznie. Rano powiedział z gniewem: trzeba się teraz wstydzić przed pokojówką, która będzie słała łóżko, chwycił butelkę czerwonego atramentu, która przypadkowo znajdowała się w pokoju, i wylał jej zawartość na prześcieradło, ale nie na miejsce, które miałoby prawo do takiej plamy. Początkowo nie rozumiałem, jaki związek ma to wspomnienie z niewyjaśnioną czynnością natrętną, gdyż podobieństwo znalazłem tylko w powtarzającym się bieganiu z jednego pokoju do drugiego i w pojawieniu się pokojówki. Wtedy pacjentka zaprowadziła mnie do stołu w drugim pokoju, gdzie spostrzegłem na obrusie dużą plamę. Wyjaśniła też, że staje koło stołu tak, iż wezwana służąca nie może plamy przeoczyć. A zatem nie tylko nie mogło być wątpliwości co do ścisłego związku między ową sceną po nocy poślubnej a jej dzisiejszą czynnością przymusową, ale można się było jeszcze czegoś tutaj nauczyć.

Przede wszystkim jasne jest, że pacjentka identyfikuje się ze swoim mężem, gra jego rolę, naśladując bieganie z jednego pokoju do drugiego. Aby pozostać w sferze utożsamiania, musimy dodać, że stół i serweta zastępują tutaj łóżko i prześcieradło. Twierdzenie to mogłoby się wydawać dowolne, ale przecież nie na próżno badaliśmy symbolikę marzeń sennych. W marzeniu sennym występuje również często stół, który należy interpretować jako łóżko. Wspólność stołu i łoża właściwa jest małżeństwu, toteż jedno może być łatwo zastąpione przez drugie.

Mamy już dowód, że czynność przymusowa jest pełna znaczenia, wydaje się być przedstawieniem, powtórzeniem owej znamiennej sceny. Nic nas jednak nie skłania do zatrzymania się przy tym pozorze; badając głębiej związek między obiema scenami, otrzymamy prawdopodobnie wyjaśnienie czegoś bardziej istotnego, mianowicie zamiaru czynności przymusowej. Jądrem jego jest widocznie wzywanie pokojówki, której wzrok pani stara się skierować na plamę, w przeciwieństwie do słów męża, że trzeba by się wstydzić przed służącą. On – którego rolę gra ona – nie wstydzi się więc przed służącą, czyli plama jest na właściwym miejscu. Widzimy zatem, że nie tylko powtórzyła ona po prostu scenę, lecz przedłużyła ją, poprawiła i odpowiednio nią pokierowała. W ten sposób poprawia jednak jeszcze i coś innego, to, co było owej nocy tak przykre i uczyniło konieczną pomoc czerwonego atramentu - impotencję. Czynność przymusowa powiada więc: nie, to nieprawda, on nie miał potrzeby wstydzić się przed służącą, on nie był impotentem; podobnie jak w marzeniu sennym, przedstawia ona to życzenie w czynności teraźniejszej jako spełnione, służy więc tendencji podniesienia męża ponad ówczesne jego niepowodzenie.

Do tego przyłącza się wszystko inne, co mógłbym wam o tej kobiecie opowiedzieć, właściwiej powiedziawszy - wszystko, co o niej wiemy poza tym, wskazuje nam drogę do takiego interpretowania tej, samej przez się niezrozumiałej, czynności przymusowej. Kobieta żyje od lat w separacji z mężem i walczy z zamiarem wystąpienia o rozwód sądowy. Nie ma jednak mowy o tym, aby zdołała uwolnić się od niego, jest zmuszona dochować mu wiary, usuwa się od świata, by nie podlegać pokusie, usprawiedliwia i wyolbrzymia jego postać w swojej fantazji. Tak, najgłębszą tajemnicą jej choroby jest to, że przy jej pomocy chroni męża od złośliwych plotek, usprawiedliwia ich separację i umożliwia mu dogodne życie na osobności. Tak więc analiza niewinnej czynności przymusowej prowadzi nas wprost do jądra przypadku choroby, uchyla nam jednocześnie rąbka tajemnicy o nerwicy natręctwa w ogóle. Zatrzymuję was chętnie przy tym przykładzie, gdyż łączy on warunki, które niełatwo można znaleźć w innych wypadkach. Interpretacja tego objawu została odkryta przez chorą od razu, bez wskazówek lub też pomocy psychoanalityka, przez powiązanie go z przeżyciem, które nie należało jednak, jak zwykle, do zapomnianego okresu dzieciństwa, lecz zdarzyło się w dojrzałych latach chorej i pozostało niezatarte w jej pamięci. Wszystkie zarzuty, które krytyka zwykle wytacza przeciw naszej interpretacji objawów, są bezsilne wobec tego wypadku. Naturalnie, że nie zawsze dzieje się nam tak dobrze.

Jeszcze jedno! Czy nie uderzyło was, jak dalece ta niepozorna czynność przymusowa wprowadziła nas w tajniki życia pacjentki? Kobieta nie ma chyba intymniejszych rzeczy do opowiedzenia, niż historię nocy poślubnej i czyżby to było przypadkowe i pozbawione głębszego znaczenia, że natknęliśmy się właśnie na szczegóły życia płciowego? Mogłoby to być oczywiście skutkiem mojego subiektywnego wyboru. Nie sądźmy zbyt pospiesznie i zwróćmy się do drugiego wypadku zupełnie innego rodzaju, który jest wzorem dla grupy częstych przypadków, mianowicie do ceremoniału snu.

19-letnia, dobrze rozwinięta, zdolna dziewczyna, jedyne dziecko rodziców, których przewyższa wykształceniem i żywotnością umysłu, była jako dziecko dzika i swawolna i w ciągu ostatnich lat, bez widocznych przyczyn zewnętrznych, stała się nerwowa. Zwłaszcza w stosunku do matki jest bardzo drażliwa, wiecznie niezadowolona, przygnębiona, niezdolna do decyzji i pełna wątpliwości, przyznaje się wreszcie, że nie może więcej sama chodzić po placach i większych ulicach. Nie będziemy się długo zajmowali jej skomplikowanym stanem chorobowym, który wymaga co najmniej dwóch rozpoznań klinicznych, agorafobii i nerwicy natręctwa, natomiast zatrzymamy się przy tym, że pacjentka nasza rozwinęła także ceremoniał snu, z powodu którego cierpią jej rodzice. Można rzec, że w pewnym sensie każdy normalny człowiek ma swój ceremoniał snu lub przestrzega pewnych przepisów, których zaniedbanie przeszkadza mu zasnąć; przejście z życia na jawie do stanu sennego ujął w pewne formy, które dokładnie powtarza co wieczór. Lecz wszystko, czego żąda zdrowy człowiek jako warunku snu, jest rozumowo uzasadnione i, o ile okoliczności zewnętrzne zmuszają do zmiany, podporządkowuje się im łatwo i bez straty czasu. Ceremoniał patologiczny zaś jest nieugięty, toruje sobie drogę przy pomocy jak największych ofiar, osłania się jednocześnie rozumowym uzasadnieniem i przy powierzchownej obserwacji różni się od normalnego pewną przesadną starannością. Jednak, przyglądając się bliżej, spostrzegamy, że osłona jest niewystarczająca, że ceremoniał obejmuje przepisy, które sięgają daleko poza uzasadnienie rozumowe, i inne, które mu przeczą. Pacjentka nasza podaje jako motyw swoich nocnych zarządzeń, że trzeba jej do snu spokoju, wobec czego musi usunąć wszelkie źródła szmeru. W tym celu postępuje dwojako: w jej pokoju musi zostać zatrzymany duży zegar, wszystkie inne zegary usunięte, nie znosi nawet swojej bransoletki z małym zegarkiem na stoliku nocnym. Doniczki i wazony muszą być tak ustawione na biurku, aby w nocy nie mogły spaść, potłuc się i przerwać jej snu. Wie, że zastosowanie tych środków jako warunków spokoju może być usprawiedliwione tylko pozornie; tykania małego zegarka nie byłoby słychać, gdyby nawet leżał na stoliczku nocnym, a wszyscy wiemy z doświadczenia, że regularne tykanie wiszącego zegara nigdy nie przeszkadza spać, działa raczej usypiająco. Przyznaje też, że obawa, jakoby doniczki i wazony, pozostawione na swoim miejscu, mogły nocą same przez się spaść i potłuc się, pozbawiona jest wszelkiego prawdopodobieństwa. Inne przepisy ceremoniału nie wiążą się zupełnie z warunkami odpoczynku. Żądanie, aby drzwi między jej pokojem a sypialnią rodziców były uchylone, którego spełnienie zapewnia sobie, wsuwając w otwarte drzwi różne przedmioty, wydaje się, przeciwnie, być źródłem hałasu. Najważniejsze przepisy dotyczą samego łóżka. Poduszka u wezgłowia nie powinna dotykać jego drewnianej ściany. Jasiek musi tak leżeć na dużej poduszce, aby tworzył romb, głowę kładzie wtedy pacjentka akurat wzdłuż jego przekątnej. Pierzyną musi przed przykryciem się tak wstrząsać, aby część przy nogach stała się bardziej wypchana, lecz potem pacjentka ponownie równomiernie ją ugniata.

Pozwólcie mi ominąć inne, często bardzo drobne szczegóły tego ceremoniału; niczego nowego nas one nie nauczą, oddalą tylko od naszych zamiarów. Ale niech wam się nie wydaje, że to wszystko odbywa się tak gładko. Panuje nad tym troska, że nie wszystko jest zrobione należycie; trzeba kontrolować, powtarzać, wątpliwość czepia się już to jednego, już to drugiego zabezpieczenia i w rezultacie mijają jedna do dwóch godzin, w ciągu których dziewczyna i sama spać nie może, i nie daje zasnąć zahukanym rodzicom.

Analiza tych udręczeń nie była tak prosta jak analiza czynności przymusowej naszej poprzedniej pacjentki. Musiałem czynić pewne aluzje i podawać pewne próby interpretacji, które pacjentka za każdym razem kategorycznie odrzucała lub przyjmowała z lekceważącym powątpiewaniem. Lecz po tej pierwszej negatywnej reakcji nastąpił okres, w którym sama zajęła się zaproponowanymi możliwościami, zbierała do nich skojarzenia, produkowała wspomnienia, zestawiała związki, aż przyjęła wszystkie moje interpretacje i to w wyniku własnej pracy. W miarę jak się to działo, porzucała wykonywanie natrętnych praktyk i jeszcze przed końcem leczenia zrezygnowała z całego ceremoniału. Musicie też wiedzieć, że praca analityczna, jak się ją dziś wykonuje, wyklucza wprost konsekwentne opracowanie pojedynczego objawu, dopóki nie wyjaśni się go do końca. Jesteśmy raczej zmuszeni porzucać ciągle tenże temat; pewne jest, że inne związki znowu nas na niego naprowadzą. Interpretacja objawu, którą wam teraz przedłożę, jest więc syntezą wyników, których zdobywanie, przerywane innymi pracami, ciągnęło się przez tygodnie i miesiące.

Pacjentka nasza uczy się powoli pojmować, że wykluczyła ona ze swych przygotowań do nocy zegar jako symbol kobiecego narządu płciowego. Zegar, dla którego znamy jeszcze inne interpretacje symboliczne, otrzymuje tę rolę przez swój stosunek do przejawów okresowych i do równych interwałów. Kobieta może się na przykład przechwalać, że jej menstruacja jest tak prawidłowa jak mechanizm zegara. Obawa naszej pacjentki była skierowana głównie przeciw temu, że tykanie zegara będzie jej przeszkadzało we śnie. Tykanie zegara odpowiada pulsowaniu *clitoris* przy podnieceniu płciowym. To przykre dla niej uczucie budziło ją w rzeczy samej wielokrotnie ze snu i teraz wyraziła się owa obawa erekcji w nakazie usunięcia na noc z jej pokoju zegarów. Doniczki i wazony są jak wszystkie naczynia również symbolami kobiecymi. Ostrożność, przedsięwzięta w celu, aby nocą nie spadły i nie rozbiły się, nie jest pozbawiona pewnego słusznego sensu. Znamy ów bardzo rozpowszechniony zwyczaj tłuczenia naczynia lub talerza przy zaręczynach. Każdy z obecnych bierze w posiadanie jeden odłamek, co możemy uważać za zrzeczenie się jego wymagań co do narzeczonej z punktu widzenia przepisu o małżeństwie z czasów przed wprowadzeniem monogamii. Do tej części swojego ceremoniału odniosło też dziewczę jedno wspomnienie i szereg skojarzeń. Pewnego razu, jako dziecko, padając z naczyniem szklanym czy glinianym, skaleczyła palce, które silnie krwawiły. Gdy podrosła i dowiedziała się o istnieniu stosunku płciowego, zjawiła się trwożliwa myśl, że nie będzie krwawiła w noc poślubną i nie okaże się dziewicą. Jej przezorność, skierowana przeciw rozbiciu się wazonów, oznacza więc usunięcie całego kompleksu, będącego w związku z dziewictwem i krwawieniem przy pierwszym stosunku, usunięcie obawy krwawienia podobnie, jak i obawy przeciwnej - niekrwawienia. Z zapobieganiem szmerom, któremu podporządkowała te zarządzenia, miały one tylko daleki związek.

Główny sens swego ceremoniału odgadła pewnego dnia, gdy nagle zrozumiała przepis, że poduszka nie powinna dotykać ściany łóżka. Poduszka była w jej pojęciu - jak mówiła - zawsze niewiastą, zaś prosto stojąca ściana - mężczyzną. Chciała więc - w sposób, możemy dodać, magiczny - trzymać w rozłące mężczyznę i kobietę, to znaczy rozdzielić rodziców, nie dopuścić do obcowania małżeńskiego. Tego celu chciała dopiąć dawniej, przed wprowadzeniem ceremoniału, w sposób bardziej bezpośredni. Symulowała lęk lub wyzyskiwała istniejącą skłonność do lęku tak, że drzwi, łączące sypialnię rodziców z pokojem dziecinnym, nie wolno było zamykać. Ten nakaz został wszak jeszcze zachowany w jej dzisiejszym ceremonjale. W ten sposób miała możliwość podsłuchiwania rodziców, ale wykorzystanie tej możliwości pewnego razu spowodowało bezsenność trwającą miesiącami. Niezadowolona z tego rodzaju przeszkadzania rodzicom, dopięła na pewien czas tego, że spała w łożu małżeńskim między ojcem a matką. „Poduszka" i „ściana drewniana" nie mogły się wtedy naprawdę zejść. Wreszcie, gdy tak już podrosła, że nie mieściła się wygodnie w łóżku między rodzicami, symulując świadomie lęk, dopięła tego, że matka odstąpiła jej swoje miejsce obok ojca. Ta sytuacja stała się niewątpliwie punktem wyjścia dla fantazji, których oddziaływanie widzimy w ceremoniale.

Jeżeli poduszka oznaczała kobietę, to miało sens wstrząsanie pierzyny tak długo, aż całe pierze znalazło się w dolnej części i tam wywoływało nabrzmienie. Znaczyło to uczynić kobietę brzemienną, lecz nie zapominała usuwać znów tej ciąży, gdyż żyła całe lata w strachu, że wynikiem stosunku rodziców mogłoby być drugie dziecko, które by z nią współzawodniczyło. Z drugiej strony, jeżeli duża poduszka była kobietą, matką, mała poduszeczka mogła przedstawiać tylko córkę. Dlaczego ta poduszeczka musiała mieć kształt rombu i głowa dziewczyny musiała leżeć dokładnie wzdłuż jego przekątnej? Z łatwością przypomniała sobie, że romb jest to powtarzający się na wszystkich ścianach znak otwartego kobiecego narządu płciowego. Ona sama odgrywała wówczas rolę mężczyzny, ojca, i zastępowała organ męski swoją głową. (Porównaj symbolikę ścięcia głowy dla oznaczenia kastracji.)

Brzydkie rzeczy - powiecie - które jakoby błąkają się po głowie tej niewinnej dziewczyny. Przyznaję, ale nie zapominajcie; to nie ja stworzyłem te rzeczy, ja je tylko wytłumaczyłem. Taki ceremoniał snu jest też czymś niezwykłym i nie zaprzeczycie chyba, że odpowiadają mu fantazje, ujawnione przez interpretację. Ważniejsze jest jednak, abyście zauważyli, że nie jakaś jedna jedyna fantazja znalazła wyraz w ceremoniale, ale pewna liczba fantazji, mających w istocie jakiś wspólny węzeł; jak również, że przepisy ceremoniału wyrażają życzenia seksualne bądź pozytywnie, bądź negatywnie, służą częściowo do ich zastąpienia i częściowo do obrony przeciwko nim.

Można by też więcej wydobyć z analizy tego ceremoniału, gdyby go odpowiednio powiązać z innymi objawami chorej. Droga nasza nie tędy prowadzi. Zadowólcie się wzmianką, że dziewczyna uległa erotycznemu przywiązaniu do ojca, czego zawiązki leżą we wczesnym dzieciństwie; może dlatego odnosiła się tak nieprzyjaźnie do matki. Nie możemy też przeoczyć faktu, że analiza tego objawu naprowadza ponownie na życie seksualne chorej. Być może, będziemy się temu tym mniej dziwili, im częściej zdołamy wniknąć w sens i cel objawów nerwicowych.

Pokazałem wam zatem na dwóch wybranych przykładach, że objawy nerwicowe, podobnie jak czynności pomyłkowe i marzenia senne, mają znaczenie i pozostają w ścisłym związku z przeżyciami pacjentów. Czy mogę oczekiwać, że na zasadzie dwóch przykładów uwierzycie w to nader ważne twierdzenie? Nie. Czy możecie jednak wymagać, abym wam przytoczył tyle dalszych przykładów, aż przyznacie, że jesteście przekonani? Także nie, gdyż przy dokładności, z jaką omawiam każdy poszczególny wypadek, musiałbym poświęcić pięciogodzinny wykład semestralny, by wyczerpać ten jeden punkt nauki o nerwicach. Ograniczam się więc do tej próbki dla dowiedzenia twierdzenia i skierowuję was zresztą do odnośnych publikacji w literaturze, do klasycznej interpretacji objawów w pierwszym przypadku, ogłoszonym przez Breuera (histeria), do niezwykłego wyświetlenia zupełnie ciemnych objawów w tak zwanym *otępieniu wczesnym* przez C. G. Junga z czasów, gdy badacz ten był tylko psychoanalitykiem, a nie chciał jeszcze być prorokiem, i do wszystkich prac, które od tego czasu zapełniły nasze czasopisma. Tych badań mamy właśnie pod dostatkiem. Analiza, interpretacja, tłumaczenie objawów nerwicowych tak pociągały psychoanalityków, że zaniedbali oni początkowo inne problemy neurotyki.

Kto z was zada sobie taki trud, ten odbierze na pewno silne wrażenie bogactwa materiału dowodowego. Lecz natknie się też na pewną trudność. Znaczenie objawu polega, jak dowiedzieliśmy się, na jego związku z przeżyciami chorego. Im bardziej indywidualnie rozwinięty jest objaw, tym prędzej możemy oczekiwać wykrycia tego związku. Zadanie polega na tym, aby dla bezsensownej idei i bezcelowej czynności znaleźć taką sytuację w przeszłości, kiedy idea była uzasadniona, a czynność celowa. Czynność przymusowa naszej pacjentki, która biegała do stołu i dzwoniła na służącą, jest wzorem dla tego rodzaju objawów. Ale bywają, i to nawet bardzo często, objawy o charakterze odmiennym. Należy je nazwać „typowymi" objawami choroby, są one mniej więcej jednakowe we wszystkich wypadkach, ich różnice indywidualne znikają lub przynajmniej tak się zacierają, że trudno powiązać owe objawy z indywidualnymi przeżyciami chorych i znaleźć ich stosunek do pojedynczych przeżytych sytuacji. Skierujmy nasz wzrok ponownie ku nerwicy natręctwa. Już ceremoniał snu naszej drugiej pacjentki zawiera wiele cech typowych, przy czym posiada dość rysów indywidualnych, aby umożliwić tę, że tak powiem, *historyczną* interpretację. Wszyscy chorzy na nerwicę natręctwa mają skłonność do powtarzania czynności, do wykonywania ich w pewnym rytmie i do izolowania ich od innych. Większość spośród nich zajmuje się zbyt często funkcją mycia. Chorzy, cierpiący na agorafobię (topofobię, lęk przestrzeni), której nie zaliczamy już do nerwicy natręctwa tylko zwiemy histerią lękową, powtarzają w obrazach swojej choroby często z nużącą monotonią te same rysy; boją się niezamkniętych przestrzeni, dużych otwartych placów, ciągnących się daleko ulic i alei. Czują się bezpiecznie, jeżeli są w towarzystwie znajomych lub jeżeli powóz jedzie za nimi itd. Na to jednostajne tło rzucają jednakże poszczególni chorzy swoje indywidualne warunki, nastroje, które, można by rzec, w pojedynczych wypadkach wprost sobie przeczą. Ten boi się tylko wąskich ulic, tamten tylko szerokich; ten może chodzić tylko, gdy jest mało, tamten – gdy jest dużo ludzi na ulicy. Także histeria przy całym bogactwie rysów indywidualnych posiada nadmiar wspólnych objawów typowych, które zdają się stawiać opór nawiązaniu z przeszłością (historycznemu). Nie zapominajmy, że są to przecież typowe objawy, według których orientujemy się przy stawianiu diagnozy. Jeżeli sprowadziliśmy rzeczywiście w jednym wypadku histerii objaw typowy do jednego przeżycia lub do łańcucha podobnych przeżyć, na przykład wymioty histeryczne do szeregu wrażeń wstrętu, zostajemy zbici z tropu, gdy analiza, w innym wypadku, wymiotów wykrywa zupełnie inny szereg rzekomo działających przeżyć. Wygląda to zaraz tak, jak gdyby histerycy zmuszeni byli z niewiadomych przyczyn wymiotować, a dostarczone przez analizę powody historyczne były tylko pretekstami, wykorzystywaniu, w miarę swojego pojawienia się, przez tę wewnętrzną konieczność.

Dochodzimy więc do smutnego wniosku, że możemy wprawdzie zadowalająco wyjaśnić znaczenie indywidualnych objawów nerwicowych przez ich stosunek do przeżyć, lecz sztuka nasza zawodzi przy znacznie częstszych objawach typowych. Ponadto nie wtajemniczyłem was wcale we wszystkie trudności, które ujawniają się przy konsekwentnym śledzeniu historycznej interpretacji objawów. Nie chcę też tego czynić, gdyż nie mam wprawdzie zamiaru upiększać lub ukrywać przed wami czegokolwiek, ale nie powinienem jednak na początku naszej wspólnej pracy wywoływać w was bezradności i zmieszania. Prawdą jest, że jesteśmy dopiero na początku zrozumienia i interpretacji objawów, lecz musimy trzymać się mocno tego, co zdobyliśmy, i krok za krokiem opanowywać to, czego jeszcze nie rozumiemy. Próbuję więc pocieszyć was rozważaniem, że trudno przypuścić istnienie podstawowej różnicy między jednym a drugim rodzajem objawów. Jeśli objawy indywidualne zależą tak niezaprzeczalnie od przeżycia chorego, to dla objawów typowych istnieje możliwość, że sprowadzają się do przeżycia, które jest samo przez się wspólne wszystkim ludziom. Inne, regularnie powracające rysy nerwicy mogą być ogólnymi reakcjami, które bywają narzucone chorym przez samą istotę zmiany chorobowej, jak na przykład powtarzanie lub wątpliwości przy nerwicy natręctwa. Krótko mówiąc, nie mamy żadnego powodu do przedwczesnego opuszczania rąk; zobaczymy, co się dalej okaże.

W obliczu analogicznej trudności stoimy także w nauce o marzeniu sennym. Nie mogłem jej omawiać w poprzednich wykładach o tym przedmiocie. Jawna treść snów jest bardzo różnorodna oraz indywidualnie zróżnicowana; pokazaliśmy dokładnie, co z tej treści wydobywa analiza. Obok tego bywają marzenia senne zwane również „typowymi", które u wszystkich ludzi występują w ten sam sposób; marzenia senne o jednolitej treści, przeciwstawiające interpretacji te same trudności. Są to sny o padaniu, fruwaniu, bujaniu, pływaniu; sny, w których jest się zahamowanym, nagim, a także pewne inne sny lękowe, które wykazują bądź tę, bądź inną interpretację u poszczególnych osób, przy czym nie znajdujemy wyjaśnienia ani dla ich monotonii, ani dla typowego pojawiania się. Ale i przy tych marzeniach sennych spostrzegamy, że wspólne podłoże jest urozmaicone dodatkami, zmieniającymi się indywidualnie, i prawdopodobnie dadzą się i one także w sposób naturalny, jedynie przez rozszerzenie naszych poglądów, objąć naszym ogólnym zrozumieniem praw, które rządzą marzeniem sennym.

WYKŁAD XVIII

ZWIĄZANIE Z URAZEM. NIEŚWIADOME

Panie i Panowie! Powiedziałem ostatnim razem, że w dalszym ciągu naszej pracy chcielibyśmy nawiązać nie do naszych wątpliwości, lecz do naszych odkryć. Dwa najbardziej interesujące wyniki, dające się wyprowadzić z dwóch wzorowych analiz, w ogóle nie zostały jeszcze przez nas wypowiedziane. Po pierwsze: obaj pacjenci wywierają na nas wrażenie, jak gdyby byli związani z pewnym odłamem przeszłości, jak gdyby nie potrafili uwolnić się od niej i stali się poprzez to obcy teraźniejszości i przyszłości. Tkwią zatem w swej chorobie tak, jak za dawnych czasów zwyczajem było usuwać się do klasztoru, aby tam dokonać ciężkiego losu. Pierwszej pacjentce zgotowało ten los rozwiązane w rzeczywistości małżeństwo. Dzięki swoim objawom kontynuuje proces ze swoim mężem; nauczyliśmy się rozumieć głosy, które za nim przemawiają, które go uniewinniają, podnoszą i opłakują jego stratę. Aczkolwiek młoda i ponętna, dla innych mężczyzn, sięgnęła po wszelkie zabezpieczenia realne i imaginacyjne (magiczne), aby mu dochować wierności. Nie ukazuje się obcym, zaniedbuje swój wygląd, ale nie może też podnieść się szybko z krzesła, na którym siedzi, odmawia podpisywania swojego nazwiska i nie może nikomu dać podarunku, motywując to tym, że nikt nie powinien mieć czegoś od niej.

U naszej drugiej pacjentki, młodej dziewczyny, tę samą rolę odgrywa erotyczne przywiązanie do ojca, które wytworzyło się w latach przed dojrzałością płciową. Toteż wywnioskowała ona, że nie może wyjść za mąż, dopóki jest tak chora. Możemy przypuszczać, że zachorowała, aby nie być zmuszoną wyjść za mąż i aby pozostać przy ojcu.

Nie możemy uchylić się od pytania, jak, jaką drogą i siłą jakich wpływów dochodzi się do tak osobliwego i niekorzystnego stosunku do życia. Przyjmujemy, że taka postawa leży w ogólnym charakterze nerwicy, nie jest zaś specjalną cechą tych dwóch chorych. Jest to w rzeczy samej ogólna, praktycznie bardzo ważna cecha każdej nerwicy. Pierwsza histeryczna pacjentka Breuera była w podobny sposób związana z czasem, kiedy pielęgnowała ojca, który ciężko zachorował. Mimo swego wyzdrowienia zrezygnowała ona od tego czasu pod pewnym względem z życia; pozostała wprawdzie zdrowa i zdolna do pracy, uszła jednak normalnemu losowi kobiecemu. U każdego z naszych chorych możemy przez analizę wykazać, że w swoich objawach chorobowych i przez ich skutki cofnął się do pewnego okresu przeszłości. W większości wypadków wybrał on nawet do tego bardzo wczesną fazę życia, okres swojego dzieciństwa, nawet, aczkolwiek to śmiesznie brzmieć może, czas swego niemowlęctwa.

Najbliższą analogię do tego zachowania się naszych nerwowo chorych przedstawiają schorzenia, które powstają szczególnie często właśnie teraz podczas wojny, tak zwane nerwice urazowe. Takie wypadki zdarzały się naturalnie i przed wojną, po katastrofach kolejowych i innych strasznych niebezpieczeństwach, zagrażających życiu. Nerwice urazowe nie są w gruncie rzeczy tym samym, co nerwice samorzutne, które zwykliśmy badać i leczyć psychoanalizą; nie udało nam się też jeszcze spojrzeć na nie z naszego punktu widzenia i mam nadzieję, że będę wam mógł kiedyś wyjaśnić, na czym polega to ograniczenie naszych możliwości. Co do jednego punktu musimy podkreślić zupełną zgodność. Nerwice urazowe dają wyraźne wskazówki, że u ich podstawy leży związek z momentem wypadku urazowego. W swych marzeniach sennych chorzy ci powtarzają stale sytuację urazową; tam, gdzie się zdarzają napady o typie histerycznym, które są dostępne dla analizy, dowiadujemy się, że napad odpowiada całkowitemu przeniesieniu się do tej sytuacji. Jest to tak, jak gdyby ci chorzy nie skończyli jeszcze z sytuacją urazową, jak gdyby stała jeszcze przed nimi jako nierozwiązane zadanie aktualne i pogląd ten przyjmujemy z całą powagą; wskazuje nam on drogę do, nazwijmy to tak, *ekonomicznego* rozpatrywania zjawisk psychicznych. Tak, nawet wyrażenie „urazowy" posiada jedynie tylko takie znaczenie ekonomiczne. Zwiemy tak przeżycie, które przynosi życiu duchowemu w ciągu krótkiego czasu tak silny przyrost podrażnień, że nie udaje się pozbyć się ich lub przerobić w sposób normalny, w wyniku czego muszą powstać stałe zaburzenia w układzie energetycznym.

Ta analogia zachęca nas do nazwania urazowymi także i tych przeżyć, z którymi wydają się być związani nasi nerwowo chorzy. W ten sposób uzyskaliśmy prosty warunek powstawania schorzeń nerwicowych. Nerwicę można byłoby przyrównać do schorzenia urazowego; powstawałaby ona na skutek niemożności uwolnienia się od przeżycia o bardzo silnym akcencie uczuciowym. Tak brzmiało też rzeczywiście pierwsze sformułowanie, które Breuer i ja w latach 1893–1895 wypowiedzieliśmy w teoretycznym sprawozdaniu z naszych nowych spostrzeżeń. Przypadek, na przykład naszej pierwszej pacjentki, młodej, rozłączonej z mężem kobiety, nadaje się do takiego ujęcia bardzo dobrze. Nie przebolała ona braku realizacji swojego pożycia małżeńskiego i pozostała związana z tym urazem. Nasz drugi przypadek jednak, dziewczyna związana z ojcem, wskazuje, że to sformułowanie nie jest dostatecznie obszerne. Z jednej strony takie zakochanie się małej dziewczynki w ojcu jest czymś tak zwykłym i tak często przezwyciężanym, że pojęcie „urazowy" straciłoby swoją treść; z drugiej strony historia chorej poucza, że to pierwsze erotyczne przywiązanie minęło początkowo rzekomo bez szkody i dopiero po wielu latach ujawniło się jako objaw nerwicy natręctwa. Przewidujemy tu więc komplikacje, większą obfitość warunków schorzenia, lecz przeczuwamy też, że urazowy punkt widzenia nie musi być odrzucony jako błędny; będziemy musieli zastosować go w innym miejscu.

Przerywamy tutaj znów drogę, którą wybraliśmy. Nie prowadzi ona na razie dalej i musimy dowiedzieć się różnych innych rzeczy, zanim znajdziemy jej właściwe przedłużenie. Na temat związania z pewną określoną fazą przeszłości zauważmy jeszcze, że takie zdarzenie wykracza daleko poza obręb nerwicy. Każda nerwica zawiera takie związanie, lecz nie każde związanie prowadzi do nerwicy, jest identyczne z nerwicą lub też bywa przez nią wytwarzane. Wzorem związania uczuciowego z czymś minionym jest żałoba, która również prowadzi do całkowitego odwrócenia się od teraźniejszości i przyszłości. Nawet sąd laika odróżni wyraźnie żałobę od nerwicy. Natomiast bywają nerwice, które można określić jako formę patologiczną żałoby.

Zdarza się też, że wypadek urazowy, wstrząsnąwszy dotychczasowymi podstawami ich życia, wprowadza ludzi w stan takiego odrętwienia, że tracą wszelkie zainteresowanie dla teraźniejszości i przyszłości i trwają uparcie w rozpamiętywaniu przeszłości; ale ci nieszczęśliwcy nie muszą stać się neurotykami. Nie będziemy więc przeceniali tego jednego rysu dla charakterystyki nerwicy, jakkolwiek występuje regularnie i ma duże znaczenie.

Przystępujemy teraz do drugiego wyniku naszych analiz, dla którego nie mamy potrzeby obawiać się w następstwie ograniczenia. Opowiedzieliśmy, jaką bezsensowną czynność przymusową wykonywała nasza pierwsza pacjentka i jakie intymne wspomnienie z życia z nią wiązała, potem zbadaliśmy też ich wzajemny stosunek i odgadliśmy cel czynności przymusowej na zasadzie związku ze wspomnieniem. Pozostawiliśmy na uboczu jeden moment, który zasługuje na naszą pełną uwagę. Dopóki pacjentka powtarzała czynność przymusową, nie wiedziała, że łączy się ona z jej przeżyciem. Związek między obojgiem był dla niej ukryty; musiała zgodnie z prawdą odpowiadać, że nie wie, na skutek jakich pobudek to czyni. Pod wpływem kuracji zdarzyło się nagle pewnego razu, że znalazła ten związek i mogła o nim opowiedzieć. Wciąż jeszcze nie wiedziała nic o zamiarze, na którego usługach wykonywała czynność przymusową, o zamiarze skorygowania przykrego momentu przeszłości i podniesienia na wyższy poziom ukochanego męża. Trwało to dość długo i kosztowało wiele wysiłku, zanim pojęła i przyznała mi, że jedynie taki motyw mógł być motorem czynności przymusowej.

Związek ze sceną po niefortunnej nocy poślubnej i motyw czułości u chorej tworzą wspólnie to, co nazwaliśmy „sensem" czynności przymusowej. Podczas gdy chora czynność tę wykonywała, nieznany jej był sens czynności, nie wiedziała skąd ona pochodzi i jaki ma cel. Rozwijały się w niej procesy psychiczne, czynność przymusowa była właśnie ich wynikiem; wynik ten spostrzegła w normalnym stanie duchowym, lecz nic z warunków psychicznych, które do tego działania doprowadziły, nie doszło do jej świadomości. Zachowywała się zupełnie tak samo, jak osobnik w stanie hipnozy, któremu Bernheim poddał myśl otwarcia parasola w sali chorych pięć minut po obudzeniu się i który spełnił to zlecenie na jawie, lecz nie mógł podać żadnego motywu swojego czynu. Taki stan rzeczy mamy przed oczyma, kiedy mówimy o istnieniu *nieświadomych procesów duchowych*. Możemy wezwać cały świat, aby zdał sprawę z tego stanu rzeczy w sposób bardziej prawidłowy i naukowy, a wtedy wyrzekniemy się chętnie przyjęcia nieświadomych procesów psychicznych. Do tego czasu jednak będziemy mocno się go trzymali i musimy, wzruszając z rezygnacją ramionami, odrzucić jako niezrozumiałe, jeżeli chce nam ktoś zarzucić, że nieświadome nie jest w sensie naukowym czymś realnym, że jest to coś pomocniczego, *une façon de parler*. Coś nierealnego, z czego wynikają tak realne uchwytne działania jak czynność przymusowa!

W gruncie rzeczy spotykamy to samo u naszej drugiej pacjentki. Stworzyła sobie nakaz, że poduszka nie powinna dotykać ściany łóżka, i musi słuchać tego nakazu, ale nie wie, skąd on pochodzi, co oznacza i jakim motywom zawdzięcza swą siłę. Czy uważa go sama za obojętny lub też czy sprzeciwia mu się, jest na niego wściekła, postanawia przekroczyć go, jest to dla jego wykonania obojętne. Musi być wykonany i na próżno pyta dlaczego. Trzeba przecież przyznać, że najwyraźniejszy dowód istnienia szczególnego, oddzielonego od reszty zakresu życia duchowego zawiera się w tych objawach nerwicy natręctwa, w wyobrażeniach i impulsach, które wynurzają się niewiadomo skąd, zachowują się tak opornie przeciw wszelkim wpływom normalnego życia duchowego, na chorych samych wywierają wrażenie, jak gdyby były przepotężnymi gośćmi z obcego świata, nieśmiertelnymi, którzy wtargnęli w zgiełk śmiertelników. Od nich prowadzi droga, której nie można zmylić, do przekonania się o istnieniu nieświadomego w naszej duszy, i dlatego właśnie psychiatria kliniczna, która zna tylko psychologię świadomości, nie może traktować ich inaczej niż jako oznaki szczególnego rodzaju degeneracji. Naturalnie, że same wyobrażenia i impulsy natrętne nie są nieświadome, podobnie jak wykonywanie czynności przymusowej nie wymyka się świadomemu postrzeganiu. Nie stałyby się objawami, gdyby nie przeniknęły do świadomości. Ale ich warunki psychiczne, do których dochodzimy za pomocą analizy, związki, w które je wplata nasza interpretacja, są nieświadome przynajmniej tak długo, dopóki za pomocą pracy analitycznej nie przenikną do świadomości chorego.

Jeśli dodacie do tego, że ten stan rzeczy, skonstatowany w obu naszych wypadkach, potwierdza się przy wszelkich objawach wszystkich schorzeń nerwicowych, że zawsze i wszędzie sens objawów bywa nieznany choremu, że analiza pokazuje zazwyczaj, iż objawy te są pochodnymi procesów nieświadomych, które jednakże przy różnorodnych pomyślnych warunkach można uświadomić, to zrozumiecie, że w psychoanalizie nie możemy się obejść bez przyjęcia nieświadomego i że zwykliśmy operować nim, niby czymś zmysłowo uchwytnym. Może pojmiecie też, jak mało powołani do sądu w tej kwestii są wszycy ci, którzy znają nieświadome tylko jako pojęcie, którzy nigdy nie analizowali, nigdy nie interpretowali snów lub nie znajdowali dla objawów nerwicowych sensu i motywu. Powtórzymy to raz jeszcze dla naszych celów: możliwość nadania sensu objawom nerwicowym przez interpretację analityczną jest niezbitym dowodem istnienia – lub jeżeli wolicie konieczności przyjęcia – nieświadomych procesów duchowych.

Ale to nie wszystko. Dzięki drugiemu odkryciu Breuera, które wydaje mi się nawet bardziej bogate w treść i które jest jego wyłączną zasługą, dowiadujemy się jeszcze więcej o związku między nieświadomym a objawami nerwicowymi. Sens objawów bywa stale nieświadomy; co więcej, istnieje też stosunek zastępstwa między tą nieświadomością a możliwością istnienia objawów. Za chwilę mnie zrozumiecie. Twierdzę z Breuerem co następuje; za każdym razem, kiedy napotykamy objaw, możemy wnioskować o istnieniu u chorego określonych nieświadomych procesów, które właśnie zawierają sens objawu. Konieczne jest również, aby sens ten był nieświadomy, jeśli objaw ma dojść do skutku. Ze świadomych procesów nie tworzą się objawy; skoro tylko procesy nieświadome staną się świadomymi, objaw musi zniknąć. Poznajecie tutaj od razu dostęp do terapii, drogę doprowadzenia objawów do zniknięcia. Tą drogą uleczył Breuer w istocie swoją histeryczną pacjentkę, to znaczy uwolnił ją od jej objawów; znalazł technikę doprowadzenia do jej świadomości procesów nieświadomych, które zawierały sens objawów, i objawy zniknęły.

To odkrycie Breuera nie było rezultatem spekulacji, lecz szczęśliwego spostrzeżenia, możliwego dzięki przychylności pacjenta. Nie męczcie się też teraz nad tym, aby je zrozumieć, sprowadzić do czegoś innego już znanego, lecz uznajcie w nim nowy podstawowy fakt, przy pomocy którego wiele da się wytłumaczyć. Dlatego pozwólcie mi, abym wam powtórzył to samo w inny sposób.

Tworzenie się objawów zastępuje coś innego, coś, co zostało zaniechane. Pewne procesy duchowe powinny były normalnie rozwinąć się tak dalece, aby świadomość się o nich dowiedziała. To się nie stało, natomiast z przerwanych, w pewien sposób zakłóconych procesów, które musiały pozostać nieświadome, powstał objaw. Zdarzyło się więc coś w rodzaju zamiany; jeżeli uda się ją cofnąć, wtedy terapia objawów nerwicowych spełni swoje zadanie.

Odkrycie Breuera jeszcze dziś jest podstawą terapii psychoanalitycznej. Twierdzenie, że objawy znikają, jeżeli ich nieświadome warunki zostają chorym uświadomione, zostało potwierdzone przez każde dalsze badanie, chociaż jeśli podejmujemy próbę jego praktycznego przeprowadzenia, napotykamy na najbardziej osobliwe i nieoczekiwane komplikacje. Terapia nasza działa w ten sposób, że przemienia nieświadome w świadome, i działa tylko o tyle, o ile ma możliwości przeprowadzenia tej przemiany.

Jeszcze jedna mała dygresja, abyście nie popadli w niebezpieczeństwo wyobrażenia sobie pracy terapeutycznej jako zbyt łatwej. Według naszych dotychczasowych wywodów nerwica byłaby skutkiem pewnego rodzaju nieświadomości, niewiedzy o procesach duchowych, o których powinno się wiedzieć. Byłoby to znaczne zbliżenie się do znanej nauki Sokratesa, według której nawet występki polegają na niewiedzy. Zresztą lekarzowi, doświadczonemu w analizie, udaje się w zasadzie bardzo łatwo odgadnąć, jakie duchowe podniety pozostały nieświadome u danego chorego. Nie powinno mu więc sprawiać trudności uzdrowienie chorego przez uwolnienie go od nieświadomości drogą podania mu swojej wiedzy. Przynajmniej z jedną częścią, nieświadomym sensem objawów, można by w ten sposób łatwo się uporać; z drugiej, ze związku objawów z przeżyciami chorych, lekarz nie może oczywiście odgadnąć zbyt wiele, gdyż nie zna tych przeżyć, musi czekać, aż chory przypomni je sobie i opowie. Można to w niektórych wypadkach zastąpić czymś innym. Od krewnych chorego można dowiedzieć się o jego przeżyciach, będą oni często w stanie rozpoznać wśród nich te, które działały urazowo, mogą nawet opowiedzieć o takich przeżyciach, o których chory nic nie wie, gdyż zdarzyły się w bardzo wczesnych latach jego życia. Przez połączenie tych dwóch sposobów postępowania miałoby się więc perspektywę usunięcia chorobotwórczej niewiedzy pacjenta w ciągu krótkiego czasu i małym kosztem.

Tak, gdyby to tak było można! Zdobyliśmy tutaj doświadczenia, na które nie byliśmy początkowo przygotowani. Wiedza nie jest równa wiedzy; bywają różne rodzaje wiedzy, które nie są równowartościowe psychologicznie. *Il y a fagots et fagots* [1], powiada gdzieś Molière. Wiedza lekarza nie jest tym samym, co wiedza chorego, i nie może wywoływać tych samych skutków. Jeżeli lekarz przenosi swoją wiedzę na chorego, podając mu ją do wiadomości, nie wywołuje to żadnego skutku. Nie, takie twierdzenie byłoby niesłuszne. Tym skutkiem nie będzie wprawdzie zniknięcie objawów, lecz zapoczątkowanie analizy, czego zwiastunami są często objawy opozycji. Chory wie wtedy coś, czego dotychczas nie wiedział, zna sens swego objawu, a jednak wie o nim nie więcej niż dotychczas. Dowiadujemy się w ten sposób, że bywa więcej niż jeden rodzaj niewiedzy. Będzie to rzeczą pogłębienia naszych wiadomości psychologicznych wskazać, na czym polegają te różnice. Nasze twierdzenie, że objawy mijają, kiedy poznaje się ich sens, pozostaje mimo to słuszne. Chodzi tylko o to, że wiedza musi polegać na wewnętrznej zmianie

[1] *Il y a fagots et fagots* - rzecz rzeczy nierówna [przyp. red.].

w chorym, która może być wywołana tylko przez pracę psychiczną o określonym celu. Stajemy tu wobec problemów, które przedstawią nam się wkrótce jako *dynamika* powstawania objawów.

Proszę Panów! Muszę teraz zadać pytanie, czy to, co mówię, nie wydaje się zbyt trudne i skomplikowane? Czy nie wprowadzam was w zamęt, cofając i zastrzegając się tak często, rozsnuwając pasma myśli i przerywając je? Żałowałbym, gdyby tak miało być. Jestem mocno przeciwny uproszczeniom kosztem ścisłości i prawdy; nie mam nic przeciw temu, abyście otrzymali pełne wrażenie wielostronności i zawiłości przedmiotu, i myślę też, że nie szkodzi to wcale, jeśli o każdej sprawie mówię więcej, aniżeli na razie może się wam przydać. Wiem przecież, że każdy słuchacz i czytelnik urabia w myślach materiał, skraca go, upraszcza i wyciąga z niego to, co chciałby zachować. Słuszne jest do pewnego stopnia, że pozostaje tym więcej, im materiał był obfitszy. Pozwólcie mi mieć nadzieję, że pomimo dodatków ubocznych pojęliście jasno to, co jest najistotniejsze w moich wywodach: nieświadome znaczenie objawów i związek między nimi. Zrozumieliście też pewnie, że dalsze nasze usiłowania będą zmierzały w dwóch kierunkach. Po pierwsze, aby dowiedzieć się, jak tworzą się choroby i neurotyczne nastawienie życiowe, co stanowi problem kliniczny, i po drugie, jak z warunków powstawania nerwicy rozwijają się objawy chorobowe, co stanowi zagadnienie dynamiki psychicznej. Dla obu problemów musi istnieć jakiś punkt styczny.

I dzisiaj też nie chcę iść dalej, lecz ponieważ mamy jeszcze trochę czasu, chciałbym skierować uwagę na inną cechę charakterystyczną naszych obu analiz, której właściwa ocena może nastąpić dopiero później – na luki pamięciowe, czyli *amnezje*.

Słyszeliście, że zadanie leczenia psychoanalitycznego można ująć w formułę: wszystko, co chorobotwórcze i nieświadome, należy przekształcić w świadome. Będziecie więc może zdziwieni, gdy się dowiecie, iż formułę tę można też zamienić na inną: wypełnić wszystkie luki pamięci chorego, usunąć jego amnezje. Sprowadza się to do tego samego. Amnezjom neurotyka przypisuje się więc ważną rolę przy powstawaniu objawów choroby. Jeśli weźmiecie pod uwagę wypadek naszej pierwszej analizy, nie znajdziecie usprawiedliwienia dla takiej oceny amnezji. Chora nie zapomniała sceny, z którą związana jest jej czynność przymusowa, przeciwnie, zachowała ją żywo w pamięci, a jakaś inna sprawa zapomniana nie wchodzi w grę przy powstawaniu tego objawu. Mniej wyraźny, lecz w ogólnych zarysach analogiczny jest stan rzeczy u naszej drugiej pacjentki, u dziewczęcia z ceremoniałem przymusowym. I ona też nie zapomniała właściwie swego postępowania z dawnych lat, kiedy to domagała się otwarcia drzwi między sypialnią rodziców a swoją własną lub kiedy wygnała matkę z jej miejsca w łożu małżeńskim; przypomina to sobie bardzo dokładnie, aczkolwiek ociągając się i niechętnie. Zastanowić nas może tylko, że pierwsza pacjentka, wypełniając niezliczoną ilość razy swoją czynność przymusową, nie zwróciła *ani razu* uwagi na jej podobieństwo do przeżycia z nocy poślubnej i że to wspomnienie nie nasunęło się jej także wtedy, gdy nasze bezpośrednie pytania zachęciły ją do dociekania motywów czynności natrętnej. To samo da się powiedzieć o dziewczynie, u której ceremoniał i jego powody pozostają w związku z tą samą, co wieczór powtarzającą się sytuacją. W obu przypadkach nie ma właściwej amnezji, żadnej luki pamięci, lecz przerwany został związek, który powinien wywołać reprodukcję, ponowne wyłonienie się wspomnienia. Tego rodzaju zaburzenie pamięci wystarcza dla nerwicy natręctwa; przy histerii jest inaczej. Ta ostatnia nerwica wyróżnia się w większości przez rozległe amnezje. W zasadzie analiza każdego poszczególnego objawu histerycznego wskazuje na cały łańcuch przeżyć, które przy swoim powrotnym zjawieniu się zostają uznane wyraźnie za dotychczas zapomniane. Łańcuch ten sięga z jednej strony najwcześniejszych lat, tak że amnezja histeryczna stanowi bezpośredni ciąg dalszy amnezji dziecięcej, która nam, ludziom zdrowym, zasłania początki naszego życia duchowego. Z drugiej strony dowiadujemy się ze zdumieniem, że i najświeższe przeżycia chorych mogą ulec zapomnieniu i że zwłaszcza okoliczności, wywołania choroby lub jej spotęgowania, zostały przez amnezje nadgryzione, jeżeli nie zupełnie wchłonięte. Z całości obrazu takiego świeżego wspomnienia regularnie znikały ważne szczegóły lub też bywały zastąpione przez fałszywe wspomnienia. Zdarza się nawet bardzo często, że dopiero na krótko przed zakończeniem analizy wynurzają się pewne wspomnienia świeżych przeżyć, które mogły być wstrzymane tak długo, tworząc dotkliwe luki w pamięci.

Takie ograniczenia zdolności pamięciowej są, jak powiedzieliśmy, charakterystyczne dla histerii, w której występują też jako objawy, stany (ataki histeryczne), które nie pozostawiają w pamięci żadnego śladu. Jeśli w nerwicy natręctwa bywa inaczej, możecie stąd wnioskować, że w tych amnezjach chodzi o charakter psychologiczny zmiany histerycznej, nie zaś o ogólny rys nerwic. Doniosłość tej różnicy zostanie określona przez następujące rozważanie. „Sens" objawu ujęliśmy dwojako: jego „skąd" i jego „dokąd" lub „po co", to znaczy wrażenia i przeżycia, z których się wywodzi, i zamiary, którym służy. Owo „skąd" objawu sprowadza się więc do wrażeń, które przyszły z zewnątrz, które bezwzględnie były kiedyś świadome i mogły stać się nieświadome przez zapomnienie. Owo „po co" objawu, jego tendencja, jest jednak za każdym razem procesem endopsychicznym, który, być może, początkowo został uświadomiony, ale mógł też nigdy nie być świadomy i od dawien dawna pozostawać w nieświadomym. Nie jest więc bardzo ważne, czy amnezja pochwyciła też owo „skąd" przeżycia, na których opiera się objaw, jak to bywa w histerii; owo „dokąd" tendencja objawu, która może być od początku nieświadoma, jest tym, co uzasadnia jego zależność od nieświadomego i to w nerwicy natręctwa niemniej silnie niż w histerii.

Przez to wysunięcie nieświadomego w życiu duchowym wywołaliśmy właśnie złe duchy krytyków psychoanalizy. Nie dziwcie się temu i nie sądźcie, że opór przeciw nam polega tylko i wyłącznie na trudności zrozumienia nieświadomego lub na względnej niedostępności doświadczeń, które wykazują jego istnienie. Myślę, że źródło tego leży głębiej. W biegu dziejów ludzkość musiała znieść ze strony nauki dwie dotkliwe obrazy naiwnej miłości własnej: pierwszą, kiedy dowiedziała się, że nasza ziemia nie jest punktem centralnym wszechświata, lecz maleńką cząstką systemu światów, którego wielkość ledwie możemy sobie wyobrazić – obraza ta łączy się dla nas z imieniem Kopernika, chociaż już nauka aleksandryjska zwiastowała coś podobnego; drugą, kiedy badanie biologiczne zniweczyło roszczenia człowieka do pierwszeństwa, wskazując mu na jego pochodzenie ze świata zwierzęcego i niezniszczalność jego natury zwierzęcej. To przewartościowanie odbyło się za dni naszych pod wpływem Ch. Darwina, Wallacea i ich poprzedników nie bez silnego oporu współczesnych. Trzecią i najdotkliwszą porażkę ma ponieść ludzkie urojenie wielkości ze strony dzisiejszych badań psychologicznych, które chcą dowieść naszemu „ja", że nie jest ono nawet panem we własnym domu, lecz poprzestać musi na skąpych wieściach o tym, co odbywa się nieświadomie w jego życiu duchowym. I tego napomnienia do opamiętania się nie wygłosiliśmy my, psychoanalitycy, jako pierwsi ani jako jedyni, ale wydaje się być naszym przeznaczeniem, podkreślać je jak najdobitniej i utrwalić przez podanie materiału doświadczalnego, obchodzącego każdą jednostkę ludzką. Stąd ten ogólny protest przeciw naszej nauce, zaniedbanie wszystkich względów akademickiej kurtuazji i wyzwolenie opozycji z wszelkich więzów bezstronnej logiki. Ale nie dość na tym, musieliśmy, jak to wkrótce usłyszycie, jeszcze w inny sposób zakłócić spokój świata.

WYKŁAD XIX

OPÓR I TŁUMIENIE

Panie i Panowie! By posunąć się dalej w zrozumieniu nerwic, trzeba nam nowych doświadczeń i oto napotykamy dwa – oba bardzo osobliwe i swojego czasu bardzo niespodziewane. Jesteście jednak do nich przygotowani przez nasze rozważania zeszłoroczne.

Po pierwsze: jeśli zamierzamy uzdrowić chorego, uwolnić go od objawów cierpienia, przeciwstawia on nam silny, wytrwały opór, trwający przez cały czas leczenia. Jest to fakt tak osobliwy, iż nie możemy spodziewać się zbyt silnej w niego wiary. Krewnym chorego najlepiej nic o tym nie wspominać, gdyż przypuszczają zawsze, że jest to tylko z naszej strony wymówka dla usprawiedliwienia długiego trwania lub też niepowodzenia naszych zabiegów. Także chory okazuje wszystkie przejawy tego oporu, nie zdając sobie z niego sprawy, dlatego osiągamy już wielki sukces, kiedy uda się doprowadzić do tego, że godzi się i liczy z naszym tłumaczeniem. Pomyślcie przecież: chory, który sam tyle cierpi i jest źródłem cierpień swego otoczenia, który gotów jest do ofiar w czasie, pieniądzach, mozole i przezwyciężeniu się, aby się od tych objawów uwolnić, czyżby ten chory miał się opierać swojemu wybawcy na korzyść choroby? A jednak tak jest i gdy zarzucają nam to nieprawdopodobieństwo, możemy tylko odpowiedzieć, że nie brak mu analogii; każdy, kto był u dentysty z racji nieznośnego bólu zęba, chwytał go za ramię, gdy ten chciał zbliżyć obcęgi do chorego zęba.

Opór chorych bywa bardzo różnorodny, wysoce wyrafinowany, często trudny do rozpoznania, zmienia niby Proteusz swoją postać. Lekarz powinien więc nie dowierzać i mieć się na baczności. W terapii psychoanalitycznej stosujemy też technikę, którą znacie z interpretacji marzeń sennych. Polecamy choremu wprawić się w stan spokojnej samoobserwacji bez rozmyślania i dzielić się z nami wszystkimi spostrzeżeniami wewnętrznymi: uczuciami, myślami, wspomnieniami w tym porządku, w jakim się wyłaniają. Ostrzegamy go przy tym wyraźnie, aby nie kierował się jakimkolwiek motywem, który mógłby spowodować wybór lub wykluczenie skojarzeń, choćby motyw ten głosił, że jedno jest zbyt *nieprzyjemne* lub zbyt *niedyskretne,* aby je wypowiedzieć, inne znów jest zbyt *mało ważne,* nie należy do rzeczy lub jest *bezsensowne,* nie musi zostać wypowiedziane. Zwracamy mu szczególnie uwagę na to, aby pozostał zawsze tylko na powierzchni świadomości, aby zaniechał wszelkiej krytyki tego, co znajdzie, i dajemy mu do zrozumienia, że powodzenie leczenia, przede wszystkim zaś czas jego trwania zależą od sumienności, z jaką spełnia on tę zasadniczą regułę techniczną analizy. Wiemy bowiem z techniki interpretacji marzeń sennych, że te właśnie skojarzenia, przeciw którym podnoszą się wyżej wymienione wątpliwości i zarzuty, zawierają z zasady materiał, który prowadzi do wykrycia nieświadomego.

Przez postawienie tej zasadniczej dyrektywy technicznej osiągamy przede wszystkim ten skutek, że staje się ona punktem zaczepienia dla oporu. Chory stara się wszelkimi sposobami ominąć regułę. To zapewnia, że nic mu się nie nasuwa, to znów, że nasuwa mu się tak wiele, że nie może niczego uchwycić. Potem spostrzegamy z niemiłym zdumieniem, że pacjent dopuścił ten lub inny zarzut krytyczny; zdradza się mianowicie przez długie pauzy, które występują w jego wypowiedziach. Zapytany, przyznaje, że tego a tego nie może opowiedzieć rzeczywiście, gdyż wstydzi się i pozwala temu motywowi działać wbrew przyrzeczeniu; lub też, że przyszło mu coś na myśl, lecz dotyczy to innej osoby, nie jego samego, a więc zostanie przemilczane; lub że to, co mu się teraz nasunęło, jest naprawdę zupełnie nieważne, zbyt głupie i bezsensowne; nie mogę przecież przypuszczać, że zajmie się takimi myślami, i tak idzie to dalej w niezliczonych wariacjach, wobec czego musimy wyjaśnić, że powiedzieć wszystko oznacza rzeczywiście wszystko powiedzieć.

Prawie nie ma chorego, który nie próbowałby zarezerwować dla siebie pewnej dziedziny, aby kuracji zabronić dostępu do niej. Pewien pacjent, którego musiałem zaliczyć do najinteligentniejszych, przemilczał przez całe tygodnie intymny stosunek miłosny i napomniany za przekroczenie świętego prawidła, bronił się argumentem, iż myślał, że ta historia jest jego prywatną sprawą. Naturalnie, że kuracja analityczna nie uznaje takiego prawa azylu. Spróbujmy na przykład w takim mieście jak Wiedeń, udzielić placowi Wysoki Rynek lub katedrze św. Stefana prawa wyjątkowego, że nie można tam nikogo zaaresztować, i usiłujmy potem schwytać pewnego złoczyńcę. Nie można go będzie znaleźć gdzie indziej, jak właśnie w tym schronieniu. Zdecydowałem się kiedyś człowiekowi, od którego zdolności do pracy zależało obiektywnie bardzo wiele, przyznać takie prawo wyjątkowe, gdyż był związany przysięgą służbową, która zabraniała mu mówić z kimkolwiek o pewnych sprawach. Był on wprawdzie zadowolony z rezultatu, ja jednak nie; postanowiłem nie ponawiać próby w takich warunkach.

Chorzy na nerwicę natręctwa potrafią doskonale uczynić naszą regułę techniczną niemal niezdatną do użytku w ten sposób, że odnoszą do niej swój nadmiar sumienności i swoje wątpliwości, chorzy na histerię lękową doprowadzają ją przy okazji do absurdu, produkując tylko skojarzenia, które są tak odległe od poszukiwanego materiału, że nie przynoszą analizie żadnej korzyści. Nie zamierzam rozważać wspólnie z wami tych trudności technicznych. Dość, że udaje się nareszcie dzięki stanowczości i obstawaniu przy swoim żądaniu wydrzeć spod władzy oporu pewną dozę posłuszeństwa dla zasadniczej reguły technicznej, ale wtedy przerzuca się on na inną dziedzinę. Występuje jako opór intelektualny, walczy za pomocą argumentów, korzysta z trudności i nieprawdopodobieństw, które myślenie normalne, ale niewyszkolone, znajduje w nauce psychoanalitycznej. Słyszymy wtedy od tego pojedynczego głosu wszystkie te same słowa krytyki i zarzuty, które otaczają nas chórem w piśmiennictwie naukowym. Dlatego też te nawoływania z zewnątrz nie brzmią dla nas obco. Jest to prawdziwa burza w szklance wody. Pacjent pozwala mówić ze sobą; godzi się chętnie, abyśmy go informowali, pouczali, dyskutowali z nim, wskazywali literaturę, na której może się dalej kształcić. Jest gotów stać się zwolennikiem psychoanalizy pod warunkiem, aby analiza jego osobiście oszczędzała. Ale my rozpoznajemy to pragnienie wiedzy jako opór, jako uchylenie się od naszych właściwych zadań i odrzucamy je. U chorych na nerwicę natręctwa możemy oczekiwać specjalnej taktyki oporu. Pozwala on często analizie kroczyć swoją drogą, nie hamując jej, tak że rzuca ona coraz więcej światła na zagadki danego przypadku, lecz w końcu dziwimy się, że temu wyjaśnieniu nie odpowiada żaden postęp praktyczny, żadne osłabienie objawów. Wtedy możemy stwierdzić, że opór obwarował się poza wątpliwościami nerwicy natręctwa i z tej pozycji zwraca ku nam z powodzeniem swoje ostrze. Chory powiedział sobie mniej więcej tak: wszystko to jest bardzo piękne i ciekawe i chętnie będę w tym uczestniczył. Zmieniłoby to bardzo moją chorobę, gdyby było prawdą. Nie wierzę, że to jest prawda, a dopóki nie wierzę, nie dotyczy to mojej choroby. Taki stan może trwać tak długo, aż nareszcie dochodzi się do samej zarezerwowanej placówki i wtedy wybucha decydująca walka.

Opory intelektualne nie są najgorsze; mamy nad nimi zawsze przewagę. Ale pacjent potrafi także, pozostając w ramach analizy, tworzyć opory, których pokonanie należy do najtrudniejszych zadań technicznych. Zamiast przypominać sobie, powtarza ze swojego życia takie nastawienia i dążenia uczuciowe, które za pośrednictwem tak zwanego „przeniesienia" dają się zużytkować jako opór przeciw lekarzowi i kuracji. Z reguły czerpie on ten materiał, jeżeli jest mężczyzną, ze swego stosunku do ojca, na którego miejscu stawia lekarza, i wytwarza w ten sposób opory z dążenia do samodzielności swej osoby i swego sądu, ze swojej ambicji, której pierwszym celem było dorównać ojcu lub go przewyższyć, z niechęci obarczania się po raz drugi w życiu ciężarem wdzięczności. Miejscami otrzymuje się wrażenie, jak gdyby chory zastąpił słuszny zamiar skończenia z chorobą przez zamiar wykazania lekarzowi braku słuszności, dania mu do odczucia jego niemocy, triumfowania nad nim.

Kobiety potrafią po mistrzowsku wyzyskać dla celów oporu tkliwe, zabarwione erotycznie przeniesienie na lekarza. Przy pewnym natężeniu owej skłonności gaśnie wszelkie zainteresowanie dla aktualnej strony kuracji, traci moc każde zobowiązanie, które chora na siebie przyjęła w chwili jej rozpoczęcia, a nieodstępna zazdrość, jak i rozgoryczenie, spowodowane nieuniknioną, jakkolwiek w oględnej formie podaną odmową, muszą służyć temu, aby zepsuć osobiste porozumienie z lekarzem i w ten sposób wyłączyć jeden z najpotężniejszych motorów analizy.

Tego rodzaju oporów nie należy osądzać jednostronnie. Zawierają tyle najważniejszego materiału z przeszłości chorego i podają go w tak przekonywujący sposób, że stają się najlepszą podporą analizy, jeśli zręczna technika potrafi nadać im właściwy kierunek. Godne uwagi jest to tylko, że materiał ten pozostaje uprzednio zawsze na usługach oporu i ujawnia przede wszystkim swoje wrogie leczeniu oblicze. Można powiedzieć, że właściwości charakteru, nastawienia jaźni zostają uruchomione dla zwalczania zmian, zamierzonych przez leczenie. Dowiadujemy się dzięki temu, jak utworzyły się te właściwości charakteru w związku z warunkami nerwicy i jako reakcja na jej wymagania, i poznajemy rysy tego charakteru, które poza tym mogą nie wystąpić na jaw w ogóle lub nie w tym stopniu, a które możemy nazwać utajonymi. Nie powinniście jednak ulec wrażeniu, jak byśmy spostrzegli w występowaniu tych oporów coś, co niespodziewanie zagraża naszemu wpływowi psychoanalitycznemu. Bynajmniej - wiemy, że te opory muszą się ujawnić; jesteśmy tylko niezadowoleni, jeżeli nie wywołujemy ich dość wyraźnie i nie możemy ich dosyć jasno wytłumaczyć choremu. Tak, rozumiemy w końcu, że pokonanie tych oporów jest istotną działalnością analizy i tą częścią pracy, która jedynie daje gwarancję, że dopięliśmy czegoś u chorego.

Dodajcie do tego, że chory wyzyskuje jako opór wszystkie okoliczności przypadkowe, które zjawiają się podczas leczenia, zużytkowuje jako motyw dla zmniejszenia swoich wysiłków każde zdolne odwrócić jego uwagę zdarzenie zewnętrzne, każdą wzmiankę jakiegoś wrogiego analizie autorytetu spośród swojego otoczenia, przypadkowe lub też organiczne schorzenia, komplikujące nerwicę, nawet każde polepszenie swojego stanu, a uzyskacie przybliżony, aczkolwiek wciąż jeszcze niepełny obraz form i środków oporu, które zwalczać wypada każdej analizie. Potraktowałem ten punkt tak obszernie, gdyż muszę wam powiedzieć, że to nasze doświadczenie co do oporu neurotyków przeciw usuwaniu ich objawów stało się podstawą naszego dynamicznego ujęcia nerwic. Breuer i ja uprawialiśmy pierwotnie psychoterapię za pomocą hipnozy; pierwsza pacjentka Breuera była poddawana kuracji wyłącznie w stanie hipnotycznym; początkowo szedłem jego śladami. Przyznaję, że praca była wtedy łatwiejsza i przyjemniejsza, trwała też krócej. Skutki były kapryśne i nietrwałe; z tej racji porzuciłem w końcu hipnozę. Wtedy zrozumiałem, że wgląd w dynamikę tych stanów uczuciowych był niemożliwy, dopóki posługiwaliśmy się hipnozą. Stan ten potrafił właśnie ukryć przed okiem lekarza istnienie oporu, odsuwał go na stronę, otwierał pewną dziedzinę dla pracy analitycznej i gromadził opór na granicach tej dziedziny w ten sposób, że stawał się on nieprzenikniony podobnie jak wątpliwości przy nerwicy natręctwa. Mogłem dlatego powiedzieć, że właściwa analiza została zapoczątkowana z chwilą wyrzeczenia się pomocy hipnozy.

Jeżeli jednak stwierdzenie oporu okazało się tak doniosłe, to musimy zapytać z przezornym powątpiewaniem, czy aby nie jesteśmy zbyt pochopni w kwalifikacji oporu. Zdarzają się, być może, rzeczywiście wypadki nerwicy, w których kojarzenia zawodzą z innych przyczyn; być może, argumenty pacjentów przeciw naszym przesłankom zasługują w istocie na rzeczowe uwzględnienie i postępujemy niesprawiedliwie, usuwając tak wygodnie na stronę jako opór ich krytykę intelektualną. Tak jest, proszę panów, ale niełatwo doszliśmy do tego sądu. Mieliśmy sposobność obserwować każdego takiego krytycznego pacjenta podczas wyłaniania się oporu i po jego zniknięciu. Opór zmienia mianowicie wciąż swe nasilenie w ciągu leczenia; zwiększa się zawsze, gdy zbliżamy się do nowego tematu, jest najsilniejszy u szczytu jego opracowywania, opada wraz z zakończeniem tematu. Nigdy nie mamy też do czynienia z całym rozmiarem oporu, jaki pacjent jest w stanie wytworzyć, jeśli nie popełniliśmy specjalnych niezręczności technicznych. Mogliśmy się więc przekonać, że ten sam osobnik podczas procesu analizy porzuca niezliczoną liczbę razy swoje stanowisko krytyczne i znowu do niego powraca. Jeśli mamy doprowadzić do jego świadomości nowy i szczególnie dla niego przykry element nieświadomego materiału, wówczas pacjent jest skrajnie krytyczny; jeśli zrozumiał i przyjął wcześniej wiele rzeczy, to teraz zdobycze te są jakby zmiecione; w dążeniu do opozycji za wszelką cenę, może on nam dać w zupełności obraz niedorozwoju umysłowego. Jeśli udało się dopomóc mu w zwalczaniu tego nowego oporu, odzyskuje możność wglądu i zrozumienia. Krytyka jego nie jest zatem zdolnością samodzielną, a więc zasługującą na szacunek, jest ona sługą jego nastawień afektywnych i pozostaje pod kierunkiem jego oporu. Jeśli mu coś nie odpowiada, potrafi bardzo ostro temu się opierać i wydaje nam się wtedy bardzo krytyczny; jeśli mu jednak coś przypadnie do gustu, może się wtedy okazać zbyt łatwowierny. Może wszyscy nie jesteśmy tak bardzo inni; osobnik analizowany tylko dlatego pokazuje tak wyraźnie zależność intelektu od życia uczuciowego, ponieważ w analizie przypieramy go tak mocno do muru.

Jakież wnioski wyciągamy ze spostrzeżenia, że pacjent sprzeciwia się tak energicznie pozbyciu się objawów i przywróceniu normalnego przebiegu jego procesów duchowych? Powiadamy, że wyczuliśmy działanie sił, które sprzeciwiają się zmianie stanu psychicznego; muszą to być te same siły, które swojego czasu ten stan wywołały. Przy tworzeniu się objawów musiało zajść coś, co możemy zrekonstruować na podstawie naszych doświadczeń przy ich rozwiązywaniu. Wiemy już ze spostrzeżenia, poczynionego przez Breuera, że warunkiem istnienia objawów jest fakt, iż pewien proces duchowy nie został doprowadzony do końca w sposób normalny, aby mógł stać się świadomy. Objaw występuje zamiast tego, co zostało zaniechane. Wiemy zatem, na jakie miejsce musimy przenieść domniemane działanie dynamiczne. Musiałby powstać silny sprzeciw, aby ten przypuszczalny proces duchowy nie przedarł się do świadomości; pozostał on przecież nieświadomy. Jako nieświadomy posiadał on władzę stworzenia objawu. Ten sam sprzeciw podczas kuracji analitycznej opiera się na nowo usiłowaniu doprowadzenia nieświadomego do świadomości. Odczuwamy to jako opór. Proces chorobotwórczy, który zostaje objawiony przez opór, nazwiemy stłumieniem.

O tym procesie stłumienia musimy wytworzyć sobie bardziej określone wyobrażenie. Jest on warunkiem wstępnym tworzenia się objawów, ale jest też czymś, do czego nie znamy żadnej analogii. Jeśli weźmiemy jako pierwowzór impuls, proces duchowy z dążnością do przeistoczenia się w czynność, wiemy, że może on zostać nieprzyjęty, co nazywamy odrzuceniem lub potępieniem. Przy tym zostaje on pozbawiony energii, którą rozporządza, staje się bezwładny, lecz może pozostać jako wspomnienie. Cały ten decydujący proces odbywa się za wiedzą jaźni. Wszystko dzieje się inaczej, gdy wyobrazimy sobie, że ten sam impuls uległ stłumieniu. Zachowałby wtedy swoją energię i nie pozostałoby o nim żadne wspomnienie, poza tym proces stłumienia zostałby niepostrzeżony przez jaźń. To porównanie nie zbliża nas więc do istoty procesu stłumienia.

Chcę wam wyjaśnić, jakie wyobrażenia teoretyczne okazują się jedynie przydatne, by pojęciu stłumienia nadać bardziej określoną postać. Trzeba przede wszystkim, abyśmy przeszli od czysto opisowego sensu słowa „nieświadome" do jego znaczenia systematycznego, to znaczy, decydujemy się powiedzieć, że świadomość lub nieświadomość procesu psychicznego jest tylko jedną z jego własności i to niekoniecznie jednoznaczną. Jeżeli taki proces pozostał nieświadomy, to niedopuszczenie go do świadomości jest może tylko znakiem losu, który go spotkał, a nie samym losem. Dla uzmysłowienia sobie tego losu, przyjmijmy, że każdy proces duchowy – musimy zrobić jednakże jeden wyjątek, o którym później wspomnimy – istnieje uprzednio w fazie nieświadomej i z niej dopiero przechodzi do fazy świadomej niby obraz fotograficzny, który początkowo jest negatywem, a później przez odbicie staje się obrazem pozytywnym. Podobnie jak nie każdy negatyw musi stać się pozytywem, tak samo nie jest konieczne, aby każdy nieświadomy proces duchowy przekształcił się w świadomy. Formułujemy to najlepiej tak, że pojedynczy proces należy uprzednio do psychicznego systemu nieświadomego i dopiero w pewnych okolicznościach może przejść do systemu świadomego.

Najprymitywniejsze wyobrażenie o tych systemach jest dla nas najwygodniejsze; jest to wyobrażenie przestrzenne. Porównujemy więc system nieświadomego z dużym przedsionkiem, w którym roją się dążenia psychiczne na kształt jednostek. Z tym przedsionkiem graniczy pokój ciaśniejszy, rodzaj salonu, w którym przebywa świadomość. Na progu między tymi dwoma pomieszczeniami pełni swą służbę strażnik, który rewiduje pojedyncze dążenia duchowe, cenzuruje je i nie wpuszcza do salonu, jeśli mu się nie podobają. Przyznacie natychmiast, że nie stanowi to wielkiej różnicy, czy strażnik odprawi pojedyncze dążenie już od progu, czy też każe mu przekroczyć próg z powrotem po wejściu do salonu. Chodzi tu tylko o stopień jego czujności i o wczesne rozpoznanie. Trzymanie się tego obrazu pozwala na stworzenie dalszej terminologii. Dążenia w przedsionku nieświadomego ukryte są przed wzrokiem świadomości, która znajduje się przecież w innym pokoju; muszą one najpierw być nieświadome. Jeżeli przecisnęły się do progu i zostały odprawione przez strażnika, są one niezdolne do uświadomienia; zwiemy je stłumionymi. Ale także i te dążenia, które strażnik przepuścił przez próg, nie stały się jeszcze przez to świadomymi; mogą stać się nimi, jeśli uda się im skierować na siebie wzrok świadomości. Możemy dlatego z zupełną słusznością nazwać ten drugi pokój systemem *przedświadomego.* Uświadamianie sobie zachowuje wtedy sens czysto opisowy. Los stłumienia pojedynczego dążenia polega na tym, że nie zostaje ono wpuszczone przez strażnika z systemu nieświadomego do systemu przedświadomego. Jest to ten sam strażnik, którego poznajemy jako opór, gdy chcemy usunąć stłumienie przez leczenie analityczne.

Wiem, że powiecie, iż wyobrażenia te są równie prymitywne jak fantastyczne i niedopuszczalne w pracy naukowej. Wiem, że są prymitywne; tak, więcej jeszcze, wiemy też, że są niesłuszne, ale jeśli nie mylimy się bardzo, mamy już w pogotowiu coś, co je lepiej zastąpi. Czy i wtedy jeszcze będą się wam wydawały tak fantastyczne, nie wiem. Tymczasowo są to wyobrażenia pomocnicze, podobnie jak obraz człowieczka Ampera, który płynie w kole prądu elektrycznego, i nie są do pogardzenia, o ile są użyteczne dla zrozumienia naszych obserwacji. Pragnąłbym zapewnić, że ta prymitywna koncepcja dwóch pomieszczeń, strażnika na progu między nimi i świadomości jako widza na końcu drugiej sali, muszą oznaczać daleko idące zbliżenia do rzeczywistego stanu rzeczy. Chciałbym też, abyście przyznali, że nasze określenia: *nieświadomy, przedświadomy, świadomy* przesądzają znacznie mniej i łatwiej dają się usprawiedliwić niż inne, które zostały zaproponowane lub też są w użyciu takie, jak: *podświadomy, obok świadomości* itp.

Toteż będzie to dla mnie ważniejsze, jeśli mnie upomnicie, że urządzenie aparatu psychicznego, które przyjąłem w celu objaśnienia objawów nerwicowych, musiałoby mieć znaczenie ogólne i dawać wyjaśnienie funkcji normalnej. W tej sprawie macie oczywiście słuszność. Nie możemy teraz iść dalej za tym wnioskiem, ale nasze zainteresowanie dla psychologii tworzenia się objawów musi się niezwykle spotęgować, kiedy otwiera się możliwość otrzymania za pomocą badania stosunków patologicznych wyjaśnienia tak bardzo ukrytych normalnych procesów psychicznych.

Czy nie dostrzegacie zresztą, na czym się opieramy, ustanawiając oba systemy, określając ich stosunek wzajemny i ustosunkowanie się do świadomości? Strażnik między nieświadomym a przedświadomym nie jest wszak niczym innym jak *cenzurą*, której, jak widzieliśmy, podlegało kształtowanie się jawnego marzenia sennego. Resztki dzienne, w których poznaliśmy pobudki do marzenia sennego, stanowiły przedświadomy materiał, który uległ nocą, w stanie snu, wpływowi nieświadomych i tłumionych impulsów życzeniowych i wspólnie z nimi, dzięki ich energii, mógł stworzyć utajone marzenie senne. Pod władzą systemu nieświadomego uległ ten materiał opracowaniu - zgęszczeniu i przesunięciu - co w życiu duchowym normalnym, to znaczy w systemie przedświadomym, jest nieznane lub też dopuszczalne tylko w drodze wyjątku. Ta różnica sposobu pracy scharakteryzowała nam dokładnie oba systemy; stosunek do świadomości, jako właściwości systemu przedświadomego, był dla nas tylko znakiem przynależności do jednego z dwóch systemów. Marzenie senne nie jest jednak zjawiskiem patologicznym; może ono, w warunkach snu, występować u wszystkich zdrowych ludzi. Przypuszczenie co do struktury aparatu duchowego, które pozwala nam rozumieć jednocześnie powstawanie marzenia sennego i objawów nerwicowych, ma niewątpliwie prawo do tego, aby znaleźć zastosowanie i w normalnym życiu duchowym.

Tyle chcemy powiedzieć na razie o stłumieniu. Jest ono jednak tylko warunkiem wstępnym do tworzenia się objawów. Wiemy, że objaw zastępuje coś, czego ujawnieniu się przeszkodziło stłumienie. Ale od stłumienia do zrozumienia tego tworu zastępczego jest jeszcze daleka droga. Z drugiej strony - w związku ze skonstatowaniem stłumienia - nasuwają się pytania: jaki rodzaj prądów duchowych ulega stłumieniu, jakie siły i jakie motywy je przeprowadzają? O tym wiemy dotychczas tylko jedno. Badając opór, słyszeliśmy, że pochodzi on od sił jaźni, od wiadomych i utajonych własności charakteru. One to więc doprowadziły do skutku stłumienie lub też przynajmniej brały w nim udział. Wszystko dalsze jest nam jeszcze nieznane.

Tu zaczyna nam pomagać drugie zapowiedziane przeze mnie doświadczenie. Na podstawie analizy możemy zupełnie ogólnie podać, co jest zamiarem objawów nerwicowych. Ta także nie będzie dla was niczym nowym. Pokazałem wam to już na dwóch przypadkach nerwicy. Oczywiście, co znaczą dwa przypadki? Macie prawo żądać, aby zostało to pokazane dwieście razy, nieskończoną ilość razy. Ale ja tego zrobić nie mogę. Musicie to zastąpić własnym doświadczeniem lub wiarą, która może się w tym względzie powołać na zgodne dane wszystkich psychoanalityków.

Przypominacie sobie, że w tych dwóch przypadkach, których objawy zbadaliśmy dokładnie, analiza wtajemniczyła nas w najintymniejsze szczegóły życia seksualnego naszych chorych. W pierwszym przypadku rozpoznaliśmy oprócz tego specjalnie dokładnie zamiar, czyli tendencję badanego objawu; być może, była ona w drugim przypadku nieco zasłonięta przez moment, o którym będzie mowa później. Otóż to samo, co widzieliśmy w tych dwóch przykładach, pokażą nam wszystkie inne przypadki, które poddamy analizie. Za każdym razem zostajemy wprowadzeni przez analizę w dziedzinę przeżyć seksualnych i życzeń chorego i za każdym razem musimy skonstatować, że jego objawy służą temu samemu zamiarowi. Tym zamiarem jest dążenie do zaspokojenia pragnień seksualnych; objawy służą do zaspokojenia seksualnego chorych, którego brak im w życiu.

Pomyślcie o czynności przymusowej naszej pierwszej pacjentki. Kobiecie tej brak bardzo kochanego męża, z którym nie może dzielić życia z racji jego wad i słabości. Musi mu pozostać wierna, nie może oddać jego miejsca innemu. Tu objaw przymusowy daje to, za czym tęskni, podnosi jej męża, zaprzecza, poprawia jego defekty, przede wszystkim zaś niemoc płciową. Objaw ten jest w gruncie rzeczy spełnieniem życzenia, podobnie jak marzenie senne, a nawet spełnieniem życzenia erotycznego, czym nie zawsze bywa marzenie senne. U naszej drugiej pacjentki mogliście pojąć przynajmniej, że ceremoniał chciał przeszkodzić stosunkowi płciowemu między rodzicami lub nie dopuścić, aby owocem jego było nowe dziecko. Odgadliście może również, że w gruncie rzeczy dążył ku temu, aby ona sama zajęła miejsce matki. A więc znów usunięcie przeszkód w osiągnięciu zadowolenia płciowego i spełnienie własnych pragnień seksualnych. O zaznaczonej komplikacji będzie wkrótce mowa.

Moi panowie! Chciałbym zapobiec konieczności poczynienia w następstwie zastrzeżeń co do ogólności tych twierdzeń i dlatego zwracam waszą uwagę na to, że wszystko, co mówię o stłumieniu, tworzeniu się i znaczeniu objawów, zostało uzyskane poprzez badanie trzech form nerwic: histerii lękowej, histerii konwersyjnej i nerwicy natręctwa, i ma znaczenie narazie tylko dla tych postaci chorobowych. Te trzy choroby, które zwykliśmy łączyć w jedną grupę jako *nerwice przeniesienia*, określają też teren, na którym może działać terapia psychoanalityczna. Inne nerwice zostały gorzej zbadane przez psychoanalizę; w jednej z tych grup niemożność oddziaływania terapeutycznego była zapewne przyczyną jej upośledzenia. Nie zapominajcie też, że psychoanaliza jest jeszcze wiedzą bardzo młodą, praca przygotowawcza nad nią wymaga wiele wysiłku i czasu i że do niedawna miała ona tylko jednego poplecznika. Jednakże jesteśmy we wszystkich punktach na drodze do wniknięcia w zrozumienie i innych cierpień, które nie są nerwicami przeniesienia. Mam nadzieję, iż będę mógł wam jeszcze przedstawić, jakim rozszerzeniom podlegały nasze założenia i wyniki w zastosowaniu do tego nowego materiału i pokazać, że dalsze studia doprowadziły nie do sprzeczności, lecz do zbudowania wyższej jednolitości. Jeśli więc wszystko, co tu powiedziałem, ma znaczenie dla trzech nerwic przeniesienia, pozwólcie mi najpierw podnieść wartość objawów przez podanie nowego szczegółu. Badanie porównawcze powodów schorzenia wykazuje mianowicie rezultat, dający się ująć w formułę, że osoby te chorują z racji jakiegoś zawodu, jeśli rzeczywistość nie pozwala na zaspokojenie ich pragnień seksualnych. Widzicie, jak doskonale harmonizują ze sobą oba te wyniki. Dopiero teraz zrozumiemy należycie objawy jako zaspokojenie zastępcze zamiast nieznalezionego w życiu.

Naturalnie, że możliwe są jeszcze różne zarzuty przeciw twierdzeniu, jakoby objawy nerwicowe były zastępczymi zaspokojeniami seksualnymi. Dwa spośród nich chcę dziś jeszcze omówić. Jeśli sami zbadacie analitycznie większą ilość neurotyków, powiecie mi może, potrząsając głową: z całym szeregiem wypadków w ogóle się to nie zgadza; objawy mają tam jak gdyby zamiar przeciwny - wykluczyć lub znieść zaspokojenie seksualne. Nie będę zaprzeczał słuszności waszej interpretacji. Psychoanalityczny stan rzeczy bywa często bardziej skomplikowany niż sobie tego życzylibyśmy. Gdyby był tak prosty, psychoanaliza nie byłaby może potrzebna, aby go wyjaśnić. Rzeczywiście, pewne cechy ceremoniału u naszej drugiej pacjentki pozwalają rozpoznać ten charakter ascetyczny, wrogi zaspokojeniu seksualnemu, na przykład, gdy usuwa zegary, co ma sens magiczny uniknięcia erekcji nocnych, lub gdy chce zapobiec spadaniu i tłuczeniu się naczyń, co równa się obronie jej dziewiczości. W innych przypadkach ceremoniału pościeli, które mogłem analizować, był ten charakter negatywny znacznie bardziej wyraźny; ceremoniał mógł składać się wyłącznie ze środków obrony przeciw wspomnieniom i pokusom seksualnym. Jednakże przekonywaliśmy się już tak często w psychoanalizie, że przeciwieństwa nie oznaczają sprzeczności. Moglibyśmy rozszerzyć nasze twierdzenie w tym kierunku, że objawy mają na celu albo zaspokojenie seksualne, albo też obronę przed nim; w histerii przeważa na ogół charakter pozytywny, spełniający życzenie, w nerwicy natręctwa - charakter negatywny, ascetyczny. Jeżeli objawy mogą służyć zarówno dla zaspokojenia seksualnego, jak i dla jego przeciwieństwa, to ta dwustronność lub biegunowość posiada doskonałe uzasadnienie w pewnym odłamie swego mechanizmu, o którym nie mogliśmy jeszcze wspominać. Są one mianowicie, jak usłyszymy, wynikiem kompromisu, powstałego z interferencji dwóch przeciwnych dążeń i zastępują dążenie zarówno stłumione, jak i tłumiące, które współdziałało w ich powstaniu. To zastępstwo może wypaść na korzyść jednej lub drugiej strony, rzadko zachodzi zupełny brak któregoś wpływu. W histerii spotykają się oba zamiary w tym samym objawie. W nerwicy natręctwa rozpadają się często oba udziały; objaw staje się dwuczasowy, składa się z dwóch czynności, następujących jedna po drugiej, które się nawzajem znoszą.

Nie tak łatwo rozwiążemy drugą wątpliwość. Przeglądając większą ilość interpretacji objawów, będziecie prawdopodobnie sądzić, że pojęcie zastępczego zaspokojenia seksualnego zostało rozciągnięte w nich do granic ostatecznych. Nie omieszkacie zaznaczyć, że objawy te nie przedstawiają jako zaspokojenie niczego realnego, że ograniczają się dość często do ożywienia wrażenia zmysłowego lub przedstawienia fantazji z kompleksu seksualnego; dalej, że owo przypuszczalne zaspokojenie seksualne wykazuje tak często charakter dziecinny i niegodny, zbliża się na przykład do aktu onanistycznego lub przypomina te brudne praktyki, których się zabrania już dzieciom i od których się je odzwyczaja. Ponadto wyrazicie zdziwienie, że uważamy za zaspokojenie seksualne to, co powinno być raczej opisane jako zaspokojenie żądz okrutnych lub szkaradnych, nawet tak zwanych nienaturalnych. Odnośnie ostatnich punktów, proszę panów, nie osiągniemy porozumienia, dopóki nie poddamy gruntownemu badaniu ludzkiego życia seksualnego i nie ustalimy, co mamy prawo nazywać seksualnym.

WYKŁAD XX

ŻYCIE SEKSUALNE CZŁOWIEKA

Panie i Panowie! Należałoby przecież przypuszczać, że nie podlega wątpliwości, co należy rozumieć przez słowo „seksualizm". Przede wszystkim seksualizm jest czymś nieprzyzwoitym, czymś, o czym mówić nie należy. Opowiadano mi, że uczniowie znanego psychiatry zadali sobie pewnego razu trud przekonania swego mistrza, że objawy histeryków przedstawiają tak często sprawy seksualne. W tym celu poprowadzili go do łóżka pewnej histeryczki, której napady naśladowały bezsprzecznie proces rozwiązania. On jednak odparł: rozwiązanie nie jest wszak niczym seksualnym. Oczywiście, że rozwiązanie nie musi być zawsze i koniecznie czymś nieprzyzwoitym.

Spostrzegam, że bierzecie mi za złe, iż żartuję przy tak poważnych sprawach. Ale nie jest to tylko żart. Naprawdę nie jest łatwo wyrazić, co stanowi treść pojęcia „seksualizm". „Wszystko, co pozostaje w związku z różnicą pomiędzy dwiema płciami" byłoby może określeniem jedynie trafnym, lecz uznacie, że jest ono bezbarwne i zbyt ogólne. Jeśli obierzecie za punkt środkowy sam fakt aktu seksualnego, powiecie może, że seksualne jest to, co zajmuje się ciałem, w szczególności narządami płciowymi osobnika płci odmiennej w celu zaznania rozkoszy i co zmierza ostatecznie do połączenia narządów seksualnych i wykonania aktu płciowego. Ale wtedy jesteście rzeczywiście bliscy od zrównania seksualizmu z nieprzyzwoitością, a rozwiązanie nie ma rzeczywiście z seksualizmem niczego wspólnego. Jeśli będziecie uważali za jądro seksualizmu funkcję rozrodczą, ulegniecie niebezpieczeństwu wykluczenia całego szeregu spraw, które nie mają na celu płodzenia, a jednakże są na pewno seksualne takich, jak onanizm lub nawet całowanie. Jesteśmy już przygotowani na to, że próby definiowania zawsze połączone są z trudnościami; zrezygnujmy z tego, by mogło być lepiej w naszym wypadku. Możemy przeczuwać, że w trakcie rozwoju pojęcia „seksualizm" stało się coś, czego rezultatem według trafnego wyrażenia H. Silberera był „błąd pokrywczy". Na ogół nie jesteśmy wszak pozbawieni orientacji w tym, co ludzie zwą seksualnym.

Coś, w skład czego wchodzi uwzględnienie różnicy płci, zdobycia rozkoszy, czynności płodzenia i charakteru nieprzyzwoitości wymagającej tajemnicy - to wystarczy w życiu dla potrzeb praktycznych. Nie wystarcza to dla nauki. Albowiem dzięki starannym badaniom, możliwym rzeczywiście przez ofiarne przezwyciężenie własnej niechęci, zapoznaliśmy się z grupami osobników, których „życie seksualne" odbija w sposób najbardziej jaskrawy od przeciętnego obrazu. Jedni spośród tych „perwersyjnych" skreślili, że się tak wyrażę, ze swojego programu różnicę płci. Tylko ta sama płeć może wzniecić ich pożądania seksualne, płeć odmienna, zwłaszcza jej narządy płciowe, nie jest dla nich w ogóle obiektem seksualnym, a w skrajnych wypadkach jest nawet przedmiotem wstrętu. Zrzekli się oni przez to naturalnie także wszelkiego udziału w płodzeniu. Takie osoby nazywamy homoseksualistami. Są to kobiety i mężczyźni, stojący często - nie zawsze - na wysokim poziomie, rozwinięci intelektualnie i etycznie, obarczeni tylko tym jednym fatalnym zboczeniem. Podają się oni za pośrednictwem swych rzeczników naukowych za specjalną odmianę rodzaju ludzkiego, za „trzecią płeć", równouprawnioną z dwiema innymi. Będziemy może mieli sposobność poddać krytyce ich wymagania. Naturalnie, że nie są oni, jakby chętnie twierdzili, „elitą" ludzkości, lecz mają pośród siebie co najmniej tyle bezwartościowych i nieużytecznych osobników, jak i jednostki heteroseksualne.

Jednostki perwersyjne odnoszą się do swojego obiektu seksualnego mniej więcej tak samo, jak ludzie zdrowi do swojego. Ale oto następuje długi szereg ludzi chorych, których czynność seksualna oddala się coraz bardziej od tego, co człowiekowi rozsądnemu wydaje się godne pożądania. W swojej różnorodności i osobliwości dają się oni porównać tylko z groteskowymi potworami, które P. Breughel malował jako pokusę św. Antoniego, lub z zaginionymi bóstwami i wiernymi, których długą procesję przesuwa G. Flaubert przed oczyma pobożnego pokutnika. Ich rojowisko wymaga pewnego rodzaju porządku, jeśli nie ma zamącić naszych zmysłów. Dzielimy ich na takich, u których, jak u homoseksualistów, zmienił się obiekt seksualny, i na innych, u których w pierwszym rzędzie zmieniony został cel seksualny. Do pierwszej grupy należą ci, którzy zrzekli się połączenia obu genitaliów i u jednego z partnerów zastępują przy akcie seksualnym narząd płciowy przez inną część lub okolicę ciała; przy tym nie wstrzymuje ich ani brak urządzenia organicznego, ani uczucie wstrętu. (Usta, otwór odbytowy - zamiast pochwy.) Dalej następują inni, których celem jest wprawdzie jeszcze narząd płciowy, ale nie z racji jego funkcji seksualnej, lecz na skutek innych czynności, w których bierze on udział ze względów anatomicznych lub ze względu na sąsiedztwo. Dowiadujemy się tutaj, że funkcje wydzielnicze, które przy wychowaniu dziecka zostały usunięte na bok jako nieprzyzwoite, zachowują możliwość ześrodkowania na sobie całkowitego zainteresowania seksualnego. Później idą inni, którzy w ogóle porzucili narząd płciowy jako obiekt, na jego miejsce zaś wysuwają jako przedmiot pożądania inną część ciała - pierś kobiecą, nogę, warkocz. Są tacy, dla których i część ciała nie posiada znaczenia, natomiast jakaś część ubrania, bucik, część bielizny zaspakaja ich wszystkie pragnienia - to fetyszyści. Dalej idą w tym szeregu osoby, które wprawdzie pożądają całego obiektu, lecz stawiają mu zupełnie określone, osobliwe lub okropne wymagania, nawet i takie, że musi ono stać się bezbronnym trupem, do czego używają zbrodniczego przymusu, by chuć swoją zaspokoić. Ale dosyć tych okropności!

Drugi szereg składa się z osobników perwersyjnych, którzy postawili sobie jako cel pragnień seksualnych to, co stanowi normalnie czynność wstępną i przygotowawczą. Dążą więc do oglądania i dotykania drugiej osoby, do przyglądania się jej podczas czynności intymnych, inni znów obnażają własne ukryte części ciała w niejasnym oczekiwaniu, że zostaną wynagrodzeni przez to samo świadczenie drugiej strony. Dalej następują dziwni sadyści, których tkliwe dążenie nie zna innego celu jak zadawanie bólu i męki swemu obiektowi, począwszy od oznak upokorzenia aż do ciężkich uszkodzeń cielesnych; a jakby dla wyrównania jako przeciwieństwo - masochiści, których jedyną rozkoszą jest znoszenie od ukochanego obiektu wszystkich upokorzeń i męczarni zarówno w postaci symbolicznej, jak i realnej. Są inni jeszcze, u których łączy się i krzyżuje szereg tych nienormalnych warunków; wreszcie dowiadujemy się, iż w każdej z tych grup zdarza się, że obok jednych, którzy szukają swego zaspokojenia seksualnego w rzeczywistości, bywają inni, którzy poprzestają na wyobrażaniu sobie tego zaspokojenia, którzy w ogóle nie potrzebują obiektu realnego, lecz zastępują go sobie za pomocą fantazji.

Nie ulega najmniejszej wątpliwości, że te szaleństwa, osobliwości i okropności rzeczywiście stanowią czynność seksualną tych osobników. Nie tylko dlatego, że sami tak pojmują i wyczuwają swój stosunek zastępczy; musimy sobie też powiedzieć, że gra to w ich życiu tę samą rolę, co normalne zaspokojenie seksualne w naszym, że ponoszą oni w tym celu te same, bardzo często wielkie ofiary i można śledzić w całości, jak i w subtelniejszych szczegółach, gdzie te nienormalności graniczą ze stanem rzeczy normalnym, a gdzie od niego odstępują. Widzicie również, że odnajdujecie tu charakter nieprzyzwoitości, związany z czynnością seksualną, lecz jest on w większości wypadków spotęgowany aż do ohydy.

A więc, Panie i Panowie, jak odnosimy się do tych niezwykłych rodzajów zaspokojenia seksualnego? Obruszenie się, objawienie naszej osobistej niechęci i zapewnienie, że nie podzielamy tych chuci, na niewiele się zda. Nie o to nas pytają. Jest to przecież dziedzina zjawisk taka jak każda inna. Wybieg, że są to rzadkości i osobliwości, da się łatwo odrzucić. Chodzi tu, przeciwnie, o zjawiska bardzo częste i szeroko rozpowszechnione. Jeśli usłyszymy, że nie powinniśmy dać się przez nie wprowadzić w błąd w naszych poglądach na życie płciowe, gdyż stanowią one wykolejenia popędu seksualnego - na to należałoby dać poważną odpowiedź. Jeśli nie rozumiemy tych chorobliwych ukształtowań sfery płciowej i nie możemy powiązać ich z normalnym życiem seksualnym, znaczy to, że nie rozumiemy właśnie i normalnej seksualności. Krótko mówiąc, mamy niezaprzeczalny obowiązek zdać sprawę teoretyczną z możliwości wyżej wymienionych perwersji i z ich związku z tak zwaną płciowością.

Pomoże nam w tym jeden pogląd i dwa nowe doświadczenia. Pierwszy zawdzięczamy Iwanowi Blochowi; koryguje on pojmowanie tych wszystkich perwersji jako „oznak zwyrodnienia" za pomocą wykazania, że takie odchylenia od celu seksualnego, takie rozluźnienia stosunku do obiektu seksualnego zdarzały się zawsze od najdawniejszych aż do naszych czasów u wszystkich ludów, począwszy od pierwotnych aż do najbardziej ucywilizowanych, i zdobywały sobie niekiedy tolerancję i znaczenie. Co do doświadczeń, to zostały poczynione przy badaniu psychoanalitycznym neurotyków; muszą one wpływać w sposób decydujący na nasze pojmowanie perwersji seksualnych.

Powiedzieliśmy, że objawy nerwicowe są zastępczymi zaspokojeniami seksualnymi, i wspomniałem już, że potwierdzenie tego zdania przez analizę objawów napotka na różne trudności. Jest ono mianowicie wtedy dopiero usprawiedliwione, jeśli mianem „zaspokojenie seksualne" obejmujemy też tak zwane zaspokojenia perwersyjne, gdyż taka interpretacja objawów narzuca się nam niezmiernie często. Roszczenia homoseksualistów do wyjątkowości upadają natychmiast, gdy dowiadujemy się, że wykazanie istnienia tendencji homoseksualnych nie zawodzi u żadnego neurotyka i że spora ilość objawów jest wyrazem tej utajonej inwersji. Ci, którzy sami mianują się homoseksualistami, to właśnie osobniki dotknięte świadomą i jawną inwersją, których liczba okazuje się znikoma w porównaniu z liczbą homoseksualistów utajonych. Jesteśmy jednak zmuszeni uważać wybór obiektu spośród płci własnej wprost za regularne odgałęzienie życia miłosnego i uczymy się coraz bardziej przypisywać mu duże znaczenie. Naturalnie, że nie znosi to różnic między homoseksualizmem jawnym a zachowaniem się normalnym; ich znaczenie praktyczne pozostaje, ale ich wartość teoretyczna niezwykle maleje. Przy pewnej określonej chorobie psychicznej, której nie zaliczamy do nerwic przeniesienia, przy paranoi, zakładamy nawet, że wywodzi się ona z reguły z próby samoobrony przed nader silnymi homoseksualnymi popędami. Przypominacie sobie może jeszcze, że jedna spośród naszych pacjentek udawała w swej czynności przymusowej mężczyznę - własnego, opuszczonego przez nią męża; takie produkowanie objawów personifikacji męskiej jest u kobiet, dotkniętych nerwicą, czymś zupełnie normalnym. Chociaż nie można zaliczyć tego wręcz do homoseksualizmu, ma to jednak dużo wspólnego z jego przesłankami.

Jak zapewne wiecie, nerwica histeryczna może tworzyć objawy we wszystkich systemach narządów i przez to zakłócać wszystkie czynności. Analiza pokazuje, że ujawniają się przy tym jednocześnie wszystkie popędy zwane perwersyjnymi, które pragną zastąpić genitalia przez inne narządy. Narządy te zachowują się przy tym jak genitalia zastępcze; dzięki symptomatologii histerii pojęliśmy właśnie, że narządom naszego ciała należy przypisać oprócz ich właściwej roli funkcjonalnej znaczenie seksualne – erogenetyczne – i że zostają one zakłócone w spełnianiu pierwszego zadania, jeśli to drugie stawia im zbyt duże wymagania. Niezliczone odczuwania i inerwacje, ujawniające się jako objawy histerii w narządach nie mających na pozór niczego wspólnego z seksualnością, odsłaniają nam w ten sposób swój charakter jako spełnienie perwersyjnych pożądań seksualnych, z których powodu pewne narządy przywłaszczyły sobie znaczenie narządów płciowych. Widzimy też wtedy, w jak rozległej mierze mogą właśnie narządy, służące do przyjmowania pożywienia i do wydalania, stać się wyrazicielami podrażnienia seksualnego. Jest to więc to samo, co pokazały nam perwersje, z tą tylko różnicą, że tam było to widoczne bez wysiłku i niezaprzeczalnie, podczas gdy przy histerii musimy iść drogą okrężną, poprzez interpretację objawów i odnośne popędy seksualne przypisywać nie świadomości osobników, lecz umieścić je w ich nieświadomym.

Okazuje się, że wśród wielu postaci klinicznych, w których występuje nerwica natręctwa, najważniejsze są wywołane przez parcie nader silnych, sadystycznych, a więc perwersyjnych w swoim celu, tendencji seksualnych. Objawy służą zatem celowi, który odpowiada strukturze nerwicy natręctwa, przeważnie do obrony przed pragnieniami, lub też są wyrazem walki między zaspokojeniem a obroną. Ale przy tym nie zostaje zbytnio pokrzywdzone i samo zaspokojenie; potrafi ono drogami okrężnymi przejawiać się w zachowaniu chorych i zwraca się z zamiłowaniem przeciw ich osobie, czyni z nich dręczycieli samych siebie. Inne postacie nerwicy, o charakterze wątpiąco-badawczym, odpowiadają nadmiernej seksualizacji aktów, które zresztą zwykle stanowią przygotowania na drodze do normalnego zaspokojenia seksualnego jako chęci patrzenia, dotykania i badania. Ogromne znaczenie obawy dotknięcia i przymusu mycia znajduje tutaj swoje wyjaśnienie. Nieoczekiwanie duża część czynności przymusowych sprowadza się, pod postacią zamaskowanego powtórzenia i modyfikacji, do samogwałtu, który, jak wiadomo, jako jedyna stała czynność towarzyszy najróżnorodniejszym postaciom fantazjowania seksualnego.

Nie kosztowałoby mnie wiele wysiłku przedstawienie jeszcze dokładniej wzajemnego stosunku między perwersją a nerwicą, sądzę jednak, że to, co powiedziałem dotychczas, wystarczy dla naszego zamiaru. Musimy jednakże zastrzec, jakoby na podstawie tego wyjaśnienia znaczenia objawów przecenialibyśmy częstotliwość i nasilenie perwersyjnych skłonności ludzkich. Słyszeliście, że można zachorować na nerwicę z powodu braku normalnego zaspokojenia seksualnego. Przy tym braku realnym pożądanie przerzuca się na nienormalne drogi podniecenia płciowego. Zobaczycie później, jak się to dzieje. W każdym razie rozumiecie, że na skutek takiego zatamowania tendencje perwersyjne muszą wydawać się silniejsze, niż to miałoby miejsce, gdyby żadna realna przeszkoda nie stanęła na drodze do normalnego zaspokojenia seksualnego. Podobny wpływ musimy zresztą przyjąć i dla jawnych perwersji. W niektórych wypadkach zostają one wywołane lub ożywione przez to, że normalne zaspokojenie popędu płciowego napotyka na zbyt wielkie trudności – bądź to w wyniku okoliczności przejściowych, bądź też trwałych urządzeń społecznych. W innych wypadkach skłonności perwersyjne są zupełnie niezależne od takich okoliczności sprzyjających; są one, że tak powiem, dla danego osobnika normalnym trybem życia płciowego.

Być może, macie chwilowo wrażenie, jak gdy stosunek między płciowością normalną a perwersyjną raczej zagmatwalibyśmy niż wyjaśnili. Trzymajcie się następującego rozważania: jeśli słuszne jest, że realne utrudnienie lub brak normalnego zaspokojenia seksualnego wyprowadzają na jaw skłonności perwersyjne u osób, które poza tym ich nie ujawniłyby, to musi być przecież w tych osobach coś, co perwersjom tym sprzyja; lub, jeżeli chcecie, muszą one w nich istnieć w formie ukrytej. Tą drogą dochodzimy do drugiego odkrycia, które wam zapowiedziałem. Badanie psychoanalityczne było mianowicie zmuszone zatroszczyć się też i o życie seksualne dziecka, a to dlatego, że wspomnienia i kojarzenia przy analizie objawów prowadziły stale wstecz do wczesnych lat dzieciństwa. Co z tego wywnioskowaliśmy, zostało potem potwierdzone punkt po punkcie przez bezpośrednią obserwację dzieci. Okazało się, że wszystkie skłonności perwersyjne mają korzenie w dzieciństwie, że dzieci posiadają wszelką dyspozycję w tym kierunku i wprowadzają ją w czyn w rozmiarze odpowiadającym ich niedojrzałości, krótko mówiąc, że seksualność perwersyjna nie jest niczym innym jak zwiększoną, na poszczególne składniki rozłożoną seksualnością dziecięcą.

Teraz ujrzycie jednak perwersje w innym świetle i nie przeoczycie więcej ich związku z życiem płciowym, ale kosztem jakich niespodzianek i nieprzyjemnych dla waszego uczucia rozczarowań! Będziecie na pewno skłonni sprzeciwiać się początkowo wszystkiemu: faktowi, że dzieci posiadają coś, co możemy nazwać życiem seksualnym, słuszności naszych spostrzeżeń i prawu znajdowania w zachowaniu dzieci pokrewieństwa z tym, co potępiamy później jako perwersje. Pozwólcie więc, że wyjaśnię najpierw motywy waszej niechęci, a następnie przedłożę całość naszych spostrzeżeń. Przypuszczenie, że dzieci nie mają życia seksualnego – podnieceń seksualnych, potrzeb i pewnego rodzaju zaspokojenia – lecz rozpoczynają je dopiero nagle między 12. a 14. rokiem życia, byłoby – pominąwszy wszystkie spostrzeżenia – biologicznie równie nieprawdopodobne, bezsensowne jak przypuszczenie, że nie przynoszą ze sobą na świat narządów płciowych i te rosną im dopiero w okresie pokwitania. To, co budzi się w nich w tym okresie, jest to funkcja rozrodcza, która posługuje się dla swoich celów znajdującym się już materiałem cielesnym i duchowym. Popełniacie błąd, mieszając pojęcia seksualizmu i płodzenia, i zamykacie sobie przez to drogę do zrozumienia płciowości, perwersji i nerwic. Błąd ten jest jednak tendencyjny. Posiada on swoje źródło w tym, że sami byliście dziećmi i jako dzieci ulegaliście wpływowi wychowania. Społeczeństwo musi bowiem uważać za jedno ze swych najważniejszych zadań wychowawczych poskramianie popędu płciowego, jeśli wybucha on jako pęd do rozmnażania się, ograniczanie go, poddanie woli indywidualnej, która jest identyczna z nakazem społecznym. W interesie społeczeństwa leży też odsunięcie jego całkowitego rozwoju aż do czasu, gdy dziecko osiągnie pewien stopień dojrzałości intelektualnej, gdyż z zupełnym rozwojem popędu płciowego kończy się praktycznie możliwość wychowywania. Inaczej popęd zerwałby wszystkie tamy i zniszczyłby z wielkim trudem zbudowane dzieło kultury. Zadanie poskramiania go nie jest nigdy tak łatwe, czasem się udaje, kiedy indziej – nie. Motyw społeczeństwa ludzkiego jest w gruncie rzeczy ekonomiczny; ponieważ nie posiada ono dostatecznej ilości środków żywności, aby utrzymywać swoich członków bez pracy, musi ono ograniczać ilość członków i skierować ich energię od czynności seksualnej ku pracy. Oto jest owa wieczna, prastara, trwająca aż po teraźniejszość idea konieczności życiowej.

Wszak doświadczenie pokazało wychowawcom, że zadanie uczynienia powolnymi pragnień seksualnych nowego pokolenia daje się rozwiązać tylko wtedy, jeśli rozpoczyna się wpływać na nie bardzo wcześnie, nie czekając na burzę okresu dojrzewania, lecz począwszy już od życia seksualnego dziecka, które ją przygotowuje. W tym celu zabrania się dzieciom i obrzydza prawie wszystkie infantylne czynności seksualne; stawia się za cel idealny ukształtować życie dziecka bezpłciowo i z biegiem czasu doprowadziło to do tego, że uważa się je rzeczywiście za takie, co też potem nauka obwieszcza jako prawdę. Aby nie popaść w sprzeczność ze swoją wiarą i zamiarami, pomija się czynność seksualną dziecka, co nie jest rzeczą łatwą, lub też nauka zadowala się innym jej ujęciem. Dziecko uchodzi za czyste, za niewinne i kto je opisuje inaczej, zostaje oskarżony o niegodziwe zuchwalstwo, obrażające delikatne i święte uczucia ludzkości.

Dzieci są to jedyne istoty, które nie uznają tych konwencji, korzystają z całą naiwnością ze swoich praw animalnych i dają ciągle dowody, że drogę do czystości muszą dopiero odbyć. Jest to dość osobliwe, że ludzie negujący seksualność u dzieci, nie tylko nie są pobłażliwi w ich wychowaniu, lecz właśnie prześladują jak najsurowiej objawy tego, co negują, nazywając je „narowami dziecięcymi". Teoretycznie wysoce interesujące jest, że okres życia, przeczący najbardziej jaskrawie przesądowi dzieciństwa bezpłciowego, lata do piątego lub szóstego roku życia pokryte są u większości osób zasłoną niepamięci, którą zdziera całkowicie dopiero badanie analityczne, a która jednak już przedtem przepuszczała pojedyncze elementy marzenia sennego.

Otóż chcę wam przedstawić, co daje się rozpoznać najwyraźniej z życia seksualnego dziecka. Pozwólcie mi w tym celu wprowadzić pojęcie *libido*. *Libido* ma, zupełnie analogicznie do *głodu*, być pojęciem siły, za pomocą której ujawnia się popęd, tutaj popęd płciowy, jak przy głodzie popęd do jedzenia. Inne pojęcia, jak podniecenie i zaspokojenie seksualne, nie wymagają żadnego wyjaśnienia. Sami na pewno przyznacie bez trudu, że przy czynnościach seksualnych niemowlęcia interpretacja ma największe pole działania lub prawdopodobnie użyjecie tego jako zarzutu. Interpretacje te otrzymujemy na zasadzie badań analitycznych, śledząc wstecz rozwój objawu. Pierwsze dążenia seksualne występują u niemowlęcia w związku z innymi ważnymi dla życia funkcjami. Jego główne zainteresowanie skierowane jest, jak wiecie, na przyjęcie pokarmu; kiedy nasycone zasypia u piersi, zjawia się wyraz błogiego zadowolenia, który będzie się później powtarzał po przeżyciu orgazmu płciowego. Stanowiłoby to zbyt mało, aby oprzeć na tym jakiś wniosek. Ale spostrzegamy, że niemowlę dąży, aby powtarzać czynność przyjmowania pokarmu bez żądania nowego pokarmu; nie działa tu więc podnieta głodu. Powiadamy, że ssie, a fakt, że zasypia przy tym ponownie z błogim wyrazem, dowodzi, że czynność *ssania* sama przez się dała mu zadowolenie. Jak wiadomo, przyzwyczaja się ono wkrótce tak, że nie zasypia bez ssania. Naturę seksualną tej czynności stwierdził najpierw stary lekarz chorób dziecięcych w Budapeszcie, dr Lindner. Osoby pielęgnujące dziecko, które nie mają zamiaru zająć żadnego stanowiska teoretycznego, zapatrują się podobnie na ssanie. Nie wątpią, że służy ono jedynie dla zdobycia przyjemności, zaliczają je do narowów dziecka i zmuszają je za pomocą nieprzyjemnych wrażeń do wyrzeczenia się go, jeśli dziecko samo go nie porzuca. Dowiadujemy się więc, że niemowlę wykonuje czynności, które nie mają żadnego innego celu, jak tylko zdobycie przyjemności. Przypuszczamy, że przeżywa ono najpierw tę przyjemność podczas przyjmowania pokarmu, lecz uczy się wkrótce uniezależniać ją od tego warunku. Zdobycie przyjemności może prowadzić tylko do podniecenia okolicy ust i warg, dlatego nazywamy te części ciała *strefami* lub *okolicami erogenicznymi*, a przyjemność zdobytą przez ssanie oznaczamy jako *seksualną*. Na temat usprawiedliwienia tej nazwy zmuszeni będziemy zapewne jeszcze podyskutować.

Gdyby niemowlę mogło się wypowiedzieć, uznałoby na pewno czynność ssania piersi matczynej za akt w życiu najważniejszy i miałoby do pewnego stopnia słuszność, gdyż za pomocą czynności tej zaspakaja ono jednocześnie dwie wielkie potrzeby życiowe. Dowiadujemy się potem z psychoanalizy nie bez zdziwienia, jak wiele znaczenia psychicznego tej czynności zachowuje się przez całe życie. Ssanie piersi matki staje się punktem wyjścia całego życia seksualnego, niedoścignionym wzorem dla każdego późniejszego zaspokojenia płciowego, do którego fantazja wraca dość często w okresach niedosytu. Pierś matki staje się pierwszym przedmiotem popędu płciowego; nie mogę wam dać właściwego wyobrażenia, jak ważny jest ten pierwszy przedmiot dla każdego późniejszego znalezienia obiektu, jak głęboko sięgające działanie na najodleglejsze sfery naszego życia duchowego ujawnia on w swoich przemianach i namiastkach. Następnie zostaje on porzucony przez niemowlę i przy czynności cmokania zastąpiony przez inną część jego ciała. Dziecko ssie swój paluch i własny język. Uniezależnia się ono w ten sposób od zezwolenia świata zewnętrznego przy zdobywaniu rozkoszy i oprócz tego sprowadza w celu jej spotęgowania podniecenie innej okolicy ciała. Strefy erogeniczne nie są jednakowo wydajne; jest to więc ważne przeżycie, gdy niemowlę, jak to opisuje Lindner, w trakcie poszukiwań na własnym ciele odkrywa specjalnie pobudliwe miejsca swoich narządów płciowych i w ten sposób znajduje drogę od ssania do onanizmu.

Przez uznanie funkcji ssania zaznajomiliśmy się z dwiema decydującymi cechami płciowości dziecięcej. Zjawia się ona w związku z zaspokojeniem ważnych potrzeb organicznych i zachowuje się *autoerotycznie*, szuka i znajduje swoje obiekty na własnym ciele. To, co wystąpiło najwyraźniej podczas przyjmowania pokarmu, powtarza się częściowo przy wydalaniu. Wnioskujemy stąd, że niemowlę odczuwa przyjemność przy wydalaniu moczu i treści jelit i że stara się ono wkrótce czynności te tak urządzić, aby przez odpowiednie podrażnienie błon śluzowych przynosiły mu możliwie dużą przyjemność. W tym punkcie przeciwstawia mu się, jak to pokazała wnikliwa Lou Andreas, po raz pierwszy świat zewnętrzny jako moc hamująca, wroga jego dążeniu do rozkoszy i daje mu przeczuwać późniejsze walki zewnętrzne i wewnętrzne. Nie powinno wydalać swoich ekskrementów w dowolnej chwili, lecz wtedy, gdy nakażą mu to inne osoby. Aby je skłonić do zrzeczenia się tych źródeł zadowolenia, tłumaczy mu się, że wszystko, co dotyczy tych funkcji, jest nieprzyzwoite i musi zostać utajone. Po raz pierwszy musiało tutaj zrzec się przyjemności na rzecz swojej godności społecznej. Jego stosunek do samych wydalin jest od początku zupełnie inny. Nie odczuwa ono żadnego wstrętu do swojego kału, ceni go jako część swego ciała, z którą nie łatwo się rozłącza, i używa go jako pierwszego „podarunku", aby wyróżnić osoby, które specjalnie ceni. Jeszcze wtedy, gdy wychowaniu powiodło się oduczyć je tych skłonności, przenosi ono tę ocenę kału na „podarunek" i na „pieniądz". Czynność wydalania wydaje się ono traktować natomiast z osobliwą dumą.

Wiem, że chcielibyście już dawno przerwać mi, wołając: „Dosyć tych okropności! Wydalanie kału miałoby być źródłem zadowolenia seksualnego, które wyzyskuje już niemowlę! Kał cenną substancją, otwór odbytowy rodzajem narządu płciowego! Nie wierzymy temu, ale pojmujemy, dlaczego lekarze chorób dziecięcych i pedagodzy odsuwają od siebie psychoanalizę i jej rezultaty". Nie, panowie! Zapomnieliście tylko, że chciałem wam przedstawić fakty dziecięcego życia seksualnego w związku z faktami perwersji seksualnych. Dlaczego nie macie wiedzieć, że otwór odbytowy u dużej liczby osobników dorosłych, homoseksualnych, jak i heteroseksualnych przy stosunku płciowym rzeczywiście przyjmuje rolę pochwy? I że jest wiele osób, które zachowują w ciągu całego życia odczucie rozkoszy przy wypróżnianiu i opisują je jako dość znaczne? Odnośnie zainteresowania aktem defekacji i przyjemności przyglądania się defekacji u kogoś innego, to mogą potwierdzić to same dzieci, gdy nieco podrosną i potrafią się wypowiedzieć. Naturalnie, że nie powinniście tych dzieci uprzednio systematycznie onieśmielać, gdyż rozumieją wtedy dobrze, że powinny to przemilczeć. Odnośnie innych uwag, w które nie chcecie uwierzyć, odsyłam was do wyników analiz i bezpośredniej obserwacji dzieci i zapewniam, że sztuką jest po prostu nie widzieć tego wszystkiego lub też widzieć inaczej. Nie mam też nic przeciw, jeśli pokrewieństwo czynności seksualnej dziecka z perwersjami seksualnymi wyda się wyjątkowo uderzające. Jest ono właściwie zrozumiałe samo przez się; jeśli dziecko posiada w ogóle życie seksualne, musi ono być natury perwersyjnej, gdyż dziecku brakuje jeszcze poza niewieloma niejasnymi przejawami wszystkiego, co czyni z płciowości funkcję rozrodczą. Z drugiej strony, cechą wspólną wszystkich perwersji jest to, że porzuciły one cel rozrodczy. W tym wypadku właśnie zwiemy czynność seksualną perwersyjną, jeśli rezygnuje ona z celu rozrodczego i dąży niezależnie od niego do osiągnięcia rozkoszy. Rozumiecie więc, że przełom i punkt zwrotny w rozwoju życia seksualnego leży w jego podporządkowaniu zamiarom płodzenia. Wszystko, co odbywa się przed tym zwrotem, także wszystko, co się od niego odchyliło i co służy wyłącznie osiągnięciu rozkoszy, zostaje nazwane mało zaszczytnym mianem „perwersyjne" i jako takie wzgardzone.

Pozwólcie więc kontynuować mój zwięzły opis płciowości dziecięcej. To, co powiedziałem o dwóch systemach narządów, mógłbym uzupełnić, uwzględniając inne układy narządowe. Życie seksualne dziecka wyczerpuje się właśnie w czynności szeregu popędów cząstkowych, które niezależnie od siebie szukają zdobycia rozkoszy częściowo na własnym ciele, częściowo na obiekcie zewnętrznym. Między tymi narządami wysuwają się bardzo prędko na plan pierwszy narządy płciowe; bywają ludzie, u których doznawanie rozkoszy z własnego narządu płciowego bez pomocy innych genitaliów lub obiektu ciągnie się bez przerwy od czasów onanizmu niemowlęcego aż do onanizmu okresu pokwitania i trwa nadal nieokreślenie długo poza ten okres. Z tematem onanizmu nie załatwimy się zresztą tak prędko; jest to materiał, nadający się do wielostronnego rozpatrzenia.

Mimo chęci skrócenia tematu muszę jeszcze co nieco powiedzieć o badaniach seksualnych dzieci. Są one nader charakterystyczne dla płciowości dziecięcej i bardzo ważne dla symptomatologii nerwic. Dziecięce dociekania seksualne rozpoczynają się bardzo wcześnie, czasem przed trzecim rokiem życia. Nie nawiązują one do różnicy płci, która dla dziecka nie istnieje, gdyż przypisuje ono – przynajmniej chłopcy – obu płciom ten sam narząd męski. Gdy chłopiec spostrzega u swej małej siostrzyczki lub u towarzyszki zabaw pochwę, stara się on najpierw zaprzeczyć temu spostrzeżeniu swoich zmysłów, gdyż nie może sobie wyobrazić podobnego sobie stworzenia ludzkiego bez tej tak cennej dla niego części. Później przestrasza go ta otwierająca się przed nim możliwość, a pewne dawniejsze groźby, które wywołał przez zbyt intensywne zajmowanie się swoim małym członkiem, zaczynają teraz dochodzić do głosu. Dostaje się we władzę kompleksu kastracyjnego, którego ukształtowanie się bierze duży udział w formowaniu jego charakteru - gdy pozostaje on zdrowy, w jego nerwicy - gdy na nią zapada, i w jego oporach - gdy poddaje się leczeniu analitycznemu. O małej dziewczynce wiemy, że czuje się bardzo pokrzywdzona brakiem dużego widocznego członka, zazdrości chłopcu posiadania go i rozwija głównie z tego powodu pragnienie stania się mężczyzną. Pragnienie to pojawi się znowu później w nerwicy, która wystąpi na skutek jej niepowodzenia jako kobiety. *Clitoris* dziewczynki odgrywa w wieku dziecięcym rolę członka, jest miejscem szczególnej pobudliwości, miejscem, gdzie osiągane bywa zaspokojenie autoerotyczne. Dla przeobrażenia się małej dziewczynki w kobietę jest rzeczą bardzo ważną, aby *clitoris* we właściwym czasie i w całej rozciągłości przekazała tę wrażliwość wejściu do pochwy. W wypadkach tak zwanej oziębłości płciowej kobiet *clitoris* zachowała tę wrażliwość.

Seksualne zainteresowanie dziecka skierowuje się przede wszystkim ku zagadnieniu, skąd się biorą dzieci, temu samemu, które stanowiło podstawę pytań stawianych przez tebańskiego sfinksa [1]; zainteresowanie to zostaje wywołane przeważnie egoistyczną obawą przy zjawieniu się nowego dziecka. Odpowiedź, że przynosi je bocian, trafia już u małych dzieci na niewiarę znacznie częściej, niż o tym wiemy. Uczucie, że dorośli je oszukali, nie powiedzieli mu prawdy, przyczynia się bardzo do osamotnienia dziecka i do rozwoju jego samodzielności. Dziecko jednak nie ma możliwości rozwiązania tego problemu o własnych siłach. Jego zdolność poznania jest ograniczona przez jego niedojrzały ustrój seksualny. Przypuszcza ono najpierw, że dzieci powstają wtedy, jeśli się zje coś specjalnego, i nie wie też niczego o tym, że tylko kobiety mogą mieć dzieci. Później dowiaduje się o tym ograniczeniu i porzuca teorię pochodzenia dzieci od pożywienia, zachowuje się ona tylko w świecie bajek. Nieco starsze dziecko spostrzega, że ojciec musi odgrywać pewną rolę przy przyjściu dzieci na świat, ale nie może odgadnąć jaką. Jeśli staje się przypadkowo świadkiem aktu płciowego, widzi w nim próbę pokonania, walkę - jest to zatem sadystyczne ujęcie spółkowania. Nie widzi jednak początkowo związku

[1] Tebański sfinks - potwór z mitologii greckiej o głowie kobiety, tułowiu lwa, skrzydłach orła i ogonie węża. Zamieszkiwał wąwóz pod Tebami. Każdemu podróżnemu zadawał to samo pytanie: *Jakie stworzenie chodzi rano na czterech nogach, w południe na dwóch, a wieczorem na trzech*? Nikt nie potrafił udzielić prawidłowej odpowiedzi. Dopiero Edyp rozwiązał zagadkę, mówiąc, że stworzeniem tym jest człowiek, który jako niemowlę raczkuje na czworaka, później chodzi na dwóch nogach, a na starość podpiera się laską.

pomiędzy tym aktem a stworzeniem dziecka. Jeśli odkrywa nawet ślady krwi w łóżku i na bieliźnie matki, przyjmuje je za dowód skaleczenia, które jest winą ojca. W późniejszych latach przeczuwa ono wprawdzie, że narząd płciowy mężczyzny posiada ważny udział w powstawaniu dzieci, nie może jednak przypisać tej części ciała innej czynności jak wydalanie moczu.

Od samego początku dzieci zgadzają się, że dziecko rodzi się przez otwór odbytowy, przychodzi więc na świat podobnie jak masy kałowe. Dopiero po przesunięciu się wszystkich zainteresowań analnych porzuca tę teorię i zastępuje ją przypuszczeniem, że to pępek lub okolica między piersiami jest miejscem narodzin. W ten sposób dziecko w trakcie swoich badań zbliża się do poznania faktów seksualnych lub błądząc w swej niewiedzy, przechodzi obok nich dopóty, dopóki przeważnie w latach poprzedzających okres dojrzewania płciowego nie otrzyma wyjaśnienia zwykle poniżającego i niezupełnego, które pociąga za sobą nierzadko skutki urazowe.

Słyszeliście na pewno, moi panowie, że pojęcie seksualizmu zostało w psychoanalizie niezwykle rozszerzone, a to z zamiarem utrzymania w mocy twierdzeń wypowiedzianych na temat przyczyny seksualnej nerwic i znaczenia seksualnego objawów. Możecie sami osądzić, czy rozszerzenie to jest nieusprawiedliwione. Pojęcie seksualizmu rozszerzyliśmy tylko o tyle, że może ono ogarnąć także i życie seksualne osobników perwersyjnych i dzieci. To znaczy, że przywróciliśmy mu właściwy rozmiar. To, co poza psychoanalizą zwie się seksualizmem, odnosi się tylko do życia płciowego zwanego normalnym, ograniczonego i pozostającego na usługach rozmnażania.

WYKŁAD XXI

ROZWÓJ LIBIDO I ORGANIZACJE SEKSUALNE

Moi Panowie! Mam wrażenie, że nie udało mi się prawdziwie przekonywująco przedstawić znaczenia perwersji dla naszego pojmowania seksualizmu. Chciałbym to naprawić i uzupełnić, o ile tylko mogę.

Rzecz nie ma się przecież tak, jak gdyby jedynie perwersje zmusiły nas do zmiany pojęcia seksualizmu, która wywołała tak silny sprzeciw. Badanie płciowości dziecięcej przyczyniło się do tego jeszcze bardziej, a zgodność obu dziedzin stała się dla nas decydująca. Przejawy seksualizmu dziecięcego, jakkolwiek są niezaprzeczalne w późniejszych latach dzieciństwa, zdają się w początkach rozpływać w nieokreśloności. Kto nie zechce brać pod uwagę historii rozwoju i związku analitycznego, ten będzie zaprzeczał ich charakterowi seksualnemu, przyzna im natomiast jakiś charakter niezróżnicowany. Nie zapominajcie, że nie posiadamy obecnie ogólnie przyjętej oznaki dla natury seksualnej jakiegoś procesu, oprócz chyba jego przynależności do czynności płodzenia, którą znów musimy odrzucić jako zbyt ciasną. Kryteria biologiczne, jak ustanowiona przez W. Fliessa okresowość, obejmująca 23 i 28 dni, są jeszcze zupełnie sporne; specjalne własności chemiczne procesów seksualnych, których istnienie możemy przypuszczać, czekają jeszcze na swoje odkrycie. Perwersje seksualne ludzi dorosłych natomiast są czymś uchwytnym i niedwuznacznym. Jak wskazuje ogólnie przyznana im nazwa, należą niewątpliwie do sfery płciowej. Można je zwać oznakami zwyrodnienia lub inaczej – nikt nie odważył się jeszcze zaliczyć ich do innej dziedziny aniżeli do zjawisk życia seksualnego. Jedynie na ich podstawie mamy prawo twierdzić, że seksualizm i rozmnażanie nie pokrywają się, gdyż jest to oczywiste, że wszystkie one nie mają na celu zachowania gatunku.

Widzę tu pewną interesującą paralelę. Podczas gdy dla większości „świadome" i „psychiczne" znaczy to samo, byliśmy zmuszeni rozszerzyć pojęcie „psychiczne" i uznać zjawiska psychiczne, które są nieświadome. Zupełnie podobnie dzieje się wtedy, gdy „seksualne" i „należące do rozmnażania" – lub jeśli chcecie wyrazić to krócej „genitalne" – określa się jako identyczne, podczas gdy nie możemy pominąć faktu istnienia „spraw seksualnych", które nie są „genitalne" i nie mają niczego wspólnego z płodzeniem. Jest to tylko podobieństwo formalne, ale nie bez głębszego uzasadnienia.

Jeśli istnienie perwersji seksualnych jest tak przekonywującym argumentem w tej kwestii, dlaczego nie działał on już dawniej i nie rozwiązał tego pytania? Doprawdy, nie potrafię na to odpowiedzieć. Zdaje mi się, że polega to na tym, że na perwersje seksualne zostało nałożone specjalne piętno ujemne, które przenika też w dziedzinę teorii i staje na drodze ich naukowej ocenie. Tak jak gdyby nikt nie mógł zapomnieć, że są nie tylko czymś wstrętnym, lecz także czymś niesłychanym, niebezpiecznym, jak gdyby uważano je za kuszące i w gruncie rzeczy musiano zwalczać ukrytą zazdrość przeciw tym, którzy się nimi rozkoszują, podobnie jak przyznaje się do niej wymierzający karę landgraf w słynnej parodii Tannhäusera:

Na górze Venus zapomniał o czci i o honorze!
– Dziwne, że coś podobnego nam zdarzyć się nie może[1].

W rzeczywistości są osobniki perwersyjne raczej nieszczęśnikami, którzy niezwykle ciężko pokutują za swoje, trudne do zdobycia zaspokojenie.

To, co czynność perwersyjną mimo całej obcości przedmiotu i celów czyni tak niezaprzeczalnie seksualną, stanowi okoliczność, że akt zaspokojenia perwersyjnego kończy się najczęściej całkowitym orgazmem i wydaleniem produktów genitalnych. Jest to naturalnie tylko skutkiem dojrzałości osobników; u dziecka orgazm i wydzielanie narządów płciowych są niemożliwe, zostają one zastąpione przez oznaki, których charakter seksualny nie może być stwierdzony z całą pewnością.

[1] Fragment libretto operowego Ryszarda Wagnera pod tytułem *Tannhäuser i wartburski turniej śpiewany* (1845) [przyp. red.].

Muszę dodać jeszcze, aby uzupełnić znaczenie perwersji seksualnych. Jakkolwiek są one potępione i przeciwstawia się je ostro normalnej czynności seksualnej, prosta obserwacja dowodzi przecież, że w normalnym życiu płciowym rzadko brak tego lub innego rysu perwersyjnego. Już pocałunek ma prawo do nazwy aktu perwersyjnego, gdyż polega na połączeniu dwóch erogenicznych stref ustnych zamiast obu genitaliów. Ale nikt nie odrzuca go jako perwersyjny - przeciwnie, bywa on dopuszczany na scenę, jako łagodniejsze zaznaczenie aktu seksualnego. Właśnie całowanie może łatwo stać się zupełną perwersją, jeśli jest tak intensywne, że wyładowanie narządów płciowych i orgazm następują bezpośrednio po nim, co zdarza się nie tak rzadko. Wiemy też, że dotykanie i oglądanie obiektu jest dla jednego warunkiem niezbędnym rozkoszy płciowej, że inny szczypie lub gryzie u szczytu podniecenia płciowego, że u kochającego największe podniecenie nie zawsze bywa wywoływane przez narząd płciowy, lecz przez inną część ciała partnera, i tym podobne w dowolnym doborze. Nie ma żadnego sensu wykluczać z szeregu ludzi normalnych osoby z poszczególnymi rysami i zaliczać je do perwersyjnych, natomiast widzimy coraz wyraźniej, że istota perwersji polega nie na przekraczaniu celu seksualnego, nie na zastępowaniu narządów płciowych innymi, nawet nie na zmianie obiektu, lecz jedynie i wyłącznie, z jaką odbywają się te zboczenia, i przez którą akt płciowy, służący funkcji rozrodczej, zostaje usunięty na bok. Z chwilą, gdy czynności perwersyjne przyczyniają się do wywołania normalnego aktu seksualnego, jako dodatki przygotowawcze lub wzmacniające, przestają być właściwie perwersjami. Naturalnie, przepaść między płciowością normalną a perwersyjną zostaje przez to znacznie zmniejszona. Wynika stąd zupełnie naturalnie, że seksualność normalna powstaje z czegoś, co istniało przed nią, przez wyeliminowanie pewnych składników tego materiału jako bezużytecznych oraz przez skupienie innych, które podporządkowuje nowemu celowi, celowi rozmnażania.

Nim zużytkujemy nasze zapoznanie się z perwersjami w tym celu, aby z wyjaśnionymi przesłankami zagłębić się na nowo w badanie płciowości dziecięcej, muszę podkreślić ważną różnicę między obiema seksualnościami. Seksualność perwersyjna jest z reguły doskonaleześrodkowana, wszystkie działania zmierzają do jednego - przeważnie do jedynego celu, jeden popęd cząstkowy ma w niej przewagę albo jest tym jedynym, który daje się wykazać, lub też podporządkował inne swoim zamiarom. Pod tym względem nie ma między płciowością perwersyjną a normalną innej różnicy niż ta, że panujące popędy cząstkowe, a więc i cele seksualne, są różne. Tu i tam panuje, że się tak wyrazimy, dobrze zorganizowana tyrania, tyle tylko, że tu jedna, tam zaś inna rodzina zagarnęła władzę. Seksualność dziecięca nie posiada na ogół tej centralizacji i organizacji, poszczególne popędy cząstkowe są równouprawnione, każdy dąży na własną rękę do zdobycia rozkoszy. Zarówno brak, jak i obecność centralizacji zgadzają się naturalnie z tym faktem, że obie seksualności zarówno perwersyjna, jak i normalna powstały z dziecięcej. Zdarzają się zresztą wypadki seksualności perwersyjnej, które posiadają znacznie więcej podobieństwa do dziecięcej, ponieważ liczne popędy cząstkowe, jeden niezależnie od drugiego, osiągnęły lub – lepiej – osiągają swoje cele. Słuszniej jest mówić w tych wypadkach o infantylizmie życia seksualnego niż o perwersji.

Tak przygotowani, możemy zająć się roztrząsaniem propozycji, która na pewno nie będzie nam zaoszczędzona. Powiedzą nam: dlaczego upieracie się, aby nieokreślone, jak twierdzicie sami, przejawy dziecięce, z których później powstaje seksualność, już nazywać płciowością? Dlaczego nie zadowalacie się raczej opisem fizjologicznym i nie powiadacie zwyczajnie, że u niemowlęcia spostrzegamy już takie czynności jak cmokanie lub zatrzymywanie ekskrementów, co dowodzi, że dąży ono do osiągnięcia *przyjemności związanej z narządami*? Uniknęlibyście wówczas obrażającego nasze uczucia ustanowienia życia seksualnego właściwego maleńkiemu dziecku. Tak, moi panowie, nie mam nic przeciw pojęciu rozkoszy narządów; wiem, że najwyższa rozkosz połączenia seksualnego jest też tylko rozkoszą związaną z działalnością genitaliów. Ale czy możecie mi powiedzieć, kiedy początkowo indyferentna rozkosz narządów nabiera charakteru seksualnego, który posiada bez wątpienia w późniejszych fazach rozwoju? Czy wiemy więcej o „rozkoszy narządów" niż o seksualizmie? Odpowiecie, że charakter seksualny zjawia się wtedy, gdy genitalia zaczynają odgrywać swoją rolę; seksualne pokrywa się z genitalnym. Odrzucicie sami zarzut dotyczący perwersji, wskazując na to, że przecież w większości perwersji chodzi o wywołanie orgazmu genitalnego choćby nawet inną drogą niż przez połączenie genitaliów. Stwarzacie sobie rzeczywiście znacznie lepszą pozycję, skreślając z charakterystyki seksualizmu związek z funkcją płodzenia, nie dający się utrzymać wobec istnienia perwersji, i wysuwając na jego miejsce czynność narządów płciowych. Ale wtedy nie stoimy już daleko od siebie; narządy płciowe stają po prostu na przeciw innym narządom. Co jednak uczynić z licznymi doświadczeniami, które wykazują, że genitalia mogą być w celu zdobycia rozkoszy zastąpione przez inne narządy, jak na przykład przy normalnym pocałunku, jak w praktykach perwersyjnych wyrafinowanej erotyki, jak w symptomatologii histerii? Przy tej nerwicy jest rzeczą zwykłą, że zjawiska podrażnienia, doznania i inerwacje, nawet procesy erekcji, których miejscem zwykłym są genitalia, zostają przesunięte na inne, dalsze okolice ciała (na przykład przy przeniesieniu w górę – na głowę i twarz). W ten sposób, przeświadczeni o tym, że nie posiadacie niczego, na czym moglibyście oprzeć charakterystykę seksualności, będziecie zmuszeni zdecydować się iść za moim przykładem i nazwę „seksualne" rozszerzyć również i na czynności wczesnego dzieciństwa, zmierzające do zdobycia rozkoszy narządowej.

Teraz zechciejcie na moje usprawiedliwienie zwrócić się ku dwóm dalszym rozważaniom. Jak wiecie, seksualnymi zwiemy wątpliwe i nieokreślone czynności najwcześniejszego dzieciństwa, dążące do osiągnięcia przyjemności, gdyż dochodzimy do nich drogą analizy objawów, zaczerpniętych z bezsprzecznie seksualnego materiału. Przyznaję, że tylko dlatego nie muszą one same być seksualne. Ale weźcie wypadek analogiczny. Wyobraźcie sobie, że nie mamy drogi dla obserwacji rozwoju dwóch roślin dwuliściennych, jabłoni i fasoli, z ich nasienia, lecz możemy w obu wypadkach obserwować ich rozwój wstecz, począwszy od całkowicie ukształtowanej rośliny aż do pierwszego zarodka z dwoma listkami zarodkowymi. Oba te listki zarodkowe wyglądają jednakowo w obu wypadkach. Czy przyjmę dlatego, że są w rzeczy samej jednakowe i że specyficzna różnica między jabłonią a fasolą występuje dopiero później, w okresie rośnięcia?

Czyż nie jest raczej pod względem biologicznym poprawniej przypuszczać, że różnica ta znajduje się już w zarodku, jakkolwiek nie dostrzegamy jej w listkach zarodkowych. Postępujemy tak, mianując seksualną przyjemność, której dostarczają niemowlęciu jego czynności. Czy każdą przyjemność narządów nazywać należy seksualną, czy też obok seksualnej istnieje jeszcze inna, niezasługująca na to określenie, o tym nie mogę tutaj rozprawiać. Wiem zbyt mało o rozkoszy narządów i jej warunkach i w ogóle przy kroczącym wstecz charakterze analizy nie powinienem się dziwić, jeśli znajdę się w końcu wobec czynników, obecnie jeszcze nie dających się określić.

Jeszcze jedno! Na ogół zyskacie bardzo niewiele dla poparcia twierdzenia o seksualnej czystości dziecka, nawet jeśli zdołacie mnie przekonać, że czynności niemowlęcia należy oceniać raczej jako nieseksualne. Już bowiem od trzeciego roku życia znikają te wszystkie wątpliwości co do życia seksualnego dziecka; w tym czasie zaczynają być wrażliwe genitalia, istnieje już może stały okres masturbacji dziecięcej, a więc zaspokojenie genitalne. Psychiczne i socjalne przejawy życia seksualnego nie mogą pozostać niepostrzeżone; wybór obiektu, tkliwe wyróżnianie pojedynczych osób, nawet decyzja co do jednej z płci i zazdrość zostały spostrzeżone przez bezstronną obserwację niezależnie i przed zjawieniem się psychoanalizy i mogą być stwierdzone przez każdego badacza, który zechce je widzieć. Zarzucicie mi, że nie wątpiliście we wczesne obudzenie się czułości, lecz tylko, że ta czułość posiada charakter „seksualny". Dzieci nauczyły się ukrywać go wprawdzie już między trzecim a ósmym rokiem życia, lecz jeśli będziecie uważni, możecie zebrać dość dowodów „zmysłowych" intencji tej czułości, a to, czego nie zauważycie, wykażą dociekania analityczne bez wysiłku i w dużym zakresie. Cele seksualne tego okresu życia stoją w ścisłym związku z równoczesnymi badaniami seksualnymi dzieci, których kilka przykładów podałem. Charakter perwersyjny niektórych celów jest naturalnie zależny od niedojrzałości ustrojowej dziecka, które nie odkryło jeszcze celu aktu spółkowania.

Mniej więcej od szóstego do ósmego roku życia dają się dostrzec zastój i cofnięcie się w rozwoju seksualnym, które w wypadkach kulturalnie najbardziej pomyślnych zasługują na nazwę okresu utajenia. Okres utajenia może też odpaść, nie musi on wywołać żadnej przerwy w czynnościach seksualnych i zainteresowaniu seksualnym. Większość przeżyć i dążeń przed wystąpieniem okresu utajenia ulega amnezji dziecięcej, wyżej wyjaśnionemu zapomnieniu, które spowija pierwszą młodość i czyni ją nam obcą. Każda psychoanaliza stawia sobie za zadanie przywrócić pamięci ów zapomniany okres życia; nie można obronić się przed przypuszczeniem, że zawarte w nim początki życia seksualnego stały się przyczyną tego zapomnienia, że nastąpiło ono na skutek stłumienia.

Życie seksualne dziecka, począwszy od trzeciego roku życia, wykazuje wiele zgodności z życiem człowieka dorosłego; różni się od tego ostatniego, jak już wiemy, brakiem stałej organizacji pod zwierzchnictwem genitaliów, obecnością nieuniknionych rysów perwersji i naturalnie także znacznie mniejszą intensywnością całego dążenia. Ale najbardziej dla teorii interesujące fazy rozwoju seksualnego lub, jak się wyrazimy, rozwoju *libido*, leżą poza tym momentem czasowym. Rozwój ten zawsze ma tak szybki przebieg, że bezpośredniej obserwacji nie uda się prawdopodobnie nigdy ująć tych lotnych obrazów. Dopiero za pomocą badania psychoanalitycznego nerwic stało się możliwe odgadnięcie leżących jeszcze bardziej wstecz faz rozwoju *libido*. Są to, naturalnie, tylko konstrukcje konieczne i pożyteczne. Jak się to dzieje, że patologia może nam zdradzić tutaj stosunki, które musimy przeoczyć w obiekcie normalnym, zrozumiecie niebawem.

Możemy teraz podać, jak się kształtuje życie seksualne dziecka przed ustanowieniem hegemonii genitaliów, która przygotowuje się w pierwszym okresie dziecięcym przed okresem utajenia i organizuje się na stałe, począwszy od okresu dojrzewania płciowego. W tym okresie wstępnym istnieje rodzaj luźnej organizacji, którą będziemy nazywali *przedgenitalną.* Na pierwszym planie w tej fazie nie stoją jednak genitalne popędy cząstkowe, lecz *sadystyczne i analne.* Przeciwieństwo *męski – żeński* nie odgrywa tu jeszcze żadnej roli; jego miejsce zajmuje przeciwieństwo *czynny – bierny,* które można nazwać poprzednikiem biegunowości seksualnej, z którą zlewa się później. To, co wydaje się nam męskie w czynnościach tej fazy, jeśli obserwujemy je z punktu widzenia fazy genitalnej, jest wyrazem popędu do owładnięcia, który łatwo przechodzi w okrucieństwo. Dążenia o celu biernym nawiązują do bardzo ważnej w tym czasie strefy erogenicznej, strefy otworu odbytowego. Popędy do oglądania i badania są silnie pobudzone; narząd płciowy bierze właściwie udział w życiu seksualnym tylko w swej roli narządu wydalania moczu. Cząstkowym popędom tej fazy nie brak obiektów, lecz obiekty te niekoniecznie zlewają się w jeden obiekt. Organizacja sadystyczno-analna jest następnym stopniem do fazy hegemonii genitaliów. Pogłębione badanie wykazuje, ile pozostaje z niej dla późniejszego ukształtowania ostatecznego i jakimi drogami jej popędy cząstkowe zmuszone są do podporządkowania się nowej organizacji genitalnej. Poza fazą sadystyczno-analną rozwoju *libido* spostrzegamy wcześniejszy, bardziej prymitywny stopień organizacji, w którym strefa erogeniczna ust gra główną rolę. Możecie się domyślić, że należy do niej czynność seksualna cmokania, i powinniście podziwiać mądrość starożytnych Egipcjan, których sztuka charakteryzuje dziecko, także i boskiego Horusa, za pomocą palca w ustach; Abraham opisał niedawno, jakie ślady pozostawia owa pierwotna faza oralna w życiu seksualnym lat późniejszych.

Proszę panów! Mogę przypuszczać, że to, co ostatnio powiedziałem o organizacjach seksualnych, zmęczyło was raczej, niż pouczyło. Być może, że zająłem się zbytnio szczegółami. Ale – cierpliwości! To, co usłyszeliście, stanie się dzięki późniejszym zastosowaniom bardziej cenne. Zachowajcie na razie wrażenie, że życie seksualne – jak powiadamy: funkcja *libido* – nie występuje jako coś gotowego, nie rośnie nadal podobne do samego siebie, ale przebiega szereg następujących po sobie, lecz niepodobnych do siebie faz, że jest więc wielokrotnie powtórzonym rozwojem niby rozwój motyla z gąsienicy. Punktem zwrotnym w rozwoju jest podporządkowanie się wszystkich cząstkowych popędów seksualnych hegemonii narządów płciowych, a więc poddanie się seksualności władzy funkcji rozrodczej. Przedtem występuje, że tak powiem, rozszczepione życie seksualne, samodzielna działalność poszczególnych popędów cząstkowych, dążących do osiągnięcia rozkoszy z narządów. Anarchia ta jest złagodzona przez zawiązki organizacji „przedgenitalnych", przede wszystkim fazą sadystyczno-analną, poza nią oralną, może najprymitywniejszą. Obok występują różne, jeszcze niedokładnie poznane procesy, które prowadzą od jednego stopnia organizacyjnego do dalszego i wyższego. Jakie znaczenie dla pojmowania nerwic posiada fakt, że *libido* odbywa tak długą i bogatą w etapy drogę rozwoju, o tym usłyszymy następnym razem.

Dzisiaj zajmiemy się jeszcze inną stroną tego rozwoju, a mianowicie stosunkiem cząstkowych popędów seksualnych do obiektu; raczej – rzucimy przelotnie okiem na ten rozwój, aby zatrzymać się dłużej przy jego dość późnym wyniku. A więc, niektóre składniki popędu seksualnego mają z góry swój obiekt i trzymają się go mocno, jak: popęd do owładnięcia (sadyzm), popęd do oglądania i popęd do wiedzy. Inne, wyraźniej związane z określonymi strefami erogenicznymi, mają go tylko na początku, dopóki opierają się jeszcze o funkcje nieseksualne, i porzucają go z chwilą, gdy się od nich uwalniają. Tak więc pierwszym obiektem oralnego komponentu popędu seksualnego jest pierś matki, która zaspakaja potrzebę pokarmu niemowlęcia. W akcie cmokania składnik erotyczny, zaspokojony podczas ssania, usamodzielnia się, porzuca obcy obiekt i zastępuje go częścią własnego ciała. Popęd oralny staje się *autoerotycznym*, który to charakter jest od początku właściwy popędom analnym i innym. Dalszy rozwój ma, aby wyrazić się jak najzwięźlej, dwa cele: po pierwsze – porzucić autoerotyzm, zmienić znowu obiekt własnego ciała na obcy i po drugie – zjednoczyć różne obiekty poszczególnych popędów, zastąpić je przez jeden jedyny obiekt. Może to naturalnie udać się tylko wtedy, gdy tym obiektem jest znowu całe, podobne własnemu, ciało. Nie może to się spełnić, dopóki pewna ilość autoerotycznych tendencji nie zostanie porzucona jako nie nadająca się do użytku.

Procesy znajdowania obiektu są dość zawikłane, nie zostały też jeszcze dotychczas przejrzyście i dokładnie przedstawione. Zaznaczymy – co jest ważne dla naszego zamiaru – że o ile proces ten w latach dziecięcych przed okresem utajenia został do pewnego stopnia zakończony, to znaleziony obiekt okazuje się prawie identyczny z pierwszym obiektem, zdobytym w związku z popędem oralnym. Jest to, jeśli nawet nie pierś matki, to w każdym razie matka. Nazywamy matkę pierwszym *przedmiotem miłości.* O miłości mówimy mianowicie wtedy, gdy wysuwamy na plan pierwszy stronę duchową dążeń seksualnych i odsuwamy lub też chcemy na chwilę zapomnieć o podstawowych, cielesnych lub „zmysłowych", wymogach popędu. W czasie, gdy matka staje się przedmiotem miłości, rozpoczęła się już u dziecka psychiczna praca stłumienia, która pozbawia je świadomości pewnej części jego celów seksualnych. Do wyboru matki jako przedmiotu miłości nawiązuje wszystko, co pod nazwą „kompleksu Edypa" stało się tak ważne w psychoanalitycznym wyjaśnieniu nerwic i co miało zapewne niemały udział w oporze przeciw psychoanalizie.

Posłuchajcie o pewnym zdarzeniu, które miało miejsce podczas obecnej wojny: jeden z dzielnych adeptów psychoanalizy znajduje się jako lekarz na froncie niemieckim – gdzieś w Polsce – i zwraca uwagę kolegów tym, że udaje mu się niekiedy osiągnąć nieoczekiwaną poprawę stanu jakiegoś chorego. Zapytany, przyznaje się, że w pracy swojej posługuje się psychoanalizą, i musi zgodzić się na zapoznanie kolegów ze swoją wiedzą. I oto co wieczór schodzą się lekarze korpusu, koledzy i przełożeni, aby słuchać tajemnych nauk analizy. Przez jakiś czas szło dobrze, lecz gdy wykładający opowiedział słuchaczom o kompleksie Edypa, wstaje jeden z przełożonych i powiada, iż on w to nie wierzy, że to nikczemność ze strony prelegenta opowiadać takie rzeczy dzielnym ludziom, którzy walczą za ojczyznę i są ojcami rodzin i że zabrania dalszego ciągu wykładów. Na tym się skończyło. Analityk poprosił o przeniesienie go na inny odcinek frontu. Myślę jednak, że jest źle, jeśli zwycięstwo niemieckie wymaga takiej „organizacji" nauki, ponieważ nauce niemieckiej nie przysłuży się taka organizacja.

Będziecie teraz ciekawi, co zawiera ten straszny „kompleks Edypa". Tłumaczy to sama nazwa. Znacie wszyscy greckie podanie o królu Edypie, któremu los przeznaczył zabić ojca i pojąć matkę za żonę, który czyni wszystko, aby uniknąć sprawdzenia się proroctwa, i wymierza sobie jako karę – oślepienie, dowiedziawszy się, że nieświadomie popełnił oba te przestępstwa. Mam nadzieje, że wielu spośród was przeżyło na sobie wstrząsające działanie tragedii, w której Sofokles przedstawia ten temat. Dzieło ateńskiego poety pokazuje, w jaki sposób dawno popełniony czyn Edypa zostaje odkryty stopniowo za pomocą kunsztownie odwlekczonego i przez wciąż nowe oznaki wywoływanego badania; pod tym względem posiada ono pewne podobieństwo do przebiegu psychoanalizy. W treści dialogu zdarza się, że zaślepiona matka-żona Jokasta sprzeciwia się przedłużaniu badania.

Powołuje się na to, że wielu ludzi śni, iż obcuje z matką, lecz sny można lekceważyć. Co do nas, to nie lekceważymy snów, najmniej zaś sny typowe, takie, które śnią się wielu ludziom, i nie wątpimy, że sen wspomniany przez Jokastę pozostaje w ścisłym związku z dziwną i przerażającą treścią podania.

Dziwne jest, że tragedii Sofoklesa nie odrzuca słuchacz z oburzeniem, co byłoby podobną, a znacznie bardziej usprawiedliwioną reakcją niż reakcja naszego prostego lekarza wojskowego. Jest to w gruncie rzeczy sztuka niemoralna, znosi bowiem moralną odpowiedzialność człowieka, pokazuje siły boskie jako sprawców przestępstwa i niemoc moralnych tendencji człowieka, broniącego się przed przestępstwem. Można by łatwo pomyśleć, że materiał tego podania ma na celu oskarżenie bogów i losu i w rękach krytycznego, zwaśnionego z bogami Eurypidesa stałby się takim oskarżeniem. Ale u wierzącego Sofoklesa nie ma mowy o takim zużytkowaniu tematu; pobożny wybieg, że pogodzenie się z wolą bogów, jeśli nawet nakazuje ona przestępstwo, jest najwyższą moralnością, ułatwia przezwyciężenie trudności. Nie uważam, aby ta moralność stanowiła siłę sztuki, ale jest ona obojętna dla jej działania. Słuchacz reaguje nie na nią, lecz na tajemniczy sens i treść podania. Reaguje tak, jak gdyby za pomocą autoanalizy poznał u siebie samego kompleks Edypa i zdemaskował zarówno wolę bogów, jak i wyrocznię, jako wyższe przedstawienie swojego własnego nieświadomego. Tak, jak gdyby musiał przypomnieć sobie pragnienie usunięcia ojca i pojęcia matki za żonę i się go przerazić. Pojmuje też głos poety tak, jak gdyby ten chciał mu powiedzieć: nadaremnie buntujesz się przeciw ponoszeniu odpowiedzialności i powołujesz na to, co uczyniłeś przeciw tym występnym zamiarom. Jesteś jednak mimo to winny, gdyż nie potrafiłeś ich zniszczyć; trwają one w tobie nieświadomie. I w tym właśnie tkwi prawda psychologiczna. Jeśli człowiek stłumił nawet swoje złe dążenia i chciałby sobie potem powiedzieć, że nie jest za nie odpowiedzialny, jednak jest zmuszony odczuć tę odpowiedzialność jako poczucie winy, oparte na nieznanej mu podstawie.

Nie ulega wątpliwości, że należy widzieć w kompleksie Edypa jedno z najważniejszych źródeł poczucia winy, które tak często męczy neurotyków. Ale więcej jeszcze; w pracy o początkach religii i moralności, którą ogłosiłem w roku 1913 pod tytułem *Totem i Tabu*, nasunęło mi się przypuszczenie, że może ludzkość, jako całość, zdobyła na początku swej historii na kompleksie Edypa swoje poczucie winy, najgłębsze źródło religii i moralności. Chętnie opowiedziałbym więcej na ten temat, ale lepiej zaniecham tego. Trudno jest przerwać wątek, gdy się go rozpoczęło, my zaś musimy powrócić do psychologii indywidualnej.

Co daje się więc rozpoznać z kompleksu Edypa przy bezpośredniej obserwacji dziecka w czasie wyboru obiektu przed okresem utajenia? Otóż z łatwością spostrzegamy, że mały człowieczek chce mieć matkę wyłącznie dla siebie, odczuwa obecność ojca jako przeszkodę, patrzy niechętnie na czułości ojca względem matki, wyraża zadowolenie, gdy ten wyjeżdża lub jest nieobecny. Daje często wyraz swoim uczuciom w słowach, przyrzeka matce, że się z nią ożeni. Można by przypuszczać, że jest to niewiele w porównaniu z czynami Edypa, ale w istocie to wystarcza, w zarodku jest to to samo. Spostrzeżenia te bywają często zaciemniane przez okoliczność, że to samo dziecko jednocześnie w innych okolicznościach okazuje ojcu wielką czułość; ale takie przeciwne – powiedzmy lepiej *ambiwalentne* – stany uczuciowe, które spowodowałyby u człowieka dorosłego konflikt wewnętrzny, potrafią zupełnie dobrze współistnieć w dziecku przez długi czas tak, jak później znajdują na stałe miejsce obok siebie w nieświadomym. Można też zarzucić, że zachowanie się małego chłopca wyrasta z motywów egoistycznych i nie uprawnia do przyjęcia kompleksu erotycznego. Matka dba o wszystkie potrzeby dziecka i dziecko jest zainteresowane tym, aby nie troszczyła się o nikogo innego. I to jest słuszne, ale zaraz stanie się jasne, że w tej i podobnych sytuacjach interes egoistyczny stanowi tylko podłoże, do którego nawiązuje dążenie erotyczne. Jeśli malec okazuje nieosłoniętą niczym ciekawość seksualną wobec matki, gdy chce spać z nią w nocy, gdy narzuca jej swoją obecność przy toalecie lub podejmuje próby uwiedzenia, co matka może stwierdzać tak często i o czym opowiada ze śmiechem, wtedy erotyczna natura przywiązania do matki nie ulega żadnej wątpliwości. Nie należy też zapominać, że matka rozwija tę samą pieczołowitość w stosunku do córeczki, nie osiągając tego samego skutku, i że ojciec często idzie z nią w zawody co do troszczenia się o chłopca, przy czym nie udaje mu się uzyskać tego samego znaczenia, jakie ma matka. Krótko mówiąc, moment wyróżnienia seksualnego nie daje się wyeliminować z tej sytuacji przez żadną krytykę. Z punktu widzenia egoistycznego interesu byłoby niemądre ze strony małego człowieczka, gdyby nie zechciał mieć raczej dwóch osób na swe usługi niż jedną.

Opisałem tylko, jak widzicie, stosunek chłopca do ojca i matki. Dla dziewczynki układa się on z koniecznymi odmianami zupełnie podobnie. Czułe przywiązanie do ojca, potrzeba usunięcia matki jako zbytecznej i zajęcia jej miejsca, kokieteria, operująca już niemal środkami późniejszej kobiecości, dają właśnie pełen wdzięku obraz dziewczynki, który pozwala nam zapomnieć o powadze i możliwych poważnych następstwach tej dziecięcej sytuacji. Nie zapomnijmy dodać, że często rodzice sami wywierają decydujący wpływ na obudzenie się kompleksu Edypa u dziecka, kierując się pociągiem erotycznym i, gdzie jest więcej dzieci, wyróżniając w swej czułości wyraźnie, ojciec córeczkę i matka syna. Ale natura spontaniczna dziecięcego kompleksu Edypa nie może zostać obalona nawet przez ten czynnik. Kompleks Edypa rozszerza się do kompleksu rodzinnego, gdy przybywają inne dzieci. Umotywowany jest ponownym poczuciem krzywdy osobistej, tak że nowe rodzeństwo przyjmowane bywa z niechęcią i bez skrupułu usuwane w pragnieniu. Tym uczuciom nienawiści dają dzieci z reguły nawet częściej wyraz słowny niż tym, które pochodzą z kompleksu rodziców. Gdy się takie życzenie spełnia i śmierć zabiera niepożądanego przybysza, można się dowiedzieć z późniejszej analizy, jak ważnym przeżyciem był dla dziecka ten wypadek, jakkolwiek nie musiał zostać utrwalony w pamięci. Dziecko usunięte na drugi plan przez narodziny siostry lub brata, niemal izolowane od matki przez pierwszy okres, tylko z trudnością wybacza jej to opuszczenie; uczucia, które określamy u ludzi dorosłych jako ciężkie rozgoryczenie, zjawiają się u dziecka i stanowią często podstawę długotrwałego poczucia obcości.

Wspomnieliśmy już, że badania seksualne z ich wszyskimi konsekwencjami nawiązują przeważnie do tego doświadczenia życiowego dziecka. Z podrastaniem rodzeństwa stosunek do niego ulega bardzo ważnym przemianom. Chłopiec może wziąć siostrę za obiekt miłości zamiast niewiernej matki; między kilkoma braćmi, którzy ubiegają się o młodszą siostrzyczkę, wytwarzają się w pokoju dziecinnym sytuacje wrogiej rywalizacji, tak ważne w późniejszym życiu. Dziewczynka znajduje w starszym bracie zastępcę ojca, który nie troszczy się już o nią tak czule, jak w latach wcześniejszych, lub też bierze młodszą siostrzyczkę w zastępstwie dziecka, którego życzyła sobie nadaremnie od ojca.

Podobne sytuacje ukazuje bezpośrednia obserwacja dzieci i właściwa ocena ich jasno zachowanych wspomnień z lat dziecięcych, na które analiza nie miała wpływu. Wyciągniecie stąd między innymi wniosek, że miejsce, jakie zajmuje dziecko w hierarchii rodzeństwa, jest czynnikiem bardzo ważnym dla ukształtowania się jego późniejszego życia i powinno być uwzględniane w każdym życiorysie. Ale, co ważniejsze, wobec tych łatwych do zdobycia wyjaśnień nie będziecie mogli pomyśleć bez uśmiechu o próbach wytłumaczenia zakazów kazirodczych przez naukę. Bo i czegóż tutaj nie wynajdywano! Pociąg płciowy ma być odwrócony od należących do odmiennej płci członków tej samej rodziny przez współżycie z nimi od dzieciństwa. Albo – tendencja biologiczna do unikania krzyżowania tej samej krwi ma znajdować swój wyraz psychiczny we wrodzonym wstręcie do kazirodztwa! Zapomina się przy tym zupełnie, że zbędny byłby ten nieubłagany zakaz prawny i moralny, gdyby istniały jakiekolwiek pewne naturalne szranki przeciw pokusie kazirodztwa. Prawda jest raczej odwrotna. Pierwszy wybór obiektu u ludzi bywa z reguły kazirodczy, u mężczyzny skierowany na matkę i siostrę, i trzeba najsurowszych zakazów, aby powstrzymać od urzeczywistnienia się tę nadal żywą skłonność dziecięcą. Wśród dziś jeszcze żyjących ludów pierwotnych, wśród dzikich szczepów te zakazy kazirodztwa są znacznie ostrzejsze niż u nas. Th. Reik pokazał niedawno w swej świetnej pracy, że obrzędy znamionujące dojrzałość męską u dzikich, a przedstawiające odrodzenie się, mają na celu zniesienie związania kazirodczego chłopców z matką i pojednanie ich z ojcem.

Mitologia poucza, że rzekomo tak wstrętne dla ludzi kazirodztwo zostaje bez wahania przypisane bogom, i możecie dowiedzieć się z historii starożytnej, że kazirodcze małżeństwo z siostrą było uświęconym przepisem dla osoby panującego (u starożytnych faraonów, u peruwiańskich Inków). Chodzi więc tu o przywilej odmawiany zwykłym śmiertelnikom.

Kazirodczy związek z matką jest jednym występkiem Edypa, zamordowanie ojca – drugim. Nawiasem powiedziawszy, są to dwa wielkie występki, które potępia pierwsza społeczno-religijna instytucja ludzka, totemizm. Zwróćmy się od bezpośredniej obserwacji dziecka do badania analitycznego dorosłego neurotyka. Co nam daje analiza dla dalszego zapoznania się z kompleksem Edypa? Otóż można krótko odpowiedzieć. Ukazuje go tak, jak opowiada podanie; pokazuje, że każdy neurotyk był sam Edypem lub, co wychodzi na jedno, jako reakcja na ten kompleks stał się Hamletem. Naturalnie, że przedstawienie analityczne kompleksu Edypa jest powiększeniem i przejaskrawieniem szkicu dziecięcego. Nienawiść do ojca, życzenie jego śmierci przestają być nieśmiało zaznaczone, czułość względem matki przyznaje się do celu posiadania jej jako kobiety. Czy możemy rzeczywiście przypisywać jaskrawe i skrajne tendencje uczuciowe tak delikatnemu wiekowi dziecięcemu lub może analiza wprowadza nas w błąd przez wprowadzenie nowego czynnika? Czynnik taki nietrudno jest znaleźć. Za każdym razem, gdy człowiek opowiada o przeszłości, nawet jeśli jest historykiem, musimy brać pod uwagę, co mimowoli przenosi w przeszłość z teraźniejszości lub okresu poprzedzającego tak, że fałszuje jej obraz. Jeśli chodzi o neurotyka, to nasuwa się nam nawet pytanie, czy to przesunięcie wstecz dzieje się zupełnie mimo woli; z motywami jego zapoznamy się później i w ogóle będziemy musieli należycie ocenić fakt „fantazjowania wstecz", sięgającego w daleką przeszłość. Odkrywamy też z łatwością, że nienawiść do ojca zostaje wzmocniona przez pewną liczbę czynników, które pochodzą z późniejszych czasów i stosunków, że życzenia seksualne względem matki przyjęły formy, które dziecku musiały być jeszcze obce. Daremne byłoby usiłowanie, gdybyśmy całość kompleksu Edypa chcieli wyjaśnić przez fantazjowanie wsteczne i odnieść ją do czasów późniejszych. Dziecięce jądro i niektóre okoliczności poboczne pozostają nietknięte, jak to potwierdza bezpośrednia obserwacja dziecka.

Fakt kliniczny, który ukazuje się nam spoza analitycznie stwierdzonej postaci kompleksu Edypa, ma wielkie znaczenie praktyczne. Dowiadujemy się, że w okresie pokwitania, kiedy popęd seksualny występuje po raz pierwszy z całą siłą, dawne obiekty rodzinne i kazirodcze zostają znów podjęte i na nowo opanowane przez *libido*. Dziecięcy wybór obiektu był tylko słabym, ale nadającym kierunek preludium do wyboru obiektu w okresie dojrzewania. Rozgrywają się tutaj bardzo intensywne procesy uczuciowe w kierunku kompleksu Edypa lub jako reakcja na niego, które jednak, ponieważ ich przesłanki stały się nie do zniesienia, muszą pozostać w większej części z dala od świadomości. Od tego czasu musi jednostka ludzka poświęcić się wielkiemu zadaniu uwolnienia się od rodziców, po którego rozwiązaniu może dopiero przestać być dzieckiem, aby stać się członkiem społeczeństwa. Dla syna zadanie to polega na tym, aby oderwać się od matki jako przedmiotu życzeń swego *libido* i zużyć owe pragnienia do wyboru realnego obcego przedmiotu miłości, dalej by pojednać się z ojcem, jeśli trwa nadal we wrogim do niego stosunku, lub też aby uwolnić się od jego ucisku, jeśli jako reakcja na dziecięcy bunt nastąpiło poddanie się. Zadania te ma przed sobą każdy; jest godne uwagi, jak rzadko udaje się je załatwić w sposób idealny, to znaczy poprawny zarówno pod względem psychologicznym, jak i społecznym. Neurotykom jednak nie udaje się w ogóle to rozwiązanie, syn pozostaje w ciągu całego życia pod uciskiem autorytetu ojca i nie ma możliwości przenieść swojego *libido* na obcy obiekt seksualny. To samo ze zmianą sytuacji może stać się udziałem córki. W tym sensie mamy prawo uważać kompleks Edypa za jądro nerwic.

Domyślacie się, panowie, jak pobieżnie przeanalizowałem wielką ilość ważnych zarówno praktycznie, jak i teoretycznie zagadnień, związanych z kompleksem Edypa. Nie zagłębiam się też w jego odmiany i możliwe odwrócenie. Co do jego bardziej odległych rozgałęzień chcę jeszcze tylko zaznaczyć, że okazały się w wysokiej mierze decydujące dla twórczości poetyckiej. Otto Rank dowiódł w swej pożytecznej książce, że dramaturgowie wszystkich czasów czerpali swój materiał przeważnie z kompleksu Edypa i kazirodztwa, ich odmian i tajników. Nie powinniśmy też zapominać o tym, że oba występne pragnienia kompleksu Edypa na długo przed psychoanalizą uznane zostały za właściwych przedstawicieli nieokiełznanego żywiołu popędów. Między pismami encyklopedysty Diderota znajdziecie słynny dialog *Le Neveu de Rameau*, który został przez Goethego opracowany po niemiecku. Tam możecie przeczytać osobliwe zdanie: *Si le petit sauvage était abandonné à lui-même, qu'il conserva toute son imbecillité et qu'il réunit au peu de raison de l'enfant au berceau la violence des passions de l'homme de trente ans, il tordrait le cou à son père et coucherait avec sa mère*[2].

Nie mogę jednak pominąć czegoś innego. Matka-żona Edypa nie na próżno przypomniała nam marzenie senne. Czy przypominacie sobie jeszcze rezultat naszych analiz marzeń sennych, według którego życzenia, tworzące sen, bywają często natury perwersyjnej, kazirodczej lub zdradzają nieoczekiwaną wrogość względem najbliższych i ukochanych członków rodziny? Pozostawiliśmy wtedy bez wyjaśnienia pytanie, skąd pochodzą te złe impulsy. Teraz możecie sobie sami odpowiedzieć. Są to wczesne dziecięce pozycje *libido* i osoby obiektów dawno porzucone w życiu świadomym, które ukazują się nocą jako jeszcze istniejące i w pewnym znaczeniu zdolne do działania. Ponieważ jednak wszyscy ludzie, nie tylko neurotycy, mają takie sny perwersyjne, kazirodcze i mordercze, możemy stąd wyciągnąć wniosek, że także ludzie dziś zdrowi odbyli drogę rozwoju poprzez perwersję i obsadzenia obiektów w zakresie kompleksu Edypa, że ta droga jest drogą normalnego rozwoju, że neurotycy pokazują nam tylko w postaci wzmocnionej i przejaskrawionej to, co analiza marzenia sennego odkrywa również u człowieka zdrowego. I to jest jednym z motywów, dla których badanie objawów nerwicowych poprzedziliśmy badaniem marzeń sennych.

---

[2] [Goethe wydał tekst w 1805 roku. Na język polski przełożył go Lepold Staff w roku 1910, nadając mu tytuł *Kuzynek mistrza Rameau* - przyp. red.]. *Gdyby mały dzikus był pozostawiony samemu sobie, gdyby zachował całe swoje głuptactwo i z okruchem rozsądku dziecka w kołysce łączył gwałtowność namiętności trzydziestoletniego mężczyzny, wówczas ukręciłby szyję swemu ojcu i spał ze swoją matką.*

WYKŁAD XXII

PERSPEKTYWY ROZWOJU I REGRESJI (ETIOLOGIA)

Panie i Panowie! Słyszeliście, że funkcja *libido* przechodzi długą drogę rozwoju, zanim może w sposób, zwany normalnym, wstąpić na usługi rozmnażania. Chciałbym teraz pokazać, jakie znaczenie posiada ten fakt dla powstawania nerwic.

Myślę, że jesteśmy w zgodzie z nauką patologii ogólnej, przyjmując, że taki rozwój przynosi ze sobą dwojakie niebezpieczeństwo: po pierwsze niebezpieczeństwo *zahamowania*, po drugie – *represji*. To znaczy, że przy ogólnej skłonności procesów biologicznych do odmian będzie się musiało zdarzać, że nie wszystkie fazy przygotowawcze przyjmą pomyślny przebieg i zostaną całkowicie przezwyciężone; części funkcji zostaną zatrzymane na stałe na tych wcześniejszych stopniach i cały obraz rozwoju zostanie w pewnej mierze zahamowany.

Poszukajmy w innych dziedzinach analogii do tych procesów. Gdy cały naród opuszczał swoje siedliska, aby szukać nowych, jak to się często zdarzało we wczesnych okresach historii ludzkiej, nie przybywał on na pewno w pełnej liczbie na nowe miejsce. Pominąwszy inne straty, musiało zdarzać się na ogół, że małe gromady lub grupy wędrowców zatrzymywały się i osiedlały po drodze, podczas gdy główna gromada ciągnęła dalej. Sięgnąwszy do bliższych nam porównań, wiecie, że u najwyższych ssaków męskie gruczoły płciowe, leżące pierwotnie w głębi jamy brzusznej, w pewnym okresie życia płodowego rozpoczynają wędrówkę, która prowadzi je niemal bezpośrednio pod skórę w okolicy wyjścia miednicy. W rezultacie tej wędrówki stwierdzamy u pewnej ilości męskich osobników, że jeden z tych parzystych narządów pozostał w jamie miednicy lub znalazł stałe miejsce w tak zwanym kanale pachwinowym, przez który oba przejść muszą w swej wędrówce, lub też że kanał ten, który normalnie po zmianie położenia gruczołów płciowych powinien się zrosnąć, pozostaje otwarty. Kiedy jako młody student wykonywałem pod kierownictwem v. Brückego swoją pierwszą pracę naukową, zajmowałem się pochodzeniem tylnych korzonków w rdzeniu pacierzowym małej, bardzo archaicznie ukształtowanej ryby. Zauważyłem, że włókna nerwowe tych korzonków pochodzą z dużych komórek szarej substancji tylnego rogu, czego nie znajdujemy już u innych kręgowców. Ale wkrótce potem odkryłem również, że takie same komórki nerwowe znajdują się poza szarą substancją na całej przestrzeni aż do tak zwanego zwoju grzbietowego tylnego korzonka, na podstawie czego doszedłem do wniosku, że komórki tych mas zwojowych przywędrowały z rdzenia pacierzowego do miejsca, w którym znajduje się korzeń nerwowy. To samo pokazuje embriologia; lecz u małej ryby można było odtworzyć dzięki pozostałym komórkom całą wędrówkę. Po głębszym zastanowieniu nie będzie wam trudno odnaleźć słabe strony tych porównań. Dlatego powiemy po prostu, że uważamy za możliwe dla każdego pojedynczego dążenia seksualnego, aby oddzielne jego składniki pozostały na wcześniejszych stopniach rozwoju, chociaż inne osiągnęły swój cel ostateczny. Rozumiecie przy tym, że przedstawiamy sobie każde takie dążenie jako prąd trwający od początku życia, który poniekąd rozkładamy sztucznie na oddzielnie następujące po sobie etapy. Wrażenie, że wyobrażenia te wymagają dalszego wyjaśnienia, jest słuszne, ale próba zaprowadziłaby nas za daleko. Pozwólcie nam jeszcze ustalić, iż takie pozostawanie dążenia cząstkowego na jednym z wcześniejszych stopni będziemy nazywali *fiksacją* (popędu).

Drugie niebezpieczeństwo takiego rozwoju w etapach polega na tym, że także i te składniki, które posunęły się naprzód, mogą łatwo ruchem wstecznym powrócić do jakiegoś wcześniejszego stopnia - zjawisko, które nazywamy *regresją*. Do takiej regresji może pewne dążenie zostać skłonione wtedy, gdy przy spełnieniu swej funkcji, a więc przy osiągnięciu zadowolenia w postaci późniejszej lub wyżej rozwiniętej, napotyka na silne przeszkody zewnętrzne. Nasuwa się myśl, że fiksacja i regresja nie są od siebie niezależne. Im silniejsze fiksacje znajdą się na drodze rozwoju, tym bardziej będzie funkcja wymijała trudności zewnętrzne za pomocą regresji do tych fiksacji, tym więc mniej oporna okaże się wobec przeszkód zewnętrznych w jej przebiegu. Uprzytomnijcie sobie, że jeśli naród, posuwając się naprzód, pozostawił silne oddziały na stacjach swojej wędrówki, to ci jego przedstawiciele, którzy posunęli się naprzód, będą skłonni cofnąć się do tych stacji wtedy, gdy zostaną pobici lub natkną się na zbyt silnego nieprzyjaciela. Staną oni jednak tym łatwiej w obliczu klęski, im więcej ich pozostanie w tyle podczas wędrówki.

Dla zrozumienia nerwic ważne jest, byście nie stracili z oczu tego związku pomiędzy fiksacją a regresją. Zdobywacie wtedy pewny punkt oparcia w sprawie przyczyn powstawania nerwic, czyli w sprawie ich etiologii, do której zaraz przystąpimy.

Na razie pozostańmy jeszcze przy regresji. Po tym, czego dowiedzieliście się o rozwoju funkcji *libido*, możecie oczekiwać regresji dwojakiego rodzaju: powrotu do pierwszych przez *libido* obsadzonych obiektów, które, jak wiadomo, są natury kazirodczej, i powrotu całkowitej organizacji seksualnej do wcześniejszych stopni rozwoju. Obie zdarzają się w nerwicach przeniesienia i odgrywają w ich mechanizmie wielką rolę. Zwłaszcza powrót do pierwszych kazirodczych obiektów *libido* jest cechą, którą odnajdujemy u neurotyków z nużącą wprost prawidłowością. Znacznie więcej daje się powiedzieć o regresjach *libido*, kiedy rozpatrujemy inną grupę nerwic, zwanych narcystycznymi, czego obecnie czynić nie zamierzamy. Te schorzenia dają wyjaśnienie innych, jeszcze dotychczas nie wymienionych procesów rozwojowych funkcji *libido* i pokazują w konsekwencji nowe rodzaje regresji. Myślę jednak, że muszę was teraz przede wszystkim ostrzec, abyście nie mieszali *regresji i stłumienia*, i muszę wam pomóc w wyjaśnieniu stosunków między obu procesami. Stłumienie jest to, jak sobie przypominacie, proces, za pomocą którego akt gotowy do uświadomienia go sobie, a więc należący do systemu przedświadomego, staje się nieświadomy, a więc zepchnięty do systemu nieświadomego. Nazywamy także stłumieniem proces, w którym nieświadomy akt psychiczny w ogóle nie zostaje dopuszczony do następnego systemu przedświadomego, lecz zostaje na progu odparty przez cenzurę. Pojęcie stłumienia nie zawiera więc żadnego stosunku do seksualności; proszę to sobie dobrze zapamiętać. Oznacza ono proces czysto psychologiczny, który możemy jeszcze lepiej scharakteryzować, nazywając go *topicznyn.* Chcemy przez to powiedzieć, że ma on do czynienia z przyjętymi przez nas obszarami psychicznymi lub, jeśli porzucimy to prymitywne wyobrażenie pomocnicze, z budową aparatu duchowego, złożonego z oddzielnych systemów psychicznych.

To porównanie zwraca dopiero naszą uwagę, że wyrazu „regresja" używaliśmy dotychczas nie w jego ogólnym, lecz w zupełnie specjalnym znaczeniu. Jeśli nadacie mu jego ogólny sens powrotu od wyższego stopnia rozwoju do niższego, wtedy i stłumienie podporządkuje się regresji, gdyż i ono może oznaczać powrót do wcześniejszego i niższego stopnia w rozwoju aktu psychicznego. Tylko że przy stłumieniu nie chodzi nam o ten wsteczny kierunek, gdyż o stłumieniu w sensie dynamicznym mówimy także i wtedy, gdy jakiś akt psychiczny został zatrzymany na niższym stopniu nieświadomego. Stłumienie jest mianowicie pojęciem topiczno-dynamicznym, regresja – czysto opisowym. Ale przez to, co dotychczas nazywaliśmy regresją i co powiązaliśmy z fiksacją, rozumieliśmy wyłącznie powrót *libido* do wcześniejszych stadiów rozwoju, a więc coś, co w istocie jest czymś zupełnie odrębnym i zupełnie niezależnym od stłumienia. Nie możemy też nazwać regresji *libido* procesem czysto psychicznym i nie wiemy, jakie miejsce mamy jej wskazać w aparacie duchowym. Jeśli wywiera ona nawet bardzo silny wpływ na życie psychiczne, to jednak przeważa w niej czynnik organiczny.

Tego rodzaju wyjaśnienia, proszę panów, muszą wypaść nieco sucho. Zwróćmy się do kliniki, aby znaleźć dla nich właściwe zastosowanie. Wiecie, że histeria i nerwica natręctwa są głównymi przedstawicielkami grupy nerwic przeniesienia. W histerii istnieje wprawdzie – i to jako zasada – regresja *libido* do pierwotnych, kazirodczych obiektów seksualnych, ale dzieje to się tak, jak gdyby nie było żadnej regresji do jakiegoś wcześniejszego stopnia organizacji seksualnej. Natomiast główna rola w mechanizmie histerii przypada stłumieniu. Jeśli mogę sobie pozwolić na uzupełnienie za pomocą naszej dotychczasowej konstrukcji, mocno ugruntowanej wiedzy o nerwicach, to mógłbym opisać stan rzeczy w sposób następujący: zjednoczenie popędów cząstkowych pod hegemonią narządów seksualnych zostało dokonane, ale ich rezultaty napotykają na opór ze strony związanego ze świadomością systemu przedświadomego. Organizacja genitalna jest uznana przez nieświadome, lecz nie przez przedświadome, i to odrzucenie ze strony przedświadomego tworzy obraz, który zawiera pewne podobieństwo do stanu, jaki istniał przed hegemonią genitaliów. Jest to jednak coś zupełnie innego. Z obu regresji *libido* regresja do wcześniejszej fazy organizacji seksualnej znacznie bardziej bije w oczy. Ponieważ nie występuje w histerii, a całe nasze ujęcie nerwic pozostaje jeszcze pod wpływem badania tej właśnie nerwicy, które było najwcześniejsze, dlatego też znaczenie regresji *libido* wyjaśniło nam się znacznie później, niż znaczenie stłumienia. Bądźmy przygotowani na to, że nasze punkty widzenia zostaną jeszcze inaczej rozszerzone i przewartościowane, kiedy oprócz histerii i nerwicy natręctwa będziemy mogli włączyć do naszych rozważań także nerwice narcystyczne.

W nerwicy natręctwa przeciwnie, regresja *libido* do stopnia wstępnego organizacji sadystyczno-analnej jest faktem najbardziej uderzającym i najbardziej miarodajnym dla kształtowania się objawów. Impuls miłosny musi wtedy maskować się jako impuls sadystyczny. Wyobrażenie natrętne: chciałbym cię zamordować, znaczy w gruncie rzeczy, jeśli się je uwolniło od pewnych, jednak nie przypadkowych, lecz niezbędnych dodatków, nic innego jak: chciałbym cię posiadać w miłości. Dodajcie do tego, że jednocześnie miała miejsce regresja obiektu, tak że te impulsy dotyczą tylko najbliższych i najukochańszych osób, a będziecie mogli wyobrazić sobie przerażenie, jakie budzą w chorym te wyobrażenia przymusowe i jednocześnie obcość, z jaką występują dla jego świadomego postrzeżenia. Ale i stłumienie posiada w mechanizmie tych nerwic wielki udział, który nie jest w każdym razie łatwy do rozpatrzenia w naszym pobieżnym wstępie. Regresja *libido* bez stłumienia nie wywołałaby nigdy nerwicy, lecz przeszłaby w perwersję. Widzicie stąd, że stłumienie - to proces, który jest najbardziej właściwy nerwicy i który ją charakteryzuje. Może będę miał także kiedyś sposobność przedstawić wam to, co wiemy o mechanizmie perwersji, a wtedy zobaczycie, że i tu nic nie odbywa się tak prosto, jakbyśmy to pragnęli skonstruować.

Moi panowie! Myślę, że pogodzicie się jak najprędzej ze świeżo usłyszanymi wywodami o fiksacji i regresji *libido*, jeśli uznacie je za przygotowanie do badania etiologii nerwic. Powiedziałem o tym dotychczas tylko jedno, mianowicie to, że ludzie popadają w nerwicę, kiedy im się odbiera możliwość zaspokojenia swego *libido*, a więc, jak się wyraziłem, na skutek „odmowy", i że jej objawy występują właśnie w zastępstwie nieosiągniętego zaspokojenia. Naturalnie, nie znaczy to, iż każda odmowa zaspokojenia *libido* czyni z każdego, kogo spotka, neurotyka, lecz to tylko, że we wszystkich zbadanych przypadkach nerwicy moment odmowy dawał się wykazać. Zdanie to nie jest więc odwracalne. Zrozumieliście też zapewne, że twierdzenie nie miało odkryć całej tajemnicy etiologii nerwic, lecz podkreśliło tylko jeden ważny i niezbędny warunek.

Nie wiadomo teraz, czy dla dalszej dyskusji nad tym zdaniem należy trzymać się istoty odmowy, czy też swoistości osoby nią dotkniętej. Odmowa jest przecież nader rzadko wszechstronna i zupełna; aby działać chorobotwórczo, musi ona dotyczyć tego rodzaju zaspokojenia, którego jedynie pragnie dana osoba, do którego jedynie jest zdolna. Na ogół istnieje bardzo dużo dróg dla zniesienia braku zaspokojenia *libido* bez popadania w chorobę. Przede wszystkim znamy ludzi, którzy potrafią znieść taki brak bez szkody; nie są wtedy szczęśliwi, dręczą się tęsknotą, ale nie chorują. Prócz tego musimy wziąć pod uwagę, że właśnie dążenia seksualne są, jeśli mogę się tak wyrazić, nadzwyczaj *plastyczne*. Jedno może zastąpić drugie, może przejąć intensywność drugiego; wtedy, gdy rzeczywistość odmawia zaspokojenia jednego, zaspokojenie drugiego może ofiarować zupełne odszkodowanie. Zachowują się w stosunku do siebie, jak sieć komunikujących się, napełnionych płynem kanałów i to mimo poddania się hegemonii genitaliów, co nie daje się tak łatwo połączyć w jednym wyobrażeniu. Popędy cząstkowe, zarówno jak i składający się z nich popęd seksualny, wykazują dalej wielką łatwość zmiany obiektu, zamieniają go na inny, a więc także i na łatwiej dostępny; ta przesuwalność i gotowość przyjmowania surogatów muszą silnie przeciwdziałać chorobotwórczemu działaniu odmowy. Wśród tych procesów, chroniących przed zachorowaniem na skutek braku zadowolenia, zyskał jeden zwłaszcza specjalne znaczenie kulturalne. Polega on na tym, że dążenie seksualne porzuca swój cel, skierowany ku rozkoszy cząstkowej lub ku rozkoszy płodzenia, i przyjmuje inny, który jest genetycznie związany z porzuconym, ale sam nie może już być nazwany seksualnym, lecz społecznym. Proces ten zwiemy „uwzniośleniem" (sublimacją), przy czym poddajemy się ogólnie przyjętemu wartościowaniu, które stawia wyżej cele społeczne niż seksualne, w gruncie rzeczy samolubne. Uwznioślenie jest zresztą tylko wypadkiem specjalnym oparcia się dążeń seksualnych o inne, nieseksualne. Będziemy musieli mówić o nim raz jeszcze w innym związku.

Odniesiecie wrażenie, że brak zadowolenia utracił znaczenie wobec wszystkich tych środków, pomagających go znosić. Tak jednak nie jest, zachowuje on moc chorobotwórczą. Środki obronne są na ogół niewystarczające. Ilość niezaspokojonego *libido*, które ludzie przeciętnie są w stanie znosić, jest ograniczona. Plastyczność lub swobodna ruchliwość *libido* nie jest w żadnym razie u wszystkich zachowana w całej pełni, zaś uwznioślenie może zaspokoić tylko pewien fragment *libido*, pominąwszy tę okoliczność, że zdolność do uwznioślania posiada wielu ludzi w nieznacznych jedynie rozmiarach. Najważniejsze spośród tych ograniczeń jest widocznie to, które dotyczy ruchliwości *libido*, gdyż uzależnia ono zaspokojenie jednostki od osiągnięcia bardzo małej ilości celów i obiektów. Przypomnijcie sobie, że niezupełny rozwój *libido* pozostawia bardzo rozległe, ewentualnie nawet wielokrotne związania *libido* z wczesnymi fazami jego organizacji i wyboru obiektu, które przeważnie nie są zdolne do konkretnego zaspokojenia, a wtedy ujrzycie w związaniu *libido* drugi potężny czynnik, który łącznie z odmową powoduje chorobę. W schematycznym skrócie możecie powiedzieć, że fiksacja *libido* reprezentuje czynnik usposabiający wewnętrzny, zaś odmowa – wypadkowy, zewnętrzny czynnik etiologii nerwic.

Korzystam tu ze sposobności, aby was ostrzec przed wzięciem udziału w zupełnie zbytecznym sporze. W pracy naukowej jest rzeczą często praktykowaną, że jakąś część prawdy przyjmuje się zamiast całości i zwalcza na jej korzyść resztę, która jest nie mniej prawdziwa. Tą drogą odszczepiła się już od ruchu psychoanalitycznego pewna ilość kierunków, z których jeden uznaje tylko popędy egoistyczne, zaprzecza zaś seksualnym, drugi ocenia tylko wpływ realnych zadań życiowych, lekceważy jednak wpływ przeszłości osobniczej, i tym podobne. Otóż właśnie w tej chwili nadarza się sposobność do podobnego przeciwstawienia i kwestia sporna, czy nerwice są chorobami pochodzącymi z zewnątrz czy z wewnątrz, czy są nieuniknionym skutkiem pewnego rodzaju ustroju (konstytucji), czy też wytworem pewnych szkodliwych (urazowych) wpływów życiowych, w szczególności: czy są wywoływane przez związanie *libido* (i w ogóle konstytucję seksualną), czy też przez presję odmowy? Ten dylemat nie wydaje mi się na ogół mądrzejszy niż inny, który mógłbym wam przedłożyć; czy dziecko powstaje przez zapłodnienie ze strony ojca, czy przez poczęcie ze strony matki? Oba warunki są jednakowo niezbędne - odpowiecie zupełnie słusznie. Jeśli chodzi o przyczyny powstawania nerwic, stosunek jest, jeśli niezupełnie ten sam, to jednak bardzo podobny. Przy rozpatrywaniu przyczynowości grupujemy wypadki schorzeń nerwicowych w jeden szereg, w obrębie którego oba momenty - konstytucja seksualna i przeżycie lub jeśli chcecie związanie *libido* i odmowa - są tak reprezentowane, że jedno wzrasta, gdy drugie się zmniejsza. Na jednym końcu tego łańcucha stoją wypadki skrajne, o których możecie z całym przekonaniem powiedzieć: ci ludzie zachorowaliby w każdym razie bez względu na to, co by przeżyli i jak dalece oszczędziłoby ich życie, a to ze względu na ich osobliwy rozwój *libido*. Na drugim końcu stoją te przypadki, które musicie oceniać odwrotnie, chorzy ci uniknęliby na pewno choroby, gdyby życie nie postawiło ich w takie lub inne położenie. W wypadkach pośrednich spotyka się większy lub mniejszy udział usposabiającej konstytucji seksualnej przy mniejszym lub większym udziale szkodliwych wymogów życiowych. Ich konstytucja seksualna nie wywołałaby nerwicy, gdyby nie mieli takich właśnie przeżyć, zaś te przeżycia nie działałyby na nich urazowo, gdyby ich układ *libido* był inny. W łańcuchu tym mogę przyznać pewną przewagę czynnikom dysponującym, ale i ta koncesja zależy od tego, jak daleko chcecie zakreślić granice nerwowości.

Proszę panów! Proponuję oznaczyć tego rodzaju szeregi mianem *szeregów uzupełniających* i uprzedzam, że znajdziemy sposobność do ustanowienia jeszcze innych takich szeregów.

Uporczywość, z jaką *libido* trzyma się pewnych kierunków i obiektów, ta, że się tak wyrażę, jego *lepkość* ukazuje się nam jako czynnik samodzielny, indywidualnie zmienny, którego podstawy są zupełnie nieznane, ale którego znaczenia dla etiologii nerwic nie będziemy odtąd niedoceniali. Nie powinniśmy jednak przeceniać ścisłości tego stosunku. Ta sama „lepkość" *libido* - z nieznanych powodów - zdarza się mianowicie pod wieloma warunkami u człowieka zdrowego i występuje jako czynnik decydujący u osób, które są w pewnym sensie przeciwieństwem neurotyków, u osobników perwersyjnych. Jeszcze przed okresem psychoanalizy było wiadome (Binet), że w anamnezie osobników perwersyjnych odkrywa się często bardzo wczesne wrażenie z dziedziny anormalnego kierunku popędu lub wyboru obiektu, którego właśnie trzyma się *libido* tych osobników przez całe życie. Często nie można powiedzieć, dlaczego to wrażenie wywołuje tak intensywny pociąg *libido*. Chcę opowiedzieć o przypadku tego rodzaju z mojej własnej obserwacji. Mężczyzna, dla którego dzisiaj narządy płciowe i inne powaby kobiece nie mają żadnego znaczenia, którego tylko w specjalny sposób obuta noga może wprawić w nieodparte podniecenie seksualne, przypomina sobie przeżycie z szóstego roku życia, które stało się miarodajne dla fiksacji jego *libido*. Siedział na stołeczku obok swej guwernantki, u której miał brać lekcje angielskiego. Guwernantka, stara, sucha, nieładna dziewczyna o wodnistych niebieskich oczach i zadartym nosie, miała tego dnia chorą nogę, którą, obutą w zamszowy pantofel, wyciągnęła na poduszce; noga jej była przy tym jak najszczelniej osłonięta. Taka chuda, żylasta stopa, jaką widział wtedy u guwernantki, stała się po nieśmiałej próbie normalnej czynności seksualnej w okresie dojrzewania płciowego jedynym obiektem seksualnym. Mężczyzna ten czuł się porwany bez pamięci, jeśli do tej stopy przyłączały się inne rysy, przypominające typ jego angielskiej guwernantki. Z powodu tego związania *libido* stał się ten człowiek nie neurotykiem, lecz osobnikiem perwersyjnym - jak to nazywamy - fetyszystą stopy. Widzicie zatem, że chociaż nadmierne, a przy tym jeszcze przedwczesne związanie *libido* jest niezbędne dla wywołania nerwicy, zakres jego działania wychodzi daleko poza dziedzinę nerwic. I ten warunek sam przez się jest równie mało decydujący jak poprzednio rozważana odmowa.

Problem powstawania nerwic zdaje się więc komplikować. W samej rzeczy badanie psychoanalityczne zaznajamia nas z nowym czynnikiem, który nie został uwzględniony w naszym szeregu ekologicznym i który poznaje się najlepiej w wypadkach, kiedy dotychczasowe dobre samopoczucie zostaje nagle zakłócone przez schorzenie nerwicowe. U osobników tych znajduje się z reguły oznaki walki pomiędzy sprzecznymi pragnieniami lub, jak zwykliśmy mówić, *konfliktu* psychicznego. Pewna część osobowości wyrazi pewne życzenia, inna występuje przeciw nim i odpiera je. Nie ma nerwicy bez takiego konfliktu i nie wydawałoby się to niczym osobliwym. Wiecie, że w naszym życiu psychicznym kłębią się nieustannie konflikty, które musimy rozstrzygać. Muszą więc być spełniane specjalne warunki, aby taki konflikt stał się chorobotwórczy. Możemy zapytać, jakie są te warunki, pomiędzy jakimi mocami psychicznymi rozgrywają się chorobotwórcze konflikty, jaki stosunek zachodzi pomiędzy konfliktem a innymi momentami przyczynowymi.

Mam nadzieję, że będę mógł dać na te pytania wystarczającą odpowiedź, jakkolwiek schematycznie skróconą. Konflikt zostaje wywołany przez odmowę, gdy pozbawione zaspokojenia *libido* skazane jest na szukanie sobie innych obiektów i dróg. Warunkiem jego jest to, że owe inne drogi i obiekty wywołują niezadowolenie jednej części osobowości, czego rezultatem jest *veto*, które przede wszystkim uniemożliwia nowy sposób zaspokojenia. Stąd prowadzi dalej droga do powstawania objawów, którą później będziemy śledzili. Nieprzyjęte dążenia *libido* potrafią jednak przedostać się pewnymi okrężnymi drogami, w każdym razie nie bez uwzględnienia opozycji w postaci pewnych zniekształceń. Drogi okrężne są to drogi tworzenia się objawów; objawy są nowym lub zastępczym zaspokojeniem, które stało się konieczne na skutek zaistnienia odmowy.

Można także uwzględnić znaczenie konfliktu psychicznego w inny sposób, mówiąc, że do odmowy *zewnętrznej*, jeśli ma działać chorobotwórczo, musi przyłączyć się odmowa *wewnętrzna*. Odmowa zewnętrzna i wewnętrzna odnoszą się wtedy naturalnie do różnych dróg i obiektów. Odmowa zewnętrzna odbiera jedną możliwość zaspokojenia, odmowa wewnętrzna chciałaby wykluczyć inną, o którą wtedy wybucha konflikt. Daję pierwszeństwo temu rodzajowi przedstawienia, ponieważ zawiera on ukrytą treść. Wskazuje on mianowicie na prawdopodobieństwo, że zahamowania wewnętrzne powstały w prastarych okresach rozwoju ludzkości z konkretnych przeszkód zewnętrznych.

Jakie są jednak moce, od których wychodzi opozycja przeciw dążeniu *libido*, czyli druga strona w konflikcie chorobotwórczym? Są to, mówiąc ogólnie, popędy nieseksualne. Łączymy je pod nazwą „popędów jaźni"; psychoanaliza nerwic przeniesienia nie daje odpowiedniego dostępu do ich dalszego rozbioru, najwyżej poznajemy je cokolwiek poprzez opory przeciwstawiające się analizie. Konflikt chorobotwórczy jest więc konfliktem pomiędzy popędami jaźni a popędami seksualnymi. W całym szeregu wypadków istnieje wrażenie, jak gdyby mógł też istnieć konflikt między różnymi popędami czysto seksualnymi; ale w gruncie rzeczy jest to to samo, gdyż z dwóch, znajdujących się w konflikcie, dążeń seksualnych, jedno działa zgodnie z jaźnią, drugie zaś wywołuje opór jaźni. Pozostajemy więc przy konflikcie między jaźnią a seksualnością.

Panowie! Często, bardzo często, kiedy psychoanaliza zajmowała się pewnymi zjawiskami psychicznymi jako wytworem popędów seksualnych, zarzucano jej z gniewnym oporem, że człowiek nie składa się tylko z seksualności, że w życiu duchowym istnieją oprócz seksualnych jeszcze inne popędy i zainteresowania, że nie należy „wszystkiego" wyprowadzać z seksualności itp. Otóż jest to bardzo pocieszające, jeśli można raz jeden być w zgodzie ze swoimi przeciwnikami. Psychoanaliza nie zapominała nigdy o tym, że istnieją także i popędy nieseksualne. Została ona zbudowana na ostrym rozgraniczeniu popędów seksualnych i popędów jaźni i zapewnia wobec każdej opozycji, że nerwice nie pochodzą z seksualności, lecz zawdzięczają swoje pochodzenie konfliktowi między jaźnią a seksualnością. Nie ma też ona żadnego słusznego motywu, aby zaprzeczać istnieniu lub znaczeniu popędów jaźni wtedy, gdy śledzi rolę popędów seksualnych w chorobie i w życiu. Przypadło jej tylko w udziale zajęcie się w pierwszej linii popędami seksualnymi, gdyż przez nerwice przeniesienia stały się one najbardziej dostępne dla jej zrozumienia, do niej zaś należało zbadanie tego, co zaniedbali inni.

Nie jest też zgodne z prawdą twierdzenie, jakoby psychoanaliza nie troszczyła się o nieseksualną część osobowości. Właśnie rozdzielenie jaźni od seksualności dało nam szczególnie jasno poznać, że i popędy jaźni podlegają dłuższemu rozwojowi, który ani nie jest zupełnie niezależny od *libido*, ani też nie pozostaje z kolei bez wpływu na niego. Rozwój jaźni znamy wprawdzie znacznie gorzej niż rozwój *libido*, ponieważ dopiero badanie nerwic narcystycznych obiecuje wgląd w budowę jaźni. Jednak mamy już godną uwagi próbę Ferencziego teoretycznego skonstruowania stopni rozwoju jaźni i co najmniej w dwóch miejscach zyskaliśmy silne punkty oparcia dla właściwej oceny tego rozwoju. Nie sądzimy przecież, że wymogi *libido* osobnika od samego początku przeciwstawiają się jego wymogom samozachowawczym; jaźń będzie raczej dążyła na każdym stopniu do pozostania w harmonii ze swoją równoczesną organizacją seksualną i do podporządkowania jej sobie. Następowanie po sobie pojedynczych faz w rozwoju *libido* odbywa się prawdopodobnie według przepisanego programu. Nie można jednak odrzucić przypuszczenia, że przecież ten proces może ulec wpływowi ze strony jaźni, równocześnie zaś należałoby też przewidzieć pewien paralelizm, pewną odpowiedniość faz rozwojowych jaźni i *libido*; w ten sposób uszkodzenie tej odpowiedniości mogłoby stać się czynnikiem chorobotwórczym. Ważne jest dla nas zagadnienie, jak zachowuje się jaźń, gdy jej *libido* pozostawia silną fiksację w jednym miejsca swojego rozwoju. Może ona dopuścić fiksację i staje się następnie w odpowiedniej mierze perwersyjna lub, co znaczy to samo, infantylna. Może się jednak zachować także negatywnie względem tego przytwierdzenia *libido* i wtedy jaźń zawiera w sobie stłumienie tam, gdzie *libido* doznało fiksacji.

Tą drogą dochodzimy do poznania, że trzeci czynnik etiologii nerwic, *skłonność do konfliktu,* zależy zarówno od rozwoju jaźni, jak i od rozwoju *libido*. Nasz pogląd odnośnie przyczyn powstawania nerwic został więc uzupełniony. Najpierw jako warunek najogólniejszy – odmowa, następnie związanie *libido*, które pcha je w określonych kierunkach, a potem skłonność do konfliktu, wynikająca z rozwoju jaźni, która odrzuciła dążenia *libido*. Stan rzeczy nie jest więc tak bardzo zawikłany i nieprzejrzysty, jak wam się prawdopodobnie podczas moich wywodów wydawało. Co prawda okaże się, że to jeszcze nie wszystko. Musimy dodać coś nowego i jedną z rzeczy znanych rozłożyć na prostsze składniki.

Aby zademonstrować wpływ rozwoju jaźni na tworzenie się konfliktu, a więc i na powstawanie nerwic, pragnąłbym przytoczyć przykład, który jest co prawda zmyślony, ale nie oddala się w niczym od prawdopodobieństwa. Zapożyczając tytuł krotochwili Nestroya, opatrzymy ją nazwą *Na parterze i na pierwszym piętrze*. Na parterze mieszka dozorca, na pierwszym piętrze właściciel domu, bogaty i wytworny pan. Obaj mają dzieci. Przyjmijmy, że córeczce pana domu pozwolono bawić się bez nadzoru z dzieckiem proletariusza. Może się wtedy bardzo łatwo zdarzyć, że zabawy dzieci przyjmą nieprzyzwoity, to znaczy seksualny charakter, że bawią się one „w ojca i matkę", oglądają się nawzajem przy intymnych czynnościach i drażnią swoje genitalia. Dziewczynka dozorcy, która mimo swych pięciu czy sześciu lat mogła zauważyć coś z życia płciowego dorosłych, może przy tym przejąć rolę uwodzicielki. Przeżycia te wystarczą, nawet gdyby trwały przez czas krótki, aby wywołać u obojga dzieci dążenia seksualne, które po przerwaniu wspólnych zabaw będą się ujawniały w przeciągu kilku lat jako masturbacja. Tyle jest pomiędzy nimi wspólnego, skutek końcowy będzie u obojga dzieci bardzo odmienny. Córka dozorcy będzie uprawiała nadal masturbację, po kilku latach weźmie sobie kochanka, może będzie miała dziecko, pójdzie tą lub inną drogą życiową, która zaprowadzi ją, być może, na stanowisko popularnej artystki, kończącej swoją karierę jako arystokratka. Prawdopodobnie spotka ją los mniej świetny, ale w każdym razie wypełni swoje życie wolna od nerwicy, nie doznawszy żadnego uszkodzenia przez swoje przedwczesne wyczyny seksualne. Inaczej - córeczka właściciela domu. Pojmie wcześnie i jeszcze jako dziecko, że czyniła coś niewłaściwego, po krótkim czasie albo może dopiero po twardej walce wyrzeknie się zaspokojenia przez masturbację i mimo to zachowa w istocie swojej coś stłumionego. Gdy podczas lat dziewczęcych nadarzy się jej sposobność dowiedzenia się czegoś o stosunkach płciowych, odwróci się od niej z niezrozumiałą odrazą i zechce pozostać nieświadoma. Prawdopodobnie ulegnie teraz na nowo niepokonanemu pragnieniu masturbacji, na które nie odważy się poskarżyć. W latach, gdy powinna spodobać się mężczyźnie już jako kobieta, wybuchnie u niej nerwica, która przeszkodzi w zawarciu małżeństwa i podetnie jej nadzieje życiowe. Jeśli analizie uda się wejrzeć w tę nerwicę, okaże się, że dobrze wychowana, inteligentna dziewczyna o wysokich aspiracjach stłumiła całkowicie swoje dążenia seksualne, lecz że te jednak, nieświadome, trzymają się marnych przeżyć z przyjaciółką lat dziecinnych.

Różnica obu losów mimo jednakowego przeżycia wynika stąd, że jaźń jednej dziewczyny przebyła rozwój, który nie nastąpił u drugiej. Córce dozorcy wydała się później czynność seksualna tak samo naturalna i nie podlegająca zastrzeżeniom jak w dzieciństwie. Córka właściciela domu podlegała wpływowi wychowania i przyjęła jego wymagania. Jej jaźń wytworzyła z otrzymanych podniet ideały kobiecej czystości i wstrzemięźliwości, z którymi nie zgadzają się czynności seksualne; jej wykształcenie intelektualne obniżyło zainteresowanie się rolą kobiecą, do której jest przeznaczona. Przez ten wyższy moralny i intelektualny rozwój swego ja popadła w konflikt z wymaganiami swojej seksualności.

Chciałbym zatrzymać się dziś jeszcze przy drugim punkcie rozwoju jaźni, zarówno z powodu pewnych daleko sięgających widoków, jak i dlatego, że właśnie to, co nastąpi, nadaje się do usprawiedliwienia tego tak nam drogiego, ostrego i niezrozumiałego samo przez się rozdzielenia popędów jaźni od popędów seksualnych. W ocenie obu rozwojów, zarówno jaźni jak i *libido*, musimy wysunąć punkt widzenia, dotychczas rzadko jeszcze uznawany. Oba procesy są w gruncie rzeczy dziedzictwem, skróconym powtórzeniem rozwoju, który przebyła cała ludzkość od czasów najwcześniejszych poprzez długie okresy [dziejów]. Myślę, że rozwojowi *libido* da się bez trudu przyznać owo pochodzenie *filogenetyczne* (szczepowe). Pomyślcie tylko, że w jednej klasie zwierząt narząd płciowy znajduje się w najściślejszym związku z ustami, że w drugiej nie daje się oddzielić od aparatu wydalającego, że w jeszcze innych jest związany z narządami ruchu – zjawiska, których ciekawe opisy znajdziecie w cennej książce W. Bölschego. U zwierząt widzi się, rzec można, wszystkie rodzaje perwersji stężałe w organizację seksualną. Ale punkt widzenia filogenetyczny u człowieka zostaje po części przesłonięty przez okoliczność, że to, co w gruncie rzeczy jest odziedziczone, w rozwoju osobniczym zostaje jednak nabyte na nowo, prawdopodobnie dlatego, że istnieją nadal i oddziałują na każdego z osobna te same warunki, które w swoim czasie zniewoliły do zdobycia tych cech. Najchętniej powiedziałbym, że działały one w swoim czasie twórczo, teraz zaś działają wywołująco. Oprócz tego niewątpliwe jest, że bieg nakreślonego rozwoju może być u każdego człowieka zakłócany i zmieniany przez świeże wpływy zewnętrzne. Znamy tę moc, która zmusiła ludzkość do takiego rozwoju i która wywiera dziś swój nacisk w tym samym kierunku; jest to znów odmowa, jaką przynosi rzeczywistość lub, jeśli nazwiemy ją jej właściwym imieniem, *niedostatek* życiowy – 'Ανάγκη. Była ona surową wychowawczynią i wielu z nas pomogła. Neurotycy należą do dzieci, u których ta surowość wywołała złe skutki, lecz tyle trzeba ryzykować przy każdym wychowaniu. To uznanie niedostatku życiowego jako motoru rozwoju nie powinno nas źle usposabiać do znaczenia „wewnętrznych tendencji rozwojowych", jeśli dają się one dowieść.

Otóż jest godne uwagi, że popędy seksualne i popędy samozachowawcze nie reagują w ten sam sposób względem niedostatku realnego. Popędy samozachowawcze i wszystko, co pozostaje z nimi w związku, są łatwiejsze do wychowania; uczą się one wcześnie poddawać niedostatkowi i skierowywać swój rozwój według wskazówek rzeczywistości. Jest to zrozumiałe, ponieważ nie mogą zdobywać w żaden inny sposób obiektów, które są im potrzebne; bez tych obiektów osobnik musi zginąć. Popędy seksualne są trudniejsze do wychowania, gdyż z początku nie znają braku obiektów. Ponieważ opierają się pasożytniczo o inne funkcje ciała i znajdują zaspokojenie autoerotyczne na własnym ciele, więc usuwają się najpierw spod wychowawczego wpływu niedostatku realnego i zachowują charakter samowoli, niculegania wpływowi, to co nazywamy „nierozumnym", u większości ludzi pod pewnym względem przez całe życie. Możliwość wychowywania młodocianego osobnika kończy się też z reguły wtedy, gdy jego potrzeby seksualne budzą się z ostateczną siłą. Wychowawcy wiedzą o tym i odpowiednio do tego postępują; lecz, być może, dzięki wynikom psychoanalizy dadzą się skłonić do przesunięcia głównego nacisku wychowania na pierwsze lata dziecięce, począwszy od okresu niemowlęctwa. Mały człowieczek jest już często gotowy w piątym lub szóstym roku życia i ujawnia później stopniowo to tylko, co już w nim tkwi.

Aby należycie ocenić całe znaczenie różnicy, zaznaczonej między obiema grupami popędów, musimy sięgnąć daleko i wprowadzić jedno z rozważań, zasługujących na miano *ekonomicznych*. Wstępujemy tym samym w jeden z najważniejszych, ale niestety też i najciemniejszych zakresów psychoanalizy. Stawiamy sobie pytanie, czy w pracy naszego aparatu psychicznego daje się rozpoznać jakiś zamiar zasadniczy i odpowiadamy na nie w pierwszym przybliżeniu, że zamiar ten skierowany jest ku zdobyciu zadowolenia. Wydaje się, że cała nasza działalność duchowa nastawiona jest na zdobywanie zadowolenia i unikanie przykrości, że jest ona automatycznie regulowana przez *zasadę rozkoszy*. Otóż chcielibyśmy nade wszystko wiedzieć, jakie są warunki powstawania zadowolenia i przykrości, ale tego nam właśnie brak. Możemy odważyć się tylko na twierdzenie, że zadowolenie związane jest w *jakiś sposób* ze zmniejszeniem, osłabieniem lub zgaszeniem sumy podrażnień, panujących w naszym aparacie psychicznym, przykrość zaś - ze zwiększeniem tej sumy. Badanie najintensywniejszej rozkoszy, dostępnej człowiekowi, rozkoszy przy spełnianiu aktu seksualnego, pozostawia mało wątpliwości co do tego jednego punktu. Ponieważ przy takich procesach rozkoszy chodzi nam o losy sumy podrażnienia lub energii psychicznej, rozpatrywania tego rodzaju zwiemy ekonomicznymi. Widzimy, że zadanie i czynność aparatu psychicznego dają się też opisać inaczej i ogólniej niż przez podkreślenie zdobycia zadowolenia. Możemy powiedzieć, że aparat psychiczny służy zamiarowi opanowania i usunięcia wstępujących w niego z zewnątrz i od wewnątrz podrażnień i podnieceń. Co do popędów seksualnych, to widać bez trudu, że pracują one od początku do końca swojego rozwoju w celu zdobycia rozkoszy; zachowują tę pierwotną funkcję bez zmiany. Do tego samego dążą początkowo także i inne popędy, popędy jaźni. Ale pod wpływem mentora - niedostatku popędy jaźni uczą się wkrótce zastępować zasadę rozkoszy przez jej modyfikację. Zadanie zapobiegania przykrości staje się dla nich niemal równowartościowe z zadaniem zdobycia przyjemności; jaźń przekonuje się, że niezbędne jest zrzeczenie się bezpośredniego zaspokojenia, odsunięcie zdobycia rozkoszy, zniesienie pewnej dozy przykrości i porzucenie w ogóle pewnych źródeł zadowolenia. Tak wychowana jaźń stała się „rozsądna", nie daje się więcej opanować zasadzie rozkoszy, lecz kieruje się *zasadą rzeczywistości*, która w gruncie rzeczy też chce osiągnąć zadowolenie, ale - dzięki uwzględnieniu rzeczywistości - pewne, choć odsunięte i zmniejszone.

Przejście od zasady rozkoszy do zasady rzeczywistości jest jednym z najważniejszych postępów w rozwoju jaźni. Wiemy już, że popędy seksualne biorą w tej części rozwoju jaźni udział późno i to z oporem, i usłyszymy, jakie skutki ma dla człowieka okoliczność, że seksualność jego poprzestaje na tak luźnym stosunku do rzeczywistości zewnętrznej. A teraz na zakończenie jeszcze jedna uwaga. Skoro jaźń człowieka ma, jak *libido*, swoją historię rozwoju, nie będzie niespodzianką, jeśli usłyszycie, że bywają też „regresje jaźni", i zechcecie dowiedzieć się, jaką rolę może odgrywać w schorzeniach nerwicowych ten powrót jaźni do wcześniejszych faz rozwoju.

WYKŁAD XXIII

DROGI TWORZENIA SIĘ OBJAWÓW

Panie i Panowie! Dla laika objawy są tym, co stanowi istotę choroby, wyleczenie zaś polega na usunięciu objawów. Lekarz stara się odróżniać objawy od samej choroby i powiada, że usunięcie objawów nie jest jeszcze wyleczeniem choroby. To, co po usunięciu objawów pozostaje uchwytnego z choroby, to tylko zdolność tworzenia nowych objawów. Dlatego chcemy teraz stanąć na stanowisku laika i zgłębienie objawów uważać za równoznaczne ze zrozumieniem choroby.

Objawy – mówimy tutaj naturalnie o objawach psychicznych (lub psychorodnych) i o psychicznym stanie chorobowym – są to akty dla całości życia szkodliwe lub przynajmniej bezużyteczne, na które osobnik skarży się często, jako sprzeciwiające się jego woli, i które są dla niego połączone z przykrością albo cierpieniem. Ich główna szkodliwość polega na nakładzie energii psychicznej, którego wymagają, i na dalszym nakładzie, który jest potrzebny do ich zwalczania. Oba te wydatki mogą przy większej ilości objawów cierpienia spowodować nadzwyczajne zubożenie osobowości pod względem energii psychicznej, którą rozporządza, a w ten sposób sparaliżowanie jej dla wszystkich ważnych zadań życiowych. Ponieważ dla osiągnięcia takiego skutku chodzi przeważnie o ilość w ten sposób zajętej energii, rozumiecie bez trudu, że „być chorym" jest w istocie pojęciem praktycznym. Jeśli jednak staniecie na stanowisku teoretycznym i będziecie abstrahowali od tej ilości, wówczas przyznacie z łatwością, że wszyscy jesteśmy chorzy, to znaczy neurotyczni, gdyż warunki tworzenia się objawów można stwierdzić także u ludzi normalnych.

O objawach nerwicowych wiemy już, że są wynikiem konfliktu, który wytwarza się na gruncie nowego rodzaju zaspokojenia *libido*. Obie siły, które się rozeszły, spotykają się ponownie w objawie, godzą się niejako przez kompromis jego powstania. Dlatego też objaw jest tak odporny; jest podtrzymywany przez obie strony. Wiemy też, że jedną z obu stron konfliktu jest odepchnięte przez rzeczywistość, niezaspokojone *libido*, które musi szukać innych dróg dla swego zadowolenia. Jeśli rzeczywistość pozostaje nieubłagana nawet wtedy, gdy *libido* jest gotowe przyjąć inny obiekt na miejsce tego, którego mu odmówiono, ten ostatni jest zmuszony obrać drogę regresji i szukać zaspokojenia w którejś z już przezwyciężonych organizacji lub za pomocą któregoś z wcześniej porzuconych obiektów. Na drogę regresji zostaje *libido* zwabione przez fiksację, którą pozostawiło na tych miejscach swego rozwoju.

Tutaj droga wiodąca do perwersji odcina się ostro od drogi ku nerwicy. Jeśli regresje nie budzą sprzeciwu jaźni, wtedy nie dochodzi do powstania nerwicy i *libido* osiąga pewne zaspokojenie realne, choć już nieprawidłowe. Gdy jednak jaźń, która rozporządza nie tylko świadomością, lecz i dostępem do unerwienia ruchowego i tym samym do realizacji dążeń psychicznych, nie godzi się na te regresje, wtedy powstaje konflikt. *Libido* jest jak gdyby odcięte i musi spróbować zboczyć tam, gdzie stosownie do nakazów zasady rozkoszy znajdzie ujście dla swojej energii. Musi ona ujść kontroli jaźni. Na takie wyminięcie pozwalają właśnie związania na drodze rożwoju, którą teraz kroczy w kierunku odwrotnym; przeciw tym to związaniom jaźń broniła się w swoim czasie stłumieniami. Podczas gdy *libido*, dążąc wstecz, obsadza owe stłumione pozycje, uwalnia się od jaźni i jej praw, ale przy tym zrzeka się też wszelkiego zdobytego pod wpływem tej jaźni wychowania. Dawało sobą kierować, póki istniała nadzieja osiągnięcia zaspokojenia; pod podwójnym naciskiem odmowy zewnętrznej i wewnętrznej staje się nieposłuszne i przypomina sobie dawne lepsze czasy. Taki już jest jego w gruncie rzeczy niezmienny charakter. Wyobrażenia, które *libido* obsadza teraz swoją energią, należą do systemu nieświadomego i ulegają procesom, właściwym temu systemowi, zwłaszcza zgęszczeniu i przesunięciu. Przez to zostają stworzone warunki, zupełnie podobne do warunków, towarzyszących powstawaniu marzenia sennego. Podobnie jak powstałemu w nieświadomym marzeniu sennym, które jest spełnieniem nieświadomego życzenia, powstałego w fantazji, przychodzi z pomocą odłam (przed)świadomej czynności psychicznej, który pełni funkcję cenzury i po ugodzie z nią zezwala na tworzenie się jawnego marzenia sennego jako kompromisu, podobnie i reprezentacja *libido* w nieświadomym musi liczyć się z władzą przedświadomej jaźni. Sprzeciw, który podniósł się przeciw niemu w obrębie jaźni, podąża za nim, jako „obsada przeciwna", i zmusza je do obrania sobie takiego wyrazu, który może stać się jednocześnie wyrazem samego sprzeciwu. Tak powstaje objaw jako wielokrotnie zmieniona pochodna nieświadomego spełnienia pragnienia *libido*, kunsztownie wybrany dwuznacznik o dwóch zupełnie sprzecznych znaczeniach. Ale w tym ostatnim punkcie daje się rozpoznać różnica między tworzeniem się marzenia sennego a objawu, gdyż przedświadomy zamiar przy powstawaniu marzenia sennego dąży tylko do podtrzymania snu, do niedopuszczenia do świadomości niczego, co by go mogło zakłócić; nie upiera się jednak przy tym, by nieświadomemu dążeniu odkrzyknąć ostro: nie, przeciwnie! Zamiar ten może być bardziej tolerancyjny, gdyż sytuacja śpiącego jest mniej zagrożona. Droga do rzeczywistości jest zamknięta przez sam sen.

Widzicie, że zbaczanie *libido* na skutek warunków konfliktu jest umożliwione przez istnienie fiksacji. Obsada regresyjna tych związań prowadzi do ominięcia stłumienia i do odpływu - lub zaspokojenia - *libido*, przy którym muszą być zachowane warunki kompromisu. Drogami okrężnymi poprzez nieświadome i przez dawne fiksacje udało się nareszcie *libido* osiągnąć pewne zaspokojenie realne, w każdym razie bardzo ograniczone i niemal nie do poznania. Pozwólcie mi dodać dwie uwagi do tego ostatecznego rezultatu. Po pierwsze, zechciejcie zważyć, jak blisko okazują się tu ze sobą związane z jednej strony *libido* i nieświadome, z drugiej - jaźń, świadomość i rzeczywistość, chociaż w żadnym razie nie należą do siebie od początku; dalej zauważcie, że wszystko tu powiedziane i to, co nastąpi dalej, odnosi się tylko do powstawania objawów w nerwicy histerycznej.

Gdzie więc znajduje *libido* związania, które są mu potrzebne do przełamania stłumień? Znajduje je w czynnościach i przeżyciach seksualności dziecięcej, w poniechanych dążeniach cząstkowych i w porzuconych obiektach dzieciństwa. Do nich więc powraca *libido*. Znaczenie tego okresu dzieciństwa jest dwojakie; z jednej strony pojawiły się wówczas po raz pierwszy kierunki popędów, które dziecko przyniosło ze sobą na świat jako swoje wrodzone podłoże, a po drugie przez wpływy zewnętrzne, przez przypadkowe przeżycia inne jego popędy zostały tutaj po raz pierwszy zbudzone i wprowadzone w ruch. Myślę, że nie ulega żadnej wątpliwości, iż mamy prawo przyjąć ten podział. Ujawnienie się wrodzonych zawiązków nie podlega żadnym zastrzeżeniom krytycznym, lecz doświadczenie analityczne zmusza nas wprost do przyjęcia, że czysto przypadkowe przeżycia dzieciństwa mogą pozostawiać po sobie związania *libido*. Nie widzę też w tym żadnej trudności teoretycznej. Zawiązki ustrojowe powstały też z pewnością na skutek oddziaływania przeżyć przodków i one więc zostały niegdyś nabyte; bez takiego nabycia nie byłoby dziedziczności. Czy można pomyśleć, aby takie nabycie, prowadzące do dziedziczenia, miało się skończyć właśnie w pokoleniu, które rozpatrujemy? Znaczenie przeżyć dziecięcych nie powinno być jednak, jak się to często dzieje, zaniedbywane na korzyść przeżyć przodków i okresu własnej dojrzałości, lecz, przeciwnie, powinno znaleźć specjalną ocenę. Skutek ich jest tym bardziej ważki, że przypadają na czasy nieukończonego rozwoju i właśnie z powodu tej okoliczności działają urazowo. Prace o mechanice rozwojowej Roux i innych ukazały, że ukłucie igłą zarodka, znajdującego się w okresie podziału komórek, pociąga za sobą poważne zaburzenie w rozwoju. To samo uszkodzenie w stosunku do poczwarki lub dorosłego zwierzęcia przeszłoby bez śladu.

Związanie *libido* człowieka dorosłego, które wprowadziliśmy do etiologicznego równania nerwic jako przedstawiciela czynnika ustrojowego, rozkłada się więc teraz na dwa dalsze czynniki: odziedziczone podłoże i dyspozycję, nabytą we wczesnym dzieciństwie. Wiemy, że uczący się mają szczególną sympatię dla schematów. Ujmijmy więc te stosunki w schemat:

przyczyny wywołujące nerwicę = dyspozycja przez związanie *libido* + przeżycia przypadkowe (urazowe)

konstytucja seksualna (przeżycia przedhistoryczne) — przeżycia infantylne

Dziedziczna konstytucja seksualna przedstawia wielką różnorodność skłonności, zależnie od tego, czy ten lub inny popęd cząstkowy jest zaznaczony ze szczególną siłą sam przez się lub w związku z innymi. Z czynnikiem przeżyć dziecięcych tworzy konstytucja seksualna znów „szereg uzupełniający" zupełnie podobny do już uprzednio poznanego szeregu; dyspozycji z przeżyciami przypadkowymi człowieka dorosłego. Zarówno tu, jak i tam znajdują się te same przypadki krańcowe i te same stosunki zastępcze. Nasuwa się tutaj pytanie, czy owa najbardziej uderzająca regresja *libido*, regresja do wcześniejszych stopni organizacji seksualnej, nie jest przeważnie uwarunkowana przez czynnik dziedziczno-ustrojowy; ale odpowiedź na to pytanie najlepiej odłożyć do czasu, kiedy będziemy mogli powołać się na znajomość większego szeregu postaci schorzeń nerwicowych.

Zatrzymajmy się teraz przy fakcie, że badanie analityczne pokazuje, iż *libido* neurotyków związane jest z ich dziecięcymi przeżyciami seksualnymi. Nadaje im ono przez to pozór wielkiej wagi dla życia i schorzenia człowieka. Znaczenie to pozostaje nie zmniejszone, o ile chodzi o pracę terapeutyczną. Ale jeśli abstrahujemy od tego zadania, to poznajemy z łatwością, że tkwi tu niebezpieczeństwo nieporozumienia, które mogłoby skłonić do zbyt jednostronnego ujmowania życia pod znakiem sytuacji nerwicowej. Trzeba przecież zmniejszyć znaczenie przeżyć dziecięcych, mając na względzie, że *libido* powróciło do nich na skutek regresji, gdy zostało wygnane ze swych późniejszych pozycji. Ale w takim razie można by wyprowadzić wniosek wprost przeciwny, że przeżycia *libido* nie miały w swoim czasie żadnego znaczenia. Przypomnijcie sobie, że zajęliśmy już raz stanowisko wobec takiej alternatywy przy rozpatrywaniu kompleksu Edypa.

Rozstrzygnięcie i tym razem nie będzie dla nas rzeczą trudną. Uwaga, że obsadzenie przez *libido* - a więc znaczenie chorobotwórcze - przeżyć dziecięcych zostało silnie wzmocnione przez regresję *libido*, jest niewątpliwie słuszna, ale prowadziłoby to do błędu, gdybyśmy ją uznali za jedynie miarodajną. Musimy uwzględnić jeszcze inne rozważania. Po pierwsze obserwacja dowodzi w sposób, wykluczający wszelką wątpliwość, że przeżycia infantylne mają swoje własne znaczenie i wykazują je już w latach dzieciństwa. Bywają też nerwice dziecięce, w których moment czasowego przesunięcia wstecz z natury rzeczy jest bardzo zmniejszony lub brakuje go zupełnie, ponieważ schorzenie następuje jako bezpośredni skutek przeżyć urazowych. Badanie tych nerwic dziecięcych chroni od niejednego niebezpiecznego niezrozumienia nerwic ludzi dorosłych, podobnie jak marzenia senne dzieci dały nam klucz do zrozumienia marzeń sennych dorosłych. Nerwice występują u dzieci bardzo często, o wiele częściej, niż się przypuszcza. Często się je nie zauważa, osądza jako oznaki złego zachowania lub niegrzeczności, często trzymają je w karbach wyższe instancje, ale można je łatwo rozpoznać przy późniejszym rzucie oka wstecz. Występują przeważnie jako *histeria lękowa.* Co to znaczy, o tym dowiemy się przy innej sposobności. Jeśli nerwica wybucha w życiu późniejszym, analiza odsłania z reguły, że jest to bezpośrednie przedłużenie owego, może tylko mglistego, tylko z lekka zaznaczonego schorzenia dziecięcego. Bywają jednak, jak powiedziałem, wypadki, w których dziecięca nerwowość trwa nadal bez żadnej przerwy, jako stan chorobowy, ciągnący się przez całe życie. Kilka przykładów nerwic dziecięcych mogliśmy analizować – w stanie aktualnym – u samego dziecka; znacznie częściej musieliśmy poprzestawać na tym, że człowiek, który zachorował w wieku dojrzałym, pozwolił nam na późniejszy wgląd w swoją nerwicę dziecięcą, przy czym musieliśmy pamiętać o pewnych poprawkach i ostrożności.

Po drugie, trzeba jednak powiedzieć, że byłoby niezrozumiałe, dlaczego *libido* powraca tak regularnie do czasów dzieciństwa, gdyby tam nie było niczego, co by je mogło przyciągnąć. Związanie, którego istnienie przyjmujemy na poszczególnych etapach drogi rozwojowej, posiada tylko wtedy znaczenie, jeśli przyznajemy, że istnieje na skutek zatrzymania pewnej określonej ilości energii *libido*. Wreszcie mogę przypomnieć i o tym, że pomiędzy intensywnością a znaczeniem chorobotwórczym przeżyć dziecięcych i późniejszych zachodzi podobny stosunek uzupełniający, jak w uprzednio przez nas badanych szeregach. Bywają wypadki, w których cały ciężar wywołania choroby spada na przeżycia seksualne dzieciństwa, w których wrażenia te ujawniają swoje działanie urazowe i nie potrzebują żadnej innej pomocy poza tą, jaką im daje przeciętna konstytucja seksualna i jej niedojrzałość. Obok tych widujemy przypadki, w których cały akcent leży na późniejszych konfliktach i podkreślanie przez analizę wrażeń dziecięcych wydaje się przede wszystkim dziełem regresji. Mamy więc tu dwie krańcowości: „zahamowanie rozwoju" i „regresję", pomiędzy nimi zaś współdziałanie obu tych czynników we wszelkim możliwym stopniu.

Sprawy te zasługują na zainteresowanie ze strony pedagogiki, która stawia sobie za zadanie zapobieganie nerwicom przez wczesne zajęcie się rozwojem seksualnym dziecka. Dopóki zwraca się uwagę wyłącznie na przeżycia seksualne dziecka, można sądzić, że uczyniło się wszystko, co trzeba, aby zapobiec schorzeniom nerwowym, jeśli tylko troszczyliśmy się o to, aby rozwój ten został opóźniony i aby oszczędzić dziecku przeżyć tego rodzaju. Ale wiemy już, że warunki, wywołujące powstawanie nerwic, są bardziej skomplikowane i uwzględnienie jednego czynnika nie wywiera jeszcze wpływu na nie jako na całość. Surowa ochrona dzieciństwa traci na wartości, gdyż jest i bezsilna wobec czynnika ustrojowego; jest oprócz tego trudniejsza do przeprowadzenia, niż wychowawcy sobie to wyobrażają, i przynosi ze sobą dwa nowe niebezpieczeństwa, których nie należy niedoceniać: jedno to, że osiąga zbyt wiele, sprzyjając szkodliwemu w skutkach nadmiarowi stłumienia płciowości, drugie, że wysyła w życie dziecko niezdolne do obrony przeciw napływowi wymagań seksualnych, którego należy oczekiwać w okresie pokwitania. Pozostaje więc mocno wątpliwe, jak daleko należy się posunąć w profilaktyce w okresie dzieciństwa i czy zmiana stosunku do rzeczywistości aktualnej nie byłaby lepszym punktem zaczepienia dla zapobiegania nerwicom.

Powróćmy jednak do objawów. Występują więc one w zastępstwie uniemożliwionego zaspokojenia za pomocą regresji *libido* do czasów dawniejszych, z czym nierozłącznie związany jest powrót do wcześniejszych stopni rozwoju wyboru obiektu lub stopni organizacji. Słyszeliśmy wcześniej, że neurotyk tkwi mocno gdzieś w swej przeszłości; wiemy teraz, że jest to ten okres przeszłości, w którym jego *libido* nie odczuwało braku zaspokojenia, w którym był szczęśliwy. Szuka on tak długo w historii swojego życia, dopóki nie znajdzie owego czasu, choćby musiał nawet powrócić do okresu niemowlęctwa, takiego, jakim go sobie przypomina lub wyobraża na zasadzie późniejszych wspomnień. Objaw powtarza w pewien sposób wczesny dziecięcy rodzaj zaspokojenia, zmieniony przez cenzurę, wypływającą z konfliktu, i z reguły skierowany ku odczuwaniu cierpienia oraz zmieszany z pierwiastkami, wynikającymi z bezpośredniego powodu schorzenia. Rodzaj zaspokojenia, które przynosi objaw, posiada w sobie wiele dziwnego. Pomijamy już, że dany osobnik nie rozpoznaje go, odczuwając rzekome zaspokojenie raczej jako cierpienie i uskarżając się na nie. To przekształcenie należy do konfliktu psychicznego, pod którego naciskiem musiał się objaw wytworzyć. To, co było kiedyś dla danego osobnika zaspokojeniem, musi dziś budzić w nim opór lub odrazę. Znamy dla takiej zmiany upodobania przykład drobny, ale pouczający. To samo dziecko, które ssało pożądliwie mleko z piersi matki, zwykło w kilka lat później okazywać silną niechęć do mleka, której przezwyciężenie przysparza trudności wychowawcze. Niechęć potęguje się aż do wstrętu, jeśli mleko lub inny napój z nim zmieszany pokryte jest kożuszkiem. Może i nie należy odrzucać nasuwającego się przypuszczenia, że kożuszek ten wywołuje wspomnienie piersi matczynej, niegdyś tak gorąco pożądanej. W międzyczasie dziecko doznało działającego bądź co bądź jako uraz przeżycia odstawienia od piersi.

Istnieje coś jeszcze, dzięki czemu wydaje się nam, że objawy są dziwne i jako środek zaspokojenia *libido* niezrozumiałe - tak dalece nie przypominają nam nic z tego, od czego zwykliśmy normalnie oczekiwać zaspokojenia. Abstrahują one przeważnie od obiektu i porzucają tym samym stosunek do rzeczywistości zewnętrznej. Pojmujemy to jako rezultat porzucenia zasady rzeczywistości i powrotu do zasady rozkoszy. Jest to jednak także i powrót do pewnego rodzaju rozszerzonego autoerotyzmu, który dawał popędowi seksualnemu pierwsze zadowolenie. Na miejsce zmiany świata zewnętrznego stawiają zmianę ciała, a więc akcję wewnętrzną zamiast zewnętrznej, przystosowanie się zamiast czynności, co znowu odpowiada regresji bardzo ważnej w sensie rozwoju szczepowego. Zrozumiemy to dopiero w związku z nowymi faktami, o których dowiemy się z badań analitycznych nad powstawaniem objawów. Dalej przypomnijmy sobie, że przy tworzeniu się objawów współdziałały te same procesy nieświadomego, co przy tworzeniu się marzenia sennego: zgęszczenie i przesunięcie. Zarówno objaw, jak i marzenie senne przedstawia coś jako spełnione, jest to więc zaspokojenie na podobieństwo dziecięcego, lecz dzięki krańcowemu zgęszczeniu zaspokojenie to, wciśnięte w jedno jedyne doznanie lub inerwację, może zostać przez krańcowe przesunięcie ograniczone do małego szczegółu całego kompleksu *libido*. Nic więc dziwnego, że i my napotykamy często na trudności w rozpoznawaniu w objawie domniemanego i za każdym razem potwierdzanego zaspokojenia *libido*.

Zapowiedziałem, że mamy dowiedzieć się jeszcze czegoś nowego; jest to rzeczywiście coś niespodziewanego i wywołującego zamieszanie. Wiecie, że przez analizę objawów dochodzimy do poznania przeżyć dziecięcych, z którymi związane jest *libido* i z których tworzą się objawy. Otóż niespodzianka polega na tym, że obrazy dziecięce nie zawsze są prawdziwe. W większości wypadków są nieprawdziwe, a niekiedy stoją wprost w sprzeczności z prawdą historyczną. Zgodzicie się, że odkrycie to nadaje się jak żadne inne do zdyskredytowania bądź analizy, która doprowadziła do tego wyniku, bądź też chorych, na których zeznaniach zbudowana jest zarówno analiza jak i w ogóle zrozumienie nerwic. Ale oprócz tego jest tu jeszcze coś niezwykle niepokojącego. Gdyby te przeżycia, wysunięte przez analizę na światło dzienne, były za każdym razem realne, mielibyśmy uczucie, że poruszamy się na pewnym gruncie; gdyby były stale zmyślone, gdyby odsłaniały swoje oblicze jako wymysł, jako fantazje chorych, wówczas musielibyśmy porzucić ten niepewny grunt i ratować się na innym. A jednak obie te alternatywy nie mają miejsca i można wykazać następujący stan rzeczy: przeżycia dziecięce, skonstruowane lub przypomniane w analizie, są raz bezspornie fałszywe, innym razem jednak na pewno prawdziwe, w większości zaś wypadków są mieszaniną prawdy i fałszu. Objawy więc przedstawiają przeżycia, które rzeczywiście miały miejsce i którym można przypisać wpływ na fiksację *libido*, to znów przedstawiają fantazje chorego, które nie nadają się naturalnie do roli przyczynowej. Trudno jest zorientować się w tym. Pierwszy punkt oparcia znajdujemy może w podobnym odkryciu, a mianowicie, że pojedyncze wspomnienia dzieciństwa, które ludzie od dawna i przed jakąkolwiek analizą przechowywali w swojej świadomości, mogą także być sfałszowane lub przynajmniej zawierać obfitą mieszaninę prawdy i fałszu. Wykazanie nieprawdziwości sprawia rzadko trudność i możemy się przynajmniej uspokoić myślą, że winę tego nieoczekiwanego rozczarowania ponosi nie analiza, lecz w jakiś sposób sam chory.

Po pewnym namyśle zrozumiemy łatwo, dlaczego ten stan rzeczy wprowadza nas w takie zamieszanie. Widzimy tutaj lekceważenie rzeczywistości, zaniedbanie różnicy między nią a fantazją. Odczuwamy pokusę obrażenia się o to, że chory zajmował nas zmyślonymi historiami. Rzeczywistość wydaje nam się czymś o całe niebiosa różnym od zmyślenia i doznaje innej zasadniczo oceny. To samo stanowisko zajmuje zresztą i chory w swoim normalnym myśleniu. Gdy przynosi materiał, który poza objawami prowadzi do sytuacji życzeniowej, naśladującej przeżycia dzieciństwa, to w każdym razie z początku wątpimy, czy chodzi o rzeczywistość, czy o fantazję. Później pewne oznaki umożliwiają nam rozstrzygnięcie i stoimy wobec zadania zapoznania z nim chorego. Przy tym w żadnym wypadku nie obchodzi się bez trudności. Jeśli odsłaniamy mu od początku, że ma teraz zamiar ujawnić fantazje, którymi przesłonił sobie historię swojego dzieciństwa, podobnie jak każdy naród za pomocą legend przesłania zapomniane czasy swojej prehistorii, wtedy spostrzegamy, że jego zainteresowanie dla tematu opada nagle w niepożądany sposób. I on także pragnie poznać rzeczywistość i pogardza wszelkimi „urojeniami". Jeśli pozostawimy go jednak aż do zlikwidowania tej części pracy w wierze, że zajmujemy się badaniem rzeczywistych zdarzeń z jego lat dziecinnych, to ryzykujemy, że zarzuci nam później pomyłkę i wyśmieje z powodu naszej pozornej łatwowierności. Dla propozycji postawienia na równi fantazji i rzeczywistości i nietroszczenia się z początku o to, czy przeżycia dzieciństwa, wymagające wyjaśnienia, są jednym lub drugim, nie posiada on przez czas dłuższy żadnego zrozumienia. A jednak jest to jedyny właściwy stosunek do tych tworów duchowych. I one posiadają pewien rodzaj realności; pozostaje przecież fakt, że chory stworzył sobie takie fantazje, i fakt ten posiada niemal niemniejsze znaczenie dla jego nerwicy, niż gdyby treść fantazji przeżył rzeczywiście. Fantazje te posiadają realność psychiczną w przeciwieństwie do materialnej i stopniowo uczymy się rozumieć, że *w świecie nerwic miarodajna jest realność psychiczna*.

Między zdarzeniami, powracającymi w dziejach młodości neurotyków stale, których prawie nigdy nie brakuje, jest kilka o specjalnej ważności, które też dlatego uważam za godne wysunięcia przed innymi. Jako przykłady wymienię: spostrzeżenie stosunku płciowego rodziców, uwiedzenie przez osobę dorosłą i groźba kastracji. Byłoby wielkim błędem przyjąć, że nie posiadają one nigdy rzeczywistości materialnej; przeciwnie, można jej często dowieść bez zastrzeżeń, wypytując starszych krewnych. Tak na przykład, zdarza się nierzadko, że małemu chłopcu, który zaczyna bawić się swoim członkiem i nie wie jeszcze, że takie igraszki należy ukrywać, grożą rodzice albo opiekunowie odcięciem członka lub grzesznej ręki. Zapytywani rodzice przyznają często, że przypuszczali, iż za pomocą takiego straszenia da się coś osiągnąć; niektóre osoby posiadają wyraźne, świadome wspomnienie tej groźby zwłaszcza wtedy, jeśli miała ona miejsce w latach nieco późniejszych. Jeśli groźbę tę wypowiada matka lub inna osoba płci żeńskiej, to wykonanie jej spycha zazwyczaj na ojca lub na lekarza. W słynnej książeczce *Struwelpeter* frankfurckiego lekarza chorób dziecięcych, Hoffmanna, tak popularnej właśnie dzięki zrozumieniu przez autora seksualnych i innych kompleksów wieku dziecięcego, znajdziecie kastrację złagodzoną, zastąpioną przez odcięcie palców u rąk jako karę za uporczywe cmokanie. Ale jest to w każdym razie w wysokim stopniu nieprawdopodobne, aby dzieciom tak często grożono kastracją, jak to wynika z analiz neurotyków. Poprzestajemy na zrozumieniu, że dziecko układa sobie taką groźbę w fantazji na podstawie upomnień, wiedząc, że zaspokojenie autoerotyczne jest zabronione i pod wrażeniem odkrycia kobiecego narządu płciowego. Nie jest też w żadnym razie wykluczone, że małe dziecko, póki nie przypisuje mu się jeszcze zrozumienia i pamięci, jest świadkiem aktu płciowego między rodzicami lub innymi osobami dorosłymi nie tylko w rodzinach proletariackich i nie można zaprzeczyć, że dziecko może później to wrażenie zrozumieć i na nie zareagować. Jeśli jednak akt ten opisany bywa z najdokładniejszymi szczegółami, które sprawiają trudność obserwacji, lub jak to często się zdarza, okazuje się stosunkiem od tyłu, *more ferarum* [1], wówczas nie ulega żadnej wątpliwości, że fantazja ta opiera się na obserwacji aktu płciowego u zwierząt (psów) i umotywowana jest niezaspokojonym pragnieniem przyglądania się dziecka w okresie pokwitania. Skrajnym przykładem tego rodzaju jest fantazja o obserwowaniu spółkowania rodziców wtedy, kiedy było się jeszcze w łonie matki. Na specjalne zainteresowanie zasługuje fantazja o uwiedzeniu, ponieważ często nie jest fantazją, lecz rzeczywistym wspomnieniem. Ale na szczęście nie bywa ono tak często realne, jakby to się mogło wydawać początkowo na zasadzie wyników analizy. Uwiedzenie przez dzieci starsze albo w tym samym wieku bywa zawsze częstsze niż przez osoby dorosłe i jeśli u dziewczynek, które opowiadają o tym zdarzeniu ze swej historii dziecięcej, nierzadko jako uwodziciel występuje ojciec, to ani fantastyczność tego oskarżenia, ani skłaniający do niego motyw nie ulegają wątpliwości. Fantazją o uwiedzeniu tam, gdzie uwiedzenie nie miało miejsca, pokrywa dziecko z reguły autoerotyczny okres swej działalności seksualnej. Oszczędza sobie wstydu z powodu masturbacji, przenosząc fantazję o pożądanym obiekcie wstecz w te najwcześniejsze czasy. Nie myślcie zresztą, że seksualne wykorzystywanie dziecka przez najbliższych męskich krewnych należy tylko do krainy fantazji. Większość analityków miała do czynienia z wypadkami, w których takie wydarzenia były realne i mogły być stwierdzone ponad wszelką wątpliwość; tylko że należały do późniejszych lat dziecięcych i zostały przeniesione we wcześniejsze.

Nie otrzymuje się innego wrażenia jak to tylko, że takie zdarzenia z dzieciństwa upragnione z całą mocą należą do stałych elementów nerwicy. Jeśli istnieją w rzeczywistości, to dobrze; jeśli zaś zawiodła rzeczywistość, to zostają zbudowa-

[1] *More ferarum* – zwyczajem zwierząt [przyp. red.].

ne ze wspomnień i uzupełnione przez fantazję. Wynik jest ten sam i nie udało się po dziś dzień wykazać istnienia różnicy w skutkach zależnie od tego, czy fantazja lub rzeczywistość biorą większy udział w tych zdarzeniach z dzieciństwa. Mamy tu znów właśnie jeden z tak często wymienianych stosunków uzupełniających; jest on w każdym razie najdziwniejszy ze wszystkich, które poznaliśmy. Skąd pochodzi potrzeba tych fantazji i ich materiał? Co do źródeł popędów nie ma chyba żadnej wątpliwości, ale należałoby wyjaśnić tę okoliczność, że za każdym razem zostają wytworzone te same fantazje tej samej treści. Mam tu w pogotowiu odpowiedź, o której wiem, że wyda się śmiała. Myślę, że te *prafantazje* - chciałbym je tak nazwać wraz z paru innymi - zostały nabyte przez filogenezę. Jednostka sięga w nich poza własne przeżycia do przeżyć czasów prastarych, kiedy jej własne przeżycia stały się szczątkowe. Wydaje mi się zupełnie możliwe, że to, o czym słyszymy dzisiaj w analizie jako o fantazji: uwiedzenie dziecka, objęcie zarzewiem podniecenia seksualnego przy spostrzeżeniu stosunku rodziców, groźba kastracji - lub raczej kastracja - było rzeczywistością w prastarych czasach rodziny ludzkiej, i że dziecko fantazjujące wypełniło po prostu luki w prawdzie indywidualnej, prawdą przedhistoryczną. Wielokrotnie nasuwało się nam podejrzenie, że psychoanaliza nerwic przechowała więcej pamiątek ze starożytnych czasów rozwoju ludzkiego niż wszystkie inne źródła.

Proszę panów! Rzeczy ostatnio wyjaśnione zmuszają nas do zaznajomienia się bliżej z powstawaniem i znaczeniem czynności psychicznej zwanej „fantazją". Posiada ona, jak ogólnie wiadomo, wysoki szacunek, chociaż nie zostało wyjaśnione jej stanowisko w życiu psychicznym. Mogę o tym powiedzieć, co następuje. Jak wiecie, „ja" człowieka zostaje pod wpływem niedostatku zewnętrznego wychowywane powoli w kierunku właściwej oceny rzeczywistości i liczenia się z jej zasadą i musi przy tym przejściowo lub na stałe wyrzec się różnych obiektów i celów swego dążenia do rozkoszy - i to nie tylko seksualnych. Ale wyrzeczenie się przyjemności było dla człowieka zawsze trudne; dochodzi ono do skutku nie bez żądania pewnego rodzaju odszkodowania. Człowiek zastrzegł sobie dlatego czynność duchową, w której wszystkim tym porzuconym źródłom przyjemności i opuszczonym drogom, prowadzącym do jej zdobycia, przyznana jest taka forma bytu, w której są zwolnione od wymagań rzeczywistości i od tego, co nazywamy miarą rzeczywistości. Każde dążenie osiąga zarazem formę spełnienia w wyobraźni; nie ulega wątpliwości, że zatrzymywanie się przy życzeniach, spełnionych w fantazji, przynosi ze sobą zaspokojenie, chociaż świadomość, że nie dzieje się to w rzeczywistości, nie jest przy tym zamącona. W fantazji zażywa więc człowiek swobody, której już dawno wyrzekł się w świecie rzeczywistym - jest wolny od przymusu zewnętrznego. Dopiął tego, że może być na przemian to stworzeniem szalonym z rozkoszy, to znowu rozsądną istotą. Nie wystarcza mu skąpe zaspokojenie, które może wyrwać rzeczywistości. „Nie można się w ogóle obejść bez konstrukcji pomocniczych", powiedział raz Th. Fontane. Twórczość krainy fantazji znajduje całkowity odpowiednik w urządzeniu ochronnych parków naturalnych tam, gdzie wymagania rolnictwa, przemysłu, czy komunikacji grożą pierwotnemu obliczu ziemi szybką radykalną zmianą. Ochronny park naturalny zachowuje dawny stan rzeczy, który wszędzie poza tym został z żalem poświęcony użyteczności. Wszystko może tam krzewić się i rosnąć, jak chce, również i to, co jest nieużyteczne, a nawet szkodliwe. Takim rezerwatem, usuniętym spod władzy zasady rzeczywistości, jest także kraina fantazji.

Najbardziej znanymi tworami fantazji są tak zwane „marzenia dzienne", które już znamy, zaspokojenie w wyobraźni pragnień ambitnych, wielkościowych i erotycznych, które dojrzewają tym bujniej, im bardziej rzeczywistość nawołuje do umiarkowania lub cierpliwości. Istota szczęścia w fantazji, przywrócenie niezależności rozkoszy od zezwolenia rzeczywistości, ukazuje się w nich z całą jasnością. Wiemy, że takie marzenia dzienne są jądrem i wzorem marzeń sennych. Marzenie senne nie jest w gruncie rzeczy niczym innym jak marzeniem dziennym, nadającym się do zużytkowania dzięki nocnej swobodzie tendencji popędowych, zmienionym przez nocną postać działalności psychicznej. Zapoznaliśmy się już z myślą, że i marzenie na jawie niekoniecznie musi być świadome, że bywają też nieświadome marzenia dzienne. Takie nieświadome marzenia dzienne bywają więc zarówno źródłem nocnych marzeń, sennych jak i objawów nerwicowych.

Znaczenie fantazji dla tworzenia się objawów stanie się jaśniejsze dzięki następującemu rozważaniu. Powiedzieliśmy, że w wypadku odmowy *libido* zajmuje regresywnie opuszczone przez siebie pozycje, do których pozostało jednak w pewien sposób przyczepione. Nie będziemy tego cofali ani poprawiali, lecz włączymy ogniwo pośrednie. W jaki sposób znajduje *libido* drogę do tych miejsc związania? Otóż nie wszystkie porzucone obiekty i kierunki *libido* zostały porzucone w całej rozciągłości. One lub ich pochodne pozostają jeszcze z pewną intensywnością zatrzymane w wyobrażeniach fantazji. *Libido* musi więc powrócić do fantazji, aby znaleźć od nich drogę otwartą do wszystkich stłumionych związań. Fantazje te cieszyły się pewną tolerancją i jakkolwiek ostre byłyby przeciwieństwa, nie dochodziło do konfliktu między nimi a jaźnią, dopóki był zachowany pewien warunek. Jest to warunek natury *ilościowej,* który zostaje zakłócony przez odpływ *libido* do fantazji. Dzięki temu dopływowi obsada fantazji przez energię zostaje tak wzmożona, że stają się one pełne wymagań i rozwijają pęd w kierunku ich realizacji. To jednak czyni nieuniknionym konflikt między nimi a jaźnią. Bez względu na to, czy były one przedtem przedświadome lub świadome, ulegają teraz stłumieniu ze strony jaźni i są wystawione na przyciągające działanie nieświadomego. Od tych obecnie nieświadomych fantazji wędruje *libido* z powrotem do ich początków w nieświadomym, aż do miejsc swych własnych fiksacji.

Powrót *libido* do fantazji jest stopniem pośrednim w drodze do powstawania objawów, który zasługuje na specjalną nazwę. C. G. Jung nadał mu bardzo odpowiednią nazwę *introwersji*, lecz znaczenie tego terminu rozszerzył w sposób niecelowy. My będziemy się trzymali tego znaczenia, przy którym introwersja oznacza odwrócenie się *libido* od możliwości zaspokojenia realnego i nadmierne obsadzenie fantazji, które dotąd były tolerowane jako niewinne. Osobnik podlegający introwersji nie jest jeszcze neurotykiem, ale znajduje się w chwiejnej sytuacji psychicznej; przy najbliższym przesunięciu sił psychicznych musi rozwinąć objawy, jeśli nie znajdzie jeszcze innych sposobów ujścia dla swojego zatamowanego *libido*. Irrealny charakter zaspokojenia nerwicowego i zlekceważenie różnicy pomiędzy fantazją a rzeczywistością są natomiast już określone przez zatrzymanie się na stopniu introwersji. Spostrzegliście na pewno, że w ostatnich wyjaśnieniach wprowadziłem w wiązanie łańcucha etiologicznego nowy czynnik, a mianowicie ilość, wielkość energii wchodzącej w rachubę. Z tym czynnikiem musimy się teraz liczyć na każdym kroku. Czysto jakościowa analiza warunków etiologicznych nie wystarczy. Aby to wyrazić inaczej, czysto *dynamiczne* ujęcie tych procesów duchowych jest niewystarczające, wymaga ono jeszcze *ekonomicznego* punktu widzenia. Musimy sobie powiedzieć, że konflikt między dwoma dążeniami nie wybucha, póki nie zostaje osiągnięta pewna intensywność obsadzenia, chociażby nawet warunki treściowe dawno istniały. Tak samo znaczenie chorobotwórcze czynników ustrojowych opiera się na tym, o ile *więcej* z jednego niż z drugiego popędu cząstkowego występuje w podłożu; można sobie nawet wyobrazić, że podłoża wszystkich ludzi są jakościowo jednakowe i różnią się tylko dzięki stosunkom ilościowym. Niemniej decydujący jest czynnik ilościowy dla stopnia odporności przeciw schorzeniu nerwicowemu. Wszystko zależy od tego, *jaką ilość* nie zużytego *libido* może dana osoba zachować w zawieszeniu i *jak wielką* część swojego *libido* potrafi skierować z drogi seksualnej ku celom uwznioślenia. Cel ostateczny działalności psychicznej, który daje się opisać jakościowo jako dążenie do zdobywania zadowolenia i unikania przykrości, przedstawia się dla rozważania ekonomicznego jako zadanie opanowania czynnych w aparacie duchowym wielkości podniecenia (sum podrażnienia) i przeszkodzenia takiemu ich zastojowi, który wywołuje przykrość.

Tyle więc chciałem powiedzieć o powstawaniu objawów w nerwicach. Prawda, abym nie zapomniał raz jeszcze podkreślić - wszystko, co powiedziałem, odnosi się tylko do tworzenia się objawów w histerii. Już w nerwicy natręctwa można - poza zachowaniem głównych zasad - znaleźć wiele innego materiału. Obsadzenia przeciwne, skierowane przeciw wymaganiom popędu, wysuwają się w nerwicy natręctwa na plan pierwszy i za pomocą tak zwanych „tworów reaktywnych" opanowują obraz kliniczny. Takie same i dalej sięgające odchylenia wykrywamy w innych nerwicach, gdzie badania, dotyczące mechanizmów powstawania objawów, nie są jeszcze w żadnym punkcie zakończone.

Zanim was dziś zwolnię, chciałbym jeszcze przez chwilę zająć się pewną stroną życia fantazji, która zasługuje na zainteresowanie ogółu. Istnieje mianowicie droga powrotna od fantazji do rzeczywistości, a jest nią – sztuka. Artysta jest w założeniu także człowiekiem podlegającym introwersji, któremu już niedaleko do nerwicy. Jest popychany przez silne pragnienia, chciałby zdobyć zaszczyty, władzę, bogactwo, sławę i miłość; ale brak mu środków, aby osiągnąć te zaspokojenia. Dlatego odwraca się, podobnie jak inny człowiek niezaspokojony, od rzeczywistości i przenosi całe swoje zainteresowanie, także całe *libido*, na twory życzeniowe swojej fantazji, od których mogłaby prowadzić droga do nerwicy. Wiele czynników musi pewnie współdziałać, aby los ten nie stał się ostatecznym wynikiem jego rozwoju; wiadomo, jak często właśnie artyści narzekają na częściowe zahamowanie swojej zdolności do pracy przez nerwice. Ustrój ich zawiera prawdopodobnie dużą zdolność do uwznioślania i pewną luźność stłumień, decydujących o konflikcie. Powrót do rzeczywistości znajduje jednak artysta w następujący sposób. Nie jest on jedynym, który prowadzi życie w fantazji. Pośrednia kraina fantazji jest uznawana przez ogólnoludzką umowę i każdy, komu doskwierają jakieś braki, oczekuje stamtąd ulgi i pociechy. Ale dla ludzi, którzy nie są artystami, zdobywanie zadowolenia ze źródeł fantazji jest bardzo ograniczone. Nieubłagany charakter ich stłumień zmusza do poprzestawania na skąpych marzeniach dziennych, którym wolno jeszcze przedostać się do świadomości. Gdy się jest prawdziwym artystą, ma się do rozporządzenia znacznie więcej. Artysta potrafi po pierwsze tak opracować swoje marzenia dzienne, że tracą charakter zbyt osobisty, który odstrasza innych, i stają się przez to dostępnym obiektem dla zadowolenia obcych. Potrafi też tak je złagodzić, że niełatwo zdradzają swoje pochodzenie z zakazanych źródeł. Posiada dalej zagadkową zdolność formowania określonego materiału, póki nie stanie się wiernym odbiciem wyobrażenia jego fantazji, a następnie potrafi związać z tym przedstawieniem swojej nieświadomej fantazji taką sumę rozkoszy, że przez to stłumienia zostają przynajmniej chwilowo przezwyciężone i zniesione. Jeśli może dokonać tego wszystkiego, umożliwia w ten sposób innym czerpanie pociechy i ulgi z własnych źródeł rozkoszy ich nieświadomego, które stały się niedostępne, zyskuje ich wdzięczność i podziw i oto, dzięki swej fantazji, zdobywa rzeczywiście to, co najpierw zdobył tylko w fantazji; zaszczyty, potęgę i miłość.

WYKŁAD XXIV

ZWYKŁA NERWOWOŚĆ

Panie i Panowie! Po pokonaniu tak ciężkiej pracy w ostatnich wykładach opuszczam na chwilę mój przedmiot, aby zwrócić się do was.

Wiem mianowicie, że jesteście niezadowoleni. Wyobrażaliście sobie inaczej ten nasz „wstęp do psychoanalizy". Oczekiwaliście, że usłyszycie przykłady czerpane z życia nie zaś teorię. Powiadacie mi, że pewnego razu, gdy przedstawiłem paralelę

„na parterze i na pierwszym piętrze" pojęliście coś nie coś z przyczyn, wywołujących nerwicę, tylko że powinny to były być prawdziwe spostrzeżenia, nie zaś skonstruowane historie. Gdy na początku opowiedziałem o dwóch - tym razem chyba nie zmyślonych - objawach, których rozwiązanie i związek z życiem chorego przedstawiłem, wtedy wyjaśniło się wam „znaczenie" objawów; mieliście nadzieję, że będę kontynuował w ten sam sposób. Zamiast tego podałem daleko idące, trudne do ogarnięcia teorie, które nigdy nie były zupełne, do których zawsze przybywało coś nowego; operowałem pojęciami, z którymi was jeszcze nie zaznajomiłem; przeszedłem ze sposobu przedstawienia opisowego do ujmowania dynamicznego, z tego zaś do tak zwanego „ekonomicznego"; utrudniłem wam zrozumienie, ile z użytych przeze mnie sztucznych słów znaczy to samo, a następuje jedno po drugim tylko z powodu - powiedzmy - dźwięcznego brzmienia; wyłoniłem tak daleko sięgające punkty widzenia, jak zasadę rozkoszy i rzeczywistości, oraz własności, zdobyte filogenetycznie, i zamiast was w coś wtajemniczyć przesuwałem przed oczyma coś, co się coraz bardziej oddalało.

Dlaczego nie rozpocząłem wstępu do nauki o nerwicach od tego, co sami wiecie o nerwowości i co już dawno wzbudziło wasze zainteresowanie - od swoistej istoty ludzi nerwowych, od ich niezrozumiałych reakcji na obcowanie z ludźmi i na wpływy zewnętrzne, od ich pobudliwości, nieobliczalności i niedołęstwa? Dlaczego nie prowadziłem was krok za krokiem od pojmowania prostszych postaci codziennych aż do zagadkowych zjawisk krańcowej nerwowości?

Tak jest, moi panowie, nie mogę wam nawet nie przyznać racji. Nie jestem tak zaślepiony w swojej umiejętności przedstawiania zagadnień, abym uważał każdy jej błąd za specjalny urok. Sam myślę, że można by to było zrobić inaczej z większą korzyścią; taki był też mój zamiar. Ale nie zawsze można przeprowadzić swoje rozsądne zamiary. W samym materiale tkwi często coś, co nami kieruje i oddala od pierwotnych zamiarów. Nawet tak nieznaczna praca jak uporządkowanie dobrze znanego materiału nie poddaje się całkowicie woli autora; udaje się, jak chce, i tylko potem można zapytać, dlaczego wypadła tak a nie inaczej.

Jeden z powodów polega prawdopodobnie na tym, że tytuł *Wstęp do psychoanalizy* nie odpowiada już więcej tej części wykładów, która ma traktować o nerwicach. Wstęp do psychoanalizy dają badania czynności pomyłkowych i marzenia sennego; nauka o nerwicach jest już samą psychoanalizą. Nie przypuszczam, abym mógł was w tak krótkim czasie zaznajomić z treścią nauki o nerwicach inaczej niż w tak skondensowanej formie. Chodziło mi o to, aby omawiać razem sens i znaczenie objawów, warunki zewnętrzne i wewnętrzne oraz mechanizm ich powstawania. Spróbowałem to uczynić; stanowi to mniej więcej jądro tego, o czym może dziś pouczyć psychoanaliza. Było tu wiele do powiedzenia o *libido* i jego rozwoju, także coś niecoś o rozwoju jaźni. Do przesłanek naszej techniki, do zasadniczych punktów widzenia, dotyczących nieświadomego i stłumienia (oporu) byliście już przygotowani. W jednym z najbliższych wykładów dowiecie się, w jakich miejscach praca psychoanalityczna organicznie idzie dalej. Na razie nie ukrywałem, że wszystkie nasze wiadomości pochodzą tylko z badania jednej grupy chorób nerwowych, tak zwanych nerwic przeniesienia. Mechanizm tworzenia się objawów prześledziłem tylko na histerii. Gdybyście nawet nie mieli zdobyć solidnej wiedzy i zachować w pamięci każdego szczegółu, to jednak mam nadzieję, że otrzymaliście obraz tego, jakimi środkami pracuje psychoanaliza, jakie pytania porusza i jakie wydała rezultaty.

Podsunąłem wam życzenie, że powinienem był zacząć opis nerwic od stanu neurotyków, od przedstawienia, jak cierpią na skutek nerwicy, jak bronią się przed nią i jak się do niej przystosowują. Jest to, oczywiście, materiał interesujący i godny poznania, poza tym niezbyt trudny do przedstawienia, ale byłoby nierozważne od niego rozpocząć. Narażałoby się na niebezpieczeństwo, że nie odkryje się nieświadomego, przeoczy wielkie znaczenie *libido* i będzie osądzało wszystkie sprawy tak, jak objawiają się jaźni neurotyka. Że to „ja" nie jest instancją pewną i bezstronną, to leży jak na dłoni. „Ja" jest wszak mocą, która wyparła się nieświadomego i obniżyła je do stłumionych treści psychicznych, jak więc można zaufać, że będzie ono wobec tegoż nieświadomego sprawiedliwe? Pomiędzy treściami stłumionymi znajdują się w pierwszym rzędzie odrzucone wymogi seksualności; jest zrozumiałe samo przez się, że nie możemy nigdy odgadnąć ich zakresu i znaczenia na podstawie ujmowania ich przez jaźń. Od chwili, gdy świta nam punkt widzenia stłumienia, otrzymujemy ostrzeżenie, abyśmy nie obrali sędzią sporu jednej z obu sprzeczających się stron, ponadto zwycięskiej. Jesteśmy przygotowani na to, że zeznania jaźni wprowadzą nas w błąd. Jeśli można wierzyć jaźni, to była ona zawsze czynna, sama pragnęła swoich objawów i sama je stworzyła. Wiemy, że znosiła cierpliwie sporą dozę bierności, którą chce ukryć i upiększyć. W każdym razie nie zawsze odważa się na tę próbę; przy objawach nerwicy natręctwa musi przyznać, że przeciwstawia się jej coś obcego, przeciw czemu broni się z trudnością.

Kto jednak nie daje się powstrzymać przez te upomnienia i bierze zafałszowania jaźni za dobrą monetę, temu wszystko idzie później z łatwością i temu udaje się uniknąć wszystkich oporów, które przeciwstawiają się psychoanalitycznemu podkreślaniu nieświadomego, seksualności i bierności jaźni. Ten może utrzymywać jak Alfred Adler, że „nerwowy charakter" jest przyczyną nerwicy zamiast jej skutkiem, ale nie będzie potrafił wyjaśnić choćby jednego szczegółu tworzenia się objawów lub jednego marzenia sennego.

Zapytacie: „Czyż nie byłoby możliwe uznać udziału jaźni w nerwowości i powstawaniu objawów, nie lekceważąc jednocześnie momentów, wykrytych przez psychoanalizę?". Odpowiadam: „Oczywiście, musi to być możliwie i kiedyś też się stanie; ale rozpoczęcie właśnie od tego punktu nie idzie w kierunku pracy psychoanalitycznej". Można przewidzieć, kiedy psychoanaliza przystąpi do tego zadania.

Bywają nerwice, w których udział jaźni jest znacznie intensywniejszy niż w badanych przez nas dotychczas; nazywamy je nerwicami „narcystycznymi". Opracowanie analityczne tych cierpień pozwoli nam na bezstronną i pewną ocenę udziału jaźni w schorzeniach nerwicowych.

Jedna z odmian stosunku jaźni do nerwicy jest jednak tak uderzająca, że mogła zostać uwzględniona od samego początku. Zdaje się, że żaden przypadek nie obywa się bez niej; ale rozpoznaje się ją najdokładniej przy chorobie, do której zrozumienia dziś nam jeszcze daleko, przy *nerwicy urazowej*. Musicie bowiem wiedzieć, że przy powstawaniu i w mechanizmie wszystkich możliwych form nerwic działają zawsze te same momenty, lecz główne znaczenie dla tworzenia się objawów przypada to jednemu to drugiemu. Dzieje się tu podobnie jak z personelem trupy aktorskiej, w której każdy aktor ma swoją stałą rolę: bohatera, powiernika, intryganta itd., jednak każdy wybierze na swój benefis inną sztukę. Tak więc fantazje, które przekształcają się w objawy, nie są nigdzie bardziej uchwytne niż w histerii; obsadzenia przeciwne lub wytwory reakcji jaźni opanowują obraz w nerwicy natręctwa; to, co nazwaliśmy w marzeniu sennym *opracowaniem wtórnym*, występuje jako urojenie na pierwszym miejscu w paranoi itd.

Tak więc w nerwicach urazowych, specjalnie w takich, które powstają na skutek okropności wojny, narzuca nam się z całą oczywistością egoistyczny, dążący do ochrony i korzyści motyw jaźni, który co prawda nie może sam stworzyć choroby, ale daje jej swoje przyzwolenie i podtrzymuje ją, gdy już się wytworzyła. Motyw ten pragnie uchronić jaźń przed niebezpieczeństwami, których groźba stała się powodem schorzenia, i nie dopuści do uzdrowienia, dopóki powtórzenie tych niebezpieczeństw nie będzie się wydawało wykluczone lub dopóki nie zostanie osiągnięte odszkodowanie za przebyte niebezpieczeństwo.

Ale podobne zainteresowanie okazuje jaźń wobec wszystkich innych wypadków powstawania i trwania nerwicy. Powiedzieliśmy już, że objaw bywa podtrzymywany także i przez jaźń, ponieważ dostarcza pod pewnym względem zaspokojenia jej tłumiącej tendencji. Ponadto zlikwidowanie konfliktu przez powstanie objawu jest najwygodniejszym i najprzyjemniejszym dla zasady rozkoszy sposobem wyjścia; oszczędza ono jaźni niewątpliwie wielkiej i przykrej pracy wewnętrznej. Bywają wypadki, co do których nawet lekarz musi przyznać, że przejście konfliktu w nerwicę stanowi rozwiązanie najmniej szkodliwe i społecznie najbardziej korzystne. Nie dziwcie się więc, słysząc, że niekiedy nawet lekarz bierze stronę zwalczanej przez się choroby. Nie przystoi mu ograniczać się we wszystkich sytuacjach życiowych do roli fanatyka zdrowia, wie, że na świecie istnieje nie tylko nieszczęście, spowodowane nerwicą, ale także i cierpienie realne, nie dające się usunąć, że konieczność może wymagać od człowieka złożenia w ofierze zdrowia, i dowiaduje się, że taka ofiara jednostki powstrzymuje często ogrom nieszczęścia wielu osób. Gdyby więc można było powiedzieć, że neurotyk za każdym razem podejmuje *ucieczkę do choroby* przed konfliktem, to trzeba dodać, że w niektórych wypadkach ucieczka ta jest zupełnie usprawiedliwiona, i lekarz, który poznał stan rzeczy, usunie się w milczeniu i dyskretnie.

Ale przy dalszych rozważaniach pomińmy wypadki wyjątkowe. W warunkach przeciętnych widzimy, że jaźń otrzymuje przez przesunięcie się w kierunku nerwicy pewien wewnętrzny *zysk z choroby*. Do niego przyłącza się w pewnych sytuacjach życiowych korzyść uchwytna, zewnętrzna, mniej lub bardziej cenna w rzeczywistości. Rozpatrzcie najczęstszy wypadek tego rodzaju. Kobieta, traktowana brutalnie i wyzyskiwana bezwzględnie przez męża, znajduje dość regularnie drogę do nerwicy, jeśli umożliwia jej to usposobienie, jeśli jest zbyt tchórzliwa lub zbyt moralna, aby potajemnie szukać pociechy u innego mężczyzny, gdy nie jest dość silna, aby rozejść się z mężem wbrew wszystkim przeszkodom zewnętrznym, jeśli nie ma szans utrzymać się sama lub znaleźć lepszego męża i jeśli ponadto jest przywiązana zmysłowo do brutalnego małżonka. Choroba staje się jej bronią w walce z silniejszym mężem, bronią, której może używać dla obrony i nadużywać dla zemsty. Może uskarżać się na chorobę, podczas gdy prawdopodobnie nie mogłaby uskarżać się na swoje małżeństwo. Znajduje pomocnika w lekarzu, zmusza bezwzględnego męża, aby ją oszczędzał, aby łożył na nią, aby pozwalał jej na wyjazdy z domu, a przez to na chwilowe wyzwolenie spod małżeńskiego jarzma. Tam, gdzie taki zewnętrzny lub przypadkowy zysk z choroby jest znaczny i nie może znaleźć żadnej namiastki realnej, tam nie będziecie mogli liczyć na duże możliwości terapeutyczne.

Zarzucicie mi, że to, co opowiedziałem o zysku, który przynosi choroba, przemawia tylko na korzyść odrzuconego przeze mnie poglądu, że jaźń sama pragnie nerwicy i tworzy ją. Powoli, moi panowie; nie znaczy to może nic więcej ponad to, że jaźń zgadza się na nerwicę, której powstawaniu nie może przeszkodzić i czyni z niej to, co się da najlepszego, jeśli w ogóle coś da się, z niej uczynić. Jest to tylko jedna strona rzeczy, w każdym razie przyjemna. O ile nerwica daje korzyści, jaźń zgadza się na nią, ale wszak przynosi ona nie same korzyści. W zasadzie wykazano natychmiast, że jaźń, wdając się w nerwicę, zrobiła kiepski interes. Okupiła zbyt drogo osłabienie konfliktu, a cierpienia, których doznaje w związku z objawami, są, być może, równoważnikiem udręczeń, spowodowanych przez konflikt, prawdopodobnie jednak stanowią zwiększenie przykrości. Jaźń chciałaby pozbyć się przykrości, spowodowanej przez objawy, nie oddając jednak korzyści, płynących z choroby, i tego właśnie nie jest w stanie dokonać. Okazuje się przy tym, że nie była ona tak bardzo czynna, jak się jej wydawało, i to sobie dobrze zapamiętamy.

Proszę panów, gdy jako lekarze będziecie się stykali z neurotykami, pozbędziecie się szybko nadziei, że ci, którzy najbardziej lamentują i narzekają na swoją chorobę, są najbardziej gotowi do przyjęcia pomocy i będą jej stawiali najmniejszy opór. Raczej przeciwnie. Natomiast zrozumiecie z łatwością, że wszystko, co przyczynia się do uzyskania korzyści z choroby, wzmacnia opór stłumienia i powiększa trudności lecznicze. Do tej korzyści z choroby, która, że się tak wyrażę, rodzi się wraz z objawem, musimy dodać jeszcze inną, która okazuje się później. Gdy taka organizacja psychiczna, jak choroba, przetrwała czas dłuższy, zachowuje się w końcu jak istota samodzielna; ujawnia coś jakby popęd samozachowawczy. Pomiędzy nią a innymi czynnikami życia psychicznego, nawet takimi, które są jej w gruncie rzeczy wrogie, powstaje pewien *modus vivendi*; nie zdarza się też prawie, aby nie pojawiły się okoliczności, wobec których okazuje się znów potrzebna i zdolna do użytku tak, jak gdyby nabyła *funkcję wtórną,* wzmacniającą na nowo jej istnienie. Zamiast przykładu z patologii weźcie jaskrawą ilustrację z życia codziennego. Zdolny robotnik, zarabiający na swoje utrzymanie, staje się na skutek nieszczęśliwego wypadku w swoim zawodzie kaleką; możliwość pracy się kończy, ale nieszczęśliwy otrzymuje po pewnym czasie małą rentę i uczy się wykorzystywać swoje okaleczenie jako żebrak. Jego nowa, jakkolwiek gorsza egzystencja opiera się teraz właśnie na tym, co pozbawiło go poprzedniej. Jeśli usuniecie jego kalectwo, pozbawicie go przede wszystkim zapomogi; powstaje pytanie, czy jest jeszcze zdolny do podjęcia dawnej pracy. To, co odpowiada takiemu wtórnemu wykorzystaniu choroby przy nerwicy, możemy dodać jako korzyść *wtórną* do pierwotnej.

W ogóle chciałbym powiedzieć, abyście nie lekceważyli praktycznego znaczenia korzyści, wynikającej z choroby, i nie pozwolili jej zaimponować sobie pod względem teoretycznym. Pominąwszy owe wcześniej uznane wyjątki, przypomina ona zawsze przykłady „o mądrości zwierząt", które Oberländer ilustrował w piśmie humorystycznym „Fliegende Blätter". Arab jedzie na swoim wielbłądzie wąską ścieżką, która wrzyna się w stromą ścianę górską. Na zakręcie drogi widzi nagle naprzeciw siebie lwa, który gotuje się do skoku. Nie widzi żadnego wyjścia; z jednej strony prostopadła ściana, z drugiej przepaść; odwrót i ucieczka są niemożliwe; uważa się za straconego. Inaczej zwierzę. Skacze ono wraz ze swoim jeźdźcem w przepaść - a lew może tylko popatrzeć. Lepszego skutku dla chorego nie osiągają też w zasadzie i pomoce neurotyczne. Dzieje się tak może na skutek tego, że zlikwidowanie konfliktu przez wytworzenie objawów jest jednak procesem automatycznym, który może się okazać niedorosły do wymogów życia i przy którym człowiek zrezygnował z zużytkowania swoich sił najlepszych i najwyższych. Gdyby możliwy był wybór, należałoby raczej zginąć w uczciwej walce z losem.

Proszę panów! Jestem wam jeszcze dłużny dalsze umotywowanie, dlaczego w przedstawieniu nauki o nerwicach nie wziąłem za punkt wyjścia zwykłej nerwowości. Przypuszczacie może, że uczyniłem tak dlatego, ponieważ wykazanie seksualnego podłoża nerwic sprawiłoby mi wówczas większą trudność. Ale przypuszczenie takie byłoby błędne. W nerwicach przeniesienia trzeba najpierw opracować interpretację objawów, aby dojść do tego przekonania. W zwykłych postaciach tak zwanych *nerwic aktualnych* znaczenie etiologiczne życia seksualnego jest surowym faktem, narzucającym się bezpośredniej obserwacji. Natknąłem się na niego przed przeszło dwudziestu laty, gdy pewnego dnia postawiłem sobie pytanie, dlaczego przy badaniu ludzi nerwowych pomija się tak regularnie ich życie płciowe. Przyniosłem wtedy w ofierze tym badaniom moje wzięcie u chorych, ale już po krótkim wysiłku mogłem wygłosić zdanie, że przy normalnym życiu płciowym nie zdarza się nerwica – miałem na myśli: nerwica aktualna. Oczywiście, że zdanie to pomija zbyt łatwo różnice indywidualne, słabą jego stronę stanowi również nieokreśloność, która jest nieodłączna od orzeczenia „normalny", ale dla ogólnej orientacji zachowało ono jeszcze dziś swoją wartość. Zaszedłem wtedy tak daleko, że ustanowiłem swoiste związki między określonymi postaciami nerwowości a specjalnymi szkodliwościami seksualnymi i nie wątpię, że mógłbym dziś powtórzyć te same spostrzeżenia, gdybym miał jeszcze na usługach podobny materiał kliniczny. Przekonywałem się często, że mężczyzna, który zadowalał się pewnym rodzajem niezupełnego zaspokojenia płciowego, na przykład masturbacją, zapadał na pewną postać nerwicy aktualnej i że ta nerwica ustępowała prędko miejsca innej, gdy zmieniał sposób zaspokojenia seksualnego na inny, nie mniej naganny. Miałem wtedy możliwość odgadnąć zmianę seksualnego trybu życia ze zmiany stanu chorego. Nauczyłem się też wtedy twardo obstawać przy swoich przypuszczeniach, póki nie udawało mi się przezwyciężyć nieszczerość pacjentów i zmusić ich do potwierdzenia. Co prawda, woleli wówczas iść do innych lekarzy, którzy nie dopytywali się tak gorliwie o ich życie seksualne.

Nie mogło też wtedy ujść mojej uwadze, że przyczyna schorzenia nie zawsze wskazywała na życie płciowe. Ktoś zachorował wprawdzie bezpośrednio na skutek szkodliwości seksualnej, ktoś inny jednak – ponieważ stracił majątek lub przebył wyczerpującą chorobę organiczną. Wyjaśnienie tej różnorodności nastąpiło później, gdy uzyskaliśmy wgląd w domniemane stosunki wzajemne między jaźnią a *libido*, i było ono tym bardziej zadowalające, im głębszy był ten wgląd. Człowiek popada tylko wtedy w nerwicę, gdy jego jaźń straciła zdolność jakiegokolwiek zużytkowania swojego *libido*. Im jaźń jest silniejsza, tym łatwiej przychodzi jej rozwiązanie tego zadania; każde osłabienie jaźni z jakiegokolwiek powodu musi wywrzeć taki sam skutek, jak zbyt wielki wzrost wymagań *libido*, a więc umożliwić zachorowania neurotycznego. Istnieją jeszcze inne, bardziej ścisłe związki między jaźnią a *libido*, które jednak nie wstąpiły dotychczas w nasz widnokrąg, i dlatego nie będę ich tutaj wyjaśniał. Istotnym wyjaśnieniem pozostaje dla nas ta okoliczność, że w każdym wypadku i niezależnie od tego, na jakiej drodze wystąpiła choroba, objawy nerwicy powstają kosztem *libido* i w ten sposób świadczą o jego anormalnym zużytkowaniu.

Obecnie muszę zwrócić waszą uwagę na decydującą różnicę między objawami nerwic aktualnych a objawami psychonerwic, których pierwszą grupą, nerwicami przeniesienia, zajmowaliśmy się dotychczas tak wiele. W obu wypadkach objawy pochodzą z *libido*, są więc jej anormalnym zużytkowaniem, namiastką zaspokojenia. Objawy nerwic aktualnych – ucisk głowy, uczucie bólu, stan podrażnienia w którymś z narządów, osłabienie lub zahamowanie jakieś funkcji - nie mają żadnego „sensu", żadnego znaczenia psychicznego. Ujawniają się one nie tylko przeważnie na ciele, jak na przykład objawy histeryczne, lecz są same przez się procesami na wskroś cielesnymi, przy których powstawaniu nie biorą udziału te wszystkie złożone mechanizmy psychiczne, które poznaliśmy. Są więc rzeczywiście tym, za co uważano tak długo objawy psychonerwicowe. Ale jak mogą one w takim razie odpowiadać zastosowaniom *libido*, które poznaliśmy jako siłę działającą w sferze psychicznej? Otóż, moi panowie, to właśnie jest bardzo proste. Pozwólcie mi odświeżyć jeden z pierwszych zarzutów, które zostały wytoczone przeciw psychoanalizie. Mówiono wówczas, że stara się ona o czysto psychologiczną teorię zjawisk nerwicowych i że nie ma zupełnie widoków powodzenia, ponieważ teorie psychologiczne nie mogą nigdy wytłumaczyć choroby. Pozwolono sobie zapomnieć, że funkcja płciowa nie jest czymś czysto psychicznym, tak samo jak nie jest niczym czysto cielesnym. Wpływa ona zarówno na życie fizyczne, jak i psychiczne. Jeśli w objawach psychonerwic poznaliśmy przejawy zaburzenia w ich skutkach psychicznych, nie będziemy zdumieni, znajdując w nerwicach aktualnych bezpośrednie skutki somatyczne (cielesne) zaburzeń seksualnych.

Dla ujęcia tych ostatnich daje nam klinika wewnętrzna cenną wskazówkę, uwzględnioną również przez innych badaczy. Nerwice aktualne wykazują w szczegółach swojej symptomatologii, a także w swojej właściwości wpływania na wszystkie układy narządowe i wszystkie funkcje, niezaprzeczone podobieństwo do stanów chorobowych, powstających przez chroniczny wpływ obcych materii trujących lub przez nagłe ich odebranie, czyli do stanów zatrucia i abstynencji. Obie te grupy chorób zbliżają się do siebie jeszcze bardziej przez pośrednictwo takich stanów, które, jak chorobę Basedowa [1], nauczyliśmy się przypisywać również działaniu materii trujących, ale nie obcych trucizn, które zostały wprowadzone do organizmu, lecz tych, które powstają na skutek jego własnej przemiany materii. Myślę, że na zasadzie tych analogii musimy uważać nerwicę za skutek zaburzeń w seksualnej przemianie materii: bądź, że powstaje więcej toksyn (jadów) seksualnych niż dana jednostka może pokonać, bądź też, że warunki wewnętrzne i nawet psychiczne stają na przeszkodzie właściwemu zużytkowaniu tych materii. Myśl ludowa hołdowała od dawna takiemu ujmowaniu natury pożądania seksualnego, nie na próżno nazywa ona miłość „upojeniem" i przypisywała zakochanie wpływowi lubczyka, przy czym przenosi poniekąd czynnik działający na zewnątrz. Dla nas nadarza się tu sposobność, aby wspomnieć o sferach erogenicznych i o twierdzeniu, że podniecenie seksualne może powstawać w najrozmaitszych narządach. Zresztą wyrażenia „seksualna przemiana materii" i „chemizm płciowy" są dla nas pozbawione treści; ni-

[1] Choroba Basedowa - opisana po raz pierwszy w 1840 roku, charakteryzująca się występowaniem trzech zasadniczych objawów: wytrzeszczu oczu, powiększenia tarczycy i przyspieszeniem tętna [przyp. red.].

czego o tym nie wiemy i nie możemy nawet zadecydować, czy należy przyjąć dwie materie seksualne, które nazywałyby się wtedy „męską" i „żeńską", lub czy możemy ograniczyć się do jednej tylko toksyny seksualnej, którą należy uważać za nosiciela wszystkich podrażnień *libido*. Gmach nauki o psychoanalizie, który stworzyliśmy, jest w rzeczywistości nadbudową, która powinna być kiedyś oparta na fundamencie organicznym; ale tego jeszcze nie potrafimy.

Psychoanalizę jako naukę charakteryzuje nie materiał, którym się zajmuje, lecz technika, jaką stosuje. Można psychoanalizę zastosować zarówno do historii kultury, nauki o religii i mitologii, jak i do nauki o nerwicach, bez pogwałcenia jej istoty. Nie zawiera i nie dokonuje ona niczego innego jak wykrycia nieświadomego w życiu psychicznym. Zagadnienia nerwic aktualnych, których objawy powstają prawdopodobnie na skutek bezpośredniej szkodliwości toksycznej, nie przedstawiają dla psychoanalizy żadnych punktów zaczepienia, może ona przyczynić się do ich wyjaśnienia w nieznacznym tylko stopniu i musi pozostawić to zadanie badaniu biologiczno-lekarskiemu. Rozumiecie teraz może lepiej, dlaczego nie wybrałem innego zestawienia mojego materiału. Gdybym obiecał wam „wstęp do nauki o nerwicach", to droga od prostych postaci nerwic aktualnych do bardziej skomplikowanych schorzeń psychicznych na skutek zaburzenia *libido* byłaby niewątpliwie słuszna. Przy pierwszych musiałbym zebrać wszystko, czego dowiedzieliśmy się z różnych stron, zaś przy psychonerwicach psychoanaliza doszłaby do głosu jako najważniejszy techniczny środek pomocniczy dla prześwietlenia tych stanów. Ja jednak zamierzałem wygłosić i zapowiedziałem „wstęp do psychoanalizy"; było dla mnie ważniejsze, abyście zyskali pojęcie o psychoanalizie, niż pewne wiadomości o nerwicach, i dlatego nie mogłem wysuwać na plan pierwszy nerwic aktualnych, bezpłodnych dla psychoanalizy. Myślę też, że uczyniłem wybór bardziej pomyślny, gdyż psychoanaliza na skutek swych głęboko sięgających przesłanek i szeroko ogarniających związków zasługuje na zainteresowanie każdego wykształconego człowieka; zaś nauka o nerwicach jest takim samym rozdziałem medycyny jak każdy inny.

Jednak macie prawo przypuszczać, że będziemy musieli okazać pewne zainteresowanie również i dla nerwic aktualnych. Skłania nas do tego już ich ścisły związek kliniczny z psychonerwicami. Chcę was więc uprzedzić, że odróżniamy trzy czyste formy nerwic aktualnych: *neurastenię*, *nerwicę lękową* i *hipochondrię*. I ten podział nie został przyjęty przez wszystkich. Wszystkie te nazwy są wprawdzie w użyciu, ale treść ich jest nieokreślona i zmienna. Istnieją też lekarze, którzy sprzeciwiają się wszelkiemu rozróżnieniu w zawiłym świecie zjawisk nerwicowych, każdemu wyodrębnianiu jednostek klinicznych i nie uznają nawet oddzielenia nerwic aktualnych od psychonerwic. Myślę, że idą oni za daleko i nie obrali drogi wiodącej do postępu. Wyżej wymienione formy nerwicy występują niekiedy w czystej postaci; częściej mieszają się ze sobą i z jakąś chorobą psychonerwicową. Ten stan rzeczy nie powinien skłonić nas do zaniechania wszelkich rozróżnień. Pomyślcie o różnicy między nauką o minerałach a nauką o kamieniach w mineralogii. Minerały opisuje się jako jednostki zapewne w związku z okolicznością, że występują często jako kryształy ostro odróżniające się od otoczenia. Kamienie składają się z mieszaniny minerałów, które spotkały się na pewno nie przypadkowo, lecz na skutek warunków, w jakich powstawały. W nauce o nerwicach rozumiemy jeszcze zbyt mało proces rozwojowy, aby stworzyć coś podobnego do nauki o kamieniach. Ale zapewne uczynimy słusznie, jeśli najpierw wyodrębnimy spośród masy znane nam jednostki kliniczne, które można porównać z minerałami.

Godny uwagi stosunek między objawami nerwic aktualnych i psychonerwic przynosi jeszcze jeden ważny przyczynek do poznania tworzenia się objawów w tych ostatnich; objaw nerwicy aktualnej jest mianowicie często jądrem i stopniem wstępnym objawu psychonerwicowego. Stosunek taki obserwujemy najwyraźniej między neurastenią i nerwicą przeniesienia, zwaną histerią konwersyjną, między nerwicą lękową i histerią lękową, ale także i między hipochondrią a postaciami, o których będziemy wspominali później jako o parafrenii (*dementia praecox* i *paranoia*). Weźmy jako przykład przypadek histerycznego bólu głowy lub krzyża. Analiza wykazuje, że dzięki zgęszczeniu i przesunięciu stał się on zaspokojeniem zastępczym dla całego szeregu fantazji *libido* i wspomnień. Ten ból był też kiedyś czymś realnym i wtedy był wręcz objawem seksualno-toksycznym, cielesnym wyrazem podrażnienia *libido*. Nie chcemy bynajmniej twierdzić, że wszystkie objawy histeryczne posiadają takie jądro, ale pozostaje faktem, że jest to wypadek bardzo częsty i że symptomatologia histerii wyróżnia po prostu wszystkie wpływy - normalne lub patologiczne - które wywiera na ciało podniecenie *libido*. Odgrywa ono rolę ziarnka piasku, które mięczak otacza warstwami masy perłowej. W ten sam sposób przemijające oznaki podniecenia seksualnego, które towarzyszą aktowi płciowemu, zostają zużytkowane przez psychonerwicę do wytworzenia objawów, jako najwygodniejszy i najodpowiedniejszy materiał.

Podobny proces zasługuje na szczególne zainteresowanie rozpoznawcze i lecznicze. U osób, usposobionych do nerwicy, ale nie chorych, zdarza się nierzadko, że chorobowa zmiana cielesna - chociażby zapalenie lub skaleczenie - budzi pracę tworzenia objawów tak, że praca ta dany jej w rzeczywistości objaw czyni prędko przedstawicielem tych wszystkich nieświadomych fantazji, które tylko na to czyhały, aby opanować jakiś środek ekspresji. W podobnym wypadku lekarz obierze taką lub inną drogę terapii: albo zechce usunąć podłoże organiczne, nie troszcząc się o jego hałaśliwe przejawy nerwicowe, lub też będzie zwalczał powstałą przy tej sposobności nerwicę i lekceważył jej powód organiczny. Skutek przyzna lub nie przyzna racji to jednemu to innemu postępowaniu; dla takich mieszanych wypadków nie dają się ustalić przepisy ogólne.

WYKŁAD XXV

LĘK

Panie i Panowie! To, co powiedziałem w ostatnim wykładzie o nerwowości, uznacie na pewno za najmniej pełny i najbardziej niewystarczający z moich wykładów. Wiem o tym i myślę sobie, że nic nie zadziwi was bardziej niż to, że nie było tam mowy o lęku, na który przecież uskarża się większość ludzi nerwowych, który oni sami określają jako najstraszniejsze cierpienie i który może osiągnąć u nich największe nasilenie i doprowadzić do przedsięwzięcia najbardziej dziwacznych środków ostrożności. Ale tematu tego nie chciałem skrócić; przeciwnie, postanowiłem sobie postawić problem lęku u ludzi nerwowych specjalnie ostro i wyjaśnić go wyczerpująco.

Lęku samego nie mam potrzeby opisywać; każdy z nas doznał niegdyś na sobie samym tego wrażenia lub, słuszniej powiedziawszy, tego stanu uczuciowego. Myślę, że nigdy nie stawiano sobie dość poważnie pytania, dlaczego właśnie ludzie nerwowi odczuwają o tyle większy i o tyle silniejszy lęk niż inni. Może uważano to za zrozumiałe samo przez się – zwykle używa się przecież słów „nerwowy" i „lękliwy", jednego zamiast drugiego, jak gdyby miały to samo znaczenie. Ale do tego porównania nie ma żadnego prawa; bywają ludzie lękliwi, którzy poza tym nie są nerwowi, jak również ludzie nerwowi, cierpiący na wiele objawów, wśród których jednak nie można odnaleźć skłonności do lęku.

Jakkolwiek rzeczy się mają, pewne jest, że problem lęku stanowi punkt węzłowy, w którym spotykają się najróżniejesze i najważniejsze zagadnienia, jest zagadką, której rozwiązanie musiałoby rzucić strumień światła na całe nasze życie psychiczne. Nie będę twierdził, że mogę wam podać całkowite rozwiązanie, ale spodziewacie się pewnie, że psychoanaliza ujmie ten temat zupełnie inaczej niż oficjalna medycyna. Tam interesują się przede wszystkim zagadnieniem, za pośrednictwem jakich dróg anatomicznych powstaje stan lęku. Twierdzi się zazwyczaj, że podrażniony jest rdzeń przedłużony i chory dowiaduje się, że cierpi na nerwicę nerwu błędnego. Rdzeń przedłużony jest obiektem bardzo poważnym i pięknym. Przypominam sobie zupełnie dokładnie, ile czasu i wysiłku poświęciłem przed laty jego badaniu. Ale dziś muszę powiedzieć, że nie wiem, co mogłoby mi być bardziej obojętne dla psychologicznego zrozumienia lęku niż znajomość drogi nerwowej, po której przebiegają jego podrażnienia.

Przede wszystkim można zajmować się przez dłuższą chwilę lękiem, nie wspominając w ogóle o nerwowości. Zrozumiecie mnie bez trudu, gdy oznaczę ten lęk jako lęk *realny* w przeciwieństwie do lęku *nerwicowego.* Lęk realny wydaje się nam czymś bardzo racjonalnym i zrozumiałym. Powiemy o nim, że jest reakcją na spostrzeżenie niebezpieczeństwa zewnętrznego, to znaczy szkodliwości oczekiwanej i przewidywanej, jest związany z odruchem zmierzającym do ucieczki i trzeba na niego spoglądać jak na uzewnętrznienie popędu samozachowawczego. W jakich okolicznościach, to znaczy przed jakimi przedmiotami i w jakich sytuacjach lęk występuje, będzie to naturalnie zależne w większości od stanu naszej wiedzy i poczucia mocy względem świata zewnętrznego. Uważamy to za zupełnie zrozumiałe, że człowiek pierwotny obawia się armaty i lęka się zaćmienia Słońca, podczas gdy biały, który potrafi władać owym instrumentem i przepowiedzieć to zjawisko, pozostaje w tych warunkach wolny od lęku. Innym razem jest właśnie zbytnia wiedza tym, co stwarza podstawę do lęku, ponieważ pozwala wcześniej poznać niebezpieczeństwo. Tak więc człowiek pierwotny przestraszy się tropu w lesie, który człowiekowi nie znającemu się na rzeczy niczego nie mówi, jemu jednak zdradza bliskość drapieżnego zwierzęcia; doświadczony żeglarz będzie z przerażeniem obserwował chmurkę na niebie, która pasażerowi wydaje się niepozorna, podczas gdy jemu zwiastuje zbliżanie się orkanu.

Przy dalszym rozważaniu trzeba sobie powiedzieć, że pogląd, jakoby lęk, wywołany czymś realnym, był racjonalny i celowy, wymaga gruntownej rewizji. Jedynie celowym zachowaniem się wobec grożącego niebezpieczeństwa byłoby chłodne oszacowanie własnych sił w porównaniu z jego wielkością, a potem decyzja, co ma lepsze widoki na dobry wynik: ucieczka, obrona czy może nawet atak. W tym związku jednak nie ma dla lęku w ogóle żadnego miejsca; wszystko, co się dzieje, spełniłoby się tak samo i prawdopodobnie lepiej, gdyby nie przyszło do wywiązania się lęku. Widzicie też, że gdy lęk jest silny ponad miarę, okazuje się bezcelowy, paraliżuje każdy czyn, a także ucieczkę. Reakcja na niebezpieczeństwo polega zwykle na mieszaninie uczucia lęku i akcji obronnej. Przestraszone zwierzę lęka się i ucieka, ale celowa w tym jest „ucieczka" nie zaś „lękanie się".

Nawiedza nas więc pokusa, aby stwierdzić, że wywiązanie się lęku nie jest czymś celowym. Może staranna analiza sytuacji lęku pomoże w lepszym jego zrozumieniu. Pierwszym jego czynnikiem jest przygotowanie do niebezpieczeństwa, które objawia się w spotęgowanej czujności zmysłów i napięciu ruchowym. To przygotowanie należy uznać bezsprzecznie za korzystne, jego brak może spowodować poważne skutki. Staje się ono z jednej strony punktem wyjścia akcji ruchowej, najpierw pod postacią ucieczki, na wyższym stopniu - obrony czynnej, z drugiej zaś strony tego, co odczuwamy jako stan lęku. Im bardziej ogranicza się wywiązanie się lęku do pierwszego początku, do sygnału, tym bardziej bez przeszkód odbywa się przekształcenie gotowości lękowej w akcję, tym bardziej celowo przebiega cała sprawa. Gotowość do lęku wydaje mi się więc czymś celowym, wywiązanie się lęku czymś przeciwnym celowi tego, co nazywamy lękiem.

Unikam też bliższego roztrząsania pytania, czy słowa: lęk, obawa i strach oznaczają to samo, czy coś wyraźnie odmiennego. Myślę, że pojęcie lęku odnosi się do stanu i nie uwzględnia przedmiotu, podczas gdy obawa skierowuje uwagę właśnie na przedmiot. Strach wydaje się natomiast mieć rzeczywiście specjalny sens, a mianowicie wysunięcie na plan pierwszy działania niebezpieczeństwa, które nie zostało przyjęte przez gotowość do lęku. Można by więc powiedzieć, że człowiek broni się przed strachem za pomocą lęku.

Pewna wieloznaczność i nieokreśloność w użyciu słowa „lęk" nie ujdzie waszej uwadze. Przeważnie rozumie się przez lęk stan subiektywny, w który popada się przez postrzeganie „wywiązywania się lęku" i który nazywa się afektem. Czym jest afekt w sensie dynamicznym? Jest w każdym razie czymś bardzo złożonym. Afekt obejmuje po pierwsze pewne unerwienia lub wyładowania ruchowe, po drugie pewne odczucia, a mianowicie dwojakiego rodzaju: postrzeżenia odbytych czynności ruchowych i bezpośrednie odczucia przyjemności i przykrości, które nadają afektowi, jak to się mówi, ton zasadniczy. Nie myślę jednak, że tym wyliczeniem ujęliśmy istotę afektu. Wydaje mi się, że, wglądając głębiej w niektóre afekty, poznajemy, iż jądrem, które trzyma cały zespół, jest powtórzenie pewnego określonego, doniosłego przeżycia. Przeżyciem tym mogłoby być tylko bardzo wczesne wrażenie natury ogólnej, które należy przenieść do prehistorii nie osobnika, lecz gatunku. Wyrażając się bardziej zrozumiale, stan afektywny byłby tak samo zbudowany jak atak histeryczny, byłby jak i on osadem pewnej reminiscencji. Atak histeryczny można więc porównać ze świeżo utworzonym afektem osobniczym, normalny afekt z wyrazem ogólnej histerii, która stała się dziedzictwem pokoleń.

Nie przypuszczajcie, że to, co powiedziałem tutaj o afektach, stanowi uznany dorobek psychologii. Są to, wręcz przeciwnie, przekonania, które wyrosły na gruncie psychoanalizy i tylko tam się zadomowiły. To, czego możecie dowiedzieć się o afektach z psychologii, na przykład teoria Jamesa i Langego [1], jest dla nas, psychoanalityków, wprost niezrozumiałe i nie nadające się do dyskusji. Nie jesteśmy jednak tak bardzo pewni i naszej własnej wiedzy o afektach; jest to pierwsza próba orientacji w tym ciemnym terenie. Idę więc dalej; co do uczucia lęku to wydaje się nam, że wiemy, jakiego wczesnego wrażenia jest ono powtórzeniem. Powiadamy, że to podczas aktu *narodzenia* tworzy się owo ugrupowanie odczuć przykrości, dążeń do wyładowania i doznań cielesnych, które stało się wzorem dla działania niebezpieczeństwa życiowego i odtąd powtarza się w nas jako stan lęku. Olbrzymie spotęgowanie podrażnienia przez przerwę w odnawianiu się krwi (oddychaniu wewnętrznym) było wówczas przyczyną przeżycia lęku, pierwszy lęk był więc toksyczny. Niemiecka i łacińska nazwa lęku *Angstangustiae, Enge* (ciasnota) – podkreśla charakter utrudnienia oddychania, które miało wtedy miejsce, jako skutek sytuacji rzeczywistej, a dziś zostaje prawie zawsze odtwarzane w afekcie. Zdajemy sobie sprawę i z tego, jak wielkie znaczenie posiada okoliczność, że ów pierwszy stan lęku powstał na skutek rozłączenia się z matką. Naturalnie jesteśmy zdania, że dyspo-

---

[1] Teoria Jamesa i Langego – zakłada, że uczucia (afekty) są odbiciem w świadomości określonych zmian fizjologicznych organizmu [przyp. red.].

zycja do powtórzenia pierwszego stanu lękowego została przez niezliczony szereg pokoleń tak gruntownie wcielona do organizmu, iż żaden osobnik nie może uniknąć uczucia lęku nawet wtedy, gdy jak legendarny Macduff [2], „został wycięty z łona swej matki", a więc nie przeżył sam aktu narodzenia. Co stało się wzorem dla stanu lękowego u zwierząt spoza grupy ssaków, tego powiedzieć nie możemy. Nie wiemy też dlatego, jaki kompleks odczuć jest u tych stworzeń równoważny naszemu lękowi.

Będziecie pewnie ciekawi, w jaki sposób można wpaść na myśl, że akt narodzin jest źródłem i pierwowzorem uczucia lęku. Spekulacja bierze w tym najmniejszy udział; wykorzystałem raczej źródło naiwnej myśli ludowej. Kiedy przed wielu laty siedzieliśmy jako lekarze szpitalni przy obiedzie w gospodzie, jeden z asystentów kliniki położniczej opowiedział wesołą historię, która zdarzyła się podczas ostatniego egzaminu dla akuszerek. Kandydatka, zapytana, co to znaczy, gdy przy porodzie pokazuje się w odchodzących wodach *meconium* (smółka dziecięca), odpowiedziała bez namysłu: dziecko się lęka. Została wyśmiana i nie zdała egzaminu. Ja jednak wziąłem po cichu jej stronę, przeczuwając, że prosta kobieta z ludu swoim nieomylnym zmysłem odkryła ważny związek.

Przejdźmy teraz do lęku nerwicowego; jakie nowe przejawy i warunki ukazuje nam lęk u ludzi nerwowych? Znajdzie się tu wiele do opisania. Po pierwsze stwierdzamy ogólną lękliwość, pewien, że się tak wyrażę, lęk w stanie lotnym, który jest gotów uczepić się każdej odpowiedniej treści wyobrażeniowej, który wpływa na zdanie osobnika, wybiera właściwe oczekiwania, czyha na każdą sposobność, aby się dać usprawiedliwić. Nazywamy ten stan „lękiem oczekiwania" lub „lękliwym oczekiwaniem". Osoby, dręczone tego rodzaju lękiem, przewidują zawsze najstraszniejszą z wszystkich możliwości, interpretują każdy przypadek jako zwiastun nieszczęścia, wyzyskują w złym sensie każdą niepewność. Skłonność do takiego oczekiwania nieszczęścia posiada jako cechę charakteru wielu ludzi, których nie można zresztą nazwać chorymi, lecz jedynie nadmiernie lękliwymi lub pesymistami; znaczną sumę lęku oczekiwania przypisujemy zwykle chorobie nerwowej, którą nazwałem „nerwicą lękową" i zaliczam do nerwic aktualnych.

Druga postać lęku jest w przeciwieństwie do wyżej opisanej znacznie silniej związana psychicznie i połączona z pewnymi przedmiotami lub sytuacjami. Jest to lęk, który powoduje tak zwane *fobie,* niezmiernie różnorodne i często bardzo dziwaczne. Stanley Hall, wybitny psycholog amerykański, zadał sobie niedawno trud przedstawienia całego szeregu tych fobii, obdarzając je wspaniałymi greckimi nazwami. Brzmi to jak wyliczenie dziesięciu plag egipskich, tylko że ich liczba jest od dziesięciu znacznie większa. Posłuchajcie więc, co może stać się przedmiotem

---

[2] Macduff – postać z dramatu Williama Shakespeare'a *Makbet*, z którą tytułowy bohater stacza śmiertelny pojedynek [przyp. red.].

lub treścią fobii: ciemność, otwarte przestrzenie, koty, pająki, gąsienice, żmije, myszy, burza, ostrza, krew, zamknięte przestrzenie, tłum, samotność, przechodzenie przez mosty, jazda statkiem lub koleją itd. Przy pierwszej próbie orientacji w tym chaosie nasuwa się rozróżnienie trzech grup. Niektóre z przedmiotów i sytuacji, wywołujących lęk, posiadają także i dla nas, ludzi zdrowych, coś niesamowitego, pewien związek z niebezpieczeństwem i te fobie nie wydają nam się dlatego niepojęte, jakkolwiek ich siła jest przesadna. Tak więc większość z nas doznaje przykrego uczucia przy spotkaniu się z wężem. Fobia węży jest, rzec można, ogólnoludzka, i wielki Darwin opisał bardzo obrazowo, jak to nie mógł oprzeć się lękowi przed rzucającym się na niego wężem, jakkolwiek wiedział, że chroni go gruba szklana szyba. Do drugiej grupy zaliczamy wypadki, w których jest jeszcze jakiś związek z niebezpieczeństwem, jednakże zwykliśmy już lekceważyć to niebezpieczeństwo i nie wysuwać go na plan pierwszy. Do niej należy większość fobii sytuacyjnych. Wiemy, że podczas podróży koleją istnieje więcej szans nieszczęśliwego wypadku, niż gdy zostajemy w domu, mianowicie możliwość zderzenia się pociągów; wiemy też, że okręt może pójść na dno, przy czym z reguły tonie się; ale nie myślimy o tych niebezpieczeństwach i podróżujemy bez lęku koleją i okrętem. Nie da się też zaprzeczyć, że wpadłoby się do rzeki, gdyby most zawalił się w tej chwili, gdy się nim przechodzi, ale zdarza się to tak rzadko, że jako niebezpieczeństwo nie wchodzi w rachubę. Także i samotność posiada swoje niebezpieczeństwa i unikamy jej w pewnych okolicznościach; nie ma jednak mowy o tym, abyśmy nie mogli jej znieść pod żadnym warunkiem choćby przez jedną chwilę. To samo dotyczy tłumu, zamkniętej przestrzeni, burzy itp. Co nas tak dziwi w tych fobiach neurotyków, to nie tyle ich treść, ile nasilenie. Od lęku fobii nie można po prostu apelować! Czasami odnosimy wrażenie, że neurotycy nie lękają się tych samych przedmiotów i sytuacji, które w pewnych okolicznościach mogą wywoływać lęk i u nas, a które obdarzają oni tą samą nazwą.

Pozostaje trzecia grupa fobii, za którą nasze zrozumienie w ogóle podążyć nie może. Jak możemy ustalić tu związek z niebezpieczeństwem, który jednak dla ludzi cierpiących na fobię widocznie istnieje, gdy silny, dorosły mężczyzna nie może przejść z powodu lęku przez ulicę lub plac tak dobrze mu znanego miasta rodzinnego, gdy zdrowa, dobrze rozwinięta kobieta popada w nieprzytomny lęk, ponieważ kot otarł się o skraj jej sukni lub myszka przebiegła przez pokój? W omawianych fobiach przed zwierzętami nie może chodzić o proste spotęgowanie antypatii ogólnoludzkich, gdyż jak gdyby dla zademonstrowania odwrotnego stanu rzeczy istnieje wielu ludzi, którzy nie mogą przejść obok żadnego kota, aby go nie przywołać i nie pogłaskać. Mysz, której się tak obawiają kobiety, jest jednocześnie popularnym wyrażeniem pieszczotliwym; niejedna dziewczyna, która słucha z przyjemnością, gdy ją tak nazywa ukochany, krzyczy przeraźliwie, gdy spostrzeże takie milutkie zwierzątko. Odnośnie mężczyzny, dotkniętego obawą przed ulicami i placami, to nasuwa się jako jedyne wyjaśnienie, że zachowuje się on jak małe dziecko. Wychowanie zmusza wprost dziecko do unikania takich sytuacji jako niebezpiecznych i nasz pacjent, cierpiący na agorafobię, doznaje rzeczywiście ochrony przed lękiem, gdy mu się towarzyszy podczas przechodzenia przez plac.

Obie opisane tu formy lęku, czyli znajdujący się w stanie swobodnym lęk oczekiwania i lęk związany z fobiami, są od siebie niezależne. Jedna nie jest na przykład wyższym stopniem drugiej, spotykają się ze sobą tylko w drodze wyjątku, przypadkowo. Największa lękliwość ogólna nie musi objawiać się w fobiach; osoby, których całe życie jest ograniczone przez agorafobię, mogą być zupełnie wolne od pesymistycznego lęku oczekiwania. Można dowieść, że niektóre fobie, jak na przykład: lęk przed przestrzenią, lęk przed koleją żelazną zostają nabyte dopiero w latach dojrzalszych; inne, jak lęk przed ciemnością, burzą, zwierzętami, wydają się istnieć od początku. Fobie pierwszego rodzaju mają znaczenie ciężkich chorób; inne zaś wydają się raczej dziwactwami, kaprysami. Kto wykazuje jedną z tych ostatnich, u tego można zazwyczaj domyślać się jeszcze innych, podobnych fobii. Muszę dodać, że wszystkie te fobie zaliczamy do *histerii lękowej*, to znaczy, uważamy je za chorobę blisko spokrewnioną ze znaną dobrze histerią konwersyjną.

Trzecia postać lęku nerwicowego stawia nas wobec zagadki, która polega na tym, że tracimy zupełnie z oczu związek między lękiem a grożącym niebezpieczeństwem. Ten lęk występuje na przykład w histerii, towarzysząc objawom histerycznym, lub w jakichkolwiek warunkach podniecenia, gdzie oczekiwalibyśmy lęku, albo też występuje wolny od wszelkich warunków, niezrozumiały zarówno dla nas, jak i dla chorego jako czysty napad lękowy. O niebezpieczeństwie lub przyczynie, która mogłaby je spowodować, nie ma wtedy w ogóle mowy. Badając te spontaniczne napady, dowiadujemy się, że zespół, który nazywaliśmy stanem lęku, może czasem ulec rozszczepieniu. Całość napadu może być zastąpiona przez jeden jedyny, wybitnie rozwinięty objaw, a więc przez drżenie, zawrót głowy, bicie serca, brak tchu, a ogólne uczucie, po którym poznajemy lęk, może być przy tym nieobecne lub niewyraźne. A jednak te stany, które opisujemy jako „równoważniki lęku", należy pod względem klinicznym i ekologicznym postawić na równi z lękiem.

Powstają teraz dwa pytania. Czy można lęk nerwicowy, przy którym niebezpieczeństwo nie odgrywa żadnej lub bardzo nieznaczną rolę, powiązać z lękiem, wywołanym czymś realnym, który jest jedynie reakcją na niebezpieczeństwo? I jak należy rozumieć lęk nerwicowy? Najpierw chcemy przecież być w zgodzie z przypuszczeniem, że tam, gdzie występuje lęk, musi też znajdować się coś, czego się człowiek obawia.

Mamy dla zrozumienia lęku nerwicowego wiele wskazówek, których znaczenie chcę wyjaśnić, a które pochodzą ze spostrzeżeń klinicznych.

a) Nietrudno jest stwierdzić, że lęk oczekiwania lub lękliwość ogólna znajdują się w ścisłej zależności od pewnych spraw w życiu seksualnym, powiedzmy od pewnych postaci zaspokojenia *libido*. Najprostszy i najbardziej pouczający wypadek tego rodzaju przedstawiają osoby, które podlegają tak zwanemu podnieceniu frustralnemu, to znaczy, u których silne podniecenia seksualne nie znajdują dostatecznego wyładowania, nie zostają doprowadzone do zadowalającego zakończenia, na przykład mężczyźni w okresie narzeczeństwa i kobiety, których mężowie nie posiadają dostatecznej potencji lub przez ostrożność skracają akt płciowy albo wykonują go niezupełnie. W tych okolicznościach znika podniecenie *libido*, a na jego miejsce występuje lęk zarówno w formie lęku oczekiwania, jak i w napadach oraz równoważnikach napadów lęku. Przerywanie aktu płciowego, jeśli bywa stosowane jako stały reżim seksualny, stanowi zwykłą przyczynę nerwicy lękowej u mężczyzn, a zwłaszcza zaś u kobiet, tak dalece, że w praktyce lekarskiej zaleca się w tego rodzaju wypadkach szukać w pierwszym rzędzie tej właśnie etiologii. Można też niezliczoną ilość razy przekonać się, że nerwica lękowa ustępuje, jeśli nadużycie seksualne zostaje usunięte.

Faktowi związku między wstrzemięźliwością seksualną a stanami lękowymi nie zaprzeczają, jak wiadomo, nawet ci lekarze, którzy stoją z dala od psychoanalizy. Mogę jedynie przypuszczać, że nasi przeciwnicy spróbują odwrócić ten stosunek, wypowiadając przekonanie, że chodzi przy tym o osoby, które są z góry skłonne do lękliwości i dlatego też zachowują wstrzemięźliwość w sprawach seksualnych. Ale przeciw temu przemawia stanowczo zachowanie się kobiet, których seksualność jest w swej istocie bierna, to znaczy zależna od mężczyzny. Im większy kobieta posiada temperament, a więc im bardziej jest skłonna do obcowania seksualnego i podatna do zaspokojenia, tym pewniej zareaguje na niemoc płciową mężczyzny lub na *coitus interruptus* (stosunek przerywany) objawami lęku, podczas gdy u kobiet nieczułych lub obdarzonych małą ilością *libido* tego rodzaju niewłaściwe postępowanie partnera odgrywa znacznie mniejszą rolę.

To samo znaczenie dla powstawania stanów lękowych posiada tak gorąco teraz przez lekarzy zalecana wstrzemięźliwość płciowa, naturalnie tylko wtedy i gdy *libido*, pozbawione zaspakajającego wyładowania, jest odpowiednio silne i nie zostaje zużytkowane w znacznej mierze za pomocą uwznioślenia. Rozstrzygnięcie co do wystąpienia choroby zależy zawsze od czynników ilościowych. Także i tam, gdzie wchodzi w rachubę nie choroba, lecz ukształtowanie się charakteru, można łatwo się przekonać, że zahamowanie seksualne idzie ręka w rękę z pewną lękliwością i niepewnością, podczas gdy nieustraszoność i śmiała odwaga przynoszą ze sobą swobodę w zaspakajaniu pragnień seksualnych. Jakkolwiek stosunki te zmieniają się i komplikują przez działanie różnorodnych wpływów kulturalnych, to jednak dla większości ludzi pozostaje słuszne twierdzenie, że lęk jest związany z zahamowaniem seksualnym.

Pozostało mi jeszcze wiele spostrzeżeń, które przemawiają na korzyść stwierdzonego przeze mnie związku genetycznego między *libido* a lękiem. Należy tu na przykład jeszcze wpływ pewnych faz życia na schorzenia lękowe, którym to fazom, jak okresowi pokwitania i przekwitania, można przypisać znaczne spotęgowanie produkcji *libido*. W niektórych stanach podniecenia można też obserwować bezpośrednio pomieszanie *libido* i lęku oraz ostateczne zastąpienie *libido* przez lęk. Wrażenie, które otrzymujemy ze wszystkich tych faktów, jest dwojakie: po pierwsze, że chodzi o nagromadzenie *libido*, które zostało powstrzymane od normalnego wyładowania; po drugie, że znajdujemy się przy tym całkowicie na terenie procesów cielesnych. Początkowo nie jest widoczne, jak się to dzieje, że z *libido* powstaje lęk; stwierdzamy tylko brak *libido* i na jego miejscu spostrzegamy lęk.

b) Drugą wskazówkę daje nam analiza psychonerwic, szczególnie histerii. Słyszeliśmy, że w tej chorobie występuje często lęk towarzyszący objawom, ale też i lęk niezwiązany, który ujawnia się pod postacią napadu albo też stanu trwałego. Chorzy nie potrafią powiedzieć, czego się lękają i przez niewątpliwe opracowanie wtórne wiążą swój lęk z najbliższymi fobiami jak: obawą śmierci, pomieszania zmysłów, apopleksji. Jeśli poddamy analizie sytuację, z której powstał lęk, lub objawy, którym lęk towarzyszy, możemy z reguły wskazać, jaki normalny przebieg psychiczny nie doszedł do skutku i został zastąpiony przez zjawisko lęku. Wyraźmy się inaczej: odtwarzamy nieświadomy proces tak, jak gdyby nie uległ stłumieniu i przedostał się bez przeszkód do świadomości. Procesowi temu towarzyszyłoby także pewne określone uczucie. I oto dowiadujemy się ku naszemu zdziwieniu, że uczucie to, towarzyszące normalnemu przebiegowi zostaje po stłumieniu w każdym wypadku, niezależnie od swojej jakości, zastąpione przez lęk. A zatem, gdy mamy przed sobą histeryczny stan lękowy, to jego nieświadomym korelatem może być wzruszenie o podobnym charakterze, a więc: lęk, wstyd, zmieszanie, zarówno pozytywne podniecenie *libido* lub nieprzyjaźnie agresywne, jak złość i gniew. Lęk jest więc monetą obiegową, na którą zostaje zamienione lub mogą być zamienione wszystkie wzruszenia uczuciowe, gdy przynależna im treść wyobrażeniowa uległa stłumieniu.

c) Trzecie doświadczenie zdobywamy u chorych, podlegających czynnościom natrętnym, którzy w sposób godny uwagi wydają się być uchronieni od lęku. Gdy próbujemy przeszkodzić im w wypełnianiu czynności przymusowej, mycia lub ceremoniału, albo jeśli oni sami odważają się na próbę zaniechania jednego z natręctw, wtedy zostają zmuszeni do posłuszeństwa natręctwu przez okropny lęk. Rozumiemy, że lęk został pokryty przez czynność przymusową, która wykonywana była tylko po to, aby zastąpić lęk. A więc w nerwicy natręctwa lęk, który musiałby się pojawić, zostaje zastąpiony przez objawy i kiedy zwracamy się do histerii, znajdujemy w tej nerwicy podobne ustosunkowanie: jako wynik procesu stłumienia – albo wywiązanie się czystego lęku, albo lęk równocześnie z tworzeniem się objawów lub też objawy bardziej rozwinięte, bez lęku. Nie byłoby więc niesłuszne twierdzenie, że objawy powstają tylko wtedy, gdy chodzi o uniknięcie nieuniknionego poza tym wywiązania się lęku. Dzięki temu ujęciu staje się niejako lęk ośrodkiem naszego zainteresowania dla zagadnień nerwic.

Ze spostrzeżeń nad nerwicą lękową wywnioskowaliśmy, że uchylanie się *libido* od normalnego zużytkowania, wywołujące lęk, odbywa się na gruncie procesów cielesnych. Z analiz histerii i nerwicy natręctwa wynika oprócz tego, że takie samo uchylenie z tym samym rezultatem może nastąpić na skutek zakazu ze strony instancji psychicznych. Tyle więc wiemy o powstawaniu lęku nerwicowego; brzmi to jeszcze w sposób dość nieokreślony. Na razie nie widzę jednak żadnej drogi, która mogłaby prowadzić dalej. Drugie zadanie, które sobie postawiliśmy, a które polega na ustanowieniu związku między lękiem nerwicowym, czyli anormalnie ulokowanym *libido* a lękiem realnym, odpowiadającym reakcji na niebezpieczeństwo, wydaje się jeszcze trudniejsze do rozwiązania. Chciałoby się wierzyć, że chodzi tu o rzeczy zupełnie rozbieżne, a jednak nie mamy żadnego środka, aby rozróżnić odczuwanie lęku, wywołanego czymś realnym, od lęku nerwicowego.

Związek, którego szukamy, daje się nareszcie ustalić, gdy bierzemy za punkt wyjścia często przez nas wspominane przeciwieństwo między jaźnią a *libido*. Jak wiemy, wywiązanie się lęku jest reakcją jaźni na niebezpieczeństwo i sygnałem do ucieczki; nasuwa się więc pogląd, że przy lęku nerwicowym jaźń podejmuje taką samą próbę ucieczki przed wymogami swojego *libido*, traktuje to niebezpieczeństwo tak, jak gdyby było ono zewnętrzne. Tym samym spełniłoby się nasze przypuszczenie, że tam, gdzie ujawnia się lęk, znajduje się też coś, czego się człowiek lęka. Analogię można jednak poprowadzić dalej. Tak jak próba ucieczki przed niebezpieczeństwem zostaje zastąpiona przez stanowczość i celowe środki obrony, podobnie i nerwicowe wyładowanie lękowe ustępuje miejsca powstawaniu objawów, które prowadzą do związania lęku.

Trudność zrozumienia leży teraz w innym miejscu. Lęk, który oznacza ucieczkę jaźni przed jego *libido*, ma przecież z tym właśnie *libido* powstawać. Twierdzenie to nie jest przejrzyste i ostrzega nas, aby nie zapominać, że *libido* danej osoby należy w gruncie rzeczy do niej samej i nie może się jej przeciwstawić jako coś zewnętrznego. Jest to dynamika topiczna rozwoju lęku, ciemna jeszcze dla nas, nie wiemy, jakie energie duchowe zostają przy tym wyzwolone i z jakich pochodzą systemów psychicznych. Nie mogę wam przyrzec, że odpowiem także i na to pytanie, ale spróbujmy iść dalej za dwoma innymi śladami i oprzeć się na bezpośredniej obserwacji i na dociekaniu analitycznym, aby przyjść z pomocą naszej spekulacji. Powróćmy obecnie do powstawania lęku u dziecka i do pochodzenia lęku nerwicowego, związanego z fobiami.

Lękliwość dzieci jest czymś bardzo zwykłym i rozróżnienie, czy jest to lęk nerwicowy czy realny, wydaje się bardzo trudne. Wartość tego rozróżnienia staje się nawet na skutek zachowania się dzieci problematyczna, albowiem z jednej strony nie dziwimy się, jeśli dziecko lęka się wszystkich obcych osób, nowych sytuacji i przedmiotów, i tłumaczymy sobie bardzo łatwo tę reakcję jego słabością i niewiedzą. Przypisujemy zatem dziecku wybitną skłonność do lęku realnego i uważalibyśmy to za zupełnie zrozumiałe, gdyby przyniosło tę lękliwość ze sobą na świat jako coś odziedziczonego. Dziecko powtarzałoby w ten sposób tylko zachowanie się człowieka pierwotnego i dzisiejszego dzikusa, który na skutek niewiedzy i bezradności lęka się wszystkiego co nowe i wielu znanych mu rzeczy, które w nas nie wzbudzają już dziś uczucia lęku. Odpowiadałoby to też zupełnie naszemu przypuszczeniu, gdyby fobie dziecka były choć w części takie same jak te, które możemy przypisać owym okresom prehistorii.

Z drugiej strony nie możemy przeoczyć, że nie wszystkie dzieci są lękliwe w tym samym stopniu i że właśnie te dzieci, które ujawniają specjalną płochliwość wobec wszystkich możliwych przedmiotów i sytuacji, okazują się później nerwowe. Dyspozycja nerwicowa zdradza się więc przez wyraźną skłonność do lęku realnego, lękliwość wydaje się być czymś pierwotnym, i dochodzimy do wniosku, że dziecko, a później człowiek dorastający, lękają się napięcia własnego *libido*, ponieważ właśnie lękają się wszystkiego. Powstawanie lęku z *libido* zostałoby więc w ten sposób odrzucone i przy badaniu warunków lęku realnego doszłoby się konsekwentnie do wniosku, że świadomość własnej słabości i bezradności - poczucie mniejszej wartości w terminologii A. Adlera - jest też ostateczną przyczyną nerwicy, gdy świadomość ta może trwać od czasów dzieciństwa aż do życia dojrzałego.

Brzmi to tak prosto i przekonywująco, że zasługuje na naszą uwagę. W rzeczy samej pociągnęłoby to za sobą przesunięcie zagadnienia nerwowości. Dalsze trwanie poczucia mniejszej wartości - a tym samym warunku wywiązania się lęku i tworzenia objawów - wydaje się tak pewne, że przydałoby się raczej wyjaśnienie, gdyby w drodze wyjątku doszło do skutku to, co znamy jako zdrowie. Ale o czym przekonuje staranna obserwacja lękliwości dziecięcej? Małe dziecko lęka się najpierw osób obcych; sytuacje nabierają dopiero przez to znaczenia, że zawierają osoby, a przedmioty wchodzą w ogóle dopiero później w rachubę. Tych obcych osób lęka się jednak dziecko nie dlatego, że przypisuje im złe zamiary i porównuje swoją słabość z ich siłą, upatruje więc w nich niebezpieczeństwo dla swojego istnienia, spokoju i braku bólu. Takie dziecko nieufne i wystraszone przez agresywność panującą nad światem jest nieudaną konstrukcją teoretyczną. W samej rzeczy dziecko przestrasza się obcej postaci tylko dlatego, że jest nastawione na widok osoby bliskiej i ukochanej, w gruncie rzeczy matki. W lęk przeistaczają się jego rozczarowanie i tęsknota, a więc niezużytkowane *libido*, które nie może na razie zostać utrzymane w zawieszeniu, lecz znajduje ujście jako lęk. Nie może to chyba być przypadkiem, że w tej sytuacji, służącej dla dziecka jako pierwowzór lęku, zostaje powtórzony warunek pierwszego stanu lękowego podczas aktu narodzenia, mianowicie odłączenie się od matki.

Pierwszymi dziecięcymi fobiami sytuacyjnymi są obawy przed ciemnością i przed samotnością; pierwsza pozostaje często przez całe życie, obu jest wspólny brak ukochanej opiekunki, a więc matki. Usłyszałem raz, jak dziecko, lękające się ciemności, wołało do sąsiedniego pokoju: „Ciociu, mów do mnie, boję się". „Ale co masz z tego? Nie widzisz mnie przecież". Na to dziecko: „Kiedy ktoś mówi, robi się jaśniej". Tęsknota w ciemności zostaje więc przetworzona na lęk przed ciemnością. Dalecy od przypuszczenia, że lęk nerwicowy jest tylko czymś wtórnym i specjalnym wypadkiem lęku realnego, widzimy raczej u małego dziecka coś, co objawia się jako lęk wywołany przez coś realnego, coś, co z lękiem nerwicowym ma jako wspólny rys zasadniczy powstawanie z niezużytkowanego *libido*. Z prawdziwego lęku realnego wydaje się dziecko przynosić ze sobą mało na świat. We wszystkich tych sytuacjach, które później mogą stać się warunkami powstawania fobii: na wysokościach, na wąskich mostach, nad wodą, podczas podróży koleją i okrętem, nie okazuje dziecko prawie żadnego lęku, a to tym mniej w im większej pozostaje niewiedzy. Byłoby bardzo pożądane, gdyby otrzymało w dziedzictwie większą ilość takich, ochraniających życie, instynktów; zadanie pilnowania go, które musi mu przeszkodzić w narażaniu się na jedno niebezpieczeństwo po drugim, byłoby przez to bardzo ułatwione. W rzeczywistości jednak dziecko przecenia początkowo swoje siły i jest wolne od lęku, ponieważ nie zna niebezpieczeństw. Będzie ono biegało nad brzegiem wody, wspinało się na framugę okienną, będzie igrało z ostrymi przedmiotami i z ogniem, krótko mówiąc, będzie czyniło wszystko to, co musi przynieść mu szkodę i przysporzyć troski opiekunom. Jest to wyłącznie dziełem wychowania, gdy budzi się w nim wreszcie lęk realny, gdyż nie można przecież zezwolić na to, aby samo zdobyło odpowiednie doświadczenie.

Jeśli bywają dzieci, które same pomagają częściowo w wychowaniu, rozwijającym poczucie lęku, i które potem też same wynajdują niebezpieczeństwa, przed którymi ich nie ostrzegano, to dla zjawiska tego wystarcza wyjaśnienie, że przyniosły one w swoim ustroju większą ilość zapotrzebowań *libido* lub zostały zepsute przez przedwczesne jego zaspakajanie. Nic dziwnego, jeśli wśród tych dzieci znajdują się późniejsi neurotycy; wiemy, że największym ułatwieniem dla powstawania nerwicy jest niezdolność do znoszenia przez dłuższy czas znacznego nagromadzenia się *libido*. Widzicie, że dochodzi tu do głosu także i czynnik ustrojowy, którego prawom nigdy nie chcieliśmy zaprzeczać. Zastrzegamy się tylko przeciwko temu, gdy ktoś dla tego jednego czynnika zapomina o wszystkich innych i wprowadza moment ustrojowy także i tam, gdzie według połączonych wyników spostrzeżeń i analizy nie należy mu się żadne lub co najwyżej ostatnie miejsce.

Pozwólcie nam zreasumować spostrzeżenia, poczynione nad lękliwością dzieci: lęk dziecięcy ma bardzo mało wspólnego z lękiem realnym, jest natomiast blisko spokrewniony z lękiem nerwicowym ludzi dorosłych. Powstaje, jak i ten ostatni, z niezużytkowanego *libido* i zastępuje brakujący przedmiot miłości przez jakiś zewnętrzny przedmiot lub sytuację.

Będzie wam teraz miło usłyszeć, że analiza fobii niewiele już nas może nauczyć nowego. Dzieje się przy nich to samo, co przy lęku dziecięcym; niezużytkowane *libido* zamienia się nieustannie w pozorny lęk realny, a więc nieznaczne zewnętrzne niebezpieczeństwo zostaje użyte w zastępstwie roszczeń *libido*. Zgodność ta nie zawiera w sobie niczego zadziwiającego, gdyż fobie dziecięce nie tylko są pierwowzorem późniejszych, które zaliczamy do „histerii lękowej", lecz są bezpośrednim warunkiem i wstępem do nich. Każda fobia histeryczna sprowadza się do lęku dziecięcego, jest jego przedłużeniem nawet wtedy, gdy zawiera inną treść, a więc musi być nazwana inaczej. Różnica obu cierpień leży w mechanizmie. U człowieka dorosłego nie wystarcza już dla przemiany lęku w *libido* okoliczność, że *libido* jako tęsknoty nie można w danej chwili zaspokoić. Dawno już nauczył się on utrzymywać takie *libido* w zawieszeniu lub zużytkowywać je inaczej. Gdy *libido* należy do dążenia psychicznego, które uległo stłumieniu, wtedy powstają znów podobne stosunki jak u dziecka, które nie rozróżnia jeszcze rozdziału między świadomym a nieświadomym, a za pomocą regresji do fobii dziecięcej otwiera się droga, na której może wygodnie dojść do skutku przekształcenie się *libido* w lęk. Mówiliśmy, jak sobie przypominacie, wiele o stłumieniu, ale śledziliśmy przy tym zawsze tylko los wyobrażenia, ulegającego stłumieniu, naturalnie dlatego, że był on łatwiejszy do rozpoznania i do przedstawienia. Co staje się z afektem, który należał do stłumionego wyobrażenia, to pytanie pozostawialiśmy zawsze na uboczu i dopiero teraz dowiadujemy się, że najbliższym losem tego afektu jest przekształcenie się w lęk niezależnie od jakości, którą wykazałby przy normalnym przebiegu. To przekształcenie się afektu stanowi jednak znacznie ważniejszą część procesu stłumienia. Nie jest tak łatwo o tym mówić, gdyż nie możemy zakładać istnienia nieświadomych afektów w tym samym sensie, jak to czynimy z nieświadomymi wyobrażeniami. Wyobrażenie pozostaje z jedną tylko różnicą tym samym bez względu na to, czy jest świadome czy nieświadome; możemy podać, co odpowiada nieświadomemu wyobrażeniu. Uczucie jednak jest procesem odpływowym, który należy oceniać zupełnie inaczej niż wyobrażenie; nie da się powiedzieć bez głębszych rozważań i wyjaśnienia naszych przesłanek o procesach psychicznych, co odpowiada mu w nieświadomym. Tego nie możemy tutaj przedsięwziąć. Chcemy jednak utrzymać świeżo uzyskane wrażenie, że wywiązywanie się lęku jest ściśle związane z systemem nieświadomego.

Powiedziałem, że przekształcenie się w lęk, lepiej: ujście w formie lęku, jest najbliższym losem *libido*, które zostaje stłumione. Muszę dodać, że nie jedynym, lecz ostatecznym. W nerwicach odbywają się procesy, które starają się zahamować wywiązanie się lęku i którym się to różnymi drogami udaje. W fobiach, na przykład, można wyraźnie rozróżnić dwie fazy procesu nerwicowego. W pierwszej odbywa się stłumienie i przeprowadzenie *libido* w lęk, który zostaje związany z niebezpieczeństwem zewnętrznym. Druga polega na budowaniu wszystkich tych ostrożności i ubezpieczeń, dzięki którym uniknie się zetknięcia z tym niebezpieczeństwem, traktowanym jako coś z zewnątrz. Stłumienie odpowiada próbie ucieczki jaźni przed *libido*, odczuwaną jako niebezpieczeństwo. Fobię można porównać z barykadowaniem się przeciw niebezpieczeństwu zewnętrznemu, które w tym wypadku przedstawia wywołujące obawę *libido*. Słabość systemu obronnego polega w fobii naturalnie na tym, że forteca, tak wzmocniona na zewnątrz, pozostała dostępna od wewnątrz. Projekcja niebezpieczeństwa ze strony *libido* na zewnątrz nie może się nigdy udać. W innych nerwicach są dlatego w użyciu inne systemy obrony przeciw możliwości wywiązania się lęku. Jest to bardzo zajmująca część psychologii nerwic, niestety, prowadzi nas zbyt daleko i wymaga gruntowniejszych wiadomości specjalnych. Chcę dodać jeszcze tylko jedno. Mówiłem bowiem już o „obsadzie przeciwnej", którą jaźń posługuje się przy stłumieniu i którą musi stale utrzymywać, aby stłumienie było trwałe. Tej obsadzie przeciwnej przypada zadanie przeprowadzenia różnych faz obrony przeciw wywiązaniu się lęku po stłumieniu.

Powróćmy do fobii. Mogę teraz powiedzieć, że rozumiecie, jak niewystarczające jest, gdy chce się wyjaśnić tylko ich treść i nie zajmować się niczym innym oprócz pytania, skąd to pochodzi, że ten lub inny obiekt albo dowolna sytuacja stały się przedmiotem fobii. Treść fobii ma dla niej mniej więcej to samo znaczenie, co widoczne oblicze snu dla marzenia sennego. Trzeba dodać z odpowiednimi ograniczeniami, że niektóre treści fobii, jak podnosi to Stanley Hall, nadają się na przedmioty lęku na skutek dziedzictwa szczepowego. Z tym przypuszczeniem zgadza się okoliczność, że wiele z tych przedmiotów lęku może uzyskać swój związek z niebezpieczeństwem tylko przez stosunek symboliczny.

Tak więc zrozumieliśmy, jak ośrodkowe miejsce zajmuje problem lęku w zagadnieniach psychologii nerwic. Przekonaliśmy się dobitnie o tym, jak dalece rozwój lęku związany jest z losami *libido* i systemem nieświadomego. Tylko jeden punkt odczuliśmy jako niepowiązany z całością, jako lukę w naszym ujęciu, ten jeden fakt, któremu jednak trudno zaprzeczyć, a mianowicie, że lęk realny musimy uważać za przejaw popędów samozachowawczych jaźni.

WYKŁAD XXVI

TEORIA LIBIDO I NARCYZM

Panie i Panowie! Już niejednokrotnie i nawet zupełnie niedawno mieliśmy do czynienia z rozróżnieniem popędów jaźni i popędów seksualnych. Najpierw stłumienie pokazało nam, że oba rodzaje popędów mogą występować przeciw sobie, że wtedy popędy seksualne formalnie ulegają i są zmuszone zdobywać zaspokojenie na okrężnej drodze regresji, przy czym znajdują wtedy w swojej niewzruszoności wynagrodzenie za klęskę. Potem dowiedzieliśmy się, że jedne i drugie wykazują od samego początku odmienny stosunek do wielkiego wychowawcy - niedostatku tak, że nie przechodzą tego samego rozwoju i nie ustosunkowują się w ten sam sposób do zasady rzeczywistości. W końcu przekonujemy się, iż popędy seksualne są daleko bardziej związane z uczuciem lęku niż popędy jaźni, rezultat, który wydaje się niezupełny tylko jeszcze pod jednym ważnym względem. Dla lepszego uzasadnienia dodamy więc ten godny uwagi fakt, że niezaspokojenie głodu i pragnienia, dwóch najbardziej podstawowych popędów samozachowawczych, nie ma nigdy za skutek przemiany ich w lęk, podczas gdy przekształcenie się niezaspokojonego *libido* w lęk, należy, jak słyszeliśmy, do zjawisk najlepiej znanych i najczęściej dostrzeganych.

Nasze pełne prawo do rozróżniania popędów jaźni i popędów seksualnych nie może być zakwestionowane. Jest ono przecież dane wraz z istnieniem dążenia seksualnego jako specjalnej czynności jednostki. Można tylko zapytać, jakie znaczenie przypisujemy tej różnicy, za jak głęboką ją uważamy. Odpowiedź na to pytanie będzie zależała od stwierdzenia, o ile popędy seksualne ujawniają się inaczej somatycznie i duchowo niż inne popędy, które im przeciwstawiamy, i jak ważne są skutki, wynikające z tych różnic. Do stwierdzenia niezbyt zresztą uchwytnej różnicy istoty obu grup popędów nie mamy naturalnie żadnego motywu. Obie występują tylko jako nazwy źródeł energii jednostki i dyskusja, czy są w gruncie rzeczy czymś identycznym lub istotnie różnym, a jeśli są tym samym, to kiedy się od siebie oddzieliły, nie może być prowadzona w zakresie pojęć, lecz musi opierać się na faktach biologicznych poza nimi. O tym wiemy zbyt mało, a gdybyśmy nawet wiedzieli więcej, nie wchodziłoby to w rachubę przy naszym zadaniu analitycznym.

Niewiele pomogłoby nam też, gdybyśmy za przykładem Junga podkreślali pierwotną jedność wszystkich popędów i nazywali tę we wszystkim ujawniającą się energię *libido*. Ponieważ funkcja seksualna nie daje się w żaden sposób wyeliminować z życia psychicznego, jesteśmy więc zmuszeni mówić o *libido* seksualnym i aseksualnym. Nazwę *libido* słusznie zachowujemy dla sił popędowych życia seksualnego.

Myślę więc, że pytanie, jak daleko należy posunąć niewątpliwie uprawnione rozróżnienie popędów seksualnych i samozachowawczych, nie ma dla psychoanalizy wielkiego znaczenia; nie jest też ona kompetentna w tej sprawie. Biologia dostarcza w istocie różnorodnych punktów oparcia dla twierdzenia, że oznacza ono coś ważnego. Seksualizm jest bowiem jedyną funkcją żyjącego organizmu, która wychodzi poza jednostkę i zabezpiecza jej powiązanie z gatunkiem. Nie da się zaprzeczyć, że jej wykonywanie nie zawsze przynosi korzyść jednostce tak jak inne jej czynności, lecz przeciwnie kosztem wielkiej rozkoszy naraża ją na niebezpieczeństwa, które zagrażają jej życiu i dość często ją niszczą. Prawdopodobnie okażą się także potrzebne zupełnie specjalne, od wszystkich innych odmienne procesy przemiany materii, aby utrzymać udział życia indywidualnego jako dyspozycję dla potomstwa. Wreszcie jednostka, która uważa siebie samą za rzecz główną, a swój seksualizm za jeden, między innymi, środek do swojego zaspokojenia, jest z punktu widzenia biologicznego tylko epizodem w szeregu pokoleń, znikomym wyrostkiem obdarzonej potencjalną nieśmiertelnością plazmy rozrodczej, jak gdyby chwilowym właścicielem fideikomisu[1], który go przeżyje.

Dla psychoanalitycznego wyjaśnienia nerwic zbędne są jednakże tak daleko sięgające punkty widzenia. Przy pomocy oddzielnego prześledzenia popędów seksualnych i popędów jaźni zdobyliśmy klucz do zrozumienia grupy nerwic przeniesienia. Moglibyśmy sprowadzić je do sytuacji podstawowej, kiedy to popędy seksualne popadają w rozterkę z popędami samozachowawczymi lub też, wyrażając się biologicznie - choć mniej dokładnie - kiedy jedna pozycja jaźni jako jednostka samodzielna sprzeciwia się innej jako członkowi szeregu pokoleń. Do takiego rozdwojenia dochodzi być może tylko u człowieka i dlatego na ogół nerwica jest jego przywilejem wobec zwierząt. Zdaje się, że zbyt silny rozwój jego *libido* i umożliwione właśnie przez to wykształcenie bogato zróżnicowanego życia duchowego stworzyły warunki powstania takiego konfliktu. Widoczne jest bez trudu, że są to także warunki wielkich postępów, które człowiek poczynił, wychodząc poza obręb swojej wspólnoty ze zwierzętami tak, że jego skłonność do nerwicy byłaby tylko odwrotną stroną jego uzdolnienia. Ale i to są też tylko spekulacje, które odwracają uwagę od naszego najbliższego zadania.

Przesłanką naszej pracy było dotychczas, że mogliśmy odróżniać popędy jaźni i popędy seksualne według ich przejawów. W nerwicach przeniesienia udawało się to bez trudu. Obsady energii, które jaźń skierowuje ku obiektom swoich dążeń seksualnych, nazwaliśmy *libido*, wszystkie inne, wysyłane przez popędy samozachowawcze, *zainteresowaniem* i śledząc obsady *libido*, ich przemiany i ich losy ostateczne, mogliśmy zdobyć pierwsze pojęcie o pracy sił psychicznych. Nerwice przeniesienia dostarczyły nam najbardziej sprzyjającego materiału. Ale jaźń, jej budowa z rozmaitych organizacji, ich charakter i sposób funkcjonowania pozostały dla nas ukryte i mogliśmy przypuszczać, że dopiero analiza innych zaburzeń nerwicowych przyniesie nam zrozumienie tej dziedziny.

Wcześnie już rozpoczęliśmy rozszerzać poglądy psychoanalityczne na te inne schorzenia. Już w roku 1908 K. Abraham, po wymianie myśli ze mną, wypowiedział zdanie, że główną cechą zaliczanego do psychoz otępienia wczesnego jest *brak obsady obiektów przez libido* (w pracy: *Różnice psychoseksualne między histerią a otępieniem wczesnym*). Ale wtedy powstało pytanie, co się dzieje z odwróconym od obiektów *libido* chorych, podlegających otępieniu? Abraham nie ociągał się z odpowiedzią; zwraca się ona ku własnemu „ja" i *ten zwrot stanowi źródło urojeń wielkościowych w chorobie zwanej dementia praecox.* Manię wielkości można wprost porównać ze

[1]Fideikomis (łac. *fidei commissum* - powierzone wierności) - system dziedziczenia wielkiej własności, polegający na przejściu majątku tytułem spadku na spadkobiercę z zastrzeżeniem, że nie przysługuje mu prawo sprzedaży, zastawu itd. [przyp. red.].

znanym tak dobrze w życiu miłosnym przecenianiem seksualnym przedmiotu. Tak więc po raz pierwszy nauczyliśmy się rozumieć rys choroby psychicznej przez zestawienie z normalnym życiem miłosnym.

Oświadczam wam już teraz, że te pierwsze poglądy Abrahama utrzymały się w psychoanalizie i stały się podstawą naszego stanowiska odnośnie psychoz. Przyswajano sobie powoli myśl, że *libido*, które znajdujemy związane z obiektami i które jest wyrazem dążenia do zdobycia zaspokojenia dzięki tym obiektom, może je także porzucić, stawiając na ich miejsce własne „ja"; pogląd ten stopniowo i konsekwentnie rozwijano. Nazwę dla takiego umieszczenia *libido* - *narcyzm* - zapożyczyliśmy od perwersji, opisanej przez P. Nacke'go, w której dorosła jednostka obdarza własne ciało tymi wszystkimi czułościami, które rezerwuje się zazwyczaj dla obiektu seksualnego.

Powiadamy sobie natychmiast, że jeśli istnieje takie związanie *libido* z własnym ciałem i własną osobą, zamiast z obiektem, to nie może być ono czymś wyjątkowym i nic nieznaczącym. Wydaje się raczej prawdopodobne, że narcyzm ten jest stanem ogólnym i pierwotnym, z którego później dopiero powstała miłość do obiektów, przy czym jednak narcyzm niekoniecznie musiał zniknąć. Trzeba było przecież przypomnieć sobie z historii rozwoju *libido*, skierowanego ku obiektom, że wiele popędów seksualnych zaspakaja się początkowo na własnym ciele, w sposób, jak mówimy: *autoerotyczny* i że tej zdolności do autoerotyzmu opiera się pozostawanie w tyle popędów seksualnych w procesie wychowania do zasady rzeczywistości. Tak więc autoerotyzm był czynnością seksualną okresu narcystycznego.

Krótko mówiąc, wytworzyliśmy sobie o stosunku *libido* jaźni do *libido* obiektów wyobrażenie, które mogę wam unaocznić za pomocą porównania z dziedziny zoologii. Pomyślcie o tych najprostszych istotach żyjących, które składają się z mało zróżnicowanej bryłki zarodzi. Wysuwają one wyrostki, zwane nibynóżkami, do których przelewają substancję swojego ciała. Mogą wciągnąć te wyrostki z powrotem i zwinąć się w bryłkę. Wysuwanie wyrostków porównujemy z wysyłaniem *libido* do obiektów, podczas gdy główna masa *libido* może pozostawać w jaźni, i przyjmujemy, że w normalnych warunkach *libido* jaźni może zamienić się bez przeszkody w *libido* obiektów, to zaś może być z powrotem przyjęte do jaźni.

Za pomocą tych wyobrażeń możemy wytłumaczyć bardzo wiele stanów psychicznych lub, wyrażając się skromniej, opisać w języku teorii *libido* stany, które musimy zaliczać do życia normalnego takie, jak: zachowanie się psychiczne przy zakochaniu, w chorobie organicznej, we śnie. Dla stanu snu przyjęliśmy, że polega on na odwróceniu się od świata zewnętrznego i nastawieniu na pragnienie snu. To, co ujawniło się jako nocna działalność psychiczna w marzeniu sennym, znaleźliśmy na usługach pragnienia snu i ponadto zupełnie opanowane przez motywy egoistyczne. Powiemy teraz zgodnie z sensem teorii *libido*, że sen jest stanem, w którym wszystkie obsady obiektów zarówno przez *libido*, jak i egoistyczne zostają porzucone i wciągnięte z powrotem do jaźni. Czy nie rzuca to nowego światła na odpoczynek po wyspaniu się i na istotę zmęczenia w ogóle? Obraz błogiego odosobnienia podczas życia w łonie matki, który wywołuje co noc człowiek śpiący, uzupełnia się w ten sposób również i od strony psychicznej. U śpiącego zostaje przywrócony pierwotny stan podziału *libido*, zupełny narcyzm, kiedy *libido* i zainteresowanie jaźni występują jeszcze zjednoczone i nie do rozróżnienia w jaźni, która wystarcza sama sobie.

Jest tu miejsce na dwie uwagi. Po pierwsze, jak odróżniają się pojęciowo narcyzm i egoizm? Otóż myślę, że narcyzm jest to dopełnienie egoizmu przez *libido*. Gdy się mówi o egoizmie, ma się przed oczami tylko korzyść jednostki; mówiąc: narcyzm, bierze się też pod uwagę zaspokojenie jej *libido*. Jako motywy praktyczne, oba dają się na dłuższą metę prześledzić oddzielnie. Można być absolutnym egoistą, a jednak podtrzymywać silne obsady obiektów przez *libido*, o tyle, o ile zaspokojenie *libido* przez obiekt należy do potrzeb jaźni. Egoizm będzie wtedy uważał, aby dążenie, skierowane ku przedmiotowi, nie przyniosło szkody jaźni. Można być egoistą i przy tym usposobionym bardzo narcystycznie, to znaczy posiadać bardzo małą potrzebę przenoszenia *libido* na obiekty, zarówno w bezpośrednim zaspokojeniu seksualnym, jak i w owych wyższych dążeniach, wywodzących się z pragnień, które przeciwstawiamy nieraz „zmysłowości" – jako „miłość". Egoizm jest w tych wszystkich wypadkach czymś stałym i zrozumiałym samo przez się, narcyzm – elementem zmiennym. Przeciwieństwo egoizmu, *altruizm*, nie pokrywa się pojęciowo z obsadą przedmiotów przez *libido*, różni się od niego brakiem dążeń do zaspakojenia seksualnego. Ale w stanie pełnego zakochania altruizm łączy się z obsadą obiektów przez *libido*. Przedmiot seksualny przyciąga do siebie z reguły pewną część narcyzmu jaźni, co staje się widoczne jako tak zwane „przecenianie seksualne" przedmiotu. Gdy przybywa jeszcze do tego altruistyczne przeniesienie egoizmu na przedmiot seksualny, przedmiot ten staje się niezmiernie potężny – wessał on jak gdyby całą jaźń.

Myślę, że odczujecie to jako odpoczynek, jeśli po tej w gruncie rzeczy suchej fantastyce nauki przytoczę poetyckie przedstawienie przeciwieństwa ekonomicznego między narcyzmem a zakochaniem. Czerpię je z *Zachodnio-wschodniego dywanu* Goethego:

Sulejka: Volk und Knecht und Überwinder
Sie gestehn zu jeder Zeit:
Höchstes Glück der Erdenkinder
Sei nur die Persönlichkeit.
Jedes Leben sei zu führen,
Wenn man sich nicht selbst vermisst;
Alles könne man verlieren,
Wenn man bliebe, was man ist.

Hatem: Kann wohl sein! So wird gemeinet;
Doch ich bin auf andrer Spur:
Alles Erdenglück vereinet
Find' ich in Suleika nur.
Wie sie sich an mich verschwendet,
Bin ich mir ein wertes Ich;
Hätte się sich weggewendet,
Augenblicks verlör' ich mich.
Nun mit Hatem wär's zu Ende;
Doch schon hab' ich umgelost;
Ich verkörpere mich behende
In den Holden, den sie kost.[2]

Druga uwaga jest dopełnieniem teorii marzenia sennego. Nie możemy wytłumaczyć sobie powstania marzenia sennego, jeśli nie przyjmiemy, że stłumione nieświadome zdobyło pewną niezależność od jaźni tak, że nie poddaje się ono pragnieniu snu i zachowuje swoje obsady nawet wtedy, gdy wszystkie zależne od jaźni obsady obiektów zostały wycofane na korzyść snu. Dopiero wtedy można zrozumieć, że owo nieświadome może wykorzystać nocne zniesienie lub zmniejszenie cenzury i że potrafi owładnąć resztkami z dnia, aby z ich materiału utworzyć zabronione życzenie marzenia sennego. Z drugiej strony mogą resztki z dnia zawdzięczać istniejącemu już połączeniu z tym stłumionym nieświadomym część swojej odporności przeciw wycofaniu *libido*, podyktowanemu przez pragnienie snu. Ten dynamicznie ważny rys włączymy więc jako uzupełnienie do naszego poglądu na tworzenie się marzenia sennego.

Zachorowanie organiczne, podrażnienie bólowe, zapalenie narządów wytwarzają stan, który pociąga za sobą wyraźne oderwanie się *libido* od jego obiektów. Wycofane *libido* znajduje się znowu w jaźni, jako wzmocniona obsada chorej części ciała. Można nawet odważyć się na twierdzenie, że w tych warunkach oderwanie się *libido* od jego obiektów rzuca się bardziej w oczy niż odwrócenie egoistycznego zainteresowania od świata zewnętrznego. Stąd wydaje się otwierać droga do zrozumienia hipochondrii, w wyniku której pewien narząd w ten sam sposób absorbuje jaźń, mimo że w naszym postrzeganiu nie jest chory. Ale opieram się pokusie pójścia dalej lub wyjaśnienia innych sytuacji, które stają się dla nas zrozumiałe lub możliwe do przedstawienia dzięki przyjęciu wędrówki *libido* obiektów do jaźni, ponieważ odczuwam potrzebę uprzedzenia dwóch zarzutów, które, jak wiem, mają

---

[2] *Sulejka*: Lud, niewolnik i zwycięzca przyznają w każdej chwili, że najwyższym szczęściem dzieci ziemi jest tylko osobowość. Można prowadzić każde życie, jeżeli się nie zatraca samego siebie; można stracić wszystko, byle tylko pozostać tym, kim się jest.

Hatem: Być może! Tak zwykle się myśli; ja jednak sądzę inaczej. Całe szczęście ziemskie znajduję tylko w Sulejce. Wtedy gdy przynosi mi w darze całą siebie, moje ja nabiera dla mnie wartości; gdyby się odwróciła, zgubiłbym się w jednej chwili. Z Hatemem byłby koniec; ale już przypadł mi nowy los w udziale; wcielam się szybko w pięknego młodziana, którego ona pieści.

teraz wasz posłuch. Po pierwsze chcecie mi zarzucić, dlaczego we śnie, w chorobie i w podobnych sytuacjach chcę koniecznie rozróżniać *libido* i zainteresowanie, popędy seksualne i popędy jaźni, podczas gdy dla naszych spostrzeżeń wystarczyłoby zupełnie przyjęcie jednej jedynej i jednolitej energii, która obsadza swobodnie to obiekt, to jaźń, wstępując w służbę zarówno jednego jak drugiego popędu. Po drugie, jakże mogę się odważyć na traktowanie oderwania się *libido* od obiektu jako źródła stanu patologicznego, podczas gdy takie przejście *libido* obiektu w *libido* jaźni – lub, ogólniej, w energię jaźni – należy do normalnych, co dzień i co noc powtarzających się procesów dynamiki duchowej?

Na to mogę odpowiedzieć: pierwszy zarzut brzmi rozsądnie. Wyjaśnienie stanów snu, choroby, zakochania nie doprowadziłoby nas prawdopodobnie samo przez się nigdy do odróżnienia *libido* jaźni od *libido* obiektu lub *libido* od zainteresowania. Ale zapominacie przy tym o badaniach, które były dla nas punktem wyjścia i w których świetle rozpatrujemy teraz sytuacje psychiczne, o których mowa. Rozróżnienie *libido* i zainteresowania, a więc popędów seksualnych i popędów samozachowawczych zostało narzucone przez poznanie konfliktu, który wywołuje nerwice przeniesienia.

Od tego czasu nie możemy go zaniechać. Przypuszczenie, że *libido* przedmiotu może przejść w *libido* jaźni, że należy się więc liczyć z *libido* jaźni, wydało nam się jedynym, które jest w stanie rozwiązać zagadkę tak zwanych nerwic narcystycznych, na przykład *dementia praecox*, zdać rachunek z ich podobieństw i różnic w porównaniu z histerią i natręctwami. Zastosujemy więc do choroby, snu i zakochania to, czego słuszność stwierdziliśmy gdzie indziej w sposób niewątpliwy. Możemy rozszerzyć te zastosowania i zobaczyć, jak daleko zajdziemy przy ich pomocy. Jedyne twierdzenie, które nie jest bezpośrednim wynikiem naszego doświadczenia analitycznego, polega na tym, że *libido* pozostaje sobą bez względu na to, czy zostaje skierowane na obiekty, czy na własne „ja" i nie przekształca się nigdy w zainteresowanie egoistyczne, a także i odwrotnie. Ale twierdzenie to jest równoznaczne z ocenionym już krytycznie rozróżnieniem popędów seksualnych i popędów jaźni, którego ze względów heurystycznych będziemy się trzymali aż do ewentualnego niepowodzenia.

Także i drugi zarzut zawiera uzasadnione pytanie, jest jednak skierowany w fałszywym kierunku. Oczywiście, że wciągnięcie *libido* obiektów w jaźń nie jest wprost chorobotwórcze; widzimy przecież, że dokonuje się ono za każdym razem przed snem, aby cofnąć się wraz z przebudzeniem. Pierwotniak wciąga swoje wypustki, aby je znów wysunąć przy najbliższej sposobności. Ale jest to zupełnie coś innego, gdy pewien określony, bardzo energiczny proces powoduje oderwanie się *libido* od obiektów. *Libido*, które stało się narcystyczne, nie może później znaleźć drogi powrotnej do obiektów i to zahamowanie jego ruchliwości staje się chorobotwórcze. Zdaje się, że nagromadzenie narcystycznego *libido* ponad pewną miarę nie bywa dobrze znoszone. Możemy sobie też wyobrazić, iż właśnie to spowodowało obsadę obiektów, że jaźń musiała wysłać swoje *libido*, aby nie zachorować na skutek jego skupienia. Gdyby leżało w naszym planie zajmowanie się obszerniej chorobą zwaną otępieniem wczesnym, pokazałbym wam, że proces, który odrywa *libido* od obiektów, i zamyka jego powrót do nich, jest zbliżony do procesu stłumienia i trzeba go ująć jako jego odpowiednik. Przede wszystkim jednak poczujecie znany grunt pod nogami, dowiadując się, że warunki powstawania tego procesu są – o ile poznaliśmy je dotychczas – niemal identyczne z warunkami powstawania stłumienia. Zdaje się, że konflikt jest ten sam i rozgrywa się między tymi samymi mocami. Jeśli koniec jest zupełnie inny aniżeli na przykład przy histerii, to przyczyna tego może leżeć tylko w różnicy dyspozycji. Rozwój *libido* posiada u tych chorych swój słaby punkt w innej fazie; miarodajna fiksacja, która, jak sobie przypominacie, pozwala na przedostanie się do objawów, leży gdzie indziej, prawdopodobnie w stadium pierwotnego narcyzmu, do którego powraca ostatecznie otępienie wczesne. Jest to ze wszechmiar godne uwagi, że dla wszystkich nerwic narcystycznych musimy przyjąć miejsca związania *libido*, które sięgają znacznie wcześniejszych faz rozwoju niż w histerii lub nerwicy natręctwa. Ale słyszeliście, że pojęcia, które zdobyliśmy przy badaniu nerwic przeniesienia, wystarczają także i dla orientacji w praktycznie znacznie trudniejszych nerwicach narcystycznych. Cechy wspólne sięgają bardzo daleko; jest to w gruncie rzeczy ta sama dziedzina zjawisk. Możecie jednak wyobrazić sobie, jak beznadziejnie kształtuje się wyjaśnienie tych chorób, należących już do psychiatrii, dla tego, kto do rozwiązania tego zadania nie przynosi ze sobą analitycznej znajomości nerwic przeniesienia.

Obraz objawów otępienia wczesnego, który jest zresztą zmienny, nie określa się wyłącznie przez objawy, które powstają dzięki odepchnięciu *libido* od obiektów i jego nagromadzeniu jako *libido* narcystycznego w jaźni. Dużo miejsca zajmują raczej inne zjawiska, które wynikają z dążenia *libido* do powrotu do obiektów, a więc odpowiadają próbie powrotu do dawnego stanu albo uzdrowienia. Objawy te wpadają nawet bardziej w oko, są wyraźniejsze; wykazują niewątpliwe podobieństwo do objawów histerii lub rzadziej nerwicy natręctwa, są jednak pod każdym względem inne. Zdaje się, że *libido* przy *dementia praecox* w swym usiłowaniu dojścia znowu do obiektów, to znaczy wyobrażeń obiektów, rzeczywiście coś z nich uchwyciło, ale niejako tylko ich cienie; mam na myśli przynależne im wyobrażenia słowne. Nie mogę tu więcej o tym powiedzieć, ale myślę, że zachowanie się dążącego wstecz *libido* pozwoliło nam zdobyć pogląd na to, co rzeczywiście stanowi różnicę między wyobrażeniem świadomym a nieświadomym.

Wprowadziłem was teraz w dziedzinę, w której należy oczekiwać szybkich postępów pracy analitycznej. Odkąd mamy odwagę używać pojęcia *libido* jaźni, stały się nam dostępne nerwice narcystyczne; wysunęło się zadanie dynamicznego wyjaśnienia tych schorzeń i jednoczesnego uzupełnienia naszej znajomości życia psychicznego przez zrozumienie jaźni. Psychologia jaźni, do której zmierzamy, powinna się oprzeć nie na danych naszej introspekcji, lecz, jak przy *libido*, na analizie zaburzeń i uszkodzeń jaźni. Będziemy prawdopodobnie mało cenili naszą dotychczasową znajomość losów *libido*, którą zaczerpnęliśmy z badań nad nerwicami przeniesienia, gdy dokonana zostanie tamta większa praca. Ale na to nie zaszliśmy w niej jeszcze dość daleko. Do nerwic narcystycznych nie można się zbliżać za pomocą techniki, która służyła wam przy nerwicach przeniesienia. Usłyszycie zaraz dlaczego. Badając je, doświadczamy zawsze tego, że po krótkim posunięciu się naprzód stajemy przed murem, który zmusza nas do zatrzymania się. Wiecie dobrze, że i w nerwicach przeniesienia napotykaliśmy na takie twarde opory, ale mogliśmy burzyć je krok za krokiem. W nerwicach narcystycznych opór jest nieprzezwyciężony; możemy co najwyżej rzucić ciekawym okiem poza wysoki mur, aby zobaczyć, co się odbywa po drugiej stronie. Nasze metody techniczne musimy więc zastąpić przez inne; nie wiemy jeszcze, czy nam się to uda. W każdym razie i u tych chorych nie brak nam materiału. Mówią oni wiele i jeśli nie są to nawet odpowiedzi na nasze pytania, nie pozostaje tymczasem nic innego, jak interpretować ten materiał za pomocą zrozumienia, które zdobyliśmy przy badaniu objawów nerwic przeniesienia. Podobieństwo jest dość duże, aby zapewnić nam początkowo powodzenie. Jak daleko zaprowadzi nas ta technika, pozostaje kwestią otwartą.

Inne trudności jeszcze wstrzymują nasz postęp. Zagadnienia schorzeń narcystycznych i zbliżonych do nich psychoz mogą być rozwiązane tylko przez badaczy, którzy wyszkolili się w analitycznym badaniu nerwic przeniesienia. Ale nasi psychiatrzy nie studiują psychoanalizy, a my, psychoanalitycy, widzimy zbyt mało przypadków psychiatrycznych. Musi rozwinąć się dopiero pokolenie psychiatrów, które przejdzie szkołę psychoanalizy jako nauki przygotowawczej. Początek robi obecnie Ameryka, gdzie wielu czołowych psychiatrów wykłada studentom naukę psychoanalizy i gdzie właściciele zakładów i dyrektorzy domów dla obłąkanych starają się obserwować chorych z punktu widzenia tej nauki. Jednak i nam udało się parę razy rzucić spojrzenie poza mur narcystyczny i właśnie chcę podzielić się niektórymi ze spostrzeżeń, które, zdaniem naszym, udało się poczynić.

Postać chorobowa znana jako paranoja, inaczej jako chroniczny obłęd systematyczny, zajmuje w próbach klasyfikacji dzisiejszej psychiatrii niejasne stanowisko. Jej bliskie pokrewieństwo z *dementia praecox* nie ulega jednak żadnej wątpliwości. Pozwoliłem sobie raz zaproponować ujęcie paranoi i otępienia wczesnego pod wspólną nazwą *parafrenii.* Formy paranoi bywają opisywane odpowiednio do ich treści jako: mania wielkości, mania prześladowcza, mania miłosna (erotomania), mania zazdrości itd. Prób wyjaśnienia nie będziemy oczekiwali od psychiatrii. Jako przykład, wprawdzie przestarzały i niezupełnie pełnowartościowy, wymienię próbę wyprowadzenia jednego objawu z drugiego za pomocą rozumowania intelektualnego; chory, który na skutek właściwej mu skłonności pierwotnej uważa się za prześladowanego, ma z tego prześladowania wyciągnąć wniosek, że musi być osobistością specjalnie ważną i dlatego ma rozwinąć urojenia wielkościowe. Według naszego poglądu psychoanalitycznego urojenia wielkościowe są bezpośrednim skutkiem rozszerzenia jaźni przez wciągnięcie *libido*, obsadzającego obiekty, są narcyzmem wtórnym, czyli nawrotem pierwotnego, dziecięcego. Ale w przypadkach urojeń prześladowczych spostrzegliśmy co nieco, co skłoniło nas do pójścia pewnym śladem. Naszą uwagę zwrócił przede wszystkim fakt, że w przeważającej ilości wypadków prześladowca był tej samej płci co prześladowany. Można to było jeszcze wyjaśnić w sposób niewinny, ale w paru dokładnie zbadanych przypadkach okazało się wyraźnie, że osobą tej samej płci, najbardziej ukochana w okresie zdrowia, przeistoczyła się od czasu zachorowania w prześladowcę. Dalszy rozwój staje się możliwy przez to, że ukochaną osobę według znanych powinowactw zastępuje inna, na przykład ojciec, nauczyciel, przełożony. Z takich wciąż mnożących się doświadczeń wyciągnęliśmy wniosek, że *paranoia persecutoria* (system urojeń prześladowczych) jest formą, w której osobnik broni się przeciw zbyt silnej skłonności homoseksualnej. Przemiana czułości w nienawiść, która, jak wiadomo, może stać się poważnym zagrożeniem dla życia obiektu ukochanego i znienawidzonego, odpowiada wtedy przejściu dążeń *libido* w lęk, przejściu, które jest stałym wynikiem procesu stłumienia. Posłuchajcie na przykład ponownie ostatniego przypadku z moich odnośnych spostrzeżeń. Młody lekarz musiał zostać wydalony z miejsca rodzinnego, gdyż zagrażał życiu syna jednego z tamtejszych profesorów uniwersytetu, który był dotychczas jego najlepszym przyjacielem. Przypisywał temu dawnemu przyjacielowi diabelskie zaiste zamiary i demoniczną moc. Był on winny wszystkim nieszczęściom, które w ostatnich latach spotkały rodzinę chorego, każdej niedoli rodzinnej i socjalnej. Ale nie dość na tym, zły przyjaciel i jego ojciec, profesor, byli również przyczyną wojny, sprowadzili Rosjan do kraju. Prześladowca zasłużył na utratę życia po tysiąc razy i nasz chory był przekonany, że śmierć złoczyńcy położy kres wszystkim nieszczęściom. A jednak dawna czułość dla niego była jeszcze tak silna, że sparaliżowała jego rękę, gdy mu się pewnego razu nadarzyła sposobność zastrzelenia wroga z najbliższej odległości. W krótkich konferencjach, które odbyłem z chorym, wyszło na jaw, że przyjacielski stosunek między nimi sięgał daleko wstecz do czasów gimnazjalnych. Raz jeden przekroczył on granice przyjaźni; wspólnie spędzona noc dała sposobność do pełnego stosunku seksualnego. Pacjent nasz nie zdobył się nigdy na taki stosunek uczuciowy do kobiet, który odpowiadałby jego wiekowi i jego ujmującej osobowości. Był zaręczony z ładną i wytworną dziewczyną, która zerwała jednak zaręczyny, ponieważ nie znalazła czułości u swojego narzeczonego. Choroba jego wybuchła po latach właśnie w chwili, gdy mu się po raz pierwszy udało całkowicie zaspokoić kobietę. Gdy niewiasta ta objęła go pełna wdzięczności i oddania, poczuł nagle zagadkowy ból, biegnący jak ostre cięcie wokół górnej części czaszki. Interpretował sobie to doznanie później tak, jak gdyby zostało na nim wykonane cięcie, jakim obnaża się mózg przy sekcji, a ponieważ przyjaciel jego poświęcił się anatomii patologicznej, więc doszedł do wniosku, że tylko ten mógł mu przysłać ową kobietę na pokuszenie. Odtąd otworzyły mu się oczy i na inne prześladowania, których ofiarą miał się stać za sprawą dawniejszego przyjaciela.

Jak dzieje się jednak w przypadkach, w których prześladowca nie jest tej samej płci co prześladowany, a więc które na pozór zaprzeczają naszemu wyjaśnieniu obrony przed homoseksualnym *libido*? Niedawno miałem sposobność badać taki przypadek i w tej pozornej sprzeczności udało mi się odnaleźć potwierdzenie. Młoda dziewczyna, która uważała się za prześladowaną przez mężczyznę, z którym miała dwa czułe spotkania, skierowała w istocie swoje urojenie najpierw przeciw kobiecie, którą mogła uważać za zastępczynię matki. Dopiero po drugim spotkaniu uczyniła ona ten postęp, że to samo urojenie oderwała od kobiety i przeniosła na mężczyznę. Warunek tej samej płci prześladowcy był więc pierwotnie zachowany i w tym przypadku. W swojej relacji przed przyjacielem prawnikiem i przed lekarzem nie wzmiankowała pacjentka o tym stadium wstępnym swego urojenia, co wywołało pozór sprzeczności z naszym zrozumieniem paranoi.

Homoseksualny wybór obiektu jest narcyzmowi pierwotnie bliższy niż heteroseksualny. Jeśli wypadnie odeprzeć potem niepożądane silne dążenie homoseksualne, to powrót do narcyzmu jest szczególnie ułatwiony. Miałem dotychczas bardzo mało sposobności mówić wam o podstawach życia miłosnego, o ile dane nam było je poznać, a i teraz mogę sobie na to pozwolić. Podkreślę tylko, że wybór przedmiotu, postęp w rozwoju *libido*, który następuje po stadium narcyzmu, może dokonać się według dwóch różnych typów. Albo według *typu narcystycznego*, przy czym na miejsce własnego ja wstępuje inne najbardziej do niego podobne, albo według *typu oparcia się*, przy czym osoby, które nabrały wartości dla osobnika przez zaspokojenie innych jego potrzeb życiowych, zostają też wybrane i przez *libido* jako obiekty. Silne przywiązanie *libido* do narcystycznego typu wyboru obiektu należy też do dyspozycji w kierunku jawnego homoseksualizmu.

Przypominacie sobie, że podczas pierwszego spotkania w tym semestrze opowiedziałem wam o wypadku urojenia zazdrości u pewnej kobiety. Otóż ponieważ jesteśmy tak blisko końca, usłyszelibyście pewnie chętnie, jak objaśniamy psychoanalitycznie urojenie. Ale mogę powiedzieć o tym mniej, niż oczekujecie. Odporność urojenia wobec argumentów logicznych i doświadczenia realnego objaśnia się, tak samo, jak i w natręctwie, przez stosunek do nieświadomego, które jest reprezentowane i utrzymane w karbach przez urojenie lub natręctwo. Różnica między nimi znajduje uzasadnienie w odmienności topiki i dynamiki obu tych chorób.

Jak w paranoi tak i w melancholii, której zostały już opisane bardzo zresztą rozmaite formy kliniczne, znaleźliśmy miejsce, z którego możliwy staje się wgląd w wewnętrzną strukturę tych chorób. Poznaliśmy, że wyrzuty sumienia, którymi melancholicy gnębią się bezlitośnie, dotyczą właściwie innej osoby, przedmiotu seksualnego, który stracili lub który z własnej winy stracił dla nich wartość. Mogliśmy stąd wywnioskować, że melancholik wycofał wprawdzie swoje *libido* z obiektu, lecz uczynił to drogą procesu, który musimy nazwać „identyfikacją narcystyczną", budując obiekt we własnym „ja", rzutując go niejako na własną jaźń. Mogę wam tu podać tylko opis obrazowy, nie zaś uporządkowany, topiczno-dynamiczny. Otóż własne „ja" zostaje traktowane jak porzucony obiekt i doznaje całej napastliwości i przejawów zemsty, które były przeznaczone dla obiektu. Również i skłonność do samobójstwa u melancholików staje się bardziej zrozumiała dzięki rozważaniu, że rozgoryczenie chorego trafia za jednym uderzeniem we własne „ja" i w ukochany, i znienawidzony obiekt. W melancholii, jak i w innych chorobach narcystycznych występuje w bardzo wyraźny sposób rys życia uczuciowego, który od czasu Bleulera zwykliśmy nazywać *ambiwalencją*. Rozumiemy przez to określenie zwrócenie się uczuć przeciwstawnych, tkliwych i wrogich, ku tej samej osobie. W trakcie naszych rozważań nie miałem, niestety, sposobności opowiedzieć więcej o ambiwalencji uczuć.

Oprócz identyfikacji narcystycznej istnieje identyfikacja histeryczna, znana nam już od dłuższego czasu. Chciałbym móc już wyjaśnić wam różnice między nimi w sposób jasny i określony. O okresowych postaciach melancholii mogę wam donieść coś, co na pewno chętnie usłyszycie. Można mianowicie przy pomyślnych warunkach – zrobiłem to doświadczenie dwa razy – przez leczenie analityczne w wolnym międzyczasie zapobiec nawrotowi stanu chorobowego. Dowiadujemy się przy tym, że przy melancholii i manii chodzi o specjalny sposób rozwiązania konfliktu, którego przesłanki są zupełnie zgodne z tym, co znajdujemy w innych nerwicach. Możecie sobie wyobrazić, ile zdobyczy czeka jeszcze psychoanalizę na tym polu.

Powiedziałem też, że przez analizę chorób narcystycznych mamy nadzieję uzyskać znajomość budowy naszej jaźni i poszczególnych instancji, które się na nią składają. Początek już zrobiliśmy. Z analizy urojeń wewnętrznych wyciągnęliśmy wniosek, że istnieje w jaźni rzeczywiście instancja, która nieustannie obserwuje, krytykuje i porównuje, i w ten sposób przeciwstawia się pozostałej części jaźni. Myślę więc, że chory zdradza nam prawdę jeszcze niedostatecznie ocenioną, gdy uskarża się, że każdy jego krok jest śledzony i obserwowany, każda myśl ogłaszana i krytykowana. Myli się tylko, przenosząc tę niewygodną moc jako coś mu obcego na zewnątrz. Czuje w swej jaźni rządy instancji, która mierzy jego „ja" aktualne i każdą jego czynność według *ideału jaźni*, który stworzył sobie w ciągu swojego rozwoju. Myślimy też, że twór ten powstał z zamiarem przywrócenia owego zadowolenia z samego siebie, które było związane z pierwotnym narcyzmem dziecięcym, lecz które od tego czasu doznało tylu uszkodzeń i urazów. Instancję samoobserwującą znamy jako cenzora jaźni – sumienie; jest to ta sama instancja, która nocą pełni czynności cenzury marzenia sennego i od której pochodzą stłumienia niedopuszczalnych pragnień. Jeśli przy urojeniu wewnętrznym ulega ona rozpadowi, to odsłania nam przy tym swoje pochodzenie z wpływów rodziców, wychowawców i środowiska społecznego, z identyfikacji z poszczególnymi spośród tych wyróżnionych osób.

Byłyby to niektóre z rezultatów, które wydało dotychczas zastosowanie psychoanalizy do chorób narcystycznych. Jest ich na pewno za mało i często brak im tej ostrości, która może zostać osiągnięta dopiero dzięki pewnemu zaznajomieniu z nową dziedziną. Wszystkie zawdzięczamy wykorzystaniu pojęcia *libido* jaźni albo *libido* narcystycznego, z którego pomocą poglądy, słuszne dla nerwic przeniesienia, rozszerzamy także i na nerwice narcystyczne. Na pewno zadacie mi pytanie: „Czy możliwe jest, by się nam udało podporządkować teorii *libido* wszystkie zaburzenia chorób narcystycznych i psychoz, uważać wszędzie *libido* za czynnik powodujący chorobę i nigdy nie czynić za nią odpowiedzialną zmiany w czynnościach popędu samozachowawczego?". Otóż wydaje mi się, że ta decyzja nie wymaga pośpiechu, a przede wszystkim jeszcze nie dojrzała. Możemy spokojnie pozostawić ją postępowi pracy naukowej. Nie zdziwiłbym się, gdyby możliwość działania chorobotwórczego okazała się rzeczywiście przywilejem popędów *libido*, tak, że teoria *libido* mogłaby święcić triumfy na całej linii od najprostszych nerwic aktualnych aż do najcięższych zaburzeń psychotycznych. Znamy przecież jako rys charakterystyczny *libido*, że sprzeciwia się ono podporządkowaniu się rzeczywistości, *Ananke*. Ale uważam za nader prawdopodobne, że popędy jaźni zostają wtórnie porwane przez chorobotwórcze podniety ze strony *libido* i zmuszone do zaburzenia funkcji. Nie widziałbym zaś w tym bynajmniej rozbicia się naszych dociekań, gdyby oczekiwało nas stwierdzenie, że w ciężkich psychozach same popędy jaźni zostają pierwotnie wprowadzone na błędną drogę; przyszłość pouczy o tym – was przynajmniej. Pozwólcie mi jednak powrócić jeszcze na chwilę do lęku, aby rozjaśnić ostatni punkt, który tam pozostawiliśmy. Powiedzieliśmy, że nie zgadza się to z tak dobrze zresztą zbadanym stosunkiem między lękiem a *libido*, że lęk realny ma być wobec niebezpieczeństwa wyrazem popędów samozachowawczych, czemu jednak nie da się zaprzeczyć. Jak wobec tego przedstawiałaby się sprawa, gdyby afekt lęku powstawał nie kosztem egoistycznych popędów jaźni, lecz kosztem *libido* jaźni? Stan lęku jest przecież w każdym wypadku bezcelowy i jego bezcelowość staje się jasna, gdy osiąga on wyższy stopień. Przeszkadza wtedy akcji – bądź obronie, bądź też ucieczce, która jedynie jest celowa i służy samoobronie. Jeśli więc przypiszemy udział uczuciowy lęku realnego *libido* jaźni, zaś działanie – popędowi samozachowawczemu, wtedy usuniemy wszelką trudność teoretyczną. Nie będziemy zresztą chyba poważnie wierzyli, że człowiek ucieka, *ponieważ* odczuwa lęk? Nie odczuwa się lęku i rzuca się do ucieczki ze wspólnego motywu, który zostaje wywołany przez spostrzeżenie niebezpieczeństwa. Ludzie, którzy przeszli przez wielkie niebezpieczeństwa życiowe, opowiadają, że nie lękali się, tylko działali, na przykład mierzyli ze swej broni do drapieżnego zwierzęcia i to było oczywiście najbardziej celowe.

WYKŁAD XXVII
PRZENIESIENIE

Panie i Panowie! Ponieważ zbliżamy się do końca naszych wykładów budzi się w was pewne określone oczekiwanie, które nie powinno zaprowadzić was na manowce. Myślicie sobie zapewne, że nie po to prowadziłem was przez wszystkie problemy materii psychoanalitycznej, aby was w końcu opuścić, nie powiedziawszy ani słowa o terapii, na której przecież polega sama możliwość uprawiania w ogóle psychoanalizy. Tematu tego nie mogę nie poruszyć także i z tego względu, że przy tym powinniście zapoznać się z nowym faktem, bez którego zrozumienie badanych przez nas chorób pozostałoby rażąco niezupełne.

Wiem, że nie spodziewacie się wskazówek dotyczących techniki stosowania analizy do celów leczniczych. Chcecie tylko poznać najogólniej, jaką drogą działa terapia psychoanalityczna i czego mniej więcej dokonuje. A do tego macie bezsprzecznie prawo. Nie chcę wam tego jednak powiedzieć, lecz obstaję przy tym, abyście to odgadli sami.

Zastanówcie się! Poznaliście zarówno całą istotę warunków zachorowania, jak i wszystkie czynniki, które dochodzą u chorego do głosu. Gdzie pozostaje miejsce dla wpływu terapeutycznego? Mamy więc najpierw dyspozycję dziedziczną - nie mówimy o niej często, ponieważ bywa stanowczo podkreślana z innej strony i nie mamy o niej niczego nowego do powiedzenia. Ale nie myślcie, że jej nie doceniamy; właśnie jako terapeutom daje się nam jej siła wyraźnie we znaki. W każdym razie nie możemy niczego w niej zmienić; zostaje ona i dla nas czymś danym z góry, czymś, co stawia opór naszym usiłowaniom. Potem - wpływ wczesnych przeżyć dziecięcych, które zwykliśmy w analizie wysuwać na plan pierwszy; należą one do przeszłości i nie możemy uczynić ich nieważnymi. Następnie - jeszcze wszystko to, co objęliśmy nazwą „odmowy ze strony rzeczywistości”, cały kompleks nieszczęść życiowych, z którego pochodzi konieczność obywania się bez miłości, nędza, niesnaski rodzinne, nieodpowiedni wybór małżonka, smutne stosunki społeczne i surowość wymogów moralnych, pod których uciskiem pozostaje jednostka. Naturalnie, że byłoby tu dość punktów zaczepienia dla bardzo skutecznej terapii, ale musiałaby to być terapia, jaką według wiedeńskiego podania ludowego stosował cesarz Józef, a mianowicie dobroczynna interwencja potężnego władcy, przed którego wolą schylają się ludzie i znikają trudności. Kim my jesteśmy, abyśmy mogli podjąć taką dobroczynność jako środek naszej terapii? Sami jesteśmy biedni i społecznie bezsilni, zmuszeni utrzymywać się ze swej praktyki lekarskiej, nie mamy nawet możliwości ofiarować nasze wysiłki ludziom pozbawionym środków, jak to mogą jednak czynić inni lekarze - specjaliści, stosujący inne metody leczenia. Na to jest terapia nasza zbyt żmudna i zbyt długotrwała. Ale może uchwycicie się jednego z przytoczonych momentów i pomyślicie, że znaleźliście tam punkt zaczepienia dla naszych wpływów terapeutycznych. Jeżeli ograniczenia moralne, stosowane przez społeczeństwo, mają swój udział w narzuconej choremu konieczności wyrzeczenia się, to leczenie może mu dodać odwagi lub wprost udzielić wskazówek w sensie przezwyciężenia tych przeszkód, zdobycia zaspokojenia i uzdrowienia przez zrezygnowanie z urzeczywistnienia ideału tak wysoko cenionego przez społeczeństwo, które jednak bardzo często go się nie trzyma. Człowiek zostaje uzdrowiony przez to, że „wyżywa się" seksualnie. Wprawdzie na leczenie analityczne pada przez to cień, że nie służy ono moralności ogólnej. Co zwraca jednostce, to zabiera ogółowi.

Ależ, Panie i Panowie, kto poinformował was tak błędnie? Nie ma mowy o tym, by doradzenie seksualnego wyżycia się odgrywało jakąś rolę w terapii analitycznej. Już chociażby dlatego, że sami obwieściliśmy, iż u chorego istnieje ostry konflikt między dążnością *libido* a stłumieniem seksualnym, między kierunkiem zmysłowym a ascetycznym. Konflikt ten nie zostaje złagodzony przez to, że pomaga się jednemu z tych kierunków do zwycięstwa nad przeciwnym. Widzimy przecież, że u neurotyka asceza zachowała przewagę. Skutkiem tego jest właśnie ten stan rzeczy, że stłumione dążenie seksualne zostaje złagodzone, tworząc objawy. Gdybyśmy teraz, na odwrót, spowodowali zwycięstwo zmysłowości, to odsunięte na bok stłumienie seksualizmu powinno zostać zastąpione przez objawy. Żadne z tych dwóch rozstrzygnięć nie może położyć kresu konfliktowi wewnętrznemu, za każdym razem czyjś udział nie zostałby zaspokojony. Zdarza się to tylko w nielicznych wypadkach, w których konflikt jest tak chwiejny, że zadecydować może moment zajęcia stanowiska przez lekarza, a wypadki te nie wymagają właściwie żadnego leczenia analitycznego. Osoby, u których lekarzowi mógłby przypaść w udziale taki wpływ, znalazłyby tę samą drogę także i bez lekarza. Wiecie przecież, że gdy młodzieniec, żyjący w abstynencji, decyduje się na nielegalny stosunek płciowy lub niezaspokojona żona szuka kompensaty u innego mężczyzny, to nie czekają oni zazwyczaj na zezwolenie lekarza, a cóż dopiero analityka.

W tym stanie rzeczy przeoczyć można zwykle ten ważny punkt, że chorobotwórczego konfliktu neurotyków nie można mieszać z naturalną walką dążności duchowych, stojących na tym samym gruncie psychologicznym. Jest to spór między mocami, z których jedna dopięła stopnia przedświadomego i świadomości, druga została zatrzymana na stopniu nieświadomego. Dlatego też konflikt nie może doprowadzić do żadnego rozstrzygnięcia; spierające się strony stykają się ze sobą tak rzadko, jak w znanym przykładzie niedźwiedź polarny i wieloryb. Prawdziwa decyzja może nastąpić dopiero wtedy, gdy obie strony spotkają się na tym samym gruncie. Myślę, że umożliwienie tego jest jedynym zadaniem terapii.

Ponadto mogę was zapewnić, że jesteście błędnie poinformowani, jeśli przypuszczacie, że porada i kierowanie w okolicznościach życiowych stanowią integralną część wpływu analitycznego. Przeciwnie, uchylamy się według możliwości od takiej roli mentorskiej, niczego bardziej nie pragniemy osiągnąć, jak to, aby chory powziął decyzję samodzielnie. W tym celu żądamy też, aby odsunął na czas kuracji wszystkie ważne postanowienia życiowe, takie jak wybór zawodu, przedsięwzięcia gospodarcze, zawarcie lub rozwiązanie małżeństwa i zaczął je wykonywać dopiero po jej zakończeniu. Przyznajcie, wszystko to wygląda inaczej, niż sobie wyobrażaliście. Tylko u niektórych, bardzo młodocianych lub zupełnie pozbawionych pomocy i wewnętrznego oporu, osobników nie możemy przeprowadzić zamierzonego rozgraniczenia. U nich musimy łączyć czynność lekarza z czynnością wychowawcy; uświadamiamy sobie wtedy dobrze odpowiedzialność, jaka na nas ciąży, i zachowujemy się z konieczną ostrożnością.

Z gorliwości, z jaką bronię się przeciw zarzutowi, że neurotyk zostaje przez kurację analityczną pchnięty w kierunku wyżycia się, nie powinniście jednak wyciągnąć wniosku, że oddziałujemy na niego na korzyść moralności społecznej. Jest nam to co najmniej dalekie. Nie jesteśmy wprawdzie reformatorami, tylko obserwatorami, ale nie możemy nie patrzeć wzrokiem krytycznym, dlatego stało się dla nas niemożliwością przyjąć stronę konwencjonalnej moralności seksualnej, cenić wysoko sposób, w jaki społeczeństwo próbuje uporządkować praktycznie problemy życia seksualnego. Możemy łatwo dowieść, że to, co nazywa ono swoją obyczajowością, kosztuje więcej ofiar, niż jest warte, i że jego postępowanie ani nie opiera się na prawdzie, ani też nie świadczy o mądrości. Nie oszczędzamy naszym pacjentom tej krytyki, przyzwyczajamy ich do wolnego od przesądów rozważania zarówno spraw seksualnych, jak i wszystkich innych, i jeśli, stawszy się samodzielnymi, decydują się według własnego zdania na zajęcie jakiegokolwiek pośredniego stanowiska między wyżyciem się a bezwarunkową ascezą, to sumienie nasze nie jest obciążone przez żaden z tych sposobów wyjścia. Powiadamy sobie, że kto wychowywał się w duchu bezwzględnej szczerości w stosunku do samego siebie, ten jest na stałe chroniony przed niebezpieczeństwem niemoralności, choćby nawet skala jego moralności różniła się w jakiś sposób od skali przyjętej w społeczeństwie. Zresztą, strzeżmy się przed przecenianiem znaczenia wpływu abstynencji na nerwice. Tylko w nielicznych wypadkach można położyć kres chorobotwórczej sytuacji odmowy z następującym po niej zastojem *libido* przez ten rodzaj stosunku seksualnego, który jest łatwy do osiągnięcia.

Nie możecie więc wytłumaczyć działania leczniczego psychoanalizy zezwoleniem na wyżycie się seksualne. Rozejrzyjcie się za czymś innym. Myślę, że podczas gdy odpierałem ten domysł, jedna moja uwaga naprowadziła was na właściwy tor. To, przez co przynosimy pomoc, musi być zastąpieniem nieświadomego przez świadome, przekładem nieświadomego na język świadomości. Macie słuszność, właśnie tak jest. Przez to, że doprowadzamy nieświadome do świadomego, znosimy stłumienie, usuwamy warunki powstawania objawów, zamieniamy konflikt chorobotwórczy na normalny, który musi znaleźć w jakikolwiek sposób rozwiązanie. Nie wywołujemy u chorego niczego innego, jak tę jedną zmianę psychiczną; jak daleko ona sięga, tak daleko możemy pomóc. Gdzie nie ma stłumień lub analogicznego procesu psychicznego, który można byłoby odmienić, tam terapia nasza nie znajduje zastosowania.

Cel naszego wysiłku możemy wyrazić w różny sposób: uświadomienie nieświadomego, zniesienie stłumień, wypełnienie luk pamięciowych – wszystko to sprowadza się do jednego i tego samego. Ale może wyznanie to nie zadowoli was. Jako wyzdrowienie neurotyka przedstawialiście sobie coś innego, a mianowicie, że po poddaniu się uciążliwemu działaniu psychoanalizy staje się on innym człowiekiem; tymczasem całym rezultatem ma być to tylko, że będzie miał on w sobie nieco mniej nieświadomego i nieco więcej świadomego niż przedtem. Otóż niedoceniacie prawdopodobnie znaczenia takiej zmiany wewnętrznej. Uleczony neurotyk stał się rzeczywiście innym człowiekiem, lecz w gruncie rzeczy pozostał naturalnie tym samym; to znaczy stał się takim, jakim mógłby się stać w najlepszym razie wobec najprzychylniejszych warunków. A to bardzo wiele. Gdy usłyszycie wszystko, co trzeba uczynić i jakiego trzeba wysiłku, aby przeprowadzić ową na pozór mało znaczącą zmianę w jego życiu psychicznym, wówczas wiarygodnym wyda się wam znaczenie takiej różnicy na poziomie psychicznym.

Odejdę na chwilę od tematu, aby zapytać, czy wiecie, co nazywamy *terapią przyczynową*? Nazywamy tak mianowicie zabieg, który nie jest skierowany przeciw objawom choroby, lecz stawia sobie za zadanie usunięcie jej przyczyn. Czy więc nasza terapia psychoanalityczna jest terapią przyczynową czy nie? Odpowiedź nie jest prosta, ale być może daje sposobność przekonania nas o braku wartości takich pytań. O ile terapia analityczna nie stawia sobie za najważniejsze zadanie usunięcie objawów, zachowuje się ona jak terapia przyczynowa. Możecie powiedzieć, że pod innym względem nie można jej za taką uważać. Śledziliśmy mianowicie już od dawna powiązania przyczynowe daleko poza stłumienia, aż do zawiązków popędów, ich względnych nasileń ustrojowych i odchyleń ich drogi rozwojowej. Przypuśćcie, że byłoby możliwe wtargnąć w ten warsztat na drodze chemicznej, powiększyć lub zmniejszyć ilość znajdującego się tam chwilowo *libido* lub wzmocnić jeden popęd kosztem drugiego; byłaby to terapia przyczynowa we właściwym sensie, której analiza nasza dostarczyłaby niezbędnej wstępnej pracy wywiadowczej. O takim wpływie na procesy *libido* nie ma narazie, jak wiecie, mowy; nasza terapia psychiczna sięga do innego miejsca całego zespołu, nie do widocznych dla nas korzeni zjawisk, lecz jednak dość daleko od objawów, do miejsca, które stało się dla nas dostępne na skutek bardzo szczególnych warunków.

Co więc musimy uczynić, aby zastąpić u naszego pacjenta nieświadome przez świadome? Przypuszczaliśmy niegdyś, że jest to bardzo łatwe, że musimy tylko odgadnąć to nieświadome i zakomunikować je mu. Ale wiemy już, że popełniliśmy tu krótkowzroczną pomyłkę. Nasza wiedza o nieświadomym nie jest równowartościowa z jego wiedzą; gdy podajemy mu naszą wiedzę, to przyjmuje on ją nie *na miejsce* swego nieświadomego, lecz *obok* niego, a wtedy niewiele się zmienia. Musimy wyobrazić sobie to nieświadome raczej *topicznie,* musimy znaleźć je w jego wspomnieniu tam, gdzie powstało ono na skutek stłumienia. Stłumienie należy usunąć, wtedy dopiero zastąpienie nieświadomego przez świadome może się urzeczywistnić. Otóż, jak usuwa się takie stłumienie? Nasze zadanie wkracza tu w drugą fazę - najpierw wyszukanie stłumienia, potem usunięcie oporu, który to stłumienie utrzymuje.

Jak usuwamy opór? W ten sam sposób: odgadując go i komunikując pacjentowi. Opór pochodzi także ze stłumienia, z tego samego, które chcemy rozwiązać, albo z takiego, które nastąpiło wcześniej. Tworzy go wszak obsada przeciwna, która powstała w celu stłumienia gorszącej dążności. Czynimy więc teraz to samo, co chcieliśmy uczynić już na początku; interpretujemy, odgadujemy i podajemy do wiadomości, ale czynimy to teraz we właściwym miejscu. Obsada przeciwna lub opór nie należą do nieświadomego, lecz do jaźni, która jest przecież naszym współpracownikiem, należy zaś do niej nawet wtedy, gdyby miała być nieświadoma. Wiemy, że chodzi tu o podwójne znaczenie słowa „nieświadome", z jednej strony jako zjawiska, z drugiej jako systemu. Wydaje się to bardzo trudne i niejasne; ale czyż nie jest to jednak tylko powtórzenie? Jesteśmy od dawna na to przygotowani. Spodziewamy się, że opór ten będzie zniesiony, obsada przeciwna wciągnięta z powrotem, jeśli tylko umożliwimy jaźni poznanie go za pomocą naszej interpretacji. Z jakimi siłami popędowymi współpracujemy w takim wypadku? Po pierwsze z dążeniem pacjenta do wyzdrowienia, dążeniem, które skłoniło go do podjęcia wspólnej z nami pracy, i po drugie z pomocą jego inteligencji, którą podtrzymujemy przez naszą interpretację. Nie ulega wątpliwości, że inteligencja chorego łatwiej może rozpoznać opór i znaleźć treść odpowiadającą stłumionej, gdy poddamy jej odpowiednie wyobrażenia oczekujące. Gdy mówię: „Spójrzcie w niebo, widać tam balon powietrzny", to znajdziecie go znacznie łatwiej, niż gdybym rozkazał wam popatrzeć w górę, czy czegoś tam nie zobaczycie. Także i studentowi, który patrzy po raz pierwszy przez mikroskop, profesor mówi, co powinien zobaczyć, inaczej nie dostrzeże on niczego, chociaż z pewnością jest tam coś do zobaczenia.

A teraz do faktów. W całym szeregu postaci schorzeń nerwowych, w histeriach, stanach lękowych, nerwicach natręctwa sprawdza się nasze przypuszczenie. Przez wyszukanie stłumienia, odkrycie oporów, interpretowanie treści stłumionej udaje się rzeczywiście rozwiązać zadanie, a więc przezwyciężyć opory, usunąć stłumienie i zamienić nieświadome w świadome. Otrzymujemy przy tym najjaskrawsze wyobrażenie o sposobie, w jaki odgrywa się w duszy pacjenta silna walka o przezwyciężenie każdego oporu, naturalna walka duchowa na tym samym gruncie psychologicznym między motywami, które chcą utrzymać obsadę przeciwną a tymi, które są gotowe ją porzucić. Pierwsze - to dawne motywy, które kiedyś przeprowadziły stłumienie; wśród ostatnich znajdują się świeżo przybyłe, które, miejmy nadzieję, rozstrzygną konflikt z korzyścią dla nas. Udało nam się odświeżyć stary konflikt, który spowodował stłumienie, poddać rewizji zakończony wtedy proces. Jako nowy materiał przynosimy: po pierwsze – napomnienie, że ówczesne rozstrzygnięcie doprowadziło do choroby, i obietnicę, że inna decyzja utoruje drogę do wyzdrowienia, po drugie – olbrzymią zmianę wszystkich warunków od czasu owej pierwszej odmowy. Wtedy „ja" było słabe, infantylne i być może miało powód uważać żądanie *libido* za niebezpieczeństwo. Dziś jest ono wzmocnione, doświadczone i oprócz tego ma przy sobie pomocnika w osobie lekarza. Możemy więc przypuszczać, że doprowadzimy odświeżony konflikt do lepszego zakończenia niż było nim stłumienie i, jak powiedziałem, sukces, jaki osiągniemy w histeriach, nerwicach, lękach i natręctwach potwierdzi nasze zdanie.

Istnieją jednak inne postaci chorobowe, wobec których mimo podobieństwa warunków nasz zabieg leczniczy nie przynosi nam nigdy powodzenia. I tu także chodziło o pierwotny konflikt między „ja" a *libido*, który doprowadził do stłumienia – jeśli trzeba je nawet inaczej scharakteryzować topicznie – i tutaj jest możliwe wskazanie miejsc, w których w życiu chorego zaszły stłumienia. Zastosowujemy tutaj ten sam zabieg, jesteśmy gotowi do tych samych obietnic, przynosimy tę samą pomoc przez podawanie do wiadomości wyobrażeń oczekujących i znowu różnica czasu między teraźniejszością a owymi zmianami sprzyja innemu zakończeniu konfliktu. A jednak nie udaje się nam znieść oporu lub usunąć stłumienia. Pacjenci ci, paranoicy, melancholicy i dotknięci *dementia praecox*, pozostają na ogół niewzruszeni i odporni wobec terapii psychoanalitycznej. Czemu należy to przypisać? Nie brakowi inteligencji; pewnego stopnia sprawności intelektualnej musimy naturalnie od naszych pacjentów wymagać, ale na przykład tym tak bystro „kombinującym" paranoikom na pewno jej nie brak. Nie zbywa im też na żadnej innej sile popędu. Melancholicy na przykład posiadają w bardzo wysokim stopniu świadomość, której brak paranoikom, że są chorzy i dlatego cierpią tak bardzo, ale nie są przez to bardziej dostępni. Stoimy tu wobec faktu, którego nie rozumiemy i który dlatego każe nam wątpić, czy zrozumieliśmy rzeczywiście wszystkie warunki pomyślnego wyniku, możliwego w innych nerwicach.

Gdy zajmujemy się naszymi histerykami i chorymi cierpiącymi na nerwicę natręctwa, występuje natychmiast przed nami drugi fakt, na który nie byliśmy w żaden sposób przygotowani. Mianowicie po chwili musimy spostrzec, że chorzy ci zachowują się względem nas w sposób zupełnie szczególny. Przypuszczaliśmy przecież, że zdaliśmy sobie sprawę ze wszystkich sił popędowych, wchodzących w rachubę podczas kuracji, że całkowicie uzasadniliśmy rozumowo sytuację między nami i pacjentem, tak że stała się ona przejrzysta jak przykład arytmetyczny, i oto wydaje się, że jednak wkrada się coś, czego w tym rachunku nie uwzględniliśmy. Ten nieoczekiwany czynnik jest wielopostaciowy; opiszę najpierw częstsze i łatwiej zrozumiałe jego przejawy.

Widzimy więc, że pacjent, który nie powinien szukać niczego innego jak tylko wyjścia z konfliktów, na które cierpi, wykazuje specjalne zainteresowanie osobą lekarza. Wszystko, co pozostaje w związku z tą osobą, wydaje mu się znacznie ważniejsze niż jego własne sprawy i odwraca jego uwagę od choroby. Obcowanie z nim staje się zatem na pewien czas bardzo przyjemne, jest szczególnie uprzejmy, stara się, gdzie może, okazać wdzięczność, okazuje delikatność i zalety swojego charakteru, których może wcale byśmy się u niego nie doszukiwali. Lekarz wyrabia sobie wtedy dobre zdanie o swoim pacjencie, wdzięczny jest przypadkowi, który pozwolił mu przyjść z pomocą właśnie specjalnie wartościowej jednostce. Jeśli lekarz ma sposobność rozmawiać z krewnymi pacjenta, słyszy z zadowoleniem, że upodobanie to jest wzajemne. Pacjent nie przestaje w domu chwalić lekarza, wysławiać jego ciągle nowe zalety. „Jest panem zachwycony, ufa panu ślepo; wszystko, co pan mówi, jest dla niego niczym objawienie" - opowiadają krewni. Czasami ktoś z tego chóru widzi jaśniej i mówi: „Zaczyna to już być nudne, gdy nie mówi o niczym innym, jak tylko o panu, tylko pana ma ciągle na ustach".

Chcemy wierzyć, że lekarz jest dość skromny, aby tę ocenę swojej osoby przez pacjenta przypisać nadziejom, które mu może uczynić, i rozszerzeniu jego horyzontu intelektualnego przez odkrycia niespodziane i sprawiające ulgę, które przynosi ze sobą kuracja. Analiza robi też w tych warunkach wspaniałe postępy, pacjent rozumie wszystko, o czym mu się tylko napomyka, zagłębia się w zadania, które stawia mu kuracja, materiał wspomnień i skojarzeń napływa obficie, pacjent zdumiewa lekarza pewnością i trafnością swoich interpretacji i ten może stwierdzić z satysfakcją, jak chętnie chory przyjmuje wszystkie nowości psychologiczne, które zwykły budzić u ludzi zdrowych najbardziej zacięty opór. Dobremu porozumieniu się chorego z lekarzem podczas pracy analitycznej odpowiada też obiektywne, przez wszystkich uznane, polepszenie stanu chorobowego.

Tak piękna pogoda nie może jednak trwać zawsze. Pewnego dnia chmurzy się. Zjawiają się trudności w leczeniu; pacjent utrzymuje, że nic mu nic przychodzi na myśl. Ma się niewątpliwe wrażenie, że nie interesuje się więcej pracą i że lekkomyślnie obchodzi dany sobie nakaz mówienia wszystkiego, co mu przez myśl przechodzi, bez dopuszczenia rozważań krytycznych. Zachowuje się on tak, jakby stał na zewnątrz kuracji, tak jakby nie zawarł owej umowy z lekarzem; jest widocznie zaabsorbowany czymś, co jednak chce zatrzymać dla siebie. Jest to sytuacja niebezpieczna dla leczenia. Stoi się bez wątpienia przed potężnym oporem. Ale co się stało?

Gdy jest się w stanie wyjaśnić ponownie sytuację, rozpoznaje się jako przyczynę przeszkody, wynikające z przeniesienia przez pacjenta na lekarza intensywnych uczuć tkliwości, do których nie upoważnia go ani zachowanie się lekarza, ani stosunek powstały wskutek kuracji. W jakiej formie przejawia się ta tkliwość i do jakich celów zmierza, to zależy naturalnie od osobistych warunków obu zainteresowanych. Jeśli wchodzi w grę młoda dziewczyna i młody mężczyzna, to otrzymamy wrażenie normalnego zakochania się, zauważymy, iż jest zrozumiałe, że dziewczyna zakochała się w człowieku, z którym może przestawać dużo sama i mówić o rzeczach intymnych, który zjawia się na jej spotkanie w korzystnej pozycji, obdarzony powagą ratownika, i prawdopodobnie dlatego przeoczymy, że u neurotycznego dziewczęcia należałoby raczej oczekiwać zaburzenia zdolności kochania. Im bardziej osobiste stosunki lekarza i pacjenta oddalone są od podanego wypadku, tym bardziej będziemy zdziwieni, gdy mimo to znajdziemy ten sam stosunek uczuciowy. Można usprawiedliwić to jeszcze, gdy młoda kobieta nieszczęśliwa w małżeństwie wydaje się opanowana silną namiętnością dla swojego, wolnego jeszcze lekarza, gdy gotowa jest dążyć do rozwodu, aby móc należeć do niego, lub w wypadku przeszkód społecznych nie waha się nawiązać z nim skrycie stosunek miłosny. Coś podobnego zdarza się przecież i poza psychoanalizą. W tych warunkach słyszy się jednak ze zdumieniem zdania kobiet i dziewcząt, świadczące o ich zupełnie określonym zajęciu stanowiska względem problemu terapeutycznego; wiedziały zawsze, że tylko miłość może je uzdrowić i od początku leczenia przypuszczały, że poprzez to obcowanie dane im będzie wreszcie to, czego im życie dotychczas odmawiało. Tylko dzięki tej nadziei zadały sobie tyle trudu w kuracji i pokonały trudności komunikowania wszystkiego lekarzowi. Sami od siebie dodamy: i łatwo zrozumiały wszystko, w co zazwyczaj trudno jest uwierzyć. Ale takie wyznanie jest dla nas niespodziewane, obala ono nasze przewidywania. Czy to możliwe, że pominęliśmy najważniejszy punkt naszego planu?

I rzeczywiście, im bogatsi jesteśmy w doświadczenie, tym mniej możemy sprzeciwiać się tej poprawce, tak kompromitującej dla naszej naukowości. W pierwszych przypadkach można było jeszcze uwierzyć, że kuracja analityczna natknęła się na przeszkodę wskutek zdarzenia przypadkowego, to znaczy nie leżącego w jej zamiarach i przez nią nie wywołanego. Gdy takie tkliwe przywiązanie pacjenta do lekarza powtarza się jednak regularnie w każdym nowym przypadku, gdy zjawia się ono w najniepomyślniejszych warunkach, przy wprost groteskowej dysproporcji także i u starzejącej się kobiety lub w stosunku do siwobrodego mężczyzny, nawet i tam, gdzie według nas nie ma mowy o żadnych pokusach, wtedy musimy przecież porzucić myśl o niepożądanym przypadku i zdać sobie sprawę, że chodzi tutaj o zjawisko, które pozostaje w najgłębszym związku z istotą choroby.

Ten nowy fakt, który w ten sposób opornie uznajemy, nazywamy *przeniesieniem.* Mamy na myśli przeniesienie uczuć na osobę lekarza, gdyż nie wierzymy, że sytuacja kuracji mogłaby usprawiedliwić powstanie podobnych uczuć. Przypuszczamy raczej, że cała ta gotowość uczucia skądinąd pochodzi, była przygotowana w chorej i przy sposobności leczenia analitycznego zostaje przeniesiona na osobę lekarza. Przeniesienie może występować jako burzliwe pragnienie miłości lub też w formach bardziej umiarkowanych; w stosunku do starszego mężczyzny może u młodej dziewczyny zamiast pragnienia miłosnego stosunku, wystąpić życzenie, aby zostać przyjętą jak ukochana córka; dążenie *libido* może być złagodzone aż do propozycji nierozerwalnej, lecz idealnie platonicznej przyjaźni. Niektóre kobiety potrafią uwznioślać przeniesienie i tak długo je modelować, póki nie uzyska ono pewnej zdolności do życia; inne muszą przejawiać je w jego postaci surowej, pierwotnej, przeważnie niemożliwej. Ale w gruncie rzeczy istnieje ono zawsze i nie pozwala nigdy rozpoznać swego pochodzenia z tego samego źródła.

Zanim zapytamy, gdzie należy umieścić ten nowy fakt - przeniesienie - postaramy się uzupełnić jego opis. Jak dzieje się to u pacjentów - mężczyzn? Należałoby przecież przypuszczać, że tu nie wystąpi element różnicy i pociągu płci. Otóż nie o wiele inaczej niż u kobiet - musi brzmieć odpowiedź. To samo przywiązanie do lekarza, to samo przecenianie jego zalet, to samo zajęcie się jego sprawami, ta sama zazdrość względem wszystkich, którzy są mu bliscy w życiu. Uwznioślone formy przeniesienia są częstsze między mężczyzną a mężczyzną, zaś bezpośrednie pragnienie seksualne rzadsze - w tej mierze, w jakiej jawny homoseksualizm ustępuje na plan dalszy wobec innych przejawów tego składnika popędowego. U swoich męskich pacjentów lekarz spostrzega też częściej niż u kobiet tę postać przeniesienia, która na pierwszy rzut oka zdaje się sprzeciwiać wszystkiemu, co zostało dotychczas opisane, a mianowicie przeniesienie wrogie, czyli *negatywne.*

Najpierw musimy zrozumieć, że przeniesienie występuje u pacjenta od początku leczenia i przez jakiś czas jest najsilniejszym bodźcem popędowym jego pracy. Nie czuje się go i nie trzeba się też o nie troszczyć, dopóki działa na korzyść wspólnie prowadzonej analizy. Gdy zamienia się potem w opór, trzeba zwrócić na nie uwagę i rozpoznać, że zmieniło ono swój stosunek do kuracji przy istnieniu dwóch różnych i przeciwnych warunków; po pierwsze, gdy stało się jako tkliwa skłonność tak silne, gdy tak wyraźnie zdradziło swoje pochodzenie z pragnień seksualnych, że musiało wywołać opór wewnętrzny przeciw sobie, i po drugie, gdy składa się z wrogich dążności zamiast tkliwych. Wrogie uczucia ujawniają się w zasadzie później niż tkliwe i spoza nich; w swym równoczesnym istnieniu dają dobre odbicie ambiwalencji uczuć, która występuje w przeważnej części naszych bliskich stosunków z innymi ludźmi. Uczucia nieprzyjazne oznaczają tak samo przywiązanie uczuciowe, jak i uczucia tkliwe, tak samo, jak przekora oznacza tę samą zależność co posłuszeństwo, mimo że ze znakiem przeciwnym. Nie może budzić wątpliwości, że wrogie uczucia względem lekarza zasługują na miano przeniesienia, gdyż do ich powstania sytuacja kuracji nie daje na pewno żadnego wystarczającego powodu; konieczna koncepcja ujemnego przeniesienia zapewnia nas więc, że nie zbłądziliśmy w ocenie przeniesienia pozytywnego, czyli tkliwego.

Skąd pochodzi przeniesienie, jakich przysparza nam trudności, jak je przezwyciężamy i jaką korzyść wyciągamy z niego ostatecznie - to wymaga obszernego omówienia w technicznych wskazówkach do analizy, dzisiaj zaś poruszę tylko lekko to zagadnienie. Wykluczone, abyśmy ustąpili wymaganiom pacjenta, wynikającym z przeniesienia, byłoby jednak nierozsądnie odrzucić je nieuprzejmie lub nawet z oburzeniem; przezwyciężamy przeniesienie, dowodząc choremu, że jego uczucia nie pochodzą z obecnej sytuacji i nie dotyczą osoby lekarza, lecz że powtarzają to, co się już wcześniej choremu zdarzyło. W taki sposób zmuszamy go, aby owo powtórzenie zamienił na wspomnienie. Wtedy przeniesienie, które czy to tkliwe, czy wrogie, w każdym wypadku zdawało się najsilniej zagrażać kuracji, staje się jej najlepszym narzędziem, przy pomocy którego dają się wyjaśniać najbardziej ukryte sekrety życia duchowego. Chciałbym jednak powiedzieć parę słów, które uwolnią was od zdziwienia wobec wystąpienia tego nieoczekiwanego zjawiska. Nie zapominajmy przecież, że choroba pacjenta, który poddaje się analizie, nie jest czymś zamkniętym, zesztywniałym, lecz rośnie i rozwija się dalej jak żywa istota. Początek leczenia nie kładzie końca temu rozwojowi, ale gdy kuracja opanowała chorego, okazuje się, że cała nowa sytuacja chorobowa koncentruje się na jednym punkcie, mianowicie na stosunku do lekarza. Przeniesienie można więc porównać z warstwą kambium między drzewem a korą, z której wychodzą nowe tkanki, a które powoduje rozrost pnia wszerz. Gdy przeniesienie osiągnęło już to znaczenie, wtedy praca chorego nad wspomnieniami ustępuje na plan dalszy. Nie będzie wtedy niesłuszne, gdy powiemy, że nie ma się już więcej do czynienia z dawną chorobą pacjenta, lecz ze świeżo stworzoną i przetworzoną nerwicą, która zastępuje pierwszą. To nowe wydanie starej choroby śledziło się od początku, widziało się jej powstanie i rozwój, dlatego orientuje się w niej szczególnie dobrze, ponieważ stoi się samemu jako obiekt w jej środku. Wszystkie objawy chorego porzuciły swoje pierwotne znaczenie i dostosowały się do nowego sensu, który polega na stosunku do przeniesienia, lub też pozostały tylko te objawy, którym mogło się udać takie przetworzenie. Pokonanie tej nowej, sztucznej nerwicy łączy się jednak z usunięciem choroby, z którą pacjent przystąpił do kuracji, z rozwiązaniem naszego zadania leczniczego. Człowiek, który stał się w stosunku do lekarza normalny i wolny od działania stłumionych dążeń popędowych, pozostaje taki i w swoim życiu, gdy lekarz opuszcza go raz na zawsze.

To niezwykłe, dla kuracji wprost zasadnicze znaczenie posiada przeniesienie przy histerii lękowej i nerwicy natręctwa, które z tego powodu obejmujemy słusznie jedną nazwą *nerwic przeniesienia.* Kto dzięki pracy analitycznej uzyska pełne wrażenie odnośnie faktu przeniesienia, ten nie może wątpić dalej, jakiego rodzaju są stłumione dążenia, które uzewnętrzniają się w objawach tych nerwic, i nie żąda mocniejszego dowodu, że pochodzą one od *libido*. Możemy powiedzieć, że nasze przekonanie co do znaczenia objawów jako zastępczych zaspokojeń *libido* zostało ostatecznie umocnione dopiero przez uwzględnienie przeniesienia.

Obecnie mamy pewną podstawę do poprawienia naszego wcześniejszego ujęcia dynamicznego procesu leczniczego i pogodzenia go z nowym poglądem. Gdy chory musi zwalczać normalny konflikt z oporami, które odkryliśmy w analizie, potrzebny mu jest silny bodziec, wpływający na decyzję w pożądanym przez nas, wiodącym do uzdrowienia kierunku. Inaczej mogłoby się zdarzyć, że zdecydowałby się on na powtórzenie wcześniejszego wyniku i stłumiłby znowu to, co zostało doprowadzone do świadomości. Rozstrzygnięcie tej walki zależy nie od jego zrozumienia intelektualnego - nie jest ono do tego ani dostatecznie silne, ani swobodne - lecz jedynie od jego stosunku do lekarza. Dopóki jego przeniesienie stoi pod znakiem pozytywnym, do tego czasu nadaje ono lekarzowi autorytet, zamienia się w wiarę w jego twierdzenia i poglądy. Bez takiego przeniesienia lub w wypadku, gdy jest ono negatywne, nie stosowałby się on do zaleceń lekarza i nie słuchałby jego argumentów. Wiara powtarza przy tym dzieje swego powstania: jest ona potomkiem miłości i na początku nie trzeba jej było wielu argumentów. Dopiero później przyznała im tyle miejsca, że poddaje je próbnemu rozpatrzeniu wtedy, gdy pochodzą od ukochanej osoby. Argumenty bez takiej podstawy nie miały nigdy znaczenia i dotychczas dla większości ludzi nic nie znaczą. Człowiek jest więc na ogół tylko o tyle dostępny od strony intelektualnej, o ile jest zdolny do obsadzenia obiektu przez *libido* i mamy więc dostateczne powody w rozmiarach jego narcyzmu upatrywać granicę dla jego poddawania się wpływowi nawet najlepszej techniki psychoanalitycznej.

Zdolność zwracania obsad obiektów przez *libido* także i na osoby musimy przypisywać wszystkim ludziom normalnym. Skłonność do przeniesienia wymienionych neurotyków jest tylko niezwykle silnym spotęgowaniem tej własności ogólnej. Otóż byłoby przecież bardzo dziwne, gdyby rys charakteru ludzkiego tak rozpowszechniony i posiadający takie znaczenie nie został nigdy spostrzeżony i oceniony. Stało się to też rzeczywiście, Bernheim z nieomylną ostrością spojrzenia oparł naukę o zjawiskach hipnotycznych na twierdzeniu, że wszyscy ludzie są w pewien sposób zdolni do ulegania sugestii, czyli „sugestywni". Sugestywność ta nie jest niczym innym, jak skłonnością do przeniesienia, ujętą może zbyt ciasno, tak że nie pozostało w niej miejsca dla przeniesienia ujemnego. Ale Bernheim nie umiał nigdy powiedzieć, czym właściwie jest sugestia i w jaki sposób dochodzi do skutku. Była ona dla niego faktem zasadniczym, co do pochodzenia którego nie mógł dać żadnych wyjaśnień. Nie rozpoznał on zależności *suggestibilité* od seksualizmu, od czynności *libido*. My zaś musimy zauważyć, że porzuciliśmy w naszej technice hipnozę po to, aby odkryć znowu sugestię w postaci przeniesienia.

Teraz jednak zatrzymuję się i udzielam wam głosu. Spostrzegam, iż pewien zarzut wzbiera w was tak silnie, że odebrałby wam zdolność słuchania, gdybym nie dopuścił was do głosu. „A więc przyznał się pan nareszcie, że pracuje z pomocą sugestii, podobnie jak hipnotyzer. Już dawno pomyśleliśmy to sobie. Ale w takim razie po co ta okrężna droga poprzez wspomnienia przeszłości, odkrycie nieświadomego, interpretację i tłumaczenie zniekształceń, ten niesłychany nakład wysiłku, czasu i pieniędzy, jeśli tym, co jedynie działa, jest sugestia? Dlaczego nie stosuje pan wprost sugestii przeciw objawom, jak to czynią inni, uczciwi hipnotyzerzy? A dalej, jeśli chce pan wytłumaczyć, że na drogach okrężnych, którymi pan idzie, zrobił pan liczne, pełne znaczenia odkrycia psychologiczne, które przy sugestii bezpośredniej pozostają w ukryciu, to kto może teraz ręczyć za pewność tych odkryć? Czy nie są one także rezultatem sugestii, mianowicie sugestii niezamierzonej? Czy nie może pan narzucić choremu także i w tej dziedzinie wszystkiego, co pan chce i co się panu wydaje słuszne?"

To, co mi tu zarzucacie, jest niezwykle ciekawe i musi otrzymać odpowiedź. Ale dziś nie mogę już tego uczynić, brak nam czasu. A więc następnym razem. Zobaczycie, że potrafię wam odpowiedzieć. Dziś muszę jeszcze skończyć to, co zacząłem. Obiecałem wyjaśnić wam za pomocą faktu przeniesienia, dlaczego nasz wysiłek terapeutyczny nie ma powodzenia w nerwicach narcystycznych.

Mogę to uczynić w paru słowach i zobaczycie, jak prosto rozwiązuje się ta zagadka i jak dokładnie się wszystko zgadza. W wyniku obserwacji możemy skonstatować, że chorzy na nerwicę narcystyczną nie posiadają zdolności przeniesienia lub tylko niedostateczne jej pozostałości. Odrzucają oni lekarza nie na skutek nieprzyjaźni, lecz na skutek obojętności. Dlatego też nie podlegają jego wpływowi; to, co mówi, pozostawia ich obojętnymi, nie wywiera na nich żadnego wrażenia, dlatego też mechanizm uzdrowienia, który przeprowadzamy u innych, odnowienie konfliktu chorobotwórczego i pokonanie oporu stłumienia nie da się u nich zastosować. Pozostają takimi, jakimi są. Podejmowali już często na własną rękę próby samouleczenia, które doprowadziły do wyników patologicznych; nie możemy niczego w tym zmienić.

Na zasadzie naszych wrażeń klinicznych, odniesionych u tych chorych, twierdziliśmy, że musieli oni porzucić obsadę obiektów przez *libido* i przekształcić *libido* obiektów w *libido* jaźni. Przez podkreślenie tej cechy oddzieliliśmy ich od pierwszej grupy neurotyków (histeria, nerwica lękowa i natręctwa). Ich zachowanie się przy próbie terapii potwierdza to przypuszczenie. Nie występuje u nich przeniesienie i dlatego są niedostępni dla naszego wysiłku; a my ich uleczyć nie możemy.

WYKŁAD XXVIII
TERAPIA ANALITYCZNA

Panie i Panowie! Wiecie, o czym będziemy dziś mówili. Pytaliście mnie, dlaczego nie posługujemy się w terapii psychoanalitycznej bezpośrednią sugestią, jeśli przyznajemy, że nasz wpływ polega istotnie na przeniesieniu, to jest na sugestii, i do tego nawiązaliście wątpiąc, czy przy takiej przewadze sugestii możemy ręczyć za obiektywność naszych odkryć psychologicznych. Obiecałem dać wam wyczerpującą odpowiedź.

Sugestia bezpośrednia jest to sugestia skierowana przeciw ukazywaniu się objawów, walka między waszym autorytetem a motywami stanu chorobowego. Nie troszczycie się przy tym o te motywy, żądacie tylko od chorego, aby stłumił ich manifestacje w objawach. Nie stanowi to wówczas zasadniczej różnicy, czy wprawiacie chorego w stan hipnozy, czy nie. Bernheim stwierdził znowu z cechującą go przenikliwością, że sugestia stanowi istotę zjawisk hipnotycznych, lecz hipnoza sama jest już wynikiem sugestii, stanem sugerowanym, i stosował z upodobaniem sugestię na jawie, która może sprawić to samo, co sugestia w hipnozie.

Cóż więc chcecie w tej kwestii najpierw usłyszeć, głos doświadczenia czy też rozważania teoretyczne?

Zacznijmy od pierwszego. Byłem uczniem Bernheima, do którego udałem się do Nancy w 1889 roku i którego książkę o sugestii przetłumaczyłem na język niemiecki. Stosowałem przez lata leczenie hipnotyczne, początkowo z sugestią zakazującą, później zaś kombinując je z Breuerowskim wypytywaniem pacjenta. Mogę więc mówić o wynikach terapii hipnotycznej lub sugestywnej na zasadzie bezpośredniego doświadczenia. Jeśli według starego powiedzenia lekarskiego idealna terapia powinna być szybka, pewna i nie nieprzyjemna dla chorego, to metoda Bernheima spełniała istotnie dwa z tych wymagań. Dawała się przeprowadzić znacznie szybciej, to znaczy bez porównania szybciej niż analityczna, i nie narażała chorego ani na wysiłek, ani na przykrości. Dla lekarza było to przy stałym stosowaniu - monotonne: w każdym przypadku w ten sam sposób, z tym samym obrządkiem należało zabraniać istnienia najrozmaitszym objawom bez możliwości dowiedzenia się czegokolwiek o ich sensie i znaczeniu. Była to praca rzemieślnicza, nie zaś działalność naukowa, praca, przypominająca magię, zaklinanie i czary; ale to przecież nie odgrywało roli wobec korzyści chorego. Trzeciego warunku brakowało - metoda ta nie była w żadnym razie pewna. W jednym przypadku dawała się zastosować, w innym - nie; w jednym udawało się dokonać wiele, w innym bardzo mało, przy czym nigdy nie znano przyczyny. Gorszy jednak niż ta kapryśność zabiegu był brak trwałości wyników. Gdy po pewnym czasie słyszano znowu o chorych, dowiadywano się, że stare cierpienie powracało lub też zostało zamienione przez nowe. Należało hipnotyzować na nowo. Poza wszystkim istniało jeszcze podyktowane doświadczeniem zastrzeżenie, aby nie pozbawiać chorego samodzielności przez częste powtarzanie hipnozy i nie przyzwyczajać go do tej terapii jak do narkotyku. Trzeba przyznać, że czasami wszystko szło dokładnie według życzenia; po niewielu wysiłkach osiągano pełny i trwały wynik dodatni. Ale warunki tak pomyślnego zakończenia pozostawały nieznane. Pewnego razu zdarzyło mi się, że ciężki stan, który całkowicie usunąłem przez krótkie leczenie hipnotyczne, powrócił bez zmiany, gdy chora zraziła się do mnie bez winy z mojej strony;

po pojednaniu się doprowadziłem na nowo i znacznie gruntowniej do jego zniknięcia, powrócił jednak znowu, gdy chora pogniewała się na mnie po raz drugi. Innym razem zdarzyło mi się, że chora, której kilkakrotnie dopomogłem za pomocą hipnozy do wydobycia się ze stanów nerwowych, pewnego dnia podczas leczenia jednego specjalnie uporczywego napadu zarzuciła mi nagle ramiona na szyję. Skłoniło to zatem do zajęcia się, mimo woli, pytaniem, dotyczącym istoty pochodzenia autorytetu sugestywnego. Tyle doświadczenie. Dowodzi ono, że rezygnując z sugestii bezpośredniej, nie porzuciliśmy niczego, czego nie dałoby się zastąpić. Pozwólcie mi teraz przeprowadzić pewne rozważania. Stosowanie terapii hipnotycznej zmusza zarówno pacjenta, jak i lekarza tylko do bardzo nieznacznego wysiłku. Ta terapia pozostaje w najpiękniejszej zgodzie z tą oceną nerwic, do której dziś jeszcze przyznaje się większość lekarzy. Lekarz mówi neurotykowi: „Niczego panu nie brakuje, jest to tylko nerwowe i dlatego mogę paroma słowami w parę minut usunąć pańskie dolegliwości". Sprzeciwia się to jednak naszemu myśleniu energetycznemu, abyśmy mogli za pomocą małego wysiłku podźwignąć wielki ciężar, jeżeli weźmiemy się do niego bezpośrednio i bez pomocy odpowiednich urządzeń. O ile można porównać te stosunki, to doświadczenie uczy, że sztuka ta nie udaje się przy nerwicach. Wiem jednak, że argument ten nie jest niezbity; bywają też „wyładowania napięć".

W świetle poznania, które zdobyliśmy dzięki psychoanalizie, możemy opisać różnicę między sugestią hipnotyczną a psychoanalityczną w sposób następujący: terapia hipnotyczna chce coś zakryć i zatuszować w życiu duchowym, analityczna – coś odkryć i usunąć. Pierwsza pracuje jak kosmetyka, druga jak chirurgia. Pierwsza używa sugestii, aby zakazać objawów, wzmacnia stłumienia, lecz pozostawia niezmienione wszystkie procesy, które doprowadziły do powstania objawów. Terapia analityczna sięga dalej, do korzeni konfliktów, z których powstały objawy, i posługuje się sugestią, aby zmienić wynik tych konfliktów. Terapia hipnotyczna pozostawia pacjenta bezczynnym i niezmienionym, dlatego też jednakowo nieodpornym wobec każdego nowego powodu do zachorowania. Kuracja analityczna nakłada zarówno na lekarza, jak i na chorego ciężką pracę, która zostaje zużytkowana do zniesienia oporów wewnętrznych. Przez pokonanie tych oporów życie duchowe chorego zostaje zmienione na stałe, podniesione na wyższy stopień rozwoju i uchronione przed nowymi możliwościami zachorowania. Ta praca przezwyciężenia jest istotą kuracji analitycznej, chory ma jej dokonać, a lekarz umożliwia mu to za pomocą sugestii, działającej jako *wychowanie*. Dlatego zupełnie słusznie powiedziano, że leczenie psychoanalityczne to pewien rodzaj *wychowania późniejszego*.

Mam nadzieję, że wyjaśniłem wam, czym różni się nasz sposób stosowania sugestii jako terapii od sposobu możliwego jedynie przy terapii hipnotycznej. Przez sprowadzenie sugestii do przeniesienia rozumiecie też zmienność, która uderzyła nas przy terapii hipnotycznej, podczas gdy terapia analityczna daje się obliczyć jak najdokładniej. Przy zastosowaniu hipnozy jesteśmy zależni od stanu zdolności chorego do przeniesienia, nie mogąc jednak samemu wywierać na nią żadnego wpływu. Przeniesienie hipnotyzowanego może być negatywne lub, jak najczęściej się zdarza, ambiwalentne, może on chronić się przed przeniesieniem za pomocą specjalnej postawy - niczego się o tym nie dowiadujemy. W psychoanalizie pracujemy nad samym przeniesieniem, rozwiązujemy to, co mu się przeciwstawia, sporządzamy sobie instrument, którym chcemy oddziaływać. W ten sposób staje się dla nas możliwe wyciągnięcie z mocy sugestii zupełnie innych korzyści; ujmujemy ją w ręce: nie chory sugeruje się sam, jak mu się podoba, lecz to my kierujemy jego sugestią, o tyle, o ile podatny jest on w ogóle na jakikolwiek wpływ.

Powiecie pewnie, że niezależnie od tego, czy siłę popędową naszej analizy nazwiemy przeniesieniem, czy sugestią, istnieje jednak niebezpieczeństwo, że wpływ wywierany na pacjenta czyni obiektywną pewność naszych odkryć wątpliwą. To, co jest dobre dla terapii, szkodzi badaniu. Jest to zarzut, podnoszony najczęściej przeciw psychoanalizie, i trzeba przyznać, że jeśli nawet nie jest trafny, to nie można go odrzucić jako niedorzeczny. Gdyby jednak był usprawiedliwiony, to psychoanaliza nie byłaby niczym innym, jak bardzo dobrze zamaskowanym, wyjątkowo skutecznym rodzajem leczenia sugestią i moglibyśmy dowolnie traktować wszystkie jej twierdzenia o wpływach życiowych, dynamice psychicznej i nieświadomym. Tak myślą też przeciwnicy; zwłaszcza wszystko, co dotyczy doniosłości przeżyć seksualnych, jeśli już nie same przeżycia, „wmówiliśmy" rzekomo chorym, gdy w naszej własnej zepsutej wyobraźni wyrosły takie kombinacje. Odparcie tych zarzutów udaje się łatwiej przez powołanie się na doświadczenie niż z pomocą teorii. Kto sam przeprowadzał psychoanalizę, mógł nieskończoną ilość razy przekonać się o tym, że niemożliwe jest sugerować chorego w ten sposób. Naturalnie, że nie sprawia żadnej trudności uczynić go zwolennikiem pewnej teorii i w ten sposób przyczynić się do tego, aby brał udział w możliwej pomyłce lekarza. Zachowuje się on wtedy, jak ktoś inny, jak uczeń, ale w ten sposób wpłynęło się tylko na jego inteligencję, nie zaś na jego chorobę. Rozwiązanie jego konfliktów, przezwyciężenie jego oporów udaje się tylko wtedy, gdy podsunięto mu wyobrażenia oczekujące, które zgadzają się z jego wewnętrzną rzeczywistością. To, co w przypuszczeniach lekarza było niesłuszne, odpada znowu w biegu analizy, musi zostać cofnięte i zastąpione przez coś bardziej właściwego. Za pomocą starannej techniki usiłuje się zapobiec powstawaniu tymczasowych rezultatów sugestii; ale pozostaje to bez znaczenia, gdy one wystąpią, gdyż nie poprzestajemy na pierwszym sukcesie. Nie uważa się analizy za skończoną, jeśli ciemne strony przypadku nie zostały wyjaśnione, luki pamięci wypełnione, okoliczności, powodujące stłumienia, znalezione. W pomyślnych rezultatach, które pojawiają się przedwcześnie, upatrujemy raczej przeszkody niż postępu pracy analitycznej i burzymy te skutki ponownie, rozwiązując znów przeniesienie, na którym polegają. W gruncie rzeczy ten ostatni rys odróżnia leczenie analityczne od czysto sugestywnego i uwalnia rezultaty analityczne od podejrzenia, że są skutkami sugestii. Przy każdym innym leczeniu sugestywnym przeniesienie jest starannie chronione, nienaruszane; przy leczeniu analitycznym jest ono samo przedmiotem leczenia i zostaje rozłożone w każdym swoim nowym przejawie. Na końcu kuracji analitycznej przeniesienie samo musi zostać zniesione i jeśli teraz zjawi się lub też zostaje zachowany pomyślny skutek, to nie polega on na sugestii, lecz na umiejętności przezwyciężenia oporów wewnętrznych, dokonanym z jej pomocą, na osiągniętej przez chorego przemianie wewnętrznej.

Przeciw powstawaniu pojedynczych sugestii działa to, że podczas kuracji musimy nieustannie zwalczać opory, które potrafią przekształcać się w negatywne (wrogie) przeniesienia. Nie zaniedbamy też powołania się na to, że wielka ilość wyników pojedynczych analiz, na które mogłoby paść podejrzenie, że są produktami sugestii, została potwierdzona z innej strony, wolnej od zarzutu. Naszymi poręczycielami są w tym wypadku chorzy, cierpiący na otępienie wczesne, i paranoicy, którzy – oczywiście – wznoszą się wysoko ponad podejrzenie wpływu sugestywnego. To, co opowiadają nam ci chorzy o interpretacji symboli i o fantazjach, które przedostały się do ich świadomości, zgadza się najzupełniej z rezultatami naszych badań, dotyczących nieświadomego w nerwicach przeniesienia, i wzmacnia w ten sposób obiektywną słuszność naszych, tak często podlegających wątpliwości, interpretacji. Myślę, że nie zbłądzicie, jeśli zaufacie tym punktom analizy.

Uzupełnimy teraz nasze przedstawienie mechanizmu uzdrowienia, ubierając je w formuły teorii *libido*. Neurotyk nie jest zdolny do używania życia i do czynu, po pierwsze dlatego, że *libido* jego nie jest skierowane na żaden przedmiot realny, po drugie zaś, ponieważ musi znaczną część energii, którą posiada, zużywać na to, aby utrzymać *libido* w stłumieniu i bronić się przed jego atakiem. Byłby uzdrowiony, gdyby konflikt między jego jaźnią i jego *libido* skończył się i gdyby jego jaźń mogła znowu rozporządzać swoim *libido*. Zadanie terapeutyczne polega więc na tym, aby uwolnić *libido* z jego dotychczasowych powiązań, niedostępnych działaniu jaźni, i oddać je znowu na usługi jaźni. Gdzie więc tkwi *libido* neurotyka? Łatwo je znaleźć; jest ono związane z objawami, które zapewniają mu jedyne na razie możliwe zaspokojenie zastępcze. Trzeba więc stać się panem tych objawów, rozwiązać je, uczynić właśnie to, czego żąda od nas chory. Do rozwiązania objawów konieczny jest powrót aż do ich źródeł, odnowienie konfliktu, z którego powstały, i za pomocą tych sił popędowych, którymi w swoim czasie osobnik rozporządzał, skierowanie konfliktu ku innemu wynikowi. Tej rewizji procesu stłumienia można dokonać tylko częściowo, opierając się na śladach wspomnień o wydarzeniach, które do stłumienia doprowadziły. Decydująca część pracy zostaje wykonana, jeśli w stosunku do lekarza, w „przeniesieniu", powtarzają się stare konflikty, w których chory chciałby się zachowywać tak, jak zachowywał się w swoim czasie, podczas gdy za pomocą zmobilizowania wszystkich dostępnych sił psychicznych skłania się go do innej decyzji. Przeniesienie staje się więc polem bitwy, na którym mają się spotkać wszystkie walczące ze sobą siły.

Całe *libido*, jak i wszystko, co się mu sprzeciwia, skupia się w tym jednym stosunku do lekarza; przy czym niepodobna uniknąć tego, że objawy zostają pozbawione *libido*. Zamiast własnej choroby pacjenta występuje sztucznie stworzone przeniesienie, choroba przeniesieniowa, zamiast najrozmaitszych nierealnych przedmiotów *libido* - jeden, znów fantastyczny, przedmiot osoby lekarza. Ale nowa walka o ten przedmiot zostaje przeniesiona za pomocą sugestii lekarskiej na najwyższy szczebel psychiczny i przebiega jak naturalny konflikt duchowy. Przez uniknięcie nowego stłumienia zostaje położony kres rozterce między jaźnią i *libido* i przywrócona zostaje duchowa jedność osobowości. Gdy *libido* zostaje znowu uwolnione od tymczasowego przedmiotu - osoby lekarza, nie może już powrócić do swoich wcześniejszych przedmiotów, lecz pozostaje do rozporządzenia jaźni. Siłami, które zwalczono podczas tej pracy terapeutycznej, są z jednej strony niechęć jaźni względem pewnych kierunków *libido*, która objawiła się jako skłonność do stłumienia, a z drugiej strony oporność, czyli lepkość *libido*, które niechętnie porzuca raz przez siebie obsadzone przedmioty.

Praca terapeutyczna rozpada się więc na dwie fazy; w pierwszej całe *libido* zostaje wyparte z objawów do przeniesienia i tamześrodkowane, w drugiej przeprowadzona zostaje walka o ten nowy przedmiot i *libido* zostaje uwolnione. Zmianą, decydującą o dodatnim wyniku, jest wyłączenie przy tym odnowionym konflikcie stłumienia, tak że *libido* nie może znowu uciec przed jaźnią w nieświadome. Zostaje to umożliwione przez przemianę w jaźni, która dokonuje się pod wpływem sugestii lekarskiej. Jaźń zostaje powiększona kosztem nieświadomego za pomocą pracy interpretacyjnej, która zamienia nieświadome w świadome, zostaje pogodzona z *libido* przez pouczenie i skłonna jest zezwolić mu na jakieś zaspokojenie, zaś jej nieśmiałość przed wymogami *libido* ulega zmniejszeniu dzięki możliwości zadośćuczynienia części *libido* za pomocą uwznioślenia. Im bardziej pokrywają się procesy podczas leczenia z tym opisem idealnym, tym większy będzie sukces terapii psychoanalitycznej. Swoje granice znajduje on w braku ruchliwości *libido*, które może się opierać porzuceniu swoich obiektów i w sztywności narcyzmu, który przeniesieniu na obiekty nie pozwala wyrastać poza pewną granicę. Może rzucimy większe światło na dynamikę procesu uzdrowienia za pomocą uwagi, że chwytamy całe *libido*, usunięte spod panowania jaźni, ukierunkowując przez przeniesienie część jego na osobę lekarza.

Nie będzie też zbędne przypomnienie, że z podziału *libido*, który zostaje ustanowiony podczas i za pomocą leczenia, nie powinniśmy wyciągać żadnego bezpośredniego wniosku o umieszczeniu *libido* podczas choroby. Jeśli przyjmiemy, że udało się nam pomyślnie rozwiązać przypadek przez ustalenie i uwolnienie silnego przeniesienia na lekarza jako na ojca, to wniosek, że chory cierpiał wcześniej wskutek takiego nieświadomego przywiązania swojego *libido* do ojca, byłby błędny. Przeniesienie na ojca jest tylko polem walki, na którym opanowujemy *libido*; *libido* chorego zostało tam skierowane z innych pozycji. Owo pole walki nie musi się koniecznie pokrywać z jedną z ważniejszych fortec wroga. Obrona stolicy nieprzyjacielskiej nie musi być dokonana właśnie przed jej wrotami. Dopiero po rozwiązaniu przeniesienia można zrekonstruować w myślach podział *libido*, który istniał podczas choroby.

Z punktu widzenia teorii *libido* możemy też powiedzieć jeszcze ostatnie słowo o marzeniu sennym. Marzenia senne neurotyków służą nam, zarówno jak ich czynności pomyłkowe i swobodne skojarzenia, do odgadnięcia znaczenia objawów i odkrycia pozycji *libido*. Pokazują nam w formie spełnionego pragnienia, jakie dążenia życzeniowe uległy stłumieniu i jakich obiektów uczepiło się *libido*, usunięte spod panowania jaźni. Dlatego interpretacja marzeń sennych odgrywa w leczeniu psychoanalitycznym wielką rolę i w niektórych wypadkach stanowi przez dłuższy czas najważniejsze narzędzie pracy. Wiemy już, że stan snu sam przez się sprowadza pewne ustąpienie stłumień. Przez takie zmniejszenie ciążącego na nim napięcia staje się możliwe, że stłumione dążenie zdobywa sobie w marzeniu sennym daleko jaskrawszy wyraz, niż może do tego dopuścić objaw w ciągu dnia. Badanie marzenia sennego otwiera więc najwygodniejszy dostęp do poznania stłumionego nieświadomego, do którego należy *libido* odebrane jaźni.

Ale marzenia senne neurotyków nie różnią się pod żadnym istotnym względem od snów ludzi zdrowych; nie dadzą się, być może, w ogóle od nich odróżnić. Byłoby bezsensowne zdawać sprawę ze snów neurotyków w sposób, który nie miałby znaczenia również i dla snów ludzi zdrowych. Musimy więc powiedzieć, że różnica między nerwicą a zdrowiem zachodzi tylko podczas dnia, nie trwa zaś w życiu sennym. Zmuszeni jesteśmy pewną ilość przypuszczeń, które wynikają ze związku pomiędzy snami i objawami neurotyka, przenieść także na człowieka zdrowego. Nie możemy też zaprzeczyć, że i człowiek zdrowy posiada w swoim życiu psychicznym to, co jedynie umożliwia tworzenie się zarówno marzeń sennych, jak i objawów, i musimy wyciągnąć stąd wniosek, że i on dokonał stłumień, że zużywa pewnego nakładu sił, aby je utrzymać, że jego system nieświadomego ukrywa dążenia stłumione i jeszcze obsadzone przez energię, i że *pewna część jego libido wymyka się spod rozporządzeń jego jaźni*. Więc i człowiek zdrowy jest potencjalnie neurotykiem, zaś marzenie senne wydaje się być jedynym objawem, który zdolny jest on stworzyć. Poddając jego życie na jawie dokładniejszemu badaniu, odkrywamy – co obala to złudzenie – że to rzekomo zdrowe życie usiane jest niezliczoną ilością drobnych, nie mających znaczenia praktycznego tworów objawowych.

Różnica między zdrowiem nerwowym a nerwicą ogranicza się więc do strony praktycznej i jest określona za pomocą wyniku ostatecznego, który decyduje o tym, czy danej osobie pozostała dostateczna zdolność do używania życia i zdolność do pracy. Sprowadza się ona prawdopodobnie do względnego stosunku między pozostałym na wolności a związanymi przez stłumienie porcjami energii i ma charakter ilościowy, nie zaś jakościowy. Nie mam potrzeby przypominać, że taki pogląd uzasadnia teoretycznie przekonanie o zasadniczej uleczalności nerwic mimo ugruntowania ich na podłożu ustrojowym.

Tyle możemy wywnioskować z faktu identyczności marzeń sennych u ludzi zdrowych i u neurotyków dla charakterystyki zdrowia. Dla samego marzenia sennego wynika jednak dalszy wniosek, że nie powinniśmy wyłączyć go z jego stosunku do objawów nerwicowych, że nie powinniśmy myśleć, iż jego istota wyczerpuje się przez formułę przeniesienia myśli w archaiczną formę wyrazu, że musimy przyjąć, iż pokazuje on nam rzeczywiście obecne umieszczenia *libido* i obsady obiektów.

Otóż zbliżamy się do końca. Może jesteście rozczarowani, że w rozdziale o terapii psychoanalitycznej przedstawiłem wam tylko teorię nie zaś warunki, wśród których należy rozpocząć kurację, i skutki, które ona osiąga. Porzuciełm jednak zamiar podania pierwszych dlatego, że nie zamierzam dawać praktycznych wskazówek do uprawiania psychoanalizy, drugich zaś, ponieważ powstrzymuje mnie od tego wiele motywów. Na początku naszych wykładów podkreśliłem, że przy sprzyjających warunkach osiągamy rezultaty lecznicze, które nie pozostają w tyle za najpiękniejszymi wynikami z dziedziny terapii wewnętrznej, i mogę jeszcze dodać, że nie mogłyby one zostać osiągnięte za pomocą żadnego innego zabiegu. Gdybym powiedział więcej, wzbudziłbym podejrzenie, że chcę za pomocą reklamy przekrzyczeć donośne głosy, obniżające wartość mojej nauki. Wielokrotnie także i na zjazdach lekarskich koledzy - lekarze grozili psychoanalitykom, że przez zestawienie analitycznych niepowodzeń i uszkodzeń otworzą cierpiącemu ogółowi oczy na bezwartościowość tej metody leczenia. Ale taki zbiór, abstrahując od jego nienawistnego i delatorskiego charakteru, nie dałby nawet odpowiedniej podstawy do słusznego wyrokowania o leczniczej skuteczności analizy. Terapia analityczna jest, jak wiecie, młoda; trzeba było długiego czasu, aby można było ugruntować jej technikę, a to mogło stać się tylko podczas samej pracy i pod wpływem wzrastającego doświadczenia. Na skutek trudności nauczania lekarz początkujący w psychoanalizie jest w większym stopniu niż inny specjalista skazany na swoją własną zdolność do dalszego kształcenia się i na zasadzie rezultatów pracy pierwszych jego lat nie będzie można nigdy osądzić skuteczności terapii analitycznej.

Wiele prób leczenia nie powiodło się na początku stosowania analizy, gdyż zostały przedsiębrane w wypadkach, które nie nadają się w ogóle do takiego zabiegu i które dziś, dzięki naszym wskazaniom, wykluczamy. Ale i te wskazania mogły zostać zdobyte tylko na drodze próby. Swego czasu nie wiedziano z góry, że paranoja i *dementia praecox* w rozwiniętych postaciach są niedostępne dla leczenia i próbowano jeszcze tej metody na najrozmaitszych chorobach. Największa ilość niepowodzeń tych pierwszych lat miała jednak miejsce nie z winy lekarza lub też z powodu niewłaściwego wyboru obiektu, lecz wskutek niesprzyjających warunków zewnętrznych. Mówiliśmy tylko o oporach wewnętrznych, o oporach pacjentów, które są niezbędne i które można przezwyciężyć. Opory zewnętrzne przeciw analizie, które zostały przygotowane przez warunki życia chorego, przez jego otoczenie, mają małe znaczenie teoretyczne, ale wielką doniosłość praktyczną. Leczenie psychoanalityczne można postawić na równi z zabiegiem chirurgicznym; obie metody wymagają, aby zostały przedsięwzięte przy najpomyślniejszych dla swego powodzenia zarządzeniach. Wiecie, jakie przygotowania zwykł czynić przy tym chirurg – odpowiednie miejsce, dobre światło, asysta, usunięcie rodziny itd. Otóż spytajcie sami siebie, ile z tych operacji wypadłoby pomyślnie, gdyby musiały się odbywać w obecności wszystkich członków rodziny, którzy wścibialiby swoje nosy do pola operacyjnego i wydawali głośne okrzyki przy każdym cięciu. W leczeniu psychoanalitycznym interwencja krewnych stanowi po prostu niebezpieczeństwo i to takie, którego zażegnać nie możemy. Jest się uzbrojonym przeciw wewnętrznym oporom pacjenta, które uznaje się za konieczne, ale jak należy się bronić przeciw tym oporom zewnętrznym? Do krewnych pacjenta nie można przystąpić z żadnym wyjaśnieniem, nie można ich skłonić, aby trzymali się z dala od całej sprawy, nie należy układać się z nimi, ponieważ narażamy się na niebezpieczeństwo utraty zaufania chorego, który – zresztą słusznie – żąda, aby jego mąż zaufania był także po jego stronie. Kto w ogóle wie, jakie rozłamy panują często w rodzinie, tego, jako analityka, nie może zaskoczyć spostrzeżenie, że najbliższym krewnym chorego czasami zależy mniej na tym, aby wyzdrowiał, niż aby pozostał taki, jaki jest. Gdzie, jak to się często zdarza, nerwica pozostaje w związku z konfliktami między członkami rodziny, tam osobnik zdrowy nie zastanawia się długo przy wyborze między własnym dobrem a wyleczeniem chorego. Nie należy się temu dziwić, gdy małżonek niechętnie spogląda na leczenie, w którym, jak słusznie może przypuszczać, wyjdzie na jaw rejestr jego grzechów; dlatego my się temu nie dziwimy, ale nie możemy sobie czynić wyrzutów, gdy nasze usiłowania pozostają bezskuteczne i są przerwane przed czasem, ponieważ opór męża przyłączył się do oporu chorej żony. Przedsięwzięliśmy właśnie coś, co wobec istniejących warunków było nie do przeprowadzenia.

Zamiast o wielu wypadkach chcę wam opowiedzieć tylko o jednym, w którym przez względy lekarskie zostałem skazany na rolę cierpiącego. Przed wielu laty podjąłem się analitycznego leczenia młodej dziewczyny, która już od dłuższego czasu nie mogła wskutek lęku ani wyjść na ulicę, ani też zostać sama w domu. Chora przyznała się z czasem, że wyobraźnię jej zajęły przypadkowe spostrzeżenia czułego stosunku między matką a zamożnym przyjacielem domu. Była jednak o tyle niezręczna – lub tak wyrafinowana – że dała matce wskazówkę dotyczącą tematów omawianych podczas godzin analizy, a to w ten sposób, że zmieniła zachowanie swe względem matki, obstawała przy tym, aby tylko matka chroniła ją od lęku przed samotnością i, pełna lęku, zastępowała jej drzwi, gdy ta chciała wyjść z domu. Matka sama była dawniej bardzo nerwowa, została jednak wyleczona przed laty w zakładzie wodoleczniczym. Dodajmy, że poznała w tym zakładzie mężczyznę, z którym mogła nawiązać stosunek, zaspakajający ją pod każdym względem. Zdumiona gwałtownymi naleganiami dziewczyny, zrozumiała *nagle*, co oznaczał lęk jej córki. Zachorowała, aby uwięzić matkę i pozbawić ją wolności, niezbędnej do obcowania z kochankiem. Szybka decyzja i matka położyła kres szkodliwemu leczeniu. Umieszczono dziewczynę w zakładzie dla chorych nerwowo i pokazywano ją przez dłuższy czas jako „biedną ofiarę psychoanalizy". Długo także prześladowano mnie obmową, wynikającą ze złego wyniku tego leczenia. Zachowałem milczenie, ponieważ uważałem się za związanego przez obowiązek zachowania tajemnicy lekarskiej. Znacznie później dowiedziałem się od jednego z kolegów, który odwiedził ów zakład i widział tam dziewczynkę cierpiącą na agorafobię, że stosunek między jej matką a zamożnym przyjacielem jest wszystkim wiadomy i posiada prawdopodobnie aprobatę małżonka i ojca. Tej „tajemnicy" poświęcono więc leczenie.

W latach przedwojennych, gdy przyjazdy chorych z wielu krajów uczyniły mnie niezależnym od łaski lub niełaski rodzinnego miasta, trzymałem się zasady, aby nie podejmować leczenia chorego, który sam sobą nie rozporządza i w swych najważniejszych sprawach życiowych nie jest niezależny od innych. Nie każdy jednak psychoanalityk może sobie na to pozwolić. Wyciągniecie może z mojego ostrzeżenia przed krewnymi wniosek, że należy w celu leczenia psychoanalizą izolować chorych od ich rodzin, a więc ograniczać tę terapię do pacjentów, znajdujących się w zakładach dla nerwowo chorych. Jednak nie mogę zgodzić się z wami w tym względzie; jest znacznie korzystniej, gdy chorzy – o ile nie znajdują się w okresie ciężkiego wyczerpania – pozostają podczas leczenia w tych warunkach, w których muszą walczyć z postawionymi im zadaniami. Krewni jednak nie powinni niweczyć swym zachowaniem tej korzyści i w ogóle nie występować wrogo przeciw usiłowaniom lekarza. Ale jak skłonicie do tego te niedostępne dla nas czynniki! Oceniacie też, naturalnie, jak dalece na widoki leczenia wpływają środowisko socjalne i kultura rodziny.

Nieprawdaż, że wszystko to stwarza smutne perspektywy dla skuteczności psychoanalizy jako terapii, nawet jeśli przeważającą ilość naszych niepowodzeń przypiszemy tym przeszkodom zewnętrznym. Przyjaciele analizy radzili nam, abyśmy na zestawienie niepowodzeń odpowiedzieli przeprowadzoną przez nas statystyką sukcesów. Nie zgodziłem się na to. Zaznaczyłem, że statystyka jest bezwartościowa, jeśli zestawione pozycje są zbyt mało jednorodne; a przypadki schorzeń nerwicowych, które poddawano leczeniu, nie były rzeczywiście równowartościowe pod każdym względem. Prócz tego okres, który można było uwzględnić, był zbyt krótki, aby sądzić o trwałości uzdrowień, a wielu przypadków nie można było w ogóle podać do wiadomości. Dotyczyły one osób, które zachowywały w tajemnicy zarówno swoją chorobę, jak i leczenie, i których uzdrowienie musiało również pozostać w tajemnicy. Najsilniejszym momentem hamującym było jednak zrozumienie, że ludzie zachowują się bardzo irracjonalnie, jeśli chodzi o terapię, tak że nie ma nadziei przekonania ich za pomocą rozsądnych środków. Nowość terapeutyczna zostaje przyjęta z szalonym entuzjazmem, jak było na przykład wtedy, gdy Koch oddał na użytek ogółu w walce z gruźlicą swoją pierwszą tuberkulinę, lub też traktowana z niezgłębioną nieufnością, jak rzeczywiście zbawienne szczepienie ospy Jennera, które jeszcze dziś ma swoich nieprzejednanych przeciwników. Widocznie przeciw psychoanalizie istniał przesąd. Gdy uleczono ciężki przypadek, można było słyszeć: to nie jest żaden dowód, chory sam wróciłby do zdrowia w tym czasie. I kiedy chora, która przebyła cztery cykle depresji i manii, i którą zacząłem leczyć w przerwie po okresie melancholii, znalazła się trzy tygodnie później na początku okresu manii, wszyscy członkowie rodziny, a także i wysokie autorytety lekarskie, u których zasięgnięto porady, byli przekonani, że nowy napad może być tylko skutkiem próbnej analizy. Przeciw przesądom nie można nic uczynić; widzicie to teraz znowu na przykładzie przesądów, które jedna grupa narodów prowadzących wojnę wysunęła przeciw innej. Najrozsądniejsze jest czekać i pozostawić je czasowi, który je weryfikuje. Pewnego dnia ci sami ludzie zaczynają myśleć o tych samych rzeczach zupełnie inaczej niż dotychczas; jednak to, dlaczego nie myśleli tak już wcześniej, pozostaje niezgłębioną tajemnicą.

Być może, że przesąd skierowany przeciw terapii analitycznej zmniejsza się już teraz. Ciągłe rozpowszechnianie się nauk analitycznych, zwiększenie się ilości lekarzy, którzy stosują leczenie analityczne w niektórych krajach, zdaje się o tym świadczyć. Kiedy byłem młodym lekarzem, spotkałem się z taką samą burzą świata lekarskiego przeciw leczeniu hipnotycznemu, które dzisiaj „trzeźwi" przeciwstawiają psychoanalizie. Ale hipnotyzm jako czynnik leczniczy nie dotrzymał tego, co początkowo obiecał; my, psychoanalitycy, możemy uważać się za jego prawnych spadkobierców i nie zapominamy, ile zawdzięczamy mu podniet i wyjaśnień teoretycznych. Szkodliwość, przypisywana analizie, ogranicza się zasadniczo do przemijającego spotęgowania konfliktu, jeśli analiza jest niezręcznie przeprowadzana lub przerwana w połowie drogi. Otrzymaliście wszak sprawozdanie z tego, co robimy z chorymi, i możecie stworzyć własny sąd o tym, czy nasze usiłowania zdolne są doprowadzić do stałych uszkodzeń. Nadużycie analizy jest możliwe w różnych kierunkach; zwłaszcza przeniesienie jest niebezpiecznym środkiem w rękach nieodpowiedzialnego lekarza. Ale przed nadużyciem nie jest zabezpieczony żaden lekarski środek ani zabieg; jeśli nóż nie tnie, nie może też uleczyć.

I oto kończę, Panie i Panowie. Będzie to więcej niż zwykła *façon du parler*, jeśli wyznam, że sam dotkliwie odczuwam liczne braki moich wykładów. Przede wszystkim żałuję, że tak często obiecywałem powrócić znowu w innym miejscu do poruszonego zaledwie tematu, a potem wzgląd na całość nie pozwalał mi dotrzymać przyrzeczenia. Pragnąłem zdać sprawę z rzeczy nieskończonej, znajdującej się w trakcie rozwoju, i mój skrócony wykład przedmiotu stał się w ten sposób niepełny. W niektórych miejscach przygotowałem już materiał do wyciągnięcia wniosku ostatecznego, a potem sam tego nie uczyniłem. Ale nie mogłem ubiegać się o to, aby uczynić was ekspertami; chciałem dać wam tylko wyjaśnienie i zachętę.

BIBLIOTEKA EUROPEJSKA

Książki w przygotowaniu:

1. B. Bolzano, *Uzasadnienie logiki* — tłum. Ewa Drzazgowska.
2. S. Bułgakow, *Światło wieczności* — tłum. Jacek Chmielewski.
3. S. Kierkegaard, *Nienaukowe zamykające postscriptum* — tłum. Karol Toeplitz.
4. Św. Jan Klimak, *Drabina Raju* — tłum. Waldemar Polanowski.
5. G. Savonarola, *Medytacje więzienne* — tłum. Włodzimierz Olszaniec.
6. Sekstus Empiryk, *Przeciw fizykom, Przeciw etykom* — tłum. Zbigniew Nerczuk.
7. W. Tatarkiewicz, *Szkoła marburska i jej idealizm.*